Apa Guide

Bali

Lombok

Unsere Bali-Spezialistin

Elke Homburg kennt und liebt Bali seit einem Vierteljahrhundert, leitete viele Studienreisen nach Indonesien und schreibt auch als Journalistin und Autorin besonders gern über die Insel der Götter und Dämonen. Sie brachte auch den vorliegenden Band auf den neuesten Stand.

**Polyglott APA Guide Bali
Ausgabe 2011/2012**

Autoren: Garrett Kam, Rachel Lovelock, Kevin Bell, Barbara Lucas-Higgs, Elke Homburg

Deutsche Bearbeitung: Elke Homburg
Redaktion: Gudrun Rücker
Karten und Pläne: Berndtson & Berndtson, Polyglott-Kartografie
Typographie: Ute Weber, Geretsried
Satz: Schulz Bild & Text, Hamburg
Titeldesign-Konzept: Studio Schübel Werbeagentur GmbH, München
Druck: CTPS, Hongkong

Alle Informationen stammen aus zuverlässigen Quellen und wurden sorgfältig geprüft. Für ihre Vollständigkeit und Richtigkeit können wir jedoch keine Haftung übernehmen.
Ergänzende Anregungen, für die wir dankbar sind, bitten wir zu richten an:
Apa Publications c/o Langenscheidt KG, Postfach 40 11 20, 80711 München. E-Mail: redaktion@polyglott.de

**Polyglott im Internet:
www.polyglott.de**

Zeichenerklärung

Ⓢ Ⓜ Ⓤ	S-Bahn, Metro, U-Bahn
✉	Post
🚌	Busbahnhof
✈	Flughafen
🚟	Auto-Bahnverladung
⛴	Schiffsverbindung
⛴	Autofähre
✝ ✝	Kirche
✝	Kloster
✡	Synagoge
☪	Moschee
✝✝✝	Friedhof
ⵣⵣⵣ	Moslemischer Friedhof
⸏⸏⸏	Jüdischer Friedhof
⚜ ⚜ ☀	Aussichtspunkt
∴	Antike Ruinenstätte
🏰	Burg, Schloss
🏚	Burgruine, Schlossruine
🎋	Windmühle
👤	Denkmal
❘	Turm
🗼	Leuchtturm
—•—	Nationalpark
★ ❶ Ⓐ	Sehenswürdigkeit

PT 10K1 ◆ 11010

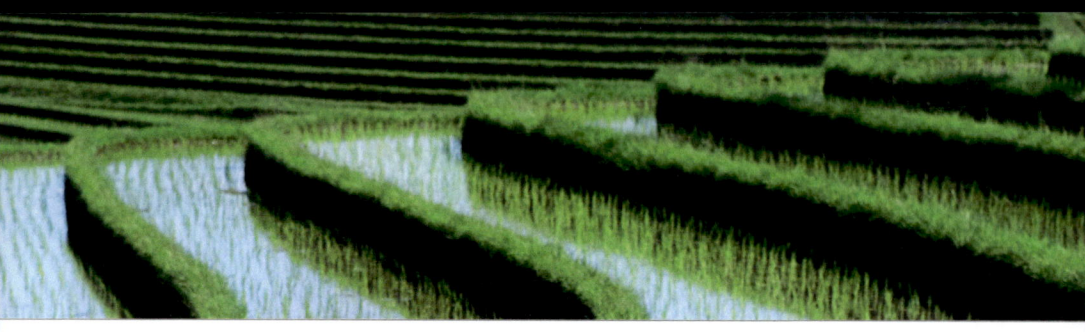

UNTERWEGS

Bali erkunden

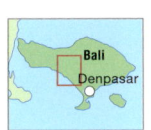
Lombok erkunden

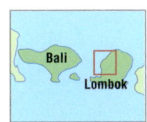
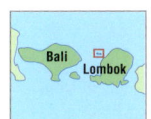
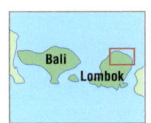
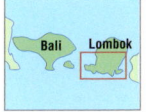

Inspiration

**Von bunten Korallenriffs bis zu stolzen Vulkan-
gipfeln, von sattgrünen Reisterrassen bis zu
Dschungelpfaden und von ehrwürdigen Tempeln
bis zu erstklassigen Museen – dies sind Balis
Top-Attraktionen.**

Rechts: Jatiluwih – Traum-
hafte Reisterrassen ziehen
sich die Berghänge hinauf.
Siehe Seite 203
Links: Gunung Batur – Von
Penelokan bieten sich herr-
liche Blicke auf Vulkan und
Kratersee. Siehe Seite 154

**Unten: Elephant Safari
Park** – Den grauen Riesen
näher zu kommen ist ein
großes Erlebnis. Siehe
Seite 148

Oben: Odalan – Irgendwo feiert man auf Bali immer ein Tempelfest: die beste Gelegenheit, in den Alltag einzutauchen. Siehe Seite 54

Unten: Töpferei – Banyumelek und Penujak auf Lombok sind für ihre Töpferwaren bekannt. Siehe Seite 214, 231

Links: Gili Trawangan – Vor der Nordwestküste Lomboks liegen die Gilis mit ihren traumhaften Stränden. Siehe Seite 220

Rechts: Kecak – Einer von Balis attraktivsten Tänzen – begleitet von einem Männerchor. Siehe Seite 70

Links unten: Unterwasserwelt – Tulamben, Pulau Menjangan oder die Gilis vor Lombok sind exquisite Tauchgebiete. Siehe Seite 83

Rechts: Trekking – Nicht versäumen: Auf Lombok im **Rinjani-Nationalpark** zu Wasserfällen wandern. Siehe Seite 225

Ganz rechts unten: Gunung Kawi – Im Tal des Pakrisan erinnern die in den Stein gehauenen Monumente an javanische Grabtempel. Siehe Seite 149

Für Sie ausgewählt

Traumstrände, grandiose Aussichtsplätze, die faszinierendsten Tanzaufführungen, die schönsten Tempel und die angesagtesten Bars – dazu die charmantesten Hotels, die besten Restaurants, die heißesten Shopping-Tipps und noch viel mehr.

Oben: Wasserspaß inm Waterbom Park

Bali für Familien

Aktivitäten, die Kindern gefallen, auch wenn nicht alle für jedes Alter geeignet sind.

◆ **Elephant Safari Park** Hier können Kinder Elefanten streicheln und füttern. Der Elefantenritt durch den Wald bei Taro ist nicht billig, aber ein Riesenspaß.
Siehe Seite 148
◆ **Taman Burung Bali (Vogelpark)** Exotische Vögel aus ganz Indonesien, darunter Kingfisher und Nashornvogel sowie 250 weitere Arten bevölkern den schön angelegten Park. Vogelfans können ein seltenes Exemplar des Bali-Star bewundern.
Siehe Seite 129
◆ **Taman Tirtagangga** Von Quellen gespeiste Swimmingpools

und Wasserspiele in einem herrlichen Park, der zum gleichnamigen Wasserpalast gehört. Gefällt Kindern ebenso wie Erwachsenen.
Siehe Seite 172
◆ **Waterbom Park** Im Herzen Kutas liegt der Wasserpark mit Rutschen, Kanälen und Rampen für grenzenlosen Wasserspaß. Die Eltern können zwischendurch im Spa relaxen.
Siehe Seite 117
◆ **Botanischer Garten** In der Nähe des Bratan-Sees im kühlen Norden gelegen. Familienattraktion ist ein Klettergarten.
Siehe Seite 186

Nur auf Bali

◆ **Petulu** Zum Sonnenuntergang kehren Scharen von weißen Reihern nach Petulu zurück, wo sie sich in den Bäumen niederlassen. Ein wunderschöner Anblick.
Siehe Seite 147
◆ **Nyepi** Am ersten Tag des neuen Jahres nach balinesischem Kalender darf niemand das Haus verlassen – das gilt auch für Touristen! – und die Lichter bleiben aus.
Siehe Seite 59
◆ **Odalan** Fast jeden Tag findet irgendwo auf der Insel zumindest ein farbenprächtiges Tempelfest statt. Siehe Seite 54
◆ **Verbrennungen** Die faszinierenden Zeremonien, bei denen Feuer die Seele des Verstorbenen befreit, sind sehr kostspielig. Siehe Seite 57

◆ **Muncan** Am letzten Abend des balinesischen Jahres gestalten eine männliche und eine weibliche Figur einen uralten Fruchtbarkeitsritus.
Siehe Seite 162
◆ **Trunyan** Im Bali-Aga-Dorf werden die Toten nicht verbrannt, sondern werden im Wald den Elementen ausgesetzt.
Siehe Seite 156
◆ **Makare** Mit dornigen Blättern schlagen sich die jungen Männer im Bali-Aga-Dorf Tenganan. Das vergossene Blut gilt als Opfer für die Dämonen.
Siehe Seite 168

Oben: Frauen mit prächtigen Opfergaben auf dem Weg zum Tempelfest
Links: Ein Priester vollzieht die Zeremonien anlässlich eines Tempelfestes

Die besten Aussichtspunkte

♦ **Antosari bis Pupuan** Die Nebenstraße von Süd- nach Nordbali ist gesäumt von spektakulären Reisterrassen. Siehe Seite 199

♦ **Pura Pasar Agung** Ein einsamer Tempel in grandioser Lage an den Hängen des Gunung Agung. Siehe Seite 162

♦ **Ujung bis Amed** Herrlicher Blick über schwarze Sandstrände voller bunter Fischerboote. Siehe Seite 172

♦ **Pura Luhur Uluwatu** Ein Tempel hoch über den Klippen mit herrlichem Meerblick. Siehe Seite 112

♦ **Penelolan** Dramatischer Blick in die Caldera des Batur-Vulkans. Siehe Seite 154

♦ **Jatiluwih** Eine üppig grüne Reisterrassenlandschaft, die an einer Bergflanke klebt. Siehe Seite 203

♦ **Kuta bis Selong Blanak, Lombok** Der schönste Blick über Lomboks spektakuläre Südküste. Siehe Seite 233

♦ **Gunung Rinjani** Einzigartiger Blick über weite Teile der Insel bis nach Bali. Siehe Seite 225

Oben: Die Steilküste bei Uluwatu

Die besten Outdoor-Aktiviäten

♦ **Tauchen** Großartige Tauchreviere sind die Nationalpark-Insel **Menjangan** im Nordwesten Balis, **Tulamben** an der Osküste Balis und die **Gili**s vor Lombok. Siehe Seite 191, 173, 219

♦ **Golfen** Die beiden spektakulärsten Plätze sind der **Handara Kosaido Golf Club** im Hochland und **Le Meridien Nirwana** hoch über den Klippen mit Meerblick. Siehe Seite 85, 255

♦ **Wildwasser-Rafting** Am besten während der Regenzeit im Ayung-Fluss bei Ubud. Siehe Seite 87

♦ **Trekken und Mountainbiken** Einfache Wanderungen und Biketouren bieten sich rund um Ubud an. Vulkantrekking für Einsteiger am Gunung Batur, für Geübte am Gunung Agung oder Gunung Rinjani auf Lombok. Siehe Seite 85, 87

♦ **Surfen** Ideal für Anfänger ist Kuta Beach, für Könner die Strände der Bukit Badung. Siehe Seite 84

Links: Arbeiterin im Reisfeld. **Unten:** Taucher in der Nähe des Wracks der »Liberty« bei Tulamben

Die besten Strände

♦ **Jimbaran** Eine hübsche Bucht mit sauberem Wasser und herrlichen Sonnenuntergängen. Siehe Seite 114

♦ **Nusa Dua** Sanfte Wellen und weißer Sand machen den Strand zur guten Wahl für Familien. Siehe Seite 112

♦ **Seminyak** Endlos langer Sandstrand mit hohen Wellen – ein Paradies für Surfer. So schön wie Kuta, aber ohne Massenbetrieb. Siehe Seite 118

♦ **Kuta** Surfer, Beachboys, schöne Körper, jede Menge Händler und Masseure. Dazu hohe Wellen,

das pralle, bunte Strandleben und lange, heiße Nächte in Kneipen, Bars und Diskos. Siehe Seite 114

♦ **Pemuteran** Ein idyllischer schwarzer Sandstrand im Nordwesten der Insel. Hier fühlen sich Taucher und Ruhesuchende wohl. Nicht weit von hier ist die bei Schnorchlern und Tauchern beliebte Insel Menjangan. Siehe Seite 191

♦ **Nipah, Lombok** Bildhübscher Strand mit guten Schnorchelmöglichkeiten. Siehe Seite 216

Die interssantesten Heiligtümer

◆ **Pura Tegeh
Koripan** Heiligtum am
Kraterrand des Gunung
Batur. Häufige Nebel-
schwaden sorgen für
mystische Atmosphäre.
Siehe Seite 156
◆ **Pura Luhur
Batukau** Abgelegenes
Heiligtum an den Hängen
des Gunung Batukau.
Siehe Seite 202
◆ **Yeh Pulu** Rätselhafte
Steinreliefs zieren eines
der ältesten Inselheilig-
tümer inmitten von Reis-
feldern.
Siehe Seite 145
◆ **Pura Tanah Lot**
Viel besuchter Tempel an
der Südwestküste.
Berühmt für herrliche Son-
nenuntergänge. Siehe
Seite 119
◆ **Pura Beji** Herrliche
Steinmetzarbeiten
machen den Tempel zu
einem der schönsten
Beispiele des nord-
balinesischen Tempel-
barocks.
Siehe Seite 182
◆ **Brahma Arama
Vihara** Farben-
prächtiger buddhis-
tischer Tempel auf ei-

nem Hügel mit herrlicher
Aussicht.
Siehe Seite 184
◆ **Goa Gajah**
Elefantenhöhle mit
Statuen indischer Götter.
Siehe Seite 141
◆ **Pura Taman
Ayun** Schöne Anlage,
umgeben von einem
Wassergraben.
Siehe Seite 200
◆ **Pura Ulun Danu
Bratan** Der Tempel mit
Schreinen im See ist
beliebtes Fotomotiv.
Siehe Seite 157
◆ **Gunung Kawi**
Rätselhaftes Heiligtum in
einem Flusstal.
Siehe Seite 149
◆ **Pura Tirtha
Empul** Viel besuchter
Tempel mit heiliger
Wasserquelle.
Siehe Seite 148
◆ **Pura Lingsar, Lom-
bok** Hindus und Muslime
kommen hierher um zu
beten. Siehe Seite 215
◆ **Pura Suranadi, Lom-
bok** Einer der heiligsten
und ältesten Tempel Lom-
boks. Siehe Seite 215
◆ **Pura Batu Bolong,
Lombok** Spektakulär auf
einer Klippe gelegen.
Siehe Seite 215

Links: Heilige Quelle im Pura Tirtha Empul. **Oben:** Legong-
Tanzaufführung in Ubud **Unten:** Bemooste Statue im
Pura Luhur Batukau

Die besten Aufführungen

◆ **Gambuh** Das höfische
Tanzdrama wird traditio-
nell ausschließlich im
Tempel aufgeführt.
Siehe Seite 69
◆ **Barong und Rang-
da** Tranceritual, das den
Sieg des Guten in Gestalt
des Barong über das Böse
in Gestalt der Hexe Rang-
da thematisiert.
Siehe Seite 68
◆ **Legong** Anmutiger,
höfischer Tanz, in dessen
Mittelpunkt junge
Mädchen stehen.
Siehe Seite 69

◆ **Wayang Kulit** Der
Puppenspieler (*dalang*)
erzählt mittels seiner
»Schatten aus Leder« alte
Hinduepen.
Siehe Seite 71
◆ **Kecak** Szenen aus
dem Ramayana-Epos,
eingebettet in die rhyth-
mischen Gesänge eines
Männerchors.
Siehe Seite 70
◆ **Topeng** Traditionelles
Maskenspiel, das vergan-
gene Helden und ihre
Taten feiert.
Siehe Seite 69

Die besten Museen und Galerien

◆ **Museum Neka** Eine
der besten Sammlungen
balinesischer und indone-
sischer Malerei, die auch
Werke von ausländischen
Künstlern zeigt, die auf
Bali lebten.
Siehe Seite 137
◆ **Taman Werdi Budaya
Art Centre** Informativer
Überblick über das
balinesische Kunst-
schaffen.
Siehe Seite 108

◆ **Seniwati-Galerie**
Kleines Museum, das
Werke weiblicher Künstler
zeigt. Siehe Seite 136
◆ **Puri Lukisan** Hervor-
ragende Sammlung tradi-
tioneller und zeitgenössi-
scher balinesischer Kunst.
Siehe Seite 136
◆ **Agung Rai Museum**
Die besten Stücke aus den
Beständen des Kunst-
sammlers Agung Rai.
Siehe Seite 139

Nur auf Lombok

◆ **Gendang Balek** Traditionelle Musikform, in deren Mittelpunkt große

Trommeln stehen. **Siehe Seite 258**
◆ **Bau Nyale Fest** Beliebt bei jungen Leuten zum Kennenlernen, im Februar am Mandalika Beach. **Siehe Seite 231**
◆ **Ayam Pelecing** Gebratenes Hähnchen mit scharfer Sauce ist eine Spezialität der Lombok-Küche.

Die besten Clubs und Bars

◆ **Double Six** Legendäre Freiluftdisko am Strand von Seminyak. Bungee Jumping und andere Attraktionen. **Siehe Seite 251**
◆ **Ku De Ta** Seit Jahren beliebter Szenespot in Seminyak, den auch viele Stars und Sternchen schätzen. **Siehe Seite 251**
◆ **Mannekepis** Sympathisches Jazz- und Blueslokal mit belgischem Bistro in Seminyak. **Siehe Seite 251**

◆ **Jazz Café** Der Treffpunkt für Jazzfans in Ubud. **Siehe Seite 251**
◆ **Ocean Beach Club** Neuer hipper Club in Kuta. Mit Restaurant. **Siehe Seite 251**
◆ **The Office Bar & Restaurant** Nette Bar am Strand von Senggigi, Lombok. Toller Platz für den Sonnenuntergang. **Siehe Seite 259**
◆ **Marina** Die beliebteste Diskothek Lomboks. Oft Live-Bands. **Siehe Seite 259**

Links: Die großen Trommeln, typisch für Gedang Balek.
Oben: Bali hat wundervolle Spas

Spas gut & günstig

◆ **Jari Menari Massage Center** »Tanzende Finger«, heißt Jari Menari übersetzt. Zwischen 75 Minuten und zwei Stunden tanzen 10 oder auch 20 Finger über den verspannten Körper … und schenken Glückseligkeit pur. **Siehe Seite 257**
◆ **Nur Traditional Beauty Salon** Ibu Nur ist Kräuter-Spezialistin und verwöhnt mit Schönheitsmitteln aus Kräutern, Blüten, Früchten und Gewürzen zu Preisen, bei denen das Herz lacht. **Siehe Seite 257**
◆ **Ubud Sari Health Resort** Eine kleine Oase, in der sich alles um Gesundheit und Schönheit dreht. **Siehe Seite 257**

SPARTIPPS

◆ **Günstig essen und trinken:** Nachtmärkte mit sehr günstigem Streetfood gibt es in Städten und vielen Touristenzentren. Aber Achtung: Nur gut durchgegarte Lebensmittel verzehren.
◆ **Happy Hours:** Wie in vielen anderen asiatischen Ländern wird Alkohol hoch besteuert und ist teuer. Die Preise sinken während der Happy Hour (meist vor 20 Uhr).
◆ **Kostenlose Unterhaltung:** Auf Tempelfesten werden Tänze oder Schattenspiele (oft zu später Stunde) auch für Besucher kostenlos gezeigt. Die Termine erfährt man bei den Fremdenverkehrsämtern.
◆ **Fahrzeuge mieten:** Der Mietpreis für ein Fahrzeug (Auto oder Charterboot) ist unabhängig von der Zahl

der Personen, die mitfahren. Wer eine Gruppe zusammentrommelt, fährt wesentlich günstiger.
◆ **Öffentliche Verkehrsmittel:** Bemos, öffentliche Minibusse, verkehren regelmäßig zwischen größeren Ortschaften und sind sehr preisgünstig. Auf Lombok bieten viele Restaurants ihren Gästen kostenlose Transfers an.
◆ **Günstig wohnen:** Viele Familien bieten in ihren Häusern preisgünstige Privatzimmer an. Der positive Nebeneffekt: Man wird Familienmitglied auf Zeit und kann balinesischen Alltag kennenlernen.
◆ **Feilschen:** Beim Einkaufen nie den ersten Preis zahlen, der liegt meist viel zu hoch. Mit ein bisschen Erfahrung entwickelt man ein Gefühl für das Preisgefüge.

Hotels

Die Preiskategorien gelten für ein Doppelzimmer:
● = unter 50 Euro
●● = 50–100 Euro
●●● = 100–200 Euro
●●●● = über 200 Euro

◆ **The Legian Seminyak**, Tel. 0361-730622, www. ghmhotels.com, ●●●● Eleganz und perfektes Styling von der Lobby bis zum Spa – hier waren Top-Architekten und Designer am Werk. Die Suiten sind extrem großzügig geplant. Der Pool scheint die direkte Verlängerung des Indischen Ozeans zu sein. Im Restaurant genießt man erlesene Küche und feine Weine. Und schließlich sind die angesagtesten Szenespots von Seminyak zu Fuß zu erreichen. Und das große Plus: Das erstklassig geschulte Personal verwöhnt jeden Gast wie einen Besucher aus himmlischen Sphären.

◆ **Alam Indah**
Alam Jiwa, **Nyuhkuning**, Ubud, Tel. 0361-974629, www.alamindahbali.com, ●●–●●●

Südlich des Affenwaldes von Ubud ist die Dorfwelt noch in Ordnung. Die drei Schwesterhotels liegen in nächster Nachbarschaft und haben alle nur rund 10 Zimmer, von denen keines dem anderen gleicht. In wundervoller Ruhe genießt man von der Terrasse traumhafte Reisfeldblicke. Die zahlreichen Stammgäste wissen das Konzept ganz ohne TV und Telefon zu schätzen und lauschen lieber dem Wispern der tropischen Natur als westlicher Unterhaltungselektronik.

◆ **Puri Lumbung Munduk,** Tel. 0362-92810, www.puri lumbung.com, ●● Das kleine Dorf Munduk in den Bergen unweit der Bergseen Danau Tamblingan und Danau Buyan ist ideal, um balinesisches Dorfleben und balinesische Kultur zu studieren. Auf dem Programm stehen Kochkurse, Tanzkurse, Kurse in Kräutermedizin und Meditation unter Anleitung sowie geführte Wanderungen durch Reisfeldlandschaften und Gewürzplantagen oder zu

Wasserfällen. Die zwölf Doppelzimmer-Bungalows und zwei Familienbungalows sind doppelstöckig, die Schlafzimmer klein, aber fein. Günstiger noch als die Bungalows sind die Homestay-Zimmer im Kolonialstil, die im Dorf liegen, aber dem Hotel angegliedert sind.

◆ **Pondok Sari Pemuteran**, Tel. 0362-92337, 94738, www.pondoksari.com, ●–●● Am einsamen schwarzen Strand von Pemuteran an der Nordküste Balis gibt es ein kleines Hotel mit angenehmen Bungalows, schattigem Garten, Pool, leckerem Essen und freundlichen Geistern, die den Gästen fast jeden Wunsch von den Augen ablesen. Die Tauchbasis zieht Freunde des Unterwassersports an: Getaucht wird am Hausriff oder im nahen Nationalpark vor Menjangan Island. Doch auch Nicht-Taucher müssen sich nicht langweilen. Eine weitere Attraktion des Hotels ist der javanische Spa.

◆ **Tjampuhan**
Jl. Raya Campuhan, **Ubud,** Tel. 0361-975368, www.tjampuhan.com, ●●–●●● Der Maler Walter Spies, ein früher Zivilisationsflüchtling, kam 1928 nach Bali und wurde zum Vermittler zwischen der Kultur des Westens und des Ostens. Das Haus von Walter Spies steht noch immer, und drumherum

baute die fürstliche Familie ein Hotel – das erste Boutiquehotel der Insel. Die älteren Zimmer schmücken Antiquitäten aus dem Palast, die neuen Zimmer sind zweckmäßiger, aber komfortabler (u. a. mit Klimaanlage). Alle haben sie wunderbare Terrassen. Die Hoteltrakte sind in einen prächtigen Tropengarten mit zwei Pools und einer Wellnessgrotte integriert.

◆ **Amankila Manggis,** Tel. 0363-41333, www.amanresorts. com, ●●●● Die drei Aman-Resorts auf Bali – das Amannusa in Nusa Dua, das Amandari in Ubud und das Amankila an der ruhigen Ostküste – waren die ersten Designhotels der Insel und schon bald Rückzugsorte der Pop- und Filmstars und Wirtschaftsbosse. Absolute Diskretion und vollendeter Service sind eine Selbstverständlichkeit. 33 Villen erheben sich hoch über dem Indischen Ozean. Das Sanskritwort »Amankila« bedeutet »friedvoller Hafen« und der Name ist Programm. Die Gäste sind hier am Ziel ihrer Reise angekommen und tauchen in ein Paradies der Schönheit und Stille ein. Der perfekte Platz, besondere Momente zu zelebrieren …

◆ **Alam Anda Sambirenteng,** Tel./Fax 08124-656485, Kontakt-Tel. in Deutschland: 04105/690936, www. alam-anda.com, ●●–●●●

Im wilden Osten Balis liegen Bambusvillen und Bungalows unter Kokospalmen direkt am Strand. Besonders wohl fühlen sich hier Taucher, denn zum Hotel gehört eine Tauchbasis. Meerwasserpool, eine Bibliothek, ein Restaurant (in dem man auch kochen lernen kann) und ein Massagehaus, in dem vierhändig ayurvedisch massiert wird, sorgen aber dafür, dass auch Nicht-Taucher voll auf ihre Kosten kommen.

◆ **Windy Cottages Mangsit,** Lombok, Tel. 0370-693191, www. windybeach.com, ● 14 Bungalows, teilweise mit Klimaanlage, verteilen sich in einem riesigen Garten mit Pool direkt am Strand. Bales – Ruheplätze – mit Meerblick locken nicht nur zum Sonnenuntergang. Wunderbar entspannte Atmosphäre und liebenswerte Betreuung. Der ideale Platz für Individualisten.

◆ **Mandalika Resort** Pantai Putri Nyale, **Kuta, Lombok,** Tel. 0370-653333, www.novotel-lombok.com, ●●–●●●

Traumhaft schöne Bungalowanlage im Stil eines Sasak-Dorfes in einer hellen Sandbucht. Vom Picknick auf dem Hügel bis zur Romantikbeleuchtung am Abend versteht man es, besondere Momente zu inszenieren. In der Küche treffen sich Ost und West, der tolle Strand liegt vor der Bungalowtür und natürlich gibt es auch einen Spa.

Restaurants

Die Preiskategorien gelten pro Hauptgericht.
● = unter 50 000 Rp.
●● = 50 000– 150 000 Rp.
●●● = 150 000– 300 000 Rp.
●●●● = über 300 000 Rp.

◆ **Bumbu Bali** Jl. Pratama, **Tanjung Benoa,** Tel. 0361-774502, www.balifoods.com, ●●● Chilischoten, Ingwerwurzeln und ihre gelblichen Verwandten – Kurkuma oder Gelbwurz –, Galangawurzel, Kencur, Salamblätter und Zitronengras – es duftet verführerisch aus der Küche des Bumbu

Bali. Die Gewürzinseln lassen grüßen Ein Schweizer Chefkoch, verheiratet mit einer Balinesin, serviert in seinem Restaurant authentische balinesische Küche, die auch verwöhnte Gaumen zum Schwärmen bringt und mehrfach preisgekrönt wurde. Gebackene Ente oder gegrillter Fisch im Bananenblatt, Spanferkel, Sate-Spieße à la Bali oder Gemüsespezialitäten – wer die Wahl hat, hat die Qual.

◆ **Aromas Cafe** Jl. Legian, **Kuta,** Tel. 0361-761113, ● Vegetarische Küche wird inmitten eines Tropengartens unter einem wunderbar schattigen Dach aus Elefantengras serviert – eine Oase der Ruhe im trubeligen und hektischen Kuta. Schon zum Frühstück werden die Gäste mit Leckereien aus Ost und West verwöhnt und auch die Abendkarte liest sich international – von Nasi Goreng über Pasta bis zum indischen Curry. Zwischen Suppe und Dessert reist man vom Orient bis nach Mexiko. Auf Naschkatzen warten leckere Kuchen und kühle Smoothies. Wert legt man auf frische und gesunde Produkte, alles wird appetitlich serviert, und die Preise schonen den Geldbeutel.

◆ **Ayam bakar** Jl. Raya Kuta 87, **Kuta,** Tel. 0361-7435459, oder Denpasar, Jl. Merdeka 18, Tel. 0361-23119, ●

Wer sich unter die Indonesier mischen möchte, ist im Ayam bakar – der Name spielt auf eine der Spezialitäten des Lokals, gebratenes Hühnchen, an – bestens aufgehoben. Hier speisen balinesische und javanische Großfamilien und Freundescliquen in javanischem Ambiente, denn genauso wie der Besitzer der bei Balinesen höchst beliebten Restaurantkette stammt die Ausstattung aus Zentraljava. Man hockt sich auf den Boden, bestellt zusammen mehrere Gerichte und nascht von allem. Neben den leckeren Hühnergerichten locken auch vorzügliche Fischgerichte, die in Java viel sanfter als auf Bali gewürzt werden. Die Stimmung ist ausgelassen und der Kontakt mit den Einheimischen herzlich.

◆ **Damai** Jl. Damai, Kayu Putih, **Lovina,** Tel. 0362-41008, www.damai.com, ●●–●●● Der dänische Koch Per Thoftesen sollte dem Personal des Hotels Damai bei Lovina eigentlich nur beibringen, wie man Brot backt. Er blieb zweieinhalb Jahre und das Ergebnis balinesisch-dänischer Zusammenarbeit waren Gerichte, die die Höhepunkte europäischer und asiatischer Traditionen zu etwas ganz Eigenem vereinen. Die Karte ist klein, aber fein und die Gourmet-Menüs werden Abend für Abend neu komponiert. Dass nur die besten Zutaten (z.T. aus

dem eigenen Garten) in Topf und Pfanne kommen, versteht sich von selbst. Alles wird fantasievoll präsentiert, und das romantische Ambiente mit Blick über die Reisfelder auf den Strand von Lovina schließlich macht den Abend perfekt und lohnt auch eine längere Anreise. (Restaurantbetrieb abends, tagsüber nur kleine Karte.)

◆ **Kudus House**
Begawan Giri bei **Ubud,** Tel. 0361-978888, kudus@ begawan.com, ●●●
Das Como Shambala ist ein Traum von einem Hotel, die Preise führen zurück auf den Boden der Tatsachen. Ein Essen im hoteleigenen Kudus dagegen gehört zu den bezahlbaren Träumen. Javanisches Flair längst vergangener Zeiten, indonesische Küche vom Feinsten und traumhafte Ausblicke über das Tal des Ayung-Flusses. Etwas für besondere Abende. Einen modernen Kontrapunkt setzt das zweite Restaurant des Hotels, das **Glow.** Chef Chris Miller

serviert New-World-Cuisine mit indonesischem Akzent. Fisch, Shrimps, Geflügel, Obst und Gemüse stammen übrigens aus eigener Zucht und eigenem Anbau – damit alles knackig frisch auf den Tisch kommt.

◆ **Café Wayan**
Monkey Forest Rd., **Ubud,** Tel. 0361-975447, ●
Lokale kommen und gehen in Ubud. Elegant und ambitioniert sind viele. Das Wayan ist sich treu geblieben seit seinen Anfängen vor vielen Jahren und gehört wie eh und je zu den beliebtesten Adressen des Künstlerortes. Man sitzt in kleinen Pavillons inmitten eines üppigen Gartens, kann sich auch bequem auf den Boden lümmeln. Die Schokoladentorte (»Death by chocolate«) ist legendär, aber lecker ist alles, was zwischen Frühstück und Abendessen auf den Tisch kommt. Nicht verpassen: Sonntags gibt es das traditionelle Bali-Buffet, von dem Gäste noch lange schwärmen.

◆ **Kafe Warisan**
Jl. Raya Kerobokan, **Kerobokan,** Tel. 0361-731175, www.kafe warisan.com, ●●—●●●
Das französische Restaurant am Reisfeld, nördlich von Kuta, gehört zu den Klassikern der europäischen Küche in Bali. Man tafelt vorzüglich in elegantem Ambiente und schwelgt in allen Genüssen des Westens: Ein Glas Champagner als Aperitif gefällig? Nach einem feinen Süppchen locken unter anderem gegrilltes australisches Tenderloin-Steak mit Sauce Bordelaise und Kartoffelgratin oder Tatar vom Thunfisch mit feinen Salaten. Und dann vielleicht ein süßes Finale mit Crème Brûleé oder Schokoladen-Profiteroles? Auch die Weinkarte kann sich sehen lassen, und nach dem Essen warten Cognac und Zigarren an der Bar.

◆ **Fischlokale von Jimbaran**
Jimbaran Bay, am südlichen Ende des Strandes, ●—●●
Am frühen Abend pilgern die Massen nach Jimba-

ran. Sind es die spektakulären Sonnenuntergänge? Sicher auch, aber noch viel mehr locken die unzähligen Fischlokale direkt am Strand. Frischer können Meeresfrüchte kaum mehr sein. Fische, Krabben, Hummer, Tintenfische – was immer Ihr Herz begehrt. Was Sie ausgesucht haben, wird vor Ihren Augen auf die Waage gelegt (das Gewicht bestimmt meist den Preis). Ihrem Wunsch entsprechend wird das Gericht zubereitet und dann heißt es nur noch Platz nehmen, die Füße in den Sand stecken und schlemmen, was das Zeug hält.

◆ **Ashtari**
Jl. Raya Mawun, **Kuta, Lombok,** ●
An der Straße zum Traumstrand von Mawun liegt das vegetarische Restaurant (geöffnet tgl. 8.30 bis 18 Uhr)auf einem Hügel hoch über der Bucht. Meditative Musik im Lounge-Ambiente, frische Ost-West-Küche und grandiose Blicke über die weißen Strände des Südens verlocken zu einer längeren Pause.

Shopping

◆ **Wayan Boby Lesmana**
Jl. Setra Gang I No. 1,
Celuk, Tel. 0361-294861
Ringe, Ketten, Armbänder,
Ohrringe, aber auch ganze
Gürtel geschmiedet aus
Silber – elegante Filigranarbeiten, die in Europa
unbezahlbar wären: Ent-
lang der Straße Celuks
liegen die Ausstellungs-
räume der renommierten
Werkstätten. Beim Schlen-
dern durch die schmalen
Gassen des Ortes findet
man aber auch kleine Fa-
milienbetriebe, wo man
den Künstlern noch bei
der Arbeit über die Schulter schauen kann. Bei
Bobby Lesmana kann man
außerdem ein traditionel-
les Familiengehöft an-
schauen.

◆ **Spa Factory Bali**
Jl. Toya Ning 4, **Kedon-
ganan** (bei Jimbaran),
Tel. 0361-701-855, www.
spafactorybali.com
Körperpeelings und
Masken auf Gewürzbasis,
Badesalz mit grünem Tee,
Bodylotion mit Frangipa-
niblüten – wer einmal im
Spa balinesische Natur-
kosmetikprodukte probiert
hat, will auch welche mit

nach Hause nehmen.
Beim Fabrikshopping be-
kommt man einen guten
Einblick in die Produktion
und natürlich die Produk-
te zum außergewöhnlich
günstigen Preis.

◆ **Warisan Gallery**
Jl. Raya Kerobokan,
Br Taman Kuta,
Tel. 0361-730710,
www.warisan.com
Möbel aus Java und Bali
haben längst auch in der
westlichen Welt ihren Sie-
geszug angetreten – vom
Bett aus Bambusrohr bis
zu Gartenmöbeln aus
Plantagenteak. Ein Besuch
in der Möbelgalerie Wari-
san macht Wohnträume
wahr: Suchen Sie Antiqui-
täten wie geschnitzte Tü-
ren aus Java oder möch-
ten Sie Möbel nach Maß
fertigen lassen? Die Aus-
wahl ist überwältigend,
ergänzt durch unzählige
asiatische Wohnacces-
soires. Um den Transport
nach Europa kümmert
man sich gern.

◆ **Kids a go go**
Jl. Pantai Kuta, beim Hard
Rock Café, **Kuta**
Bunte Sommerkleidung
gibt es in Hülle und Fülle.
Und ganz besonders

schön ist die Kindermode.
Vor allem die kleinen
Mädchen geraten ins
Schwärmen angesichts
der fröhlichen, bunten
Stoffe und der flotten
Schnitte – mal roman-
tisch, mal frech. Und die
Preise bringen die Eltern
zum Schwärmen …

◆ **Puja Wood Carver**
Jl. Raya Mas No. 34, **Mas,**
Tel. 0361-975096
Bunte Holztiere und Mo-
biles aus Bali findet man
in zahllosen Geschenk-
boutiquen und auf Kunst-
handwerkermärkten rund
um den Erdball. In Bali
sind ganze Dörfer damit
beschäftigt, die Nachfrage
zu stillen. Traditionell wurden durch kunstvolle
Schnitzornamente die
Tempel verziert und auch
heute noch gibt es neben
den preisgünstigen Sou-
venirs Schnitzarbeiten von
hoher Qualität.

◆ **Jenggala**
Jl. Uluwatu, **Jimbaran,**
Tel. 0361-703311,
www.jenggala-bali.com
Wem das Geschirr im Ho-
tel oder Restaurant gut
gefallen hatte, der sollte
einen Abstecher nach Jim-

baran machen. Wer bei
Jenggala nicht fündig
wird, ist selber schuld. Lieber das cremefarbene
Frühstücksgeschirr oder
die mattgrünen Reisscha-
len? Am besten beides –
wenn es der Platz im Kof-
fer erlaubt. Wer lieber
selbst aktiv ist, kann sich
zum Keramikworkshop
anmelden.

◆ **Uluwatu**
Jl. Danau Tamblingan,
Sanur, Tel. 0361-287638
Bei Uluwatu (Filialen auch
in Kuta, Legian, Ubud,
Nusa Dua) gibt es Röcke,
Blusen, Tischwäsche, Bett-
wäsche und vieles mehr
aus höchst attraktiver
Baumwollspitze. Sehr be-
liebt sind auch die bunten
Songket-Stoffe, die sich
gut zu Tischdecken und
Bettüberwürfen verarbei-
ten lassen. Und natürlich
die große Auswahl an
Baumwoll- und Seiden-
batiken.

◆ **Pasar Seni Sukawati**
Überdimensioniert für den
kleinen Ort scheint auf
den ersten Blick der
Kunsthandwerkermarkt,
der sich großer Beliebtheit
erfreut. Was man auch

sucht – bunte Sarongs, Mobiles, Holzschmuck für den Weihnachtsbaum, Windspiele oder Flechtwaren –, hier gibt es Souvenirs für jeden Geschmack.

◆ **Pasar Badung Denpasar**
Die Hausfrauen sind am frühen Morgen die Ersten, die mit fachkundigem Blick die Zutaten für die Mahlzeiten des Tages auswählen: Früchte und Gemüse, duftende Kräuter und Gewürze, dazu vielleicht ein Stück Fleisch oder Fisch und etwas Süßes. Es macht Spaß zu stöbern, zu schnuppern und zu handeln. Einen Blick wert sind auch die Kochutensilien: die Mörser aus Lavagestein zum Beispiel. (Geöffnet tgl. ca. 4–22 Uhr.)

Hotel-Spas

Die Preise für die Spa-Anwendungen steigen mit den Sternen des Hotels. Das Ambiente ist im Luxushotel sicher eleganter, die Qualität der Anwendungen nicht unbedingt besser. Die angegebenen Preiskategorien geben einen ungefähren Anhaltspunkt zum Preisniveau.

◆ **Matahari Beach Hotel**
Pemuteran, Tel. 0362-92312, www.mataharibeach-resort.com, ●●●●
Schon allein die Lage am schwarzen Lavastrand von Pemuteran im ruhigen Norden Balis garantiert

die perfekte Erholung. Für die wunderschönen Bungalows schnitzten balinesische Künstler um die Wette. Das edle Ambiente ergänzt perfekter Service. Und einer der schönsten Spas Balis – einem Wasserpalast nachempfunden – sorgt schließlich dafür, dass man dieses himmlische Plätzchen nie wieder verlassen mag. Man fühlt sich den Göttern ein Stück näher, wenn sanfte Hände den Körper kneten, klopfen und streicheln. So manches Wohlfühlprogramm wurde eigens für das Matahari konzipiert. Höhepunkt des üppigen Spa-Programms ist ein Ritual für Liebende, das fürstliche Paare einst in den siebten Himmel der Liebe geleitete.

◆ **Gaia Oasis**
Dusun Tegal Sumaga, Tejakula, Tel. 0812-3853350, www.gaiaoasis.com. ●-●●
Gaia Oasis im ruhigen und menschenleeren Nordosten Balis ist weniger Hotel als Seminarzentrum und Zentrum zur Heilung. Wellness für die Seele steht hier im Mittelpunkt. Die liebevoll mit Naturmaterialien erbauten und der Natur eingegliederten Bungalows liegen verstreut auf einem riesigen Areal entweder am Strand oder in den Bergen. Meditationen und Yogakurse gehören zum festen Programm genauso wie Bodyshaping (u.a. Tai-Chi, Callanetics). Balinesische Massagen sind buchbar.

◆ **Maya Ubud**
Jl. Gunung Sari Peliatan, Ubud, Tel. 0361-977888, www.mayaubud.com, ●●●
Das Maya ist so schön, dass man es ungern auch nur für ein paar Stunden zur Inselerkundung verlassen möchte. Traumhaft sind vor allem die Villen mit eigenem Garten und teilweise privatem Pool. Und der vielfach preisgekrönte Spa im Tal des Petanu-Flusses ist ein Hort purer Glückseligkeit.

◆ **Tugu**
Jl. Pantai Batu Bolong, Canggu Beach, Tel. 0361-731701, www.tuguhotels.com, ●●●●
Ein Hotel oder doch ein Museum? Oder beides? Mit dem Tugu Bali schuf ein javanischer Antiquitätensammler ein Paradies für Nostalgiker. Gäste dürfen sich fühlen wie in einem javanischen Palast – kein Zimmer gleicht dem anderen, aber jedes für sich atmet Geschichte und regt an zum Träumen von einer längst vergangenen Zeit. Der Spa-Bereich gehört zum Feinsten, was Bali zu bieten hat: Jamu-Anwendungen und Mas-

sagen in der Tradition der zentraljavanischen Sultanspaläste. Geknetet und gestreichelt wird selbstverständlich in historischem Ambiente, kombiniert mit dem Komfort der Moderne. Dass die Peelings, Masken und Crèmes alle frisch zubereitet werden, versteht sich von selbst.

◆ **Como Shambhala Estate Banjar Melinggih,**
Desa Begawan, Tel. 0361-978888, www.cse.comoshambhala.bz, ●●●●
Como Shambala gilt vielen als Top-Wellnessresort der Insel, in dem Ganzheitlichkeit oberste Priorität genießt. Deshalb sind Yoga-Kurse ebenso wichtig wie das Massageprogramm. Hier tummeln sich auch die Promis und traumhafte Ausblicke über das Tal des Ayung-Flusses tragen zur Erholung bei – genauso wie die Gesundheitsküche im Restaurant.

◆ **Spa im Bali Hyatt**
Jl. Danau Tamblingan 89, Sanur, Tel. 0361-281234, http://bali.resort.hyatt.com, ●●●

Fast schon eine Legende am Strand von Sanur Beach ist das Bali Hyatt mit seinem parkähnlichen Tropengarten. Die Spaziergänge allein zwischen Palmen, Frangipani, Bougainvilleen und Lotosteichen zum Gesang von Vögeln sind Entspannung pur. Ein neuer Höhepunkt der Anlage ist der Spa – angelegt wie ein balinesisches Dorf mit wunderschönen Freiluftpavillons. Die Krönung der Entspannung wartet im Spa bei einer sanften Massage oder einem Bad in Tropenblüten. Urlaub für alle Sinne … Großer Beliebtheit erfreuen sich die Ganztagesprogramme für Schönheit und Wohlbefinden von Kopf bis Fuß – auch für auswärtige Gäste nach Voranmeldung.

◆ **Prana Dewi Mountain Resort**
Wongaya Gede, **Penebel,** Tel./Fax 0361-736 654, www.balipranaresort. com, ●
Ganz weit weg vom Trubel der Touristenzentren – inmitten der schönsten Reisterrassen Balis, an den Hängen des Gunung Batukau, garantiert das kleine Resort beste Erholung. Einen Spa sucht man hier vergeblich, stattdessen bildet die Yoga-Halle den Mittelpunkt der hübschen kleinen Bungalow-Anlage. Regelmäßig finden Kurse für Anfänger und Fortgeschrittene statt, und Gastdozenten bieten auch manchmal Chi Gong, Tai Chi und Meditationskurse an.

Kultur Aktiv

◆ **Malen**
Museum Puri Lukisan, Jl. Raya Ubud, **Ubud,** Tel. 0361-971159, 975136, www.mpl-ubud. com
Die Malerei hat eine lange Tradition auf Bali. Malkurse sind eine wunderbare Möglichkeit, Bali abseits des Massentourismus zu erleben und viel über das Leben auf der Insel zu erfahren. Wo könnte es schönere Motive geben als auf Bali? Und wo könnte man besser Malerei studieren als in einem der schönsten Kunstmuseen der Insel, im Puri Lukisan in Ubud. Die Kurse dauern in der Regel einen Tag, Verlängerungen sind nach Vereinbarung möglich. Angeboten werden aber auch Kurse im Holzschnitzen, Korbflechten, im Herstellen von Opfergaben oder im Bemalen von Masken.

◆ **Heiraten**
Bali Weddings International, Jl. Bypass Ngurah Rai No. 103, **Sanur,** Tel. /Fax 0361-287516, www.bali weddingsinternational. com
Mick Jagger und Jerry Hall machten es einst vor – Heiraten im Tropenparadies Bali. Romantikern wird die farbenprächtige Zeremonie sehr gefallen. Der Priester ist in den meisten Fällen nicht echt und eine ganze Reihe von Formalitäten gilt es zu klären, bevor die balinesi-

sche Ehe rechtsgültig wird. Eine zauberhafte Angelegenheit ist sie allemal. Hochzeitsagenturen nehmen heiratsfreudigen Paaren die bürokratischen Hürden ab, damit mehr Zeit zum Flittern bleibt.

◆ **Kochkurs**
Bumbu Bali Cooking School, Jl. Pratama, **Tanjung Benoa,** Tel. 0361-771256, www.balifoods.com
Liebe zu einer Kultur geht durch den Magen, und kochen in der Gruppe macht Spaß. Viele Hotels bieten deshalb inzwischen Crashkurse für indonesische Küche an. Anspruchsvoll und höchst spannend ist der ganztägige Kochkurs mit dem Schweizer Chefkoch Heinz von Holzen. Er lebt seit vielen Jahren auf Bali, hat zahlreiche Kochbücher über die Küche der Insel geschrieben und versteht es bestens, ihre Besonderheiten zu vermitteln. Auftakt des Kurses ist ein Bummel über den Gemüse- und Fischmarkt am frühen Morgen, dann wird authentisch balinesisch gekocht (27 Gerichte stehen auf dem Pro-

gramm!) – und das grandiose Finale setzt das selbst gekochte Mittagessen. Selamat makan – guten Appetit!

◆ **Tanz und Musik**
ARMA Cultural Workshops, Pengosekan, **Ubud,** Tel. 0362-975742, www.armamuseum.com
Bali ist eine Insel der Künstler, davon ist jeder überzeugt, der bei Tempelfesten die grazilen Bewegungen der Tänzerinnen bewunderte oder das Dorforchester bei der Gamelanprobe erlebte. Eine Tanzaufführung sollte sich denn auch kein Besucher entgehen lassen. Mehr Spaß als das Zuschauen macht es nur, sich selbst im Tanz oder Gamelanspiel zu versuchen. Auch wenn kein Meister vom Himmel fällt, an einem Tag kann man zumindest ein Stück weit in die Philosophie von Tanz und Musik eintauchen. Auch Vorträge zu balinesischer Geschichte und Religion gehören zum Angebot des Kulturzentrums ARMA, das einst vom Kunstsammler Agung Rai ins Leben gerufen wurde.

Insel der Götter und Dämonen

Bali ist für viele ein Paradies, es zieht Besucher magisch an – mit seiner tropischen Fülle, seinen traumhaften Stränden, vor allem aber mit seiner einzigartigen Kultur.

Zahlreich sind die Beinamen, mit denen Bali bedacht wurde: »Insel der Götter und Dämonen«, »Geliebte der Götter«, »Morgen der Welt« … Vorstellungen vom letzten Paradies sind seit den frühen Jahren des 20. Jhs., als zivilisationsmüde Europäer sich auf der kleinen tropischen Insel niederließen, immer wieder auf Bali projiziert worden. Landschaftliche Schönheit, freundliche Menschen und eine faszinierende Kultur waren beste Voraussetzungen für Erfolg, als das Zeitalter des Massentourismus eingeläutet wurde. Exotik in konsumierbaren Dosen und zu günstigen Preisen versprachen die Kataloge der Reiseveranstalter, und die Zahl der Besucher schwoll von Jahr zu Jahr an.

Der Fremdenverkehr forderte seinen Tribut: In einigen Gegenden ist das Trinkwasser knapp geworden, die Straßen sind verstopft, Tausende alte Bäume sind der hohen Nachfrage nach geschnitzten Souvenirs zum Opfer gefallen, und zu viel landwirtschaftliches Nutzland wurde verbaut, besonders an der Küste. 1969 besuchten die Insel nicht einmal 11 000 Urlauber – Anfang der 1990er-Jahre wurde die Millionengrenze überschritten. 2009 waren es weit über 2 Millionen.

Hat auch die Insel der Götter ihre Unschuld verloren – Bali gehört nach wie vor zu den faszinierendsten Plätzen der Welt. Und die einzigartige balinesische Kultur überlebte trotz oder gerade wegen des Tourismus. Die Einnahmen aus diesem wichtigen Wirtschaftszweig ermöglichten es Gemeinden, ihre Tempel zu restaurieren, neue Tanzgruppen und Kunstzentren entstanden. So durchdringt die Religion auch heute noch alle Bereiche des Lebens. Opfer sichern das Wohlwollen von Göttern und Dämonen, mit Festen, Musik und Tanz erfreut man sie. Feierliche Prozessionen elegant gekleideter Menschen, Frauen, die Türme von Opfergaben auf ihren Köpfen balancieren, die kraftvollen Klänge des Gamelanorchesters und der Liebreiz junger Tänzerinnen gehören zum Festkleid der Insel und zum eindrucksvollsten Erlebnis für den Besucher, der die ausgetretenen Pfade ein Stück weit verlässt und von den Küsten ins Hinterland reist. ■

Vorhergehende Seiten: Der anmutigste unter den klassischen Tänzen ist der Legong, getanzt ausschießlich von Frauen – Ein wunderschöner Anblick: die Reisterrassen bei Tegalalang **Links:** Anbau von Seetang im Hafen von Toyapakeh **Oben:** Einmal im Jahr feiert jeder Tempel den Jahrestag der Tempelweihe, das *odalan*

Geografie

Bali ist Teil des Feuergürtels, der die Erde umspannt. Tropenklima und Vulkanismus bestimmen daher die Natur der kleinen indonesischen Insel maßgeblich und sorgen dafür, dass die Reisfelder reiche Ernten einbringen.

Seine rund 17 500 Inseln machen den indonesischen Archipel zum größten Inselstaat der Welt. Bali gehört mit 5561 km² Fläche zu den kleineren der bewohnten Inseln und bildet zusammen mit den kleinen vorgelagerten Inseln Nusa Penida und Nusa Lembongan im Südosten eine eigenständige Provinz, während Lombok zur Provinz Nusa Tenggara gehört. Bali liegt 8° südlich des Äquators, inmitten des tropischen Gürtels. Tag und Nacht sind das ganze Jahr über fast gleich lang, auch die Temperaturen unterscheiden sich nicht wesentlich. Man unterscheidet jedoch eine Regen- und eine Trockenzeit. Der Nordwestmonsun bringt Regen zwischen November und April, der die Luftfeuchtigkeit auf bis zu 95 % ansteigen lässt. Die Hauptreisezeit fällt in die Trockenzeit, wenn es sonniger und weniger schwül ist.

Die Wallace-Linie

Die kaum mehr als 50 m tiefe Java-Straße trennt Bali von Java. Während der Eiszeiten, als der Meeresspiegel bis zu 180 m niedriger lag, waren die beiden Inseln durch eine Landenge miteinander verbunden. Wanderungen von Singapur bis Bali waren möglich, nicht aber von Bali zur Nachbarinsel Lombok, denn die Straße von Lombok, die Bali von der Nachbarinsel im Osten trennt, gehört mit rund 300 m Tiefe zu den tiefsten Meeresstraßen im Archipel.

Der Naturforscher Alfred Wallace (1823–1913), ein Zeitgenosse von Charles Darwin, entdeckte bereits Ende des 19. Jhs., dass sich Fauna und Flora auf den Inseln östlich und westlich der Lombok-Straße so wesentlich unterscheiden, als läge ein Ozean dazwischen. Während man auf Bali und den westlichen Inseln tropische Vegetation und Großsäuger wie Menschenaffen, Elefanten, Tiger oder Nashorn findet, überraschen auf den östlichen Inseln Beuteltiere, die sonst nur auf dem australischen Kontinent heimisch sind, Riesenechsen (Komodo-Waran), Kakadus und Paradiesvögel. Trockene Savannen prägen immer stärker das Landschaftsbild, je weiter man sich im Archipel nach Osten bewegt. Wallace, dessen Reiseerinnerungen »The Malay Archipelago« lesenswert sind, zog aufgrund seiner Beobachtungen zwischen Bali und Lombok die Grenze zwischen zwei Tierwelten, die im Nachhinein zu Ehren des Forschers Wallace-Linie genannt wurde. Spätere Forscher modifizierten seine Ergebnisse, und heute begreift man Bali und Lombok als Regionen einer Übergangszone, die als *Wallacea* bezeichnet wird.

Fluch und Segen der Feuerberge

Die indonesischen Inseln, die wie eine Kette Asien und Australien zu verbinden scheinen, entstanden durch die gegenläufigen Bewegungen zweier Kontinentalplatten, der Sunda-Platte und der Sahul-Platte. Durch die Kollision der Platten – einen Prozess, der längst noch nicht abgeschlossen ist –, entstehen Risse in der Erdkruste, aus denen Magma nach oben dringt. So bildeten sich Vulkanketten, die auch Bali und Lombok prägen. Zwei balinesische Vulkane machten im 20. Jh. von sich reden, Batur (1717 m) und Agung (3142 m), der den Balinesen als Sitz der Götter gilt. Der letzte Ausbruch

ist seit 1984 als Bestandteil des Bali-Barat-Nationalparks geschützt. Monsunwälder bedecken die Hänge des schwer zugänglichen Berglands, küstennahe Savannen und Mangrovendickichte prägen den nördlichen Teil des Parks, der besonders Ornithologen wegen des nur hier beheimateten Bali-Star anlockt. Teil des Parks ist auch die Insel Menjangan mit ihren vorgelagerten Korallenriffen – ein Paradies für Taucher und Schnorchler.

Die Reiskammer Balis ist traditionell der Süden, wo auch die Wiege der balinesischen Kultur lag. Bis heute ist Zentral- und Südbali die dichtest besiedelte Region der Insel und gleich-

des Agung 1963 forderte 2000 Menschenleben und verwüstete zahlreiche Dörfer und Felder. Der Batur meldet sich häufiger, aber seine Eruptionen verlaufen maßvoller. Bringen Vulkanausbrüche auf der einen Seite Zerstörung, so düngen andererseits die vulkanischen Aschen auch die Böden und machen im Tropenklima bis zu drei Reisernten im Jahr möglich.

Flora und Fauna

Einst waren weite Teile Balis von Monsunwald bedeckt. Nur noch im Westen der Insel blieb die ursprüngliche Vegetation teilweise erhalten und

Links: Kaffeebohnen werden im Hochland angebaut
Oben: Reisernte in Gianyar, einer der Reiskammern Balis

zeitig Haupttouristenregion. Das Inselinnere ist gebirgig, die schmalen Küstenstreifen im Norden und Osten eignen sich nur bedingt für die Landwirtschaft. Das Kalksteinplateau im äußersten Süden, die Halbinsel Bukit Badung, ist trocken und unfruchtbar. Wegen ihrer spektakulären Felsküsten und schönen Strände ist die Region aber inzwischen für den Tourismus entdeckt worden.

Das Tropenklima verwandelt die Insel in einen üppig wuchernden Garten. Das Grün der Reisfelder prägt weite Teile Balis. Kokospalmenhaine säumen viele Küstenstriche. Bambuswälder, Kaffee- und Gewürzplantagen prägen das Landschaftsbild im Hochland, wo neben Nutzpflanzen Baumfarne zu den markantesten

Gewächsen gehören. Pandanus- bzw. Schrauben- und Lontarpalmen finden sich in den Trockenregionen.

Die letzten Bali-Tiger sollen in den 1930er-Jahren gesichtet worden sein. Affen, besonders Makaken und Grauaffen, sind weit verbreitet. Leguane, darunter die Insekten fressenden Geckos, findet man überall auf der Insel, und auch Schlangen sind zahlreich. Die Großsäuger sind durch Wildschweine und Rotwild vertreten.

Unter den Haustieren sind das schwarze Hängebauchschwein und das Bali-Rind bedeutend, darüber hinaus Hühner und Enten. Zeitvertrieb vieler Männer sind Kampfhähne.

Die jungen Reispflanzen werden in Saatbeeten herangezogen und dann in die gepflügten und frisch gewässerten Felder umgesetzt. Schön ist der Anblick der frischen grünen Reispflanzen, die sich täglich ein Stückchen weiter aus dem Wasser heben. Wenn sich die Ähren goldgelb gefärbt haben, werden die Felder trockengelegt. Ein paar Tage lässt man den Reis noch von der Sonne gut durchtrocknen, bevor der beste Tag für die Ernte mit Hilfe des astrologischen Kalenders ermittelt wird.

Unerlässlich für die Versorgung der Felder mit Wasser ist das ausgeklügelte Bewässerungssystem, das balinesische Bauern seit alten Zei-

Reis ist Leben

Indische Händler führten vor rund tausend Jahren den Nassreisanbau in Bali ein. Seither ist der Reis Hauptnahrungsmittel und wichtigstes Anbauprodukt der Insel, und seine besondere Bedeutung kann man schon daran ablesen, dass die Balinesen viele Wörter für Reis kennen: *padi* heißt der noch nicht abgeerntete Reis; *gabah* wird der abgeerntete, aber noch nicht enthülste Reis genannt; zu *beras* wird er, wenn er nach dem Weg durch die Reismühle auf den Markt gelangt ist; der Reis auf dem Teller schließlich heißt *nasi*.

Arbeit und Muße wechseln mit den Reisanbauperioden. Nach jeder Ernte wird der Boden in den *sawahs,* den Nassreisfeldern, umgepflügt.

ten praktizieren. Die Flüsse, gespeist von den heiligen Bergseen, werden angezapft und das Wasser über kleine Kanäle und Bambusaquädukte bis zu den Feldern transportiert. Um das z. T. steile Gelände optimal zu nutzen, schufen die Reisbauern terrassierte Felder, die sich wie Himmelsstufen die Berge hinaufziehen und zum Zauber der balinesischen Landschaft beitragen. Das Wasser wird immer bis zum obersten Feld geleitet. Von dort bahnt es sich den Weg zu den weiter unten gelegenen Feldern. Reisgöttin Dewi Sri, deren Schrein sich in jedem Reisfeld befindet, bittet man um Fruchtbarkeit für die Felder, und religiöse Zeremonien begleiten den Reiskreislauf von der Aussaat bis zur Ernte. Doch trotz der Zuversicht in die Götter geht nichts ohne harte Arbeit. Das Bewässerungssystem funktioniert nur in Teamwork. Eine Reisbaugenossenschaft, *subak,* sorgt dafür, dass das Wasser gerecht verteilt wird, dass die Dämme und Wasserleitungen instand gehalten und die Tempel der *subak* versorgt werden.

Traditionell wurde in Bali eine heimische Reissorte, der *padi Bali,* angepflanzt und in zwei Reisernten im Jahr eingebracht. Mit einer Zwischenkultur überbrückte man die Trockenzeit. Außerdem stellte die Zwischenfrucht mit Erdnüssen, Chilis, Zwiebeln, Sojabohnen oder anderen Gemüsesorten sicher, dass der Boden sich erholen konnte. Chemische Düngung war nicht erforderlich, und Enten vertilgten lästiges Ungeziefer. Heute ist der Anblick des Hirten, der seine Entenschar aufs Feld treibt, selten geworden. Die neuen Hochertragsreissorten, die Präsident Suharto in den 1970er-Jahren einführte, um die Selbstversorgung mit Reis wieder zu gewährleisten, die in Indonesien in weite Ferne gerückt war, verlangen nach Insektiziden. Der neue »Wunderreis« bringt drei Ernten pro Jahr ein, aber er hat das Sozialgefüge der Balinesen verändert. Reisernte war traditionell ein Ereignis, an dem sich die gesamte Nachbarschaft beteiligte. Aus Angst, die zart besaitete Reisgöttin Dewi Sri könnte sich beim Anblick einer Sichel ängstigen, kappte man Halm für Halm mit Hilfe eines kleinen Messers *(ani-ani),* dessen Klinge man in der Hand versteckte. Hochertragsreissorten widersetzen sich religiösen Gefühlen. Sie werden von javanischen Wanderarbeitern eingebracht, die die Nachbarschaftshilfe ersetzen und den Reis schnell und unsentimental mit der Sichel kappen. Und die aufwendigen Zeremonien müssen nun dreimal durchgeführt werden.

Auch ökologisch sind die neuen Reissorten bedenklich: Sie laugen den Boden aus, was die Bauern zwingt, teuren Kunstdünger zu importieren. Insektizide vertreiben schädliche Insekten, aber auch solche, die ein unverzichtbarer Bestandteil des Ökosystems sind.

Roter Reis, Klebreis und schwarzer Reis werden nur noch in geringen Mengen angebaut, die letzten beiden Varianten allerdings hauptsächlich für Desserts und Zeremonien. Der alte Bali-Reis ist zum Luxusartikel geworden, den man sich nur an Festtagen leistet.

Ganz links: Fischer in Legian, Südbali **Links:** Reisterrassen in Sidemen, Ostbali **Rechts:** Algenanbau auf Nusa Penida

Mehr als Reis

Ist Reis auch das wichtigste landwirtschaftliche Produkt, so werden auf Bali auch andere Feldfrüchte angebaut, die z. T. in andere Teile Indonesiens oder ins Ausland exportiert werden. Zahlreiche Kokoshaine liefern Kopra für die Kosmetikindustrie.

Nordbali ist trockener als der Süden. Nur eine Reisernte kann hier eingebracht werden, weshalb Trockenfrüchte, die nicht auf Bewässerung angewiesen sind, eine große Rolle spielen wie Mais, Sojabohnen, Erdnüsse, Kakao, Früchte und Gewürze, darunter v.a. Gewürznelken und Vanille. Der balinesische Kaffee ist von ausge-

zeichneter Qualität und ein beliebtes Exportprodukt. Auch Wein wird seit einigen Jahren entlang der Nordküste angebaut. Obst und Gemüse gedeihen im Bergland.

Religiös bedingt ist die Abneigung der Balinesen gegen das Meer, denn dort hausen ihrer Vorstellung nach die Dämonen. Aus diesem Grund konnten früher wenige Balinesen schwimmen, was sich durch die Begegnung mit dem Tourismus in der jungen Generation geändert hat, aber Fischerei spielt nach wie vor – auch mangels Ausrüstung für die Hochseefischerei – eine untergeordnete Rolle. In den trockenen küstennahen Regionen lohnt sich die Aufzucht von Shrimps. Aus Algen wird *agar-agar* hergestellt, ein Gelatine-Ersatz. ∎

Geschichte im Überblick

2500–5000 v.Chr.
Beginn der Einwanderung aus China und vom südostasiatischen Festland.

500 v.Chr.–500 n.Chr.
Bronzezeit (Dong-Son-Periode), auch auf Bali nachweisbar. Charakteristisch für diese erste Hochkultur in Indonesien sind Bronzegongs und Zeremonialäxte mit Spiralmustern.

10. Jh. n.Chr.
Erstes schriftlich belegtes Hindureich auf Bali unter König Warmadewa.

Um 1000
Der balinesische Königssohn Airlangga vereint Ostjava und Bali. Der Hinduismus wird zum Volksglauben.

1284
Bali wird Teil des javanischen Singasari-Reiches.

1293
Gründung des Majapahit-Reiches auf Java.

15. Jh.
Der Islam gewinnt an Einfluss auf Java und führt zum Fall des mächtigen Majapahit-Reiches. Die hindu-javanische Aristokratie flieht nach Bali, wo der Sohn des letzten Herrschers sich in Gelglel zum König von Bali ausrufen lässt. Er wird zum Begründer der Gelgel-Dynastie und nimmt den Titel Dewa Agung an. Auf dieser Grundlage entwickelt sich die heutige hindu-balinesische Kultur.

Frühes 16. Jh.
Die ersten Europäer erreichen Südostasien. Das Interesse Spaniens und Portugals gilt zunächst den Gewürzen auf den Molukken.

1596/97
Die ersten niederländischen Schiffe ankern im Hafen von Banten (Java), eine niederländische Expedition landet auch auf der Insel Bali.

1602
Gründung der VOC (Vereinigte Ostindische Companie), eines Zusammenschlusses niederländischer Handelshäuser.

Mitte des 17. Jhs.
Die Macht des Dewa Agung zerfällt und mehrere Fürstentümer erlangen ihre Selbstständigkeit. Der Dewa Agung bleibt jedoch der ranghöchste unter den balinesischen Rajas. Der Regierungssitz wird aus religiösen Gründen nach Klungkung verlegt.

1799
Die VOC (Vereinigte Ostindische Kompanie) steht vor dem Bankrott. Indonesien wird als »Niederländisch-Ostindien« niederländische Kolonie.

1811
Bis 1816 dauert das britische Interregnum unter Gouverneur Sir Thomas Stamford Raffles.

1839
Der Däne Mads Lange gründet in Kuta einen kleinen Handelshafen.

1846
Eine niederländische Militärexpedition landet in Nordbali. Wenige Jahre später nimmt ein Vertreter der Kolonialverwaltung Sitz in Singaraja.

1894
Niederländische Truppen nehmen Ostbali und Lombok ein.

1900
Der Raja von Gianyar bittet die Niederländer um Schutz gegen andere balinesische Fürstenhäuser. Auch der Raja von Karangasem kooperiert mit den Kolonialherren.

1904
Das chinesische Handelsschiff »Sri Kumala« läuft bei Sanur auf Grund. Die Chinesen protestieren vor der Kolonialregierung gegen die Plünderung des Schiffs durch die Balinesen.

1906
Die Niederländer nehmen den Vorfall zum Anlass für militärische Sanktionen und greifen den Palast des Raja von Badung (Denpasar) an. Der Raja und 2000 Getreue begehen rituellen Selbstmord, den *puputan*.

1908
Der Puputan wiederholt sich in Klungkung. Die gesamte Insel steht schließlich unter niederländischer Herrschaft.

1927
Sukarno und Hatta gründen die Nationalpartei, deren Ziel die Unabhängigkeit Indonesiens ist.

1942–1945
Die Japaner besetzen im Zweiten Weltkrieg Indonesien.

1945
Niederlage der Japaner. Sukarno und Hatta erklären am 17. August die Unabhängigkeit Indonesiens, die von den zurückgekehrten Niederländern angefochten wird. Vier Jahre lang toben auch auf Bali die Kämpfe zwischen Besatzern und Guerillatruppen.

1946
Der balinesische Freiheitsheld I Gusti Ngurah Rai fällt in der Schlacht von Marga.

1949–1965
Die Niederländer erkennen die indonesische Unabhängigkeit an. Bali wird Provinz der Republik Indonesien. Wirtschaftliche Schwierigkeiten treiben den jungen Staat in den Ruin. Präsident Sukarno verlässt die westlichen Bündnisse und steuert Indonesien ins weltpolitische Abseits. Sein Konzept der »Gelenkten Demokratie« scheitert, doch alle Macht konzentriert sich im Präsidentenamt.

1963
Der Gunung Agung bricht aus, Tausende sterben.

1965
Ein Putsch entmachtet Sukarno. Nach offizieller Lesart wird ein Aufstand der Kommunisten von General Suharto zerschlagen. Es kommt zu blutigen Kommunistenverfolgungen, die das Land tief erschüt-

Links: Balinesen in den 1940er-Jahren
Rechts: Der Anstieg der Benzinpreise sorgt für Ärger

tern – allein auf Bali werden über 100 000 Menschen ermordet.

1968
General Suharto wird neuer Staatspräsident. Die dreißig Jahre seiner Herrschaft kennzeichnen zunächst wirtschaftliche Erfolge. Sein Regime ist jedoch diktatorisch und korrupt.

1970–1976
Die Zahl der Touristen pro Jahr steigt von 15 000 auf 500 000.

1998
Die Wirtschaftskrise, die Südostasien erschüttert, trifft Indonesien besonders hart. Der Verfall der Rupiah und die damit verbundenen Preissteigerungen führen zu Studentenunruhen, die schließlich den Rücktritt Suhartos erzwingen und seinen Günstling Habibie ins Amt bringen.

1999
Parlamentswahlen ergeben einen deutlichenSieg der PDI (Demokratische Partei) unter Sukarnos Tochter, Megawati Sukarnoputri. Präsident wird Abdurrahman Wahid.

2001
Megawati tritt die Nachfolge des glücklosen Wahid an.

2002
Ein Bombenanschlag in einer Diskothek in Kuta fordert rund 200 Tote.

2004
Susilo Bambang Yudhoyono löst Megawati als Staatsoberhaupt ab.

2005
Anfang Oktober explodieren erneut drei Bomben in Kuta und Jimbaran, 22 Menschen sterben.

2008
Im November werden die Drahtzieher der Terroranschläge auf einer Insel vor der javanischen Südküste hingerichtet.

2009
Tourismusminister Jero Wacik kann aufatmen: Bali hat die Krise überwunden und kann neue Besucherrekorde melden. Yudhoyono wird als Staatsoberhaupt bestätigt. Indonesiens junge Demokratie hat die erste Bewährungsprobe bestanden.

2011
Eröffnung des internationalen Flughafens auf Lombok, mit dem die Nachbarinsel zum ernst zu nehmenden Konkurrenten im Kampf um die Gunst der Urlauber werden könnte.

Geschichte

Obwohl Bali jahrhundertelang indischen und javanischen und später europäischen Einflüssen ausgesetzt war, hat die Insel ihre einzigartige Kultur bewahrt.

Vereinzelte Funde von Steinwerkzeugen führten zu der Annahme, dass Gruppen austronesischer Jäger und Sammler vor rund 4000 Jahren den indonesischen Archipel besiedelten. Fest steht, dass die Balinesen um Christi Geburt zumindest indirekt Handel mit dem indischen Subkontinent betrieben. Durch Kontakt mit anderen Völkern Südostasiens übernahmen sie Kenntnisse der Bronze- und Eisenbearbeitung. So entstanden vor rund 1000 Jahren prachtvolle Bronzegongs.

Die frühen Balinesen bestatteten ihre Toten in Tonkrügen und Steinsarkophagen. Grabbeigaben wie Schmuck, Werkzeuge und Geschirr deuten auf den Glauben an ein Weiterleben nach dem Tod hin. Terrassenheiligtümer, Steinsitze und Menhire sind typische Merkmale einer Megalithkultur. Sicher spielten Ahnenverehrung und Verehrung von Naturkräften eine wichtige Rolle. Die Überreste dieser alten religiösen Vorstellungen durchdringen bis heute den Hindu-Dharma-Glauben der Balinesen.

Indische Einflüsse

Die Einflüsse der indischen Kultur reichen weit zurück. Aus Indien kam die Vorstellung eines Gottkönigs, dessen Hauptstadt den Glanz und die Vollkommenheit des Himmels widerspiegelt und deren Bewohnern es nur so lange gut geht, wie der Herrscher sich in Übereinstimmung mit Natur- und Gottesgesetzen befindet. Unfähige Könige konnten auf Betreiben der ebenfalls mächtigen Priester abgesetzt werden. Diese Idee beeinflusste das politische und religiöse Denken der Balinesen maßgeblich.

Links: Balinesische Krieger gegen 1880
Rechts: Prähistorische Funde

Die Bildung einer hinduistisch strukturierten Gesellschaft auf Bali war das Ergebnis kultureller Überfremdung. Die führende Schicht fand in der indischen Kultur den Überbau und die Verwaltungstechniken, die ihren Zwecken entsprachen. So bekam die junge Gesellschaft ein theologisches und politisches System, das die Balinesen in schöpferischer Weise ihren eigenen Verhältnissen anpassten. Hindugottheiten wurden in die eigene Glaubenswelt integriert, ohne die vertrauten Götter zu verbannen.

Unter dem Einfluss Javas

Inschriften aus dem 10. Jh. belegen, dass *Airlangga,* Sohn des balinesischen Königs Udayana und seiner javanischen Gemahlin Mahendradatta, Herrscher des javanischen Sanjaya-Reiches wurde. Seine Heimatinsel Bali unterstellte er der Souveränität Javas und ernannte seinen Bruder zum Regenten. Auf diese Weise entstanden zwischen Java und Bali enge Bande. Der javanische Einfluss auf Bali war so stark, dass das Javanische das Alt-Balinesische als Sprache des Hofes in Bali ablöste.

Nach Airlanggas Tod 1049 war Bali für 235 Jahre ein unabhängiges Königreich. Neben dem Hinduismus erlangte der Buddhismus in dieser Zeit einigen Einfluss. In Heiligtümern aus dieser Epoche – Goa Gajah ist ein Beispiel – finden sich buddhistische neben hinduistischen Statu-

en. Währenddessen wuchs in Java das mächtige Majapahit-Reich heran. Durch den legendären General Gajah Mada wurde der balinesischen Unabhängigkeit 1343 wieder ein Ende bereitet.

Die balinesische Gesellschaft formiert sich

Das Dorfleben erfuhr zu dieser Zeit einige Änderungen. Waren die Dörfer zuvor ummauert gewesen und hatten Außenseiter wie Künstler und Händler vor den Mauern gelebt, so wurden nun die einzelnen Gehöfte mit einer Mauer umgeben und gleichzeitig mehrere Familien zu kleineren Einheiten *(banjars)* zusammengeschlossen.

Diejenigen, die nicht bereit waren, sich auf diese Umstrukturierungen einzulassen, flohen in die Berge. Sie leben bis heute in abgelegenen Dörfern, z. B. in Tenganan, als *Bali Aga* nach den alten balinesischen Gesetzen.

Zu dieser Zeit wurde auch das Kastensystem in Bali etabliert. An erster Stelle der Gesellschaftsordnung standen nun die Brahmanenpriester, gefolgt von den *satria* (hoher Adel), den *wesia* (der Land besitzende niedere Adel) und den *sudras,* die den Rest der Bevölkerung ausmachten. Zwar regierte der König, der zur Kaste der Satria gehörte, aber die eigentliche Macht lag in Händen der Brahmanen. Der Staat, ein Abbild des Himmels, wurde mittels göttlicher Rituale zusammengehalten, für deren Durchführung die Priester verantwortlich waren. Ihre Macht resultierte nicht zuletzt aus der Kenntnis der heiligen Gesänge, des *kekawin,* niedergeschrieben in Alt-Javanisch.

Mit dem Vordringen des Islam auf Java geriet das Majapahit-Reich in Bedrängnis – 1515 ergaben sich die letzten Herrscher. Tausende von Hindupriestern, Adeligen, Soldaten, Künstlern und Handwerkern flohen vor den muslimischen Eroberern nach Bali. Hier verliehen sie der bereits erstarkten Hindukultur neue Impulse, während Java muslimisch wurde. Die Beziehungen zwischen beiden Inseln verschlechterten sich.

Das 16. Jahrhundert bedeutete für Bali den Beginn eines goldenen Zeitalters. *Batu Renggong* übernahm 1550 den Titel des *Dewa Agung* und trat das Erbe des zerstörten Majapahit-Reiches an. Von seinem Hof in Gelgel aus führte er ein glanzvolles Regiment, schweißte die balinesischen Teilstaaten zu einem zentralisierten Reich zusammen.

DIE HEXE RANGDA

Das balinesische Barong-Drama (s. S. 68) hat historische Wurzeln. Vorbild für die Hexe Rangda – Herrscherin über die bösen Geister – ist die javanische Königin Mahendradatta, die den balinesischen König Udayana heiratete. Sie tötete ihren Mann durch Zauberei, weil er sein Versprechen, keine Zweitfrau zu nehmen, brach. Vom gemeinsamen Sohn Airlangga wurde sie daraufhin zusammen mit ihrer Tochter in einen Wald verbannt. In Gestalt der Hexe Rangda rächte sie sich erneut durch weitere Morde. Von einem Priester, dem es gelang, ihr Zauberbuch zu entwenden, wurde sie schließlich unschädlich gemacht.

Die Niederländer auf Bali

Im 16. Jh. kam Bali zum ersten Mal mit den *orang putih,* den Weißen aus Europa, in Berührung. Einem portugiesischen Schiff folgte der erste Niederländer: *Cornelis de Houtman.* Ihm sind die ersten zuverlässigen Informationen über Bali zu verdanken. Houtman wurde vom Dewa Agung ehrenvoll empfangen. Die Niederländer beschrieben ihn als einen großen, kräftigen Mann, der seine Reichtümer und seine Macht offen zur Schau stellte und sich mit einem Harem von 200 Frauen umgab.

Die Versuche, Handel zwischen Bali und Holland zu etablieren, scheiterten jedoch, und für

hängiger kleiner Fürstentümer. Das kleine Gianyar machte Klungkung seinen Ruf als Zentrum der balinesischen Kultur streitig. In Nordbali trat das Fürstentum Buleleng auf den Plan, während in Südbali eine verwirrende Anzahl von Reichen entstand und wieder unterging. Die beiden, die sich bis ins 19. Jh. hielten, waren Badung und Mengwi. Der Aufstieg von Karangasem im Osten hatte mit der Durchsetzung von Balis Interessen in Lombok begonnen. Mitte des 17. Jhs. konnte Karangasem die Kontrolle über Lombok übernehmen. Die Verteilung der Macht auf Bali schien immer diffuser; Buleleng erhob sich 1823 erfolgreich gegen Karangasem.

mehr als 200 Jahre verloren die Europäer das Interesse an Bali. Das »goldene Zeitalter« Gelgels neigte sich derweil seinem Ende zu. Nachdem seine Vasallen sich von ihm losgesagt hatten, verließ der Dewa Agung Gelgel. Im nahe gelegenen Klungkung ließ er einen neuen Palast errichten. Der Dewa Agung symbolisierte nach wie vor die imperiale Großartigkeit des Hinduismus, ohne jedoch über die reale Macht zu verfügen. In seiner Rolle als Herrscher wurde er bald von einstigen Vasallen übertroffen. In dieser Zeit entstanden mehr als ein Dutzend unab-

Der Raja von Karangasem floh nach Lombok. Inmitten dieser Verwirrungen hatten die Niederländer leichtes Spiel, Bali als Kolonie zu vereinnahmen.

Acht der ehemaligen Reiche haben bis heute als geografische und politische Einheiten überdauert: die Verwaltungsbezirke Gianyar, Badung, Bangli, Tabanan und Klungkung im Süden sowie Buleleng, Karangasem und Negara (das heutige Jembrana) im Norden, Nordosten und Nordwesten der Insel.

Die Feldzüge der Niederländer

Das 19. Jh. stand unter keinem guten Stern für die Balinesen. 1815 explodierte der Vulkan Tambora auf der Insel Sumbawa. Bei dem Ausbruch,

Links: Tempelrelief, das die Hölle darstellt
Oben: Balikarte aus dem 17. Jh. **Rechts:** Europäische Darstellung eines balinesischen Rajas im 17. Jh.

der als der folgenschwerste Vulkanausbruch der Neuzeit in die Geschichte einging, wurden 180 Kubikkilometer Auswurfmaterial in die Atmosphäre geschleudert. Die Explosion und nachfolgende Flutwellen töteten auf Bali und Lombok allein 12 000 Menschen. Bali lag unter einer 20 cm dicken Ascheschicht, die die Ernte des Jahres zerstörte. Eine Hungersnot, die wiederum Tausende von Menschenleben forderte, war die Folge. Die zweite Hälfte des Jahrhunderts brachte mehrere Cholera- und Windpockenepidemien mit sich.

Dazu kam die rund 70 Jahre während militärische Auseinandersetzung mit den Niederlän-

Niederländer hatten leichtes Spiel. Am 22. Juni ging die Flotte vor Buleleng vor Anker. Den Rajas wurden Ultimaten übermittelt, die diese ignorierten. Sechs Tage darauf griffen die Niederländer an und errangen einen raschen Sieg. Hatten die Angreifer nur 18 Tote zu beklagen, erlitten die Balinesen hohe Verluste. Der Sieg der Niederländer war jedoch bedeutungslos, solange sie nicht den Rajas, die sich in den Bergen verschanzt hielten, ihren Willen aufgezwungen hatten.

Das zweite Expeditionskorps gegen Bali wurde 1848 auf den Weg geschickt und war zahlenmäßig noch stärker. Aber auch die Balinesen

dern. Tragischerweise war es ausgerechnet ein altes balinesisches Gesetz, das die Plünderung gestrandeter Schiffe erlaubte, das der militärischen Intervention der Niederländer den Weg bereitete. Als Vorwand für die niederländische Invasion diente der Vorfall mit der Fregatte *Overijssel:* Das Schiff lief am 19. Juli 1841 auf seiner Jungfernfahrt von Plymouth nach Surabaya mit einer wertvollen Ladung Maschinen auf das Kuta-Riff auf und wurde sofort von den Balinesen geplündert. Als Proteste der Niederländer ungehört verhallten, sahen sich diese zu militärischen Schritten gezwungen. Das erste Expeditionskorps der Niederländer erreichte Bali 1846 und bestand aus 58 Schiffen mit fast 3000 gut bewaffneten Männern. Die weit überlegenen

waren diesmal besser gerüstet: 25 Kanonen und 16 000 Soldaten, darunter 1500 mit Gewehren bewaffnet, standen bereit. Bei drei Angriffen erlitten die Niederländer schwere Verluste. Sie bliesen zum Rückzug, aber wenig später schickten sich an, mit einer noch stärkeren Streitmacht zurückzukehren.

Im März 1849 erreichten die holländischen Truppen zum dritten Mal Buleleng. Die Flotte bestand diesmal aus über 100 Schiffen: schwer bewaffneten Fregatten, Dampfschiffen, Schonern und zahlreichen kleinen Seglern, die zusammen 3000 Seeleute und 5000 Infanteristen an Bord hatten. Sie marschierten in Singaraja ein, wo die Niederländer im Palast des Rajas ihr Hauptquartier einrichteten.

Am 4. April kam es zum letzten großen Aufmarsch der beiden Lager. Den uniformierten niederländischen Truppen standen die Balinesen in ihren prächtigsten Gewändern gegenüber. Sie schienen nicht zur Schlacht, sondern zum *baris*-Kriegstanz angetreten zu sein. Ihre Mienen waren voller Stolz; mit theatralischen Gebärden schwangen sie ihre Waffen. Der Raja sah in seinem glänzenden roten Sarong besonders beeindruckend aus. Er trug einen goldenen Gürtel und auf dem Rücken einen riesigen juwelenbesetzten Kris, dessen verzierter Griff bis über die Schultern ragte, was ein blitzschnelles Ziehen der Waffe ermöglichte. Sein dichtes schwarzes Haar war mit einem weißen Kopftuch gebunden, in das er einen grünen Zweig geflochten hatte.

Es passierte nichts. Sieben Wochen später griffen die Niederländer die Befestigungen der Balinesen in Jagarana an. 33 Niederländer fielen, 148 wurden verletzt. Tausende von Balinesen wurden getötet, darunter der Raja von Buleleng. In Kenntnis der Niederlage tötete der Raja von Karangasem sich und seine Familie.

Als erstes balinesisches Reich war somit Buleleng den Niederländern in die Hände gefallen. Ab 1855 hatte auch Jembrana eine holländische Verwaltung. Die Kolonialmacht wandte dieselbe Taktik an, die sich bereits auf Java bewährt hatte: Sie bestimmte ein Mitglied der Königsfamilie zum Regenten und stellte ihm einen holländischen »Berater« zur Seite, der die eigentliche Regierungsgewalt ausübte. Die Kolonialverwaltung konzentrierte sich in Singaraja, der königlichen Hauptstadt und wider Erwarten erlebte die Insel Ende des 19. Jhs. friedliche Jahre. Eine Erweiterung des Bewässerungssystems brachte bessere Reisernten, Kaffee für den Export wurde angebaut; der Norden Balis war bald eine einträgliche Kolonie.

Die Niederländer in Südbali

Auch der Invasion Südbalis ging eine Schiffsplünderung voraus. Der chinesische Schoner *Sri Kumala* lief bei Sanur auf ein Riff und die Küstenbewohner plünderten entsprechend dem geltenden Riffrecht das Schiff. Dessen chinesischer Besitzer verlangte Entschädigung für die Schiffsladung. Die Niederländer wandten sich mit Forderungen an den Raja von Tabanan, der

sich zu zahlen weigerte. Im Juni 1906 legten die Niederländer einen Blockadering um die Küste von Badung und Tabanan, stellten dem Raja mehrere Ultimaten und zogen ein Expeditionsheer zusammen. Im September marschierte die sechste holländische Militärexpedition an Balis Südküste auf.

Bei ihrem Marsch Richtung Denpasar stießen die Niederländer nur auf unbedeutenden Widerstand. In Reih und Glied zogen sie zum Königspalast. Die Stadt machte einen verlassenen Eindruck; über dem Puri, dem Palast, stieg Rauch auf. Beunruhigend war vor allem der laute Trommelwirbel, der nach außen drang.

Als sie näher gekommen waren, sahen die Niederländer eine seltsame stille Prozession aus dem Haupttor des Puri heraustreten. An der Spitze des Zuges befand sich der Raja, dessen herrschaftliche Sänfte von vier Männern getragen wurde. Er trug das weiße Gewand für den Verbrennungsritus, hatte jedoch kostbaren Juwelenschmuck angelegt und führte einen wundervollen Kris mit sich. Dem Fürsten folgten die Beamten seines Hofes, die Wachsoldaten, Priester, Frauen, Kinder und die gesamte Dienerschaft, alle waren ebenfalls festlich gekleidet. Hundert Schritte vor den verblüfften Niederländern ließ der Raja die Träger anhalten, stieg aus seiner Sänfte und gab ein Zeichen. Darauf stieß der Priester dem Raja seinen Kris durch

Links: Der Hofstaat von Buleleng gegen 1880
Rechts: Schiff der VOC (Vereinigte Ostindien-Kompanie)

die Brust. Die Begleiter folgten seinem Beispiel. Die Niederländer sahen sich der mit Lanzen und Speeren vorwärts drängenden Menge gegenüber und eröffneten das Feuer. Manche Frauen warfen höhnisch den Soldaten Juwelen und Goldmünzen zu. Immer mehr Menschen strömten aus dem Palast, die Zahl der Toten wurde unüberschaubar. Auf das Massaker folgten Plünderungen. Die Niederländer nahmen den Toten die Wertsachen ab und durchstöberten die Palastruinen auf der Suche nach Beute.

Zwei Jahre später wiederholten sich die schrecklichen Ereignisse in Klungkung. Der Dewa Agung, seine Familie und sein Hofstaat

zogen den Niederländern entgegen. Der Raja stieß mit einer gebieterischen Geste die Klinge des Kris in den Boden. Sein Hohepriester hatte ihm nämlich zuvor prophezeit, dass der Zauberkris einen großen Erdspalt aufreißen würde, in dem sämtliche Feinde verschwänden. Kaum hatte sich der Dewa Agung jedoch wieder aufgerichtet, traf ihn eine Kugel ins Knie; wenig später wurde er von einer zweiten tödlich getroffen. Sechs seiner Frauen bildeten daraufhin einen Kreis um seinen Leichnam, knieten nieder und stießen sich feierlich ihren Kris ins Herz. Den Rest besorgten die Kanonen und Gewehre der Niederländer. Die Zeugnisse des ruhmreichen alten Reiches von Klungkung waren zerstört. Nach einer Regierungszeit von rund 600 Jahren in Bali waren nun auch die Nachkommen des Majapahit-Reiches Opfer der europäischen Kolonialherren geworden.

Bali als Kolonie

Die Berichte über die *puputan*-Rituale 1906 in Badung und 1908 in Klungkung schockierten die Öffentlichkeit in Den Haag, London, Paris und New York. Die niederländische Kolonialverwaltung, die bereits wegen ihres Vorgehens auf Java, Sumatra und den östlichen Inseln unter Druck stand, sah sich zu Reformen gezwungen, die sie als »ethische Politik« zu verkaufen suchte. 1914 ersetzten die Niederländer ihre Armee durch ein Polizeiaufgebot. Ingenieure wurden zum Ausbau der Infrastruktur ins Land geholt, Ärzte mit der Einrichtung von Kliniken beauftragt, der Bau von Schulen gefördert. Bali erweckte nach außen den Eindruck einer mustergültig geführten niederländischen Kolonie.

Der für Bali vorteilhafteste Aspekt der niederländischen Politik war, dass auf die Besiedlung der Insel durch Europäer verzichtet wurde. Der Gouverneur widersetzte sich von Beginn an dem Drängen niederländischer Konzerne, Plantagen anzulegen, wie es auf Java vor allem mit Gummibäumen geschehen war, oder in großem Stil Zucker und Tabak anzubauen. Nur sehr wenige holländische Firmen richteten daher auf Bali Niederlassungen ein.

Die balinesische Kultur wurde von den Niederländern nun als schützenswert angesehen, was so weit ging, dass man Bali als eine Art Museum hindu-javanischer Kultur verstehen wollte, in dem Veränderungen aller Art unerwünscht waren. In den 1920er-Jahren kamen die ersten Touristen. 1930 zählte man monatlich annä-

---

PUPUTAN

Ein Raja konnte sich alten Gesetzen entsprechend einer Übermacht nicht einfach ergeben. Die einzig ehrenvolle Möglichkeit, sich der Gefangennahme zu entziehen, war die Selbstopferung, der rituelle Selbstmord oder *puputan* (»Ende« oder »Abschluss«). Der Herrscher tötete sich selbst, indem er sich den *kris*, den Zeremonialdolch, dem Zauberkräfte zugesprochen wurden, in die Brust stieß oder stoßen ließ. Die gesamte Familie und der Hofstaat folgten dem Raja in den Tod.

Mit den *puputan* an den balinesischen Fürstenhöfen ging zu Beginn des 20. Jhs. eine alte Lebensform zu Ende.

hernd 100 Bali-Besucher, die für wenige Tage Inselromantik genießen wollten. Künstler, Schriftsteller und Wissenschaftler entschlossen sich, auf Bali zu leben, und trugen durch ihre Veröffentlichungen zum klischeehaften Bild von der paradiesischen Insel bei.

Einer der ersten und berühmtesten Zivilisationsflüchtlinge war der deutsche Musiker und Maler *Walter Spies*, dessen Haus in Ubud zum Treffpunkt einer internationalen Künstlerszene wurde. Anfang der 1930er-Jahre besuchte ihn die Schriftstellerin *Vicki Baum*. Sie schrieb hier das auf autobiografischen Erfahrungen beruhende Buch *Liebe und Tod auf Bali*. Margaret

schaftskrise der 1930er Jahre auch Bali hart. Die Preise für die Hauptexportprodukte – Kopra und Schweine – fielen drastisch, die Lebenshaltungskosten stiegen ebenso drastisch. Viele Reisbauern sahen sich gezwungen, ihre Felder zu verkaufen. Das Leben auf der Götterinsel war für die Balinesen selbst hart und außerordentlich entbehrungsreich.

Der Zweite Weltkrieg setzte der Künstlerkolonie auf Bali ein jähes Ende. Im Dezember 1941 wurde die Furcht der Europäer in Asien vor einem Krieg im Pazifik zur Realität. Japanische Truppen setzten zu einem Zug über die Malaiische Halbinsel an, um Singapur, die

Mead betrieb auf Bali wichtige anthropologische Untersuchungen. Vor allem aber Maler zog es auf die Insel. Neben Spies zählten der Niederländer Rudolf Bonnet und der Belgier Le Mayeur de Perpres, der ein Atelier in Sanur unterhielt, zu den bekanntesten.

Die Vertreibung aus dem Paradies

Während die Europäer ihr Paradies entwarfen, mussten sich die Balinesen mit der Realität arrangieren, die alles andere als paradiesisch war. Neben Naturkatastrophen traf die Weltwirt-

Links: Niederländer im Kampf gegen die Balinesen **Rechts:** Leiche des Rajas von Buleleng nach dem *puputan* von 1906

Schlüsselstelle der Region, einzunehmen. Die japanischen Invasoren erkoren sich Bali bald zum Ziel ihres Eroberungszuges und im Februar 1942 landete eine Truppe von etwa 500 Japanern am Sanur Beach und brachte die Insel innerhalb von wenigen Tagen unter ihre Kontrolle.

Die Japaner entpuppten sich als arrogante und brutale Besatzer. Während der leidvollen Periode der japanischen Besatzung starben mehr Menschen auf Bali als in allen *puputan* der Vergangenheit. Sie riss die Balinesen aber auch aus ihrer Passivität und führte zur Bildung militärischer und paramilitärischer Gruppen des Widerstands zunächst gegen die Japaner, dann gegen die Niederländer. Nach den Abwürfen der Atombomben auf Hiroshima und Nagasaki kapitulierten die Japaner im August 1945. Die Führer der Unabhängigkeitsbewegung, Sukarno und Hatta, verkündeten am 17. August die Unabhängigkeit Indonesiens, aber die Niederländer kehrten zurück und erhoben Anspruch auf ihre Kolonie.

Jetzt nahm der Freiheitskampf unter dem Motto *merdeka atau mati* (»Freiheit oder Tod«) verstärkt Formen an. Einer seiner herausragenden Führer in Bali war der charismatische junge Offizier *Gusti Ngurah Rai,* Spross einer Familie von Kriegern aus Badung. Die Unterstützung der Rebellen war nicht lückenlos, einige der Ra-

Die ersten Jahre der Unabhängigkeit

Unter der Führung des ersten Präsidenten Sukarno litt Indonesien unter den unvermeidlichen Schwierigkeiten, die den Übergang von einer Kolonie zur Unabhängigkeit begleiten. Die Jahre des Unabhängigkeitskrieges hatten einen Riss in der balinesischen Gesellschaft offengelegt. Kollaborateure und Nationalisten hatten sich bekämpft, und auch nach dem Rückzug der Niederländer tat sich ein Abgrund zwischen feudalen und modernen Kräften auf. Die Mitglieder der aristokratischen Familien wurden Geschäftsleute, sahen dies als eine natürliche

jas, ängstlich um ihre Privilegien bedacht, stellten sich auf die Seite der Niederländer. Als sich Ngurah Rai geschlagen geben musste, sammelte er seine Leute zum selbstmörderischen Angriff gegen den Feind. Ngurah Rai und weitere 95 Kämpfer starben bei diesem letzten balinesischen *puputan* – der Widerstand der Balinesen war gebrochen

In den folgenden Jahren sahen sich die Kolonialherren jedoch erneut vor allem im benachbarten Java ständigen Attacken ausgesetzt; 1949 entließen sie auf internationalen Druck hin Indonesien in die Unabhängigkeit. Bali wurde eine Provinz innerhalb der jungen Republik Indonesien, eine hinduistische Enklave im Land mit den meisten Muslimen der Welt.

Fortführung ihrer traditionellen Rolle an, die Bauern kämpften ums Überleben.

Auch die alte Feindschaft zu Java brach wieder auf. Sukarno hatte eine balinesische Mutter und betonte stets, wie gut er sich in die Seele der Balinesen einfühlen könne. Außer dem Bau von Prestigeobjekten, wie dem Bali Beach Hotel in Sanur, die das Leid des Volkes nicht mindern konnten, bewegte er in Bali jedoch wenig. Der Amtssitz in Jakarta war weit entfernt.

Die Spannungen zwischen Großgrundbesitzern und landlosen Bauern wurden zusehends größer. Die Kommunistische Partei verzeichnete gerade in Bali großen Zulauf. Zu Beginn der 1960er Jahre gab es auf Bali Anzeichen einer drohenden Katastrophe. Als erstes Zeichen der

Unzufriedenheit der Götter wurde die Rattenplage von 1962 gedeutet: Unzählige Scharen gefräßiger Ratten suchten die Felder und Kornspeicher heim. 1963 folgte der erste große Ausbruch des heiligen Vulkans Gunung Agung in der Neuzeit. Der Zeitpunkt machte das Unglück noch schlimmer: Auf Bali bereitete man sich gerade auf Eka Dasa Rudra vor, das größte und heiligste Fest der Insel, das nur alle hundert Jahre im Pura Besakih an den Hängen des Gunung Agung begangen wird. Am 18. Februar 1963 spie der Agung Rauch und Asche; hin und wieder bebte die Erde. Trotz dieser bösen Vorzeichen begann die Zeremonie wie vorgesehen am 8. März. Vier Tage darauf begann der Vulkan Schlamm und Felsgestein herauszuschleudern; am 17. März ergossen sich breite Lavaströme den Berg hinunter. Hohe Flammen schlugen gen Himmel, der Rauch und die Vulkanasche verdunkelten die Sonne, ganze Dörfer wurden ausgelöscht. Wie durch ein Wunder blieb der Besakih-Tempel weitgehend verschont. Rund 2000 Menschenleben hatte der Vulkanausbruch gefordert. Felder waren verwüstet worden, die Menschen litten unter Nahrungsmittelknappheit, Seuchen brachen aus.

1965 brach weiteres Leid über die Insel herein: Ein Putsch, der von der Armee niedergeschlagen wurde, führte zur Entmachtung von Präsident Sukarno. Der siegreiche General Suharto inszenierte blutige Verfolgungsjagden, denen Hunderttausende von angeblichen Kommunisten und Chinesen, die als kommunistenfreundlich galten, zum Opfer fielen. Zu den schlimmsten Massakern kam es auf Bali, wo mindestens 100 000 Menschen getötet wurden.

Dann schienen die Götter versöhnt: Die Jahre ab 1968, dem Machtantritt der Regierung Suharto, verliefen relativ friedlich. Die seit 1970 auf die Insel strömenden Touristen verhalfen vielen Balinesen zu einem bescheidenem Wohlstand. Die Eka-Dasa-Rudra-Zeremonie konnte schließlich 1979 nachgeholt werden, ohne dass der Agung ein einziges Mal grollte.

Das Zeitalter des Massentourismus

Mit wenigen hundert Touristen pro Jahr war in den 1920er-Jahren das Zeitalter des Tourismus auf Bali eingeläutet worden. In den 1970er-Jahren begannen Individualreisende, von denen die meisten über wenig Geld, aber viel Zeit verfügten, die Insel zu entdecken. Mit dem Ausbau der touristischen Infrastruktur stieg die Zahl der Urlauber stetig an.

Die Entscheidung, Bali als Ziel des internationalen Tourismus aufzubauen, um eine zusätzliche und im von Auslandsschulden geplagten Indonesien dringend benötigte Devisenquelle zu schaffen, wurde auch von der Weltbank mitgetragen. Verlockend klang die Idee, im abgelegenen Nusa Dua eine großflächige Luxusenklave zu schaffen. Zum einen konnte so eine Region genutzt werden, die sich für den landwirtschaft-

lichen Anbau nicht eignete, zum anderen glaubte man, mit der Konzentration des Tourismus an einem Ort den Schutz der balinesischen Kultur und des empfindlichen Sozialgefüges der Insel gewährleisten zu können. Das Projekt Nusa Dua war zum Scheitern verurteilt: Die Hotels der Luxuskategorie, die im Laufe der 1980er-Jahre entstanden, waren im Besitz ausländischer oder javanischer Unternehmen, der Nutzen für die Balinesen selbst war gering.

So gingen die Balinesen an den Ausbau weiterer Tourismuszentren: In Kuta, Legian und Ubud war die Zahl der lokalen Investoren hoch. Viele Reisbauern verkauften ihre Felder an Hotelgesellschaften. Die Preise für Bauland schnellten in die Höhe. Grundstücke am Strand, ur-

Links: Ausbruch des Agung-Vulkans 1963 (Gemälde von Ida Bagus Nyoman Rai) **Rechts:** Der junge Sukarno

sprünglich von geringem Wert, wurden zu Höchstpreisen gehandelt. Die jungen Menschen drängten in die Touristenzentren, wo der Bedarf an Arbeitskräften groß war, und durch den Fremdenverkehr entstand eine neue Mittelschicht von Hotelbesitzern, Fremdenführern und Ladenbesitzern. Die touristische Infrastruktur begann wild zu wuchern. Einstmals idyllische Dörfer wurden zu Urlaubszentren aufgebläht, in denen das Sozialgefüge wankte. Doch auf der anderen Seite hat der Tourismus das Selbstbewusstsein der Balinesen gestärkt und viele neue Arbeitsplätze auf der kaum industrialisierten Insel geschaffen. Kunst und Kunst-

ten einander in schneller Folge ab: Auf Abdurrahman Wahid, 1999 zum Präsidenten gewählt, folgte 2001 die Sukarno-Tochter Megawati Sukarnoputri. Auch sie konnte die Erwartungen des Volkes nicht erfüllen, und Unabhängigkeitsbewegungen erschütterten das Land. Erst Susilo Bambang Yudhoyono, seit 2004 im Amt, verlieh dem Land wieder Stabilität.

2002 meldeten sich radikale Moslems mit einem Bombenanschlag in einer Diskothek in Kuta zu Wort und ließen die Besucherzahlen in den Keller sinken. Das Drama wiederholte sich im Oktober 2005 mit Anschlägen in Kuta und Jimbaran. Seither wurden die Sicherheitsvor-

handwerk erfuhren eine Wiederbelebung durch das Interesse der Besucher, und traditionelle Feste werden prächtiger als je zuvor begangen, denn Überschüsse durch den Tourismus werden (auch) in die Erbauung der Götter investiert sozusagen als eine Art Versicherung.

Das grenzenlos scheinende Tourismuswachstum erhielt Ende des 20. Jhs. eine Zäsur. Die südostasiatische Wirtschaftskrise erreichte 1998 auch Indonesien. Der Protest gegen den korrupten Präsidenten nahm zu, studentische Unruhen vor allem auf Java erwirkten Suhartos Rücktritt. Die Probleme rissen damit allerdings nicht ab. 1998 erlebte Bali einen drastischen Rückgang der Besucherzahlen. Das Land kam nicht zur Ruhe, und glücklose Präsidenten lös-

kehrungen drastisch verschärft: Die Insel der Götter hatte ihre Unschuld verloren.

Der grenzenlose Optimismus der Balinesen wich einer gesunden Skepsis: Mancher Balinese, der hauptberuflich sein Geld im Tourismus verdient, hat wieder begonnen, die brachliegenden Reisfelder der Familie zu bestellen oder hat einen kleinen *warung* (Essensstand) im Dorf eingerichtet, der ein bescheidenes Überleben garantiert, auch wenn die Dollar bringenden Fremden einmal daheim bleiben. 2010 brachen die Besucherzahlen allerdings schon wieder alle Rekorde. ◼

Links: Künstler in Ubud **Oben:** Mahnmal für die Toten des Bombenattentats 2002 in Kuta

CHINESISCHE EINFLÜSSE AUF BALI

In einem chinesischen Handelsdokument des 6. Jhs. findet sich ein Verweis auf eine Insel mit dem Namen P'o-li oder Poleng. Der Beschreibung nach handelt es sich aber um einen größeren Raum, und das Dokument könnte sich neben Bali auch auf Ostjava bezogen haben. 670 n.Chr. schrieb dann ein chinesischer gelehrter Pilger auf seinem Weg nach Indien über einen Besuch in einem buddhistischen Land mit Namen Bali.

Wenngleich der chinesische Einfluss auf Bali historisch nicht ausreichend dokumentiert bzw. gesichert ist und sich beim ersten Besuch der Insel dem Reisenden nicht sofort offenbart, gibt es zwischen Bali und China eine besondere Verbindung. Im 11. Jh. heiratete ein balinesischer König eine chinesische Prinzessin aus dem Kang-Clan und konvertierte zum Buddhismus. Das Paar nannte sein Königreich Bali Kang oder Balingkang. Da ihr die hinduistischen Götter die Nachkommenschaft verwehrten, starb die Prinzessin an gebrochenem Herzen und wurde Batari Mandul, die unfruchtbare Gottheit. Ihr steinernes Bildnis ist im Tempel Pura Tegeh Koripan (s. S. 156) zu sehen. Und die langhaarigen Hunde aus Kintamani sollen der Überlieferung nach von ihren Chow-Chow-Hunden abstammen. Balinesen und Chinesen gleichermaßen verehren Prinzessin Kang als Ida Ratu Ayu Subandar, die göttliche Hafengöttin. Sie gilt als Göttin des Handels und Schutzpatronin der Händler und Seefahrer. Sowohl der Pura Besakih als auch der Pura Ulu Danu Batur besitzen große Schreine, in denen sie verehrt wird.

Der Barong (s. S. 68) in seinen unterschiedlichen Formen ist eine typisch balinesische Figur, die auf der Bühne gewöhnlich von zwei Männern dargestellt wird. Der *Barong Landung* (»großer schützender Geist«) ist eine der Varianten. Sie stellt ein Paar dar, und die Frau trägt eine weiße Maske mit Gesichtszügen, die chinesisch wirken und viele an Prinzessin Kang denken lassen. Von zwei Tänzern animierte Masken, die dem Barong ähneln, gibt es auch in China und anderen Ländern Asiens. Und auf Bali wiederum gibt es einen Löwen chinesischen Stils. Er heißt *Barong Sae* und hat Ähnlichkeit mit traditionellen chinesischen Löwentänzern. Er tanzt zum Rhythmus von Gongs, Trommeln und Zimbeln, die an Glück verheißenden Tagen des Jahres vor Häusern, Geschäften und Tempeln geschlagen werden.

Auch in der balinesischen Architektur kann man chinesische Charakteristika ausmachen. Balinesische und chinesische Häuser und Tempel sind von Mauern umfasst, in denen manchmal chinesische Porzellanteller

oder Keramikkacheln eingemauert sind. Hinter dem Eingang steht eine kleine Mauer, *aling aling,* zur Abwehr von Geistern und Dämonen, von denen man sagt, dass sie nur geradeaus gehen können. In chinesischen wie auch balinesischen Gehöften gruppieren sich die einzelnen Gebäude um einen offenen zentralen Hof.

Weitere Gemeinsamkeiten finden sich im Kunsthandwerk, so etwa in balinesischen und chinesischen Textilmustern und Motiven der Holzschnitzereien, bekannt als *Karang Cina* (chinesische Blattverzierung) und *Karang Sae* (chinesische Löwen-Blattverzierung).

In den chinesischen Tempeln eines jeden größeren Ortes muss man sich nicht lange auf Spurensuche begeben, um weitere Anleihen zu entdecken. Chinesische Kupfermünzen mit Löchern in der Mitte werden für Opfergaben verwendet und zu rituellen Objekten aufgereiht. Sie dienen den Balinesen als heilige Idole von Hindugottheiten des Wohlstands und der Fruchtbarkeit und als Schreindekor.

Eine chinesische Liebesgeschichte von zwei unglücklich Liebenden, die sich nach ihrem Tod in Schmetterlinge verwandeln, wurde vor langer Zeit unter dem Namen *Sampik Engtai* ins Balinesische übertragen und wird in Form von Tanzdramen erzählt. Und schließlich gibt es noch den *Baris Cina,* einen balinesischen Kriegstanz, den in chinesische Gewänder gekleidete und mit Schwertern kämpfende Männer tanzen. ∎

Rechts: Chinesischer Tempel in Singaraja

Die Balinesen

Unzählige zeitaufwendige Rituale bestimmen das Zusammenleben der Menschen auf der Insel – das hat sich auch im Zeitalter des Massentourismus nicht geändert.

Batara Guru (der »große Lehrer«) und Gott Brahma beschlossen, dass die Erde von Menschen bevölkert werden sollte. Sie formten Körper aus Lehm. Die ersten Versuche belustigten die beiden Götter: Als sie daran gingen, ihre Figuren in einem Ofen zu brennen, kamen diese entweder zu weich oder zu hart gebrannt heraus. Beim letzten Versuch schließlich stimmte die Brenndauer und heraus kamen die goldbraunen Balinesen. So jedenfalls lautet der balinesische Schöpfungsmythos.

Die urbalinesische Gesellschaft, die heute noch die Bali Aga (s. S. 46) – eine Volksgruppe, die noch immer den uralten vorhinduistischen Traditionen folgt – repräsentieren, war animistischen Glaubensvorstellungen verhaftet. Die Bildung einer hinduistisch strukturierten Gesellschaft wurde von Mitgliedern der javanischen Oberschicht getragen, die vor der Islamisierung Javas nach Bali flohen – Tausende von Hindupriestern, Adeligen, Soldaten, Künstlern und Handwerkern.

Die führende Schicht fand in der indischen Kultur die Weltanschauung und die Verwaltungstechniken, die ihren Zwecken entsprachen. So bekam die junge Gesellschaft ein theologisches und politisches System, das die Balinesen in schöpferischer Weise ihren eigenen Verhältnissen anpassten. Eigene Glaubensvorstellungen wurden in die indische Religion integriert. Hindugottheiten wurden übernommen, ohne die vertrauten Götter zu verbannen.

Zu dieser Zeit wurde auch das Kastensystem in Bali etabliert. Alle Balinesen – mit Ausnahme

Vorhergehende Seiten: Schulkinder in Jagaraga **Links:** Eine kleine Legong-Tänzerin wird geschminkt **Rechts:** Alte Frau auf dem Markt in Denpasar

der Bali Aga – werden in eine Kaste hineingeboren. Die Angehörigen der obersten Kaste, der Priesterkaste, sind die Brahmanen, die den Titel Ida Bagus bzw. bei Frauen Ida Ayu tragen. Ihnen folgt die zweite Kaste – ursprünglich die Kaste der Herrschenden – die Satria, deren Angehörige den Titel Anak Agung, Dewa oder Cokorde tragen. Die Angehörigen der dritten Kaste, Wesya (niederer Adel), schmückt sich mit dem Titel Gusti. 97 % der Balinesen gehören allerdings der vierten Kaste, den Sudras, an. Im Gegensatz zu Indien spielt das Kastensystem nur eine untergeordnete Rolle. Heiraten außerhalb der eigenen Kaste sind vor allem bei Angehörigen der oberen Kasten nicht gern gesehen, aber längst kein Tabu mehr.

Die Dorfgemeinschaft

Auf Bali ist »leben« gleichbedeutend mit »teilhaben«. Die meisten Balinesen leben nach wie vor im Dorf *(desa)*, und werden in ein komplexes Gemeinwesen hineingeboren, dem sie bis zum Tod angehören. Einsamkeit und Isolation sind unbekannt, das Streben nach Individualität ist entsprechend schwach ausgebildet. Die Betreuung nimmt mit dem Tod kein Ende. Nun sorgt die Gemeinschaft dafür, dass die Seele des Toten befreit wird für die Rückkehr in ein neues Leben. Die schlimmste Strafe für einen Balinesen ist deshalb der Ausschluss aus der Gemeinschaft.

Im Zentrum des Dorfes liegen in der Regel die wichtigen öffentlichen Gebäude: der Dorftempel *(pura desa)*, in dem Zeremonien abgehalten werden, die Versammlungshalle, der Marktplatz oder die Markthalle, und selten fehlt der große Banyanbaum, der heilige Baum der Hindus. Am Ortsausgang in Richtung Berge liegt der Tempel des Ursprungs *(pura puseh)*, in dem die Gründer des Dorfes verehrt werden, in Richtung Meer der Totentempel *(pura dalem)* für die Verbrennungszeremonien mit dem schmucklosen Friedhof.

Fast jeder Balinese besitzt den Grund, auf dem er mit seiner Familie wohnt und arbeitet.

BALI AGA

Die balinesischen Ureinwohner, die Bali Aga, leben heute nur noch in wenigen Dörfern. Die Volksgruppe weigerte sich, die hindu-javanischen Gebräuche und Glaubensvorstellungen zu übernehmen, die die Flüchtlinge des Majapahit Reiches Ende des 15. Jhs. nach Bali mitbrachten, und folgt den uralten balinesischen Traditionen. So kennen die Bali Aga weder Kastensystem noch Verbrennungsriten. Das bekannteste Bali-Aga-Dorf ist Tenganan bei Candi Dasa im Osten Balis. Die Dorfgesellschaft ist wohlhabend durch Großgrundbesitz und widmet sich kunsthandwerklichen Techniken wie dem Doppel-Ikat (s. S. 77) oder der Lontar-Malerei.

Die wirklichen Eigentümer sind jedoch die Götter des Landes: Sie gaben die Insel den Menschen nur zum Lehen.

Die Dörfer sind in kleinere Einheiten, *banjars,* unterteilt. Es sind Gruppen benachbarter Familien, die in enger Gemeinschaft alle Belange teilen. Jeder *banjar* besitzt ein Gamelanorchester, eine Tanzgruppe, eine Küche für die Dorffeste, eine Gemeinschaftstrommel, die zu Versammlungen ruft, und einen kleinen öffentlichen Tempel. In der offenen Versammlungshalle treffen sich die Männer auch in den Mußestunden, um ihre Kampfhähne zu hätscheln, mit dem Orchester zu üben, der Probe eines Theaterstücks zuzuschauen, Rat abzuhalten oder ganz einfach zu plaudern.

Die erwachsenen, Land besitzenden Männer sind außerdem Mitglieder der Reisbaugenossenschaft *(subak),* die die gerechte Verteilung des Wassers an ihre Mitglieder überwacht. Der Subak garantiert auch Kleinbauern ihren Wasseranteil, überwacht die Zuleitungen, bessert die Dämme aus und veranstaltet das Erntefest.

Während die Männer sich um die Feldarbeit kümmern, sind Haus und Hof nach wie vor die Domäne der Frauen. Lebhaft geht es vor einem Tempelfest oder einer Verbrennung zu. Das ganze Dorf beteiligt sich an den Vorbereitungen. Die Frauen richten die kunstvoll gestalteten Opfergaben her. In den Banjars werden Proben ab-

Die Zeremonien nach der Geburt sind zahlreich und kostspielig. Die unreine Erde darf es zunächst nicht berühren, es wird ständig getragen, oft auf den Hüften eines Schwesterchens. Wenig kreativ sind die Balinesen übrigens in der Namensgebung. Dass viele die gleichen Vornamen tragen, hängt mit einem Brauch zusammen: Traditionell werden die Kinder, egal ob Junge oder Mädchen, nach der Abfolge ihrer Geburt benannt. Das älteste heißt Wayan, dann folgen Made, Nyoman und Ketut.

Besondere Bedeutung kommt dem Fest der Erdberührung nach drei Monaten zu. Bis es laufen kann, wird es jedoch weiterhin getragen.

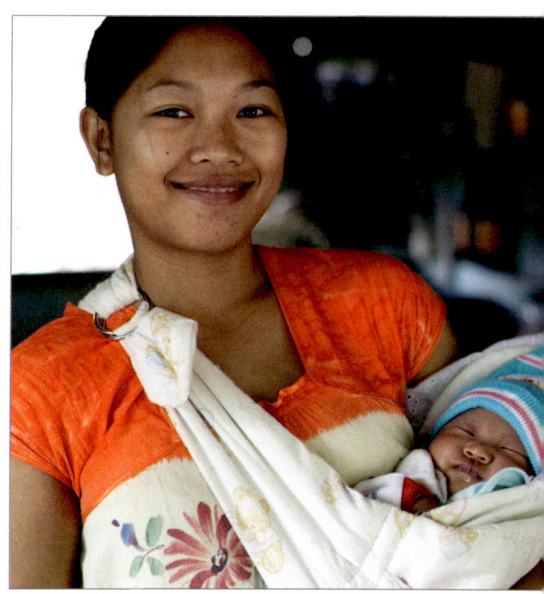

gehalten. An den Eingängen des Dorfes bauen Männer Triumphbögen aus Bambus. Lange, schlanke, beflaggte Bambusstangen in den Dorfstraßen kündigen das bevorstehende Fest an.

Die Familie

Rituale begleiten die Balinesen von der Wiege bis zur Bahre und markieren wichtige Entwicklungsstadien. Je kleiner ein Kind, umso näher ist seine Seele dem Himmel, und sein Denken ist noch rein. Das Neugeborene tritt aus einem geistigen Dasein ins Diesseits und gilt als heilig.

Links: Auf dem Weg zur Schule **Oben:** Reisbauer auf dem Feld in Tegalalang, Zentralbali **Rechts:** Mutter und Kind in Candi Kuning, Nordbali

Krabbeln wird nicht gefördert, denn die Bewegung auf allen Vieren lässt das Kind einem Tier ähneln. Sobald ein Kind laufen kann, mag es mit Gleichaltrigen frei im Dorf umhertollen. In dieser Gemeinschaft entwickelt sich schon früh sein Selbstbewusstsein. Daheim begegnet man ihm mit Liebe und ohne Verbote. Die Eltern nehmen ihr Kleinstes mit, wohin sie auch gehen. Folgsam wird es durch Einsicht, die durch geduldiges Zureden erreicht wird. Körperliche Züchtigungen, die die zarte Seele des Kindes verletzen könnten, sind undenkbar. Im Alter von etwa fünf Jahren wird jedoch schon Reife und Verantwortungsbewusstsein vom Kind verlangt, dann ist es verantwortlich für die jüngeren Geschwister. Oft ist es heutzutage nur noch ein Geschwisterchen. »Dua anak cukup« (»Zwei Kinder sind genug«) heißt der indonesische Slogan zur Familienplanung, der in Bali in immer mehr Familien beherzigt wird.

Wenn ein Mädchen aus vornehmer Kaste in die Pubertät eintritt, wird eine Zeremonie veranstaltet, die es feierlich zur Frau erklärt. Zuvor begibt sich das Mädchen in strenge Abgeschiedenheit und unternimmt eine gründliche Reinigung des Körpers. Gekleidet in Goldbrokat, einen Blütenkranz im Haar, kehrt es nach drei Tagen zurück und empfängt den Reinigungssegen des Priesters. Oftmals folgt eine Zahnfeilung, der sich auch Knaben unterziehen. Ein

tern. *Ngorod,* die Brautentführung, dagegen ist eine spannende Angelegenheit. Früher wurde die Braut tatsächlich gekidnappt und zum Haus eines Freundes getragen. Heute plant das junge Paar die »Entführung« gemeinsam, auch die Familie ist eingeweiht. Der Brautvater gibt sich dennoch erzürnt und leitet eine Suchaktion ein. Nach einigen Tagen kehrt das junge Paar zurück und bittet die Eltern um Vergebung. Auf diese Art und Weise spart man die Kosten für die Mitgift. Um die Hochzeit gesetzlich gültig zu machen, wird in der ersten Nacht der Entführung eine Zeremonie abgehalten. Die Opfergaben werden der Göttin der Erde Ibu Pertiwi

Priester feilt die oberen Zähne so weit ab, bis sie eine einheitliche Linie bilden. Das soll vor Faulheit, Liebe zu irdischen Gütern, Fleischeslust und Verschwendung bewahren. Die schmerzhafte Zeremonie, die das Gebiss für immer schädigt, wird allerdings immer häufiger durch eine symbolische Feilung ersetzt.

Durch die Eheschließung erfolgt die endgültige Aufnahme in die Gemeinschaft. Nur ein sesshafter, verheirateter Mann kann Mitglied der Ratsversammlung werden. Unverheiratet zu bleiben widerspricht den Regeln der Gemeinschaft. Die Heiratsbräuche sind in den Dörfern und Kasten verschieden. *Mapedik* ist die konservative Form der Heirat nach Brautwerbung durch den jungen Mann und seine El-

dargebracht, sie ist Zeugin der Vereinigung. Später wird das ganze Dorf zu einer formellen Hochzeitsfeier eingeladen, bei der ein Priester das Paar segnet. Die Verbindung wird den Ahnen und Gottheiten des Haustempels verkündet. Dann tritt die Frau der Familie ihres Gatten bei und wird Mitglied seiner Kaste.

Insgesamt sind die Balinesen freizügiger als noch vor zehn Jahren. Dass Jungen und Mädchen vor der Eheschließung Sexualverkehr haben ist zwar nicht offiziell gestattet, wird aber – vor allem in den unteren Kasten – geduldet.

Ein Paradies mit Schattenseiten

Im Zuge des Massentourismus steigt die Zahl der von Ausländern sexuell missbrauchten Kinder – gerade in strukturschwachen Regionen der Insel. Die Rate von HIV-Infektionen stieg in den letzten Jahren ebenfalls steil an. AIDS ist nach wie vor ein Tabuthema, über das zu wenig aufgeklärt wird. Drogen sorgen für ein weiteres Problemfeld. Seit der Wirtschaftskrise und nach den Terror-Bombenanschlägen 2002 und 2005 ist die Kriminalitätsrate gestiegen, weil Drogensüchtige ihren Bedarf durch Diebstahl decken.

Auch die hohe Zahl arbeitsloser Jugendlicher trägt zur steigenden Kriminalitätsrate auf Bali bei. Wer schwere körperliche Arbeit verrichten, Verkaufsstände oder eine Garküche betreiben will, findet schnell eine Beschäftigung. Doch immer mehr Balinesen betrachten dies als unattraktiv, weshalb immer mehr Arbeitsmigranten aus Java diese Jobs übernehmen.

In den Dörfern leben heute überwiegend Kinder und alte Menschen, da viele junge Leute in der Tourismusindustrie arbeiten und nur zu religiösen Festen nach Hause fahren. Gleichzeitig haben nur wenige Balinesen hohe Positionen im Tourismus inne, weil Vorbereitung und Durchführung religiöser Anlässe sehr zeitaufwendig sind und sie sich dafür vom Arbeitgeber befreien lassen müssen. Das führt zu Neid gegenüber anderen Indonesiern und Ausländern, die keine vergleichbaren religiösen Verpflichtungen haben und deshalb bessere Aufstiegschancen besitzen. Und da immer mehr Ausländer und Arbeitsmigranten aus anderen Teilen Indonesiens sich in den vergangenen Jahren permanent auf der Insel niedergelassen haben, ist die Konkurrenz groß. Es bleiben den Balinesen die untergeordneten Positionen im Service, die schlecht bezahlt sind. In einer Reihe von Fällen blockierten unzufriedene Dorfbewohner Zufahrtsstraßen zu Hotels und protestierten, weil ihre Forderungen nach verbesserten Arbeitsbedingungen nicht erfüllt wurden. Viele Beschäftigte fühlen sich unterbezahlt angesichts der Summen, die Touristen ausgeben. Diese Veränderungen in der Sozialstruktur bedeuten eine zunehmende Belastung für die Einheimischen.

Der Spiel- und Wetteifer bei den Hahnenkämpfen hat schon so manche balinesische Familie reich gemacht bzw. (häufiger) in den Ruin getrieben, wenn die Familienoberhäupter viel Zeit in diese männliche Leidenschaft steckten und hohe Summen Geld gewannen oder verlo-

Links: Vorbereitungen für ein Tempelfest im Pura Samuan Tiga **Rechts:** Tempelfest im Pura Besakih

ren. Nach alten Glaubensvorstellungen stimmt das Blutvergießen bei den Hahnenkämpfen die bösen Geister gewogen. Offiziell ist der Hahnenkampf nur bei Tempelfesten erlaubt und auf drei Runden begrenzt, doch nicht immer werden die Vorschriften ernst genommen.

Balinesische Frauen

Frauen sind die Hauptakteure im Kleingewerbe. Viele betreiben neben ihrem Haushalt *warungs*, Straßenstände, oder weben, schnitzen und malen in Heimarbeit, um das Familieneinkommen zu ergänzen. Heutzutage führen Frauen aber auch selbstbewusst Textilläden, Juwe-

liergeschäfte und managen Restaurants. Während der Tourismuskrise nach den Bombenanschlägen ernährte manche Frau die Familie, während die Männer ihre Jobs im Tourimus verloren. Längst haben sie traditionell männliche Domänen erobert und etablieren sich immer mehr als Malerinnen oder Gamelanspielerinnen. Die Geschlechterrollen sehen sich zunehmend vertauscht. So werden Männer auch mehr und mehr zu Experten der Opfergabenzubereitung – eine traditionell weibliche Domäne. Vor allem die spektakulären *sarad*, riesige farbenfrohe Skulpturen aus Reisgebäck, die kunstvoll mit Bambus und Tüchern für Tempelzeremonien und Hochzeiten geschmückt werden, fallen in ihr Ressort. ◼

Religion

Animistische Rituale und hinduistische Glaubensinhalte aus Java mischten sich auf Bali und schenkten der Insel eine reiche Spiritualität. Unzählige Zeremonien bestimmen den Kalender.

Leben ist Religion und Religion ist Leben auf Bali. Religiöse Riten und Feste begleiten die Menschen von der Geburt bis zum Tod und über den Tod hinaus. Sie sind die Grundlage des Zusammenhalts von Familie und Dorfgemeinschaft. Religiöse Riten werden wirksam bei der Gründung eines Dorfes, sie ordnen das Familienleben und sind die ethischen Leitlinien des ganzen Volkes. Feiertage, Volksvergnügen und Versammlungen werden stets von einer Tempelzeremonie eingeleitet. Freie Tage nutzt man nicht, um wegzufahren oder zu entspannen, sondern um Feste vorzubereiten oder zu begehen. Auf Schritt und Tritt werden Sie deshalb auf Bali dem Volksglauben begegnen.

Bali ist die einzige hinduistische Enklave im ansonsten muslimischen Indonesien. Doch der balinesische Hindu-Dharma-Glauben, auch *Agama Tirtha* (»Religion des heiligen Wassers«) genannt, weil Wasser unverzichtbarer Bestandteil aller Zeremonien ist, ist einzigartig in der Welt, er wurzelt in uralten animistischen Kulten und der Ahnenverehrung. Von den Lehren der hinduistischen Einwanderer aus Java Ende des 15. Jhs. blieb nur das, was den Bedürfnissen der Menschen entsprach: der Glaube an den Kreislauf der Wiedergeburten, der Verbrennungsritus und die Verehrung der Göttertrinität.

Balinesische Kosmologie

Das Universum ist in der Vorstellung der Balinesen geordnet und erstreckt sich vom Himmel und den Bergen bis hinab in die Tiefen des Meeres. In der Natur hat jedes Ding oder Wesen sei-

Links: Kunstvolle Opfergaben beim Tempelfest
Rechts: Sanghyan Widi Wasa, das höchste Wesen

nen Sinn und Zweck und seinen Platz. Alles Heilige ist hoch wie die Berge oder wird erhöht. Heilig ist heute noch in Bali die Richtung hinauf zum majestätischen Vulkan Agung. Alles Unheilige, Bedrohliche kommt von den Kräften der Tiefe; gefährlich ist die Richtung stromabwärts zum Meer und das Meer selbst.

Kaja und *kelod* heißen diese gegensätzlichen Pole. Die Menschen leben in der fruchtbaren Landschaft zwischen Bergen und Meer. *Kaja* und *kelod* stehen aber auch für die Gegensätzlichkeit allen Seins: Mann und Frau, Sonne und Mond, Tag und Nacht, Gut und Böse. Die Gegensätze bedingen einander, und ohne das Böse gibt es auch kein Gutes. Das Streben nach Ausgleich ist ein wichtiger Grundpfeiler balinesischen Denkens. Die Hausfrau bereitet jeden Morgen für die Hausschreine der Götter und heiligen Ahnen, aber auch zur Besänftigung der Dämonen Opfergaben, die auf die Stufen des Gehöfts gelegt werden, um später von den Hunden gefressen zu werden.

Verehrt werden die Naturkräfte wie Feuer und Wasser, denn sie sind verantwortlich für die Fruchtbarkeit. Neben diesem Animismus spielt wie vor Urzeiten die Verehrung der heiligen Ahnen eine große Rolle. Ihre Seele findet nach der Verbrennung ihren Platz im Haustempel, bis sie in einem neuen Familienmitglied wiedergeboren wird.

Kräfte, die der Insel einerseits Zerstörung, andererseits Fruchtbarkeit bringen. Shiva manifestiert sich auf Bali häufig in Gestalt Suryas, des Sonnengottes, dessen Schrein man in allen balinesischen Tempeln findet. Aber auch die anderen Hauptgötter der Hindu-Trinität, Brahma und Vishnu, werden verehrt. In vielen größeren Tempeln stehen hohe, dreisitzige Throne, die die Trisakti symbolisieren. Vor Tempelfesten schmücken die Tempelwächter sie mit roten, weißen und schwarzen Tüchern: Rot für Brahma, Weiß für Shiva und Schwarz für Vishnu.

Ein Wesen aber steht über allen – über Gut und Böse, Leben und Tod: Sanghyang Widi, der

Die Welt der Götter

»Wir haben nur einen Gott«, erläutert ein Brahmane, »aber wir verehren viele Gottheiten und heilige Ahnen. Alle sind sie Erscheinungsformen des Allerhöchsten; jede ist für eine seiner vielen Aufgaben zuständig. So wie der Mensch ein Ganzes ist, doch zum Sehen seine Augen, für die Arbeit seine Hände und für das Gehen seine Füße hat, genauso ist unser Gott Sanghyang Widi ein Ganzes. Aber als Schöpfer ist er Brahma, als Bewahrer Vishnu und nicht zuletzt als Zerstörer Shiva.«

Diese drei Erscheinungsformen bilden die Hindu-Dreieinigkeit, *trisakti*. Den Balinesen steht Shiva, der Zerstörer und Erneuerer, am nächsten. Er versinnbildlicht die vulkanischen

Allmächtige, der Ursprung allen Seins. In ihm fließen alle Gottheiten, die lediglich Manifestation dieses einen und einzigen Gottes sind, und vergöttlichten Ahnen zu einer höchsten Einheit zusammen. So wird der balinesische Hinduismus zum monotheistischen Glauben umgebogen, und damit auch tragbar im Sinne des ersten Grundsatzes der indonesischen Staatsphilosophie *pancasila*, die den Glauben an einen einzigen alleinigen Gott gleich welcher Konfession vorschreibt.

Auf Sanghyang Widi und seine drei mächtigsten Erscheinungsformen folgen in hierarchischer Ordnung all die vielen anderen Gottheiten, *dewa* (die männlichen) und *dewi* (die weiblichen), von denen jede einzelne eine direkte Beziehung zur Natur hat. Als Schöpfer des Windes erscheint Gott als Dewa Bayu. Als derjenige, der den Reis keimen, wachsen und reifen lässt, erscheint er in Dewi Sri, der Göttin der Fruchtbarkeit. Und auch Dewa Baruna, der Gott des Meeres, ist Teil des Allerhöchsten.

Geister und Dämonen

Neben den Göttern sind da noch die Mächte der Finsternis. Die mondlosen Nächte gehören ihnen: Dann huschen und wispern unheimliche Schatten, sodass fern und nah die Hunde zu heulen beginnen. Hexen schrecken in der Gestalt merkwürdiger Fabeltiere unschuldige Wanderer. Späte Heimkehrer berichten mit Grausen von gespenstischen Affen mit goldenen Zähnen und von kahlköpfigen Riesen, die ihnen am Wegesrand erschienen sind. Natürlich weiß jeder, dass für diese Erscheinung die *leyaks* verantwortlich sind. Es sind Hexen oder die Seelen von Menschen, die sich schon zu Lebzeiten der Schwarzen Magie verschrieben haben. Durch ständige Opfer müssen sie gebändigt werden, andernfalls rächen sie sich und suchen das Dorf mit Krankheit und Tod heim. Ist es soweit gekommen, helfen nur sorgfältig durchgeführte Reinigungszeremonien, die ursprüngliche Reinheit wiederherzustellen.

Priestertum und Zeremonien

Die erhabene Erscheinung des ganz in Weiß gekleideten Priesters auf seinem erhöhten Sitz in einer der offenen Hallen des Tempels fällt auf jedem Tempelfest ins Auge. Dorfbewohner verrichten ihre Gebete unter der Leitung eines Priesters. Zeremonien wie Heirat oder die Einsegnung eines Neugeborenen werden vom Priester abgehalten, der ihnen auch Rechtsgültigkeit verleiht.

Man unterscheidet zwischen zwei Klassen von Priestern: der *pedanda,* der Hohepriester, stammt immer aus der Brahmanenkaste, der *pemangku,* der einfache Tempelpriester, ist an keine Kaste gebunden. Alle bedeutenden Zeremonien werden vom *pedanda* abgehalten. Er ist der geistige Führer der Gemeinde und der höchste Vertreter des Agama Hindu. Während der religiösen Zeremonien ist er nicht nur Mittler zwischen Gott und den Menschen, sondern wird durch ein kompliziertes Ritual stummer

Ganz links: Spitzenklöpplerin in Seminyak **Links:** Auf dem Weg zur Reinigungszeremonie **Rechts:** Gebet im Tempel

Schwarze Magie: Am Strand treffen sich häufig Anhänger der Schwarzen Magie – besonders gegenüber der Insel Nusa Penida, wo der Legende nach der Herr über Schwarze Magie, Ratu Gede Mas Mecaling, praktiziert.

Gebete, durch Glockengeläut und beschwörende Gesten der Hände zeitweilig eins mit Gott. Daraus gewinnt er die göttlichen Kräfte, die er braucht, um die Reinigungszeremonien zu vollziehen und das dazu benötigte Weihwasser herzustellen. Wenn der Geist Gottes in das Weih-

TEMPELETIKETTE

Dank wenig sensibler Besucher in Bikinioberteilen und Hot Pants dürfen manche Tempel von Nicht-Hindus nicht mehr betreten werden. Schulter- und kniebedeckende Kleidung sind Pflicht bei jedem Tempelbesuch. Um die Hüfte gehört ein Tempelschal, der meist ausgeliehen werden kann (größere Tempel haben Leih-Sarongs). Absolute Zurückhaltung – auch beim Fotografieren (Blitzen ist tabu!) – ist strengstes Gebot. Orientieren Sie sich an den Gläubigen, knien Sie nieder, wenn diese auch knien, und begeben Sie sich auf keinen Fall über Kopfhöhe eines Priesters. Strenge Reinheitsgebote verbieten menstruierenden Frauen, den Tempel zu betreten.

wasser eingegangen ist, reicht es der Hohepriester dem Tempelpriester, der die Versammlung zum Segen und zur Reinigung damit besprengt. Die Pemangku verrichten alle im Tempel anfallenden Arbeiten, beaufsichtigen die Tempelfeste, nehmen die Opfergaben in Empfang, leiten Prozessionen und nehmen an den Zeremonien teil. Der Hohepriester nimmt nicht an weltlichen Verrichtungen teil. Sein Leben ist der Meditation, dem Studium der Theologie und der Rituale gewidmet. Eine ergebene Gehilfin findet er in seiner Frau: Durch die Heirat wird auch sie Priesterin und übernimmt die gleichen Aufgaben wie ihr Gemahl.

Tempelzeremonien und Tempelfeste

Höhepunkte des religiösen Lebens auf Bali sind die zahllosen Feste. Ein religiöser Kalender gibt die Tage an, die für besondere Gebete, für Reinigungszeremonien oder für Opfergaben an bestimmte Geister oder Götter geeignet sind. Er nennt die jahreszeitlichen Feiertage, die in allen Tempeln auf Bali festlich begangen werden. Und er zeigt die ersten Vollmond- und Neumondnächte an, in denen Tempelzeremonien besonders wirksam sind.

Außer der Reihe wird eine Austreibungszeremonie nötig, wenn Krankheit oder Unglück über ein Dorf gekommen ist. Und manchmal

HAHNENKAMPF

Das Ritual des Hahnenkampfes stammt noch aus vorhinduistischer Zeit und stellt ein Blutopfer an die Erde dar. Traditionell eröffnet ein Hahnenkampf das Tempelfest. Da der Kampf von Wetten der Zuschauer begleitet ist, und die Wettleidenschaft der Männer schon viele Familien ruinierte, ist der Hahnenkampf offiziell seit Jahren außerhalb von Tempelfesten verboten. Doch manchmal findet sich doch ein Plätzchen, der verbotenen Leidenschaft zu frönen, und so mancher Hahnenkampffan unter den Gesetzeshütern drückt gern ein Auge zu. Hahnenkampf ist reine Männersache, Frauen dürfen lediglich zuschauen.

sind es die Götter, die über ein in Trance befindliches Medium *(balian)* nach einem Fest oder einer Zeremonie verlangen.

Odalan

In jedem balinesischen Tempel wird einmal im Jahr (nach balinesischem Kalender alle 210 Tage) der Jahrestag der Tempelweihe *(odalan)* begangen. Das mehrere Tage dauernde Fest wird mit einem Hahnenkampf eingeleitet. Vor den einzelnen Kämpfen tauschen die beiden Be-

Links: Der Heiler *(balian)* versorgt die Balinesen mit Naturmedizin, verschreibt kräftige Massagen oder bespricht die Patienten mit mystischen Silben **Oben:** Fußreflexzonenmassage beim Heiler **Rechts:** Ein Priester verteilt heiliges Wasser

sitzer die Hähne aus, um zu prüfen, ob sie an Kraft und Größe einander ebenbürtig sind. Ist der Kampf beschlossen, werden an den Sporen der Hähne die tödlichen Klingen aus blankem Stahl befestigt; ein Vertreter der Jury prüft, ob sie den Regeln entsprechend angebracht sind.

Während der Tumult andauert, werden die Hähne auf einen kleinen quadratischen Platz gesetzt – das Zeichen zum Beginn. Augenblicklich herrscht Stille in der Arena. Angefeuert von ihren Besitzern, stürzen sie aufeinander los. Kaum kann das Auge folgen! Die Kämpfer erheben sich in die Luft, jeder versucht, den tödlichen Sporenhieb anzubringen … Kaum sind ei-

nige Sekunden vergangen, da ist der Kampf schon beendet – ein Hahn liegt blutend am Boden, unfähig, wieder aufzustehen. Das Hauptereignis währt verblüffend kurz! Falls ein Hahn nicht zu schwer verletzt ist, päppelt man ihn für den nächsten Kampf wieder auf. Andernfalls bildet er am nächsten Tag die Grundlage für ein delikates Familienessen.

Während des gesamten Festes treffen im Tempel Frauen ein mit kunstvoll arrangierten Opfergaben aus Früchten, Gebäck und anderen Köstlichkeiten, die sie auf dem Kopf balancieren. Diese Speiseopfer werden als geistige Gabe dargeboten. Der Wind trägt mit den Weihrauch-

TRANCE

Ein Junge reitet barfuß mit einem Steckenpferd über heiße Kohlen, eine Frau schreit in einer Sprache, die sie nie gelernt hat, ein Mann stößt sich einen Dolch in die Brust, ohne sich zu verletzen. Nur einige Beispiele für Ereignisse jenseits der rationalen Vorstellungskraft, die in Bali nicht allzu ungewöhnlich sind. Übernatürliche Kräfte nehmen in der Trance Besitz vom Körper eines Menschen und demonstrieren so ihre Macht. Oft genügen Kleinigkeiten wie ein vergessenes Opfer oder eine unbedachte Handlung, um einen Prozess auszulösen. Trance ist für die Balinesen immer ein tief religiö-

ses Erlebnis, durch das die Menschen in direkte Verbindung mit den Göttern treten. Während eines Tempelrituals kann es vorkommen, dass ein göttliches Wesen von einem Tempelpriester Besitz ergreift. Zuschauer eines Barong-Tanzdramas können plötzlich in Trance fallen, schreien und zittern.

In vielen Dörfern gibt es Männer und Frauen, die anerkannte Trancemedien sind. Durch den Wunsch einer Gottheit kann aber auch ein einfacher Mensch plötzlich zum Trancemedium werden, durch das die Götter zu den Menschen sprechen.

schwaden die geistige Substanz der Opferspeisen zu den Himmlischen empor. Den Menschen bleibt das Stoffliche; sie nehmen die Opferteller später wieder mit heim und verzehren die Speisen im Familienkreis.

Während der Zustrom der Opfergaben andauert, lädt der Tempelpriester in Gebeten die Götter ein, herabzusteigen. In manchen Tempeln gibt es kleine Götterfiguren aus Gold, Bronze oder vergoldetem Holz, und der Priester bittet die Götter, in diese Einzug zu halten.

Am Nachmittag versammeln sich alle Dorfbewohner unter den hohen Bambusfahnen im Tempelhof. Alle Schreine wurden reich mit Op-

gen unterhalten und beschenkt, bevor sie zurück in den Tempel getragen werden.

Im innersten Tempelhof nimmt indessen die religiöse Zeremonie ihren Fortgang. Priester und Priesterinnen singen Hymnen auf die Götter. Vor den Schreinen steigen Wolken von Weihrauch auf. Frauen in Andacht erheben sich und beginnen einen langsamen *pendet* zu tanzen. Die Schönheit ihrer Bewegung ist ein Geschenk an die Götter.

Nachts verwandelt sich die Umgebung des Tempels in einen fröhlichen Jahrmarkt. Um Mitternacht beginnt die Tanz-Theateraufführung, die bis zum nächsten Morgen dauert.

fergaben bedacht und mit Brokatstoffen und Bildern in der alten Tradition geschmückt. Die kleinen Götterstatuen stehen blumenumkränzt in ihren Schreinen. Der Tempelpriester sitzt vor einem Weihrauchgefäß und einem Wasserkessel und segnet die mit Gaben hereinströmende Menge. Gewissenhaft erfüllt jeder der Gläubigen seine religiösen Pflichten. Dennoch herrscht hier keine steife Feierlichkeit, alle sind heiter, denn es ist ein geistliches und weltliches Ereignis zugleich.

Wenn das Gamelanorchester zu spielen beginnt, formiert sich eine Prozession, die die Götterstatuen zu einem nahen Gewässer bringt, wo man ihnen ein rituelles Bad zuteil werden lässt. Dabei werden sie mit Musik, Tanz und Gesän-

Das Odalan-Fest endet bei Anbruch des nächsten Tages. Die sich lange hinziehende Handlung des Theaterspiels kommt nun endlich zu ihrem dramatischen Höhepunkt. Die Musiker beenden ihr letztes Lied und packen die Instrumente zusammen. Einige ältere Frauen tanzen noch einen Pendet zu Ehren der aufgehenden Sonne, der Tempelpriester betet noch einmal zu den Göttern. In diesen Gebeten gibt er der Hoffnung Ausdruck, dass sie während ihres Besuches im Tempel aufs Beste versorgt waren und dass sie gnädig gestimmt in den Himmel zurückkehren mögen. ■

Oben: Pura Luhur Batukau, einer der heiligsten Tempel der Insel

TOD UND VERBRENNUNG

Die Balinesen glauben an den Kreislauf der Wiedergeburten und sehen im Körper nur das Gefäß der Seele. Durch die Verbrennung wird die Seele befreit, sie ist ein fröhliches Ereignis, denn nun kann die Wiedergeburt erfolgen. Nach dem Tod versammeln sich im Haus des Verstorbenen Freunde und Verwandte. Die Frauen helfen bei der Zubereitung der Opfergaben für die Reinigungszeremonie des Körpers. Die Männer errichten hohe Opfertische für die vielen Gaben und helfen beim Waschen des Leichnams. Der Priester legt den Tag für die Bestattungszeremonie fest. Der Tote wird nur vorübergehend, bis zum Zeitpunkt der Verbrennung, bestattet. Angehörige, die nicht in der Lage sind, eine kostspielige Einzelverbrennung zu veranstalten, und auf eine Massenverbrennung warten, müssen sich oft mehrere Jahre gedulden. Naht der Tag der Verbrennung, herrscht große Geschäftigkeit im Dorf. Wieder sind viele Opfergaben vorzubereiten, der Sarg und der hohe Turm werden angefertigt. Freunde und Verwandte aus allen Regionen der Insel strömen herbei mit kleinen Gaben für die Familie. Der Leichnam wird vom Friedhof wieder ins Haus gebracht und in einer offenen Halle inmitten von Opfergaben aufgebahrt.

Das friedliche Beisammensein endet plötzlich, wenn unter mächtigen Gongschlägen viele Menschen hereinstürmen, die den Leichnam auf ihre Schultern heben und ihn in alle vier Himmelsrichtungen drehen. Dies soll die Seele des Toten verwirren, damit sie nicht irrtümlich wieder zum Haus zurückkehrt. Nun wird der Körper im Verbrennungsturm untergebracht, einem hohen Holz- oder Bambusgebilde, das farbenprächtig geschmückt ist. Der Turm symbolisiert den Kosmos. In der Basis ist die Gestalt der Schildkröte aus der Schöpfungslegende zu erkennen, umwunden von zwei *nagas* (gekrönten Schlangen). Auf einer offenen Plattform weiter oben findet zwischen Erde und Himmel der Sarg Platz. Den Abschluss bilden eine Vielzahl von pagodenartigen Dächern. Sie sind Sinnbild der verschiedenen Himmel. Brahmanen und Adeligen gebühren Türme mit elf Dächern, den niedrigeren Kasten werden nur drei bis neun zugebilligt. Nicht weit vom Turm stehen die großen Tiersarkophage, die ebenfalls je nach Kaste verschieden sind. Der Brahmane wird in einer Stierfigur verbrannt, die Brahmanin in einer Kuh, der Satria in einem geflügelten Löwen, Sudras in einem Fabeltier.

Die Prozession zum Verbrennungsplatz ist ein erstaunliches Schauspiel. Bei größeren Zeremonien werden mehr als hundert Männer benötigt, um den riesigen Turm und den Tiersarkophag durchs Dorf zum Verbrennungsplatz in der Nähe des Totentempels zu tragen.

Sobald die Prozession ihr Ziel erreicht hat, wird der Leichnam in den Sarkophag gebettet. Der Hohepriester steigt auf das Podest, auf dem der Sarkophag steht, spricht die abschließenden Gebete und übergießt den Toten mit geweihtem Wasser. Das Weihwasser leitet das Wirken der drei Elemente ein, die mit der Hindu-Dreifaltigkeit verbunden sind: Wasser als letzte Segnung, Feuer als Zerstörer der irdischen Hülle und Wind,

der den Rauch – die Seele – zum Himmel empor trägt. Nachdem alle Opfergaben und Gebete dargebracht sind, um der Seele eine gefahrlose Reise zu sichern, wird der Sarkophag in Brand gesetzt. Man verharrt so lange beim Feuer, bis der Sarg niedergebrannt, der Körper zu Asche geworden ist und die Seele diese Welt verlassen hat.

Nach der Verbrennung formiert sich eine Prozession zum Meer oder zu einem nahen Fluss, um die Asche dem Wasser zu übergeben. Dieses Fortwaschen der letzten irdischen Unreinheit ist auch die letzte Reinigungszeremonie. Zwölf oder 42 Tage später findet die Seelenweihe statt, die die Seele endgültig aus den Banden des Körpers befreit. Am Ende wird die vergöttlichte Seele in den Familientempel überführt und der Tote nimmt seinen Platz unter den Ahnen ein. ■

Rechts: Sarkophag in Stierform

Feste und Zeremonien

Räucherstäbchen, Opfergaben, Festessen, Musik und Tanz – Zeremonien auf Bali sind immer Gottesdienst und sinnliches Spektakel gleichermaßen

Tempelfeste sind großartige Gelegenheiten, Bali in Festkleid und Festlaune zu erleben: Frauen, die Opfergaben auf dem Kopf balancieren, Gamelan-Musik und heilige Tänze, Tempelrituale oder auch hin und wieder ein Hahnenkampf, der dann – und nur dann – legal ist, und jede Menge andere Aktivitäten gehören dazu.

Die Balinesen kennen zwei Kalendersysteme: Der Saka-Kalender stammt aus Südindien und ist ein Sonnenkalender, der im Jahr 78 n.Chr. einsetzt und 354 Tage hat. Der Beginn des Jahres wird durch das Nyepi-Fest markiert.

Nach dem Pawukon-Kalender (auch Wuku-Kalender), dem traditionellen balinesischen Kalender, hat das Jahr 210 Tage, wird aber nicht als separate Einheit gesehen, sondern läuft in kontinuierliche Zyklen ab. So ist jeder Monat, der 35 Tagen hat, in mehrere Wochen von 1 bis 10 Tagen Länge aufgeteilt, die parallel laufen. Nach dem Pawukon-Kalender werden die Tempelgeburtstage (*odalan*) oder die Termine der Duchgangsriten berechnet.

Das wichtigste Fest ist **Galungan**, das auf der ganzen Insel begangen wird, und die Ankunft der Götter auf Bali feiert. Die Tempel festlich werden-dekoriert und Tänze aufgeführt. Zehn Tage später, an **Kuningan**, werden die Götter wieder verabschiedet. ∎

Nyepi – Tag der Stille

Nach dem Saka-Kalender endet das Jahr im neunten Monat (März oder April). Am Neujahrsabend ziehen die Menschen mit Taschenlampen durch die Straßen und machen so viel Lärm wie möglich – schlagen auf Töpfe und Pfannen und entzünden Feuerwerkskörper, um die bösen Geister zu vertreiben. Außerdem werden Monster aus Pappmaschee, die man in tagelanger Arbeit angefertigt hat, durch die Straßen getragen und anschließend – wiederum ausgesprochen lautstark Krach – verbrannt. Der Neujahrstag Nyepi (»still sein«) dagegen wird in absoluter Stille verbracht. 24 Stunden lang verlässt niemand das Haus und verhält sich ganz still. Kein Licht darf brennen und kein Herd wird angeschaltet. So macht man die möglicherweise zurückkehrenden Dämonen glauben, die Insel sei unbewohnt. Alle Vergnügungen sind untersagt, und der Tag gehört dem Gebet und der Meditation. Auch für Touristen gelten diese Regeln in abgemilderter Form. Flüge werden storniert und Besucher sind angehalten, ihre Hotels nicht zu verlassen. Die Restaurants außerhalb der Hotels sind geschlossen, aber in den Hotels ist die Versorgung gewährleistet.

Oben: Zwei Tänzerinnen neben einem Barong begrüßen Besucher. Er repräsentiert das Gute und ist immer zu Späßen aufgelegt. Die Maske wird aus unterschiedlichen Materialien wie Pandanus, Federn, Glocken und Spiegeln gefertigt.
Links: Melasti-Zeremonie: An den Tagen vor Nyepi werden Tempelobjekte in farbenprächtigen, lautstarken Prozessionen zur rituellen Reinigung zum Wasser getragen.
Ganz links: Der Löwen-Barong wird von zwei Männern getanzt. An Galungan zieht er durch die Straßen, um die Häuser zu segnen. Im Barong-Drama kämpft er gegen die Hexenkönigin Rangda.
Unten links: Zu Beginn des Tempelfestes tragen Frauen die Opfergaben in den Tempel, wo sie vom Priester gesegnet werden. Die Götter nehmen die Opfer an, und anschließend können sie wieder heimgetragen und im Kreis der Familie verspeist werden.
Rechts oben: Der *pedanda,* der Oberpriester, stammt immer aus der Brahmanenkaste. Er singt die heiligen Verse bei Tempelfesten und verspritzt das heilige Wasser.
Rechts unten: Der Trommler bestimmt die Dynamik und den Rhythmus des Gamelan-Orchesters, das Zeremonien, Prozessionen und die meisten Tänze begleitet.

Essen und Trinken

Balis fruchtbarer vulkanischer Boden und das feuchte Tropenklima sorgen dafür, dass Reis, Früchte, Gemüse und Gewürze im Überfluss gedeihen. Entsprechend groß sind die kulinarischen Verlockungen.

E s ist in Bali gar nicht so einfach, der traditionellen balinesischen Küche auf die Spur zu kommen. Die Restaurants servieren oft chinesisch inspirierte indonesische Küche, in den Touristenorten kocht man italienisch, mexikanisch, australisch – all das, was die Fremden kennen und mögen. Paradoxerweise waren es ab Ende der 1990er-Jahre ausländische Küchenchefs, die die einheimische Küche für sich entdeckten, um sie in ihren Feinschmeckerrestaurants einem internationalen Publikum zu präsentieren.

Keine Mahlzeit ohne Reis

Reis ist in Bali mehr als ein Grundnahrungsmittel, denn essen ist für die Balinesen gleichbedeutend mit Reis essen. Maniok oder Kartoffeln können nur billiger Ersatz sein. Die edlen Körner stehen unter dem göttlichen Schutz Dewi Sris, die dafür sorgt, dass die Reisschalen gut gefüllt sind. Man dankt ihr die Fürsorge, indem man immer ein paar Reiskörner auf dem Teller zurücklässt.

Der gewöhnliche weiße Reis (*nasi putih*) wird in einem kegelförmig geflochtenen Bambusbehälter über einem Tontopf mit kochendem Wasser gedämpft. Abends wird der übrig gebliebene Reis vom Mittagessen mit Fleisch oder Gemüseresten angebraten und so zum überall in Indonesien beliebten gebratenen Reis (*nasi goreng*). *Padi Bali*, der einheimische Reis, ist ein Rundkornreis der Spitzenklasse, dessen Genuss heute leider meist Festtagen vorbehalten ist. Eine besondere Reisvariante ist Klebreis (*Ketan*), der sich hervorragend für Desserts und Kuchen

Links: Nasi tumpeng wird bei besondern Gelegenheiten serviert **Rechts:** Marktverkäuferin in Ubud

eignet. Aus Reismehl werden Süßigkeiten hergestellt. Schwarzer Reis (*Injin*) wird mit Kokosmilch zu einem Pudding verkocht und als Snack rund um die Uhr serviert.

Nichts geht ohne Gewürze

Berge von Zwiebeln und Knoblauch türmen sich an den Marktständen auf, dazwischen Chilischoten in verschiedenen Formen, Größen und Farben – lange rote, kurze rote, die höllisch scharf sind, und die überaus beliebten grünen Vogelaugenchilis. Ingwerwurzeln dürfen in der Gewürzpaste, für die jede Hausfrau ein Geheimrezept kennt, genauso wenig fehlen wie ihre gelblichen Verwandten – Kurkuma oder Gelbwurz. Auch Galangawurzel, der nach

Kampfer duftende Cekuh, Salamblätter, die Kaffirlimette, Zitronengras und Zitronenbasilikum gehören in den Einkaufskorb.

Zu Hause wird dann geschält, gehackt und zerstoßen. Erst die Würzpasten und Marinaden verleihen den meist einfachen Zutaten ein königliches Aroma.

Alltagsküche

Im Alltag wird dem Essen keine große Rolle zugemessen. Was in mühevoller Arbeit gekocht wird, wird oft ganz nebenbei verschlungen, das gesellige Beisammensein spielt keine Rolle. Das Frühstück ist nicht selten ein Stehimbiss, bei

dem man schnell ein paar Eierkuchen verzehrt, die die Hausfrau vom Marktbesuch mitgebracht hat. Das Mittagessen wird von den Frauen des Haushalts jeden Morgen zubereitet; die Familienmitglieder bedienen sich dann während des Tages.

Reis ist die Basis, alles andere ist Beilage. Fisch, Fleisch und Geflügel sind teuer und meist Festtagen vorbehalten. Rindfleischgerichte sind wenig populär, obwohl Kühe, anders als im indischen Hinduismus, nicht als heilig gelten. Schweinefleisch ist dagegen ein beliebter Festtagsschmaus. Auch Enten, als Nutztiere weit verbreitet, sind bei Festessen unverzichtbar. Meeresfrüchte sind zwar bei den Touristen, weniger aber bei den Balinesen beliebt. Da Kühlmöglichkeiten traditionell begrenzt waren, wird Fisch oft eingesalzen oder zu Fischpaste verarbeitet. In der Alltagsküche spielen Gemüsebeilagen, Gewürzmischungen (Sambals) oder Sojaprodukte eine viel wichtigere Rolle. Neben den gängigen europäischen Gemüsesorten, die im balinesischen Hochland hervorragend gedeihen, sind die Balinesen eifrige Verwerter von wild wachsenden Pflanzen oder tropischen Kulturpflanzen

Vieles, was in der balinesischen Alltagsküche verwendet wird, findet sich am Wegesrand: Junge Farnspitzen etwa geben ein wunderbares Gemüse ab. Grundbestandteile des Klassikers unter den Gemüsegerichten, *jukut urab,* sind Blätter von der Sternfrucht, junger Papaya oder junger Jackfrucht und jungem Maniok oder Wasserspinat, die blanchiert, mit Sojasprossen und Kokosnuss vermischt und schließlich mit Chilis, Knoblauch und getrockneter Shrimp-Paste gewürzt werden. Aus dem Inneren des Bananenstamms bereiten sparsame Hausfrauen eine köstliche Suppe.

Unverzichtbar ist die Kokosnuss, die zu den Hauptanbauprodukten der Insel gehört. Ihre Milch, zubereitet aus einem Aufguss aus Wasser und geraspelter Kokosnuss, ist eine hervorragende Grundlage für die Curry-Gerichte. Geraspelte Kokosnüsse werden unter Gemüse gemischt oder mit Gewürzen gebraten als Würzbeilage gereicht.

Süßes reicht man nicht nur als Nachspeise, sondern auch zwischendurch oder zum Hauptgericht. Eine Sünde wert ist *bubur injin,* der in Kokosmilch gegarte Pudding aus schwarzem Reis, der oft mit frisch aufgeschnittenen Bananen und geraspelter Kokosnuss serviert wird.

BABI GULING

Auf den meisten indonesischen Inseln leben hauptsächlich Muslime, die aus religiösen Gründen kein Schweinefleisch essen. Die Balinesen dagegen lieben besonders das Fleisch der dunklen Hängebauchschweine. Auf Spanferkel *(babi guling* oder auf balinesisch *be guling celeng)* haben sich einige Restaurants spezialisiert, es gehört aber auch zu den Festtagsgenüssen. Knusprige Haut und zartes Fleisch zeichnen ein gutes Spanferkel aus. Dazu wird das Schwein mit einer Mischung aus Gewürzen, Kräutern und Wurzeln gefüllt und mit Gelbwurzpaste eingerieben, bevor es langsam über einem offenen Feuer gebraten wird.

Die Balinesen lieben außerdem mit Palmzucker gefüllte Klößchen aus Reismehl zum Frühstück. Bananen werden unwiderstehlich, wenn man sie in Teig wendet und frittiert *(pisang goreng)* oder gekocht, in Kokosraspeln gerollt und mit Palmzucker übergossen, serviert. Ein beliebter Snack zwischendurch ist auch *rujak*, ein Fruchtsalat aus unreifen Früchten, angerichtet mit einer für europäische Zungen sehr ungewohnten Sauce aus Chilis, Palmzucker und Fischpaste, abgeschmeckt mit Limone und Salz.

Das Abendessen setzt sich meist aus den Überresten des Mittagessens zusammen. Dazu werden ein Omelette oder gebratene Nudeln,

Einrichtung werden kann. Von der Seife bis zu Zigaretten ist hier alles zu kaufen. In riesigen Gläsern locken Snacks wie bunte *krupuk* (Reismehlcracker), gebratene Erdnüsse oder süße Kuchen. Soft Drinks, frische Kokosnüsse und heißer Tee löschen den Durst. Eine kleine Zwischenmahlzeit ist schnell gebrutzelt, und nebenbei erfährt man den neuesten Dorfklatsch.

Flexibelste Fast-Food-Lieferanten aber sind die *kaki lima,* die »Fünf-Fuß-Händler«, benannt nach den zwei Beinen der Händler und den drei Beinen des Karrens, mit dem sie durch die Straßen ziehen auf der Suche nach Kundschaft. Oft sind sie auf ein Gericht spezialisiert – *soto ayam*

die die Chinesen in der indonesischen Küche etablierten, gereicht.

Fast Food à la Bali

Das »schnelle Essen« hat auf Bali Tradition. Während die Jugend gern zu den Filialen der amerikanischen Fast-Food-Kette in Kuta pilgert, halten es die Eltern mit der einheimischen Variante an der dörflichen Imbissbude.

Der *warung,* Imbissstand und Kiosk, Kneipe und Café zugleich, ist ein wichtiger Treffpunkt im Dorf. Ein Tisch, eine Bank, eine einfache Kochstelle – ein Provisorium, das zur festen

Links: Mobile Garküche mit *bakso* (Nudelsuppe) **Oben:** Der Warung verkauft *nasi campur* (gemischter Reis)

(Hühnersuppe) oder *saté* (Fleischspießchen) – , meist indonesische Allerweltsgerichte, angemacht mit Instantprodukten. *Kecap manis* (süße Sojasauce) und *kecap asem* (die salzige Variante) kommen hier genau wie *sambal* (Chilisauce) aus der Plastikflasche – dem Genuss tut das keinen Abbruch.

Das Festmahl

Bevor man die erste Mahlzeit des Tages zu sich nimmt, werden die Götter mit einfachen Opfergaben bedient, die auch immer etwas Reis und Gewürz beinhalten. Schließlich sind sie zuständig für das Wohlergehen und damit auch für die Ernährung der Familie. Und wenn man sich auch durch den Alltag snackt, an Festtagen, wenn es gilt, die Götter zu feiern, werden Kochen und Essen zum Ereignis. Ein Festmahl verlangt aufwendige Kochorgien unter der Leitung eines Experten für rituelle Kochkunst. Dieser dirigiert das Heer der Küchenhelfer aus dem Kreis der Dorfbewohner. Die Männer schlachten Schweine, raspeln Kokosnüsse und zerstoßen Gewürze, während die Frauen Gemüse hacken, Reis kochen und Süßspeisen kreieren.

Das wichtigste und vorbereitungsintensivste Zeremonialgericht ist *lawar:* Berge von Gewürzen sind zu hacken und zu zerstampfen, riesige Bambuskörbe sind mit geschälten und zerkleinerten Zwiebeln zu füllen. Im Morgengrauen

des Festtags wird ein Schwein geschlachtet, das Fleisch zerkleinert. Eine Kokosnuss nach der anderen wird zerrieben, die Raspeln werden geröstet oder zu Kokosmilch weiterverarbeitet. Das kunstvolle Mischen der Zutaten schließlich macht den wahren Meister aus, und auf einem Bananenblatt angerichtet, wird das Lawar frisch serviert.

Bebek betutu ist die balinesische Variante des Entenbratens. Mit einer köstlichen Füllung im Bauch werden die Enten im Bananenblatt gegart, eine auch für Fischgerichte wunderbare und sehr beliebte Art der Zubereitung in Bali. Das gegarte Päckchen bekommt zum Abschluss über dem Holzkohlefeuer einen feinen Grillgeschmack.

Satay-Spieße erfreuen sich in ganz Indonesien großer Beliebtheit: Marinierte Fleischstückchen, meist aus Hähnchenfleisch, werden über dem Holzkohlenfeuer gegrillt und mit scharfer Erdnusssauce serviert.

Die balinesische Variante, *satay lilit,* ist komplizierter in der Zubereitung, dafür aber auch feiner im Geschmack. Sie besteht aus gehacktem Fisch und Meeresfrüchten, vermischt mit Kräutern und Gewürzen sowie viel frisch gehackter Kokosnuss. Der Brei wird vorzugsweise um Zitronengrasstengel geschmiert und über dem Holzkohlen- oder Kokosschalenfeuer gebraten.

Reis spielt auch bei Zeremonien eine Rolle, wenn er in den heiligen Farben der Götter, in rot, schwarz, gelb und weiß präsentiert wird. Neben dem weißen Reis wachsen auf Bali auch schwarzer Reis und eine rötlich braune Sorte. Gelben Reis erhält man durch Hinzufügen von Kurkuma (Gelbwurz).

Getränke

Ein wunderbarer Durstlöscher sind frische Kokosnüsse, deren Wasser steril und immer wohltemperiert und nicht nur bei Magenproblemen zu empfehlen ist. Einen Versuch wert ist *kelapa mudah,* eine einheimische Limonade auf Kokosbasis. Köstliche, frisch gepresste Fruchtsäfte sind fast überall zu bekommen, musartig ist die Konsistenz bei Papaya, Avocado- oder Bananensäften.

Ein günstiges und überall erhältliches Getränk ist Tee, in der Regel heiß und süß serviert. Wer weniger Süße wünscht, bestellt *teh pahit,* bitteren Tee, und löst mit diesem Wunsch sicherlich Kopfschütteln bei der Bedienung aus.

Neben Limonaden ist auch Bier, unter holländischer Lizenz gebraut, fast überall erhältlich. Balinesische Männer genehmigen sich nach Feierabend ab und zu gern ein Glas Palmwein, *tuak,* der nach dem Zapfen sofort zu gären beginnt und somit nicht für die Ewigkeit produziert wird. Zuckersüß ist *brem,* Reiswein, der aus weißem Klebreis oder schwarzem Reis gewonnen wird. Verdünnt mit *arak,* destilliertem Palmwein, wird er bekömmlicher. Trauben werden seit Längerem im Norden der Insel angebaut, seit einigen Jahren werden daraus mit internationaler Unterstützung auch trinkbare Weine, darunter sogar ein Schankwein, gekeltert. ∎

Links: Auswahl an Reiskuchen

FUSION-KÜCHE À LA BALI

Seit Mitte der 1990er-Jahre haben unzählige neue Restaurants auf Bali eröffnet, die Köstlichkeiten aus den Küchen der Welt servieren. Die kulinarische Auswahl ist tatsächlich beeindruckend!

Die ersten Restaurants im neuen Stil lagen vor allem zwischen Seminyak und Kerobokan – Trendsetter waren das **La Lucciola** direkt am Strand und das **Kafe Warisan** inmitten der Reisfelder. Tatsächlich ist das gastronomische Angebot entlang der Jalan Laksmana in Seminyak enorm. Diese kulinarischen Trends haben schnell auf andere Regionen der Insel übergegriffen: Ubud ist heutzutage ein weiteres Dorado für Gourmets mit Unmenge von Restaurants. Und ständig kommen neue dazu. Längst kann man selbst in abgelegenen Inselregionen wie Lovina im Norden oder Amed im äußersten Osten ausgezeichnet speisen.

Die Palette reicht von kleinen *warungs* bis hin zu schicken Gourmettempeln. Einige liegen am Strand und andere in den Bergen oder zwischen Reisterrassen. War die Küche früher vor allem indonesisch, oftmals mit chinesischem Einschlag, so ist sie heute multikulturell. Authentisch balinesische Küche ist jedoch erstaunlich schwer zu finden – Ausnahmen sind das **Bumbu Bali** in Tanjung Benoa oder das **Sate Bali** in Seminyak.

Verblüffend ist das Angebot griechischer Tavernenkost (**Mykonos,** Seminyak), marokkanischer Tajines (**Khaima,** Seminyak), frischer italienischer Pasta (**Massimo,** Sanur), Thai-Currys und indischer Chapatis. Was Lage und Ambiente betreffit, versuchen sich die Spitzenlokale zu übertrumpfen: Mal liegen sie hoch über dramatischen Schluchten wie im **Kudus House** in Ubud, mal in romantischen Gärten (**Living House** und **Loloan** in Seminyak), mal locken Sie mit grandiosen Sonnenuntergangsspektakeln an den Strand (**La Lucciola** oder **Ku De Ta** in Seminyak), mitunter kann man beim Schlemmen sogar dem Wellenhüpfen der Delfine zuschauen (**Villa Agung,** Lovina) oder zwischen Fischerbooten tafeln (**Cafe Indah,** Amed).

Unter den Restaurants, die eine ambitionierte Küche pflegen, ragt das **Mozaic** in Ubud heraus, das schon mehrere Preise gewann. Es haben sich zudem einige renommierte internationale Küchenchefs auf Bali niedergelassen, und nicht wenige von ihnen propagieren Fusion-Küche und verschmelzen die Aromen aus Ost und West. Die Ergebnisse können sich schmecken lassen. Kein Wunder – auf den indonesischen Gewürzinseln findet man reichlich Inspiration. Ob man es nun Pazifikküche, moderne australische Küche oder moder-

ne französische Küche nennt, kalifornisch oder neoasiatisch – hinter den klangvollen Namen, die die Kochgurus aus aller Welt für ihre Kreationen erfunden haben, verstecken sich meist fantasievolle Kombinationen von asiatischen Aromen und westlichen Zubereitungstechniken.

Wenn Profis am Kochtopf oder am Wok stehen, können die Ergebnisse beeindruckend sein. Im **Blue Fin** in Tuban steht ein Gericht auf der Speisekarte, das gebackene Jakobsmuscheln mit Oktopus, Tintenfisch, Garnelen mit einer Chili-Mayonnaise und Fischrogensauce

kombiniert. Das **Loloan** in Seminyak ist berühmt dafür, asiatische Aromen mit französischen Küchentechniken zu verbinden. Eines der beliebtesten Gerichte des Küchenchefs ist Martabak, Hummer mit Kräutern und Eiern in einem dünnen Teig, begleitet von einer Soja-Tamarinden-Sauce. Hinter dem Namen *Goi cuon* verbirgt sich ein Entenconfit mit Kräutern und Vermicelli in Reispapier mit süßer Mangosauce. Wem würde da nicht das Wasser im Munde zusammenlaufen ...

Früher kamen viele Besucher vor allem zum Surfen, zum Entspannen oder zum Einkaufen nach Bali. Heute kommen viele tatsächlich zum Essen. Und so exklusiv und kreativ die Restaurants auch sein mögen – die Preise sind im Rahmen geblieben. Auf Bali kann man immer noch zu einem erstaunlich guten Preis-Leistungs-Verhältnis auf hohem Niveau speisen. ∎

Rechts: Kellner im Restaurant La Lucciola, Seminyak

Tanz und Theater

Mit der Schönheit der Bewegung erfreut man bei Tempelfesten die Götter, aber auch für die Balinesen selbst gehören – trotz Konkurrenz der Medien – Tanz und Theater zum Leben.

Tanz und Theater spielen auf Bali nach wie vor eine große Rolle – es gibt kein Tempelfest, bei dem in den Abendstunden nicht die Bühne im Mittelpunkt der Aufmerksamkeit steht. Man unterscheidet zwischen den alten heiligen Tänzen, die im innersten und heiligsten Tempelhof aufgeführt werden, und profaneren, die im zweiten Hof zur Aufführung kommen. Eine besondere Rolle spielen die Trancetänze und -dramen, die religiösen Ritualen gleichzusetzen sind und Opferzeremonie, Gebet oder Austreibungszeremonie sein können. Die balinesische Tanzkultur ist aber nicht statisch. In Ergänzung zu den alten Tänzen wurden über die Jahrhunderte immer neue Tänze entwickelt. Viele gingen aus heiligen Ritualtänzen hervor, wurden aber verweltlicht und neuen Anlässen, dazu gehören auch Touristenvorstellungen, angepasst.

Schattenspielaufführungen sind in Zeiten von Kino und Fernsehen keine Straßenfeger mehr, sind aber aus dem Festkalender Balis nicht wegzudenken.

Sanghyang

Die Sanghyang-Tänze gehören zu den heiligen Trancetänzen, die dem Zweck dienen, das Dorf dem Schutz der Götter anzuvertrauen und böse Geister auszutreiben, die in Form von Krankheit und Tod ins Dorf gekommen sind. Die Jungen und Mädchen, die als Sanghyang-Tänzer ausgewählt werden, genießen besonderes Ansehen innerhalb der Dorfgemeinschaft.

Im *sanghyang deling* knien zwei Mädchen vor einem Becken mit stark duftendem Räucher-

werk im Tempel. Der Tempelpriester bringt den Göttern ein Opfer dar und bittet um Schutz für das Dorf. Hinter den Mädchen sitzen Frauen, die die Sanghyang-Melodie singen, und so werden himmlische Nymphen herabgebeten, um in der Gestalt der beiden Mädchen vor ihnen zu tanzen. Mit geschlossenen Lidern wiegen sich die Mädchen zur Melodie vor und zurück, bis sie inmitten weißer Weihrauchschwaden in Trance niedersinken. Die Frauen setzen ihnen Blumenkronen auf und heben sie auf die Schultern zweier junger Männer, die sie zum Tanzplatz bringen. Dort bewegen sich die kleinen Tänzerinnen mit geschlossenen Augen völlig übereinstimmend, schwerelos in einem geträumten Legong-Tanz (s. S. 69). Bricht der Ge-

Links: Legong-Tänzerin im kunstvollen Kostüm
Rechts: Junge Tänzerinnen beim Training

sang ab, stürzen die Mädchen wie tot zu Boden. Durch Besprengen mit Weihwasser und Gebete erweckt sie der Priester wieder zum Leben.

Beim *sanghyang jaran* wird ein Knabe oder ein Priester in Trance versetzt. Er tanzt auf einem Strohpferd um ein Feuer aus Kokosnussschalen. Dabei tanzt er meist auch durchs Feuer hindurch, ohne sich zu verbrennen.

Rejang und Baris

Anlässlich von *odalan*-Festen (s. S. 54) präsentieren Mädchen und Frauen, die nicht ausgebildete Tänzerinnen sein müssen, den einfachen, aber eleganten *rejang*, der als Opfergabe an die Göt-

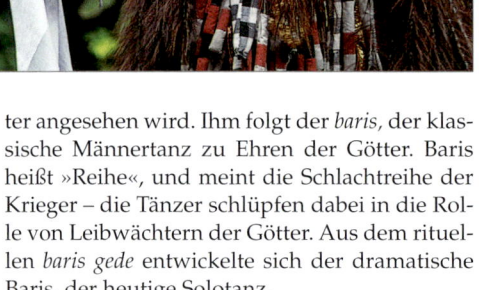

ter angesehen wird. Ihm folgt der *baris*, der klassische Männertanz zu Ehren der Götter. Baris heißt »Reihe«, und meint die Schlachtreihe der Krieger – die Tänzer schlüpfen dabei in die Rolle von Leibwächtern der Götter. Aus dem rituellen *baris gede* entwickelte sich der dramatische Baris, der heutige Solotanz.

Die Ausbildung des Baris-Tänzers ist hart, er muss ungeheuer gelenkig sein. Sein Gesicht muss Kühnheit, Verachtung, Stolz und Wachsamkeit ausdrücken, aber auch Mitleid und Erbarmen – Eigenschaften, die einen wahrhaft ritterlichen Kämpfer auszeichnen. Der Baris wird vom großen Gamelanorchester begleitet. Die Beziehung zwischen Tänzer und Orchester ist besonders eng, hier muss es sich völlig dem

Willen des Kriegers und seinen wechselnden Stimmungen anpassen. Eine gute Baris-Vorstellung ist daher ein ausgezeichneter Test für die Harmonie zwischen Tänzern und Musikern.

Barong und Rangda

Für die Balinesen wird die Welt durch einander entgegengesetzte Kräfte, das Gute und das Böse, im Gleichgewicht gehalten. Krankheit, Tod und Schwarze Magie stehen aufseiten des Bösen. Wenn das Böse in irgendeiner Form die Oberhand gewinnt, droht dem Dorf Gefahr, und eine gründliche Reinigungszeremonie wird nötig, um das Gleichgewicht wiederherzustellen.

Die Aufführungen bestimmter Tanzdramen können in Verbindung mit Gebeten, Opfergaben und Austreibungszeremonien helfen, ein Dorf zu reinigen und seine Widerstandskraft gegen böse Einflüsse zu stärken. Ein Beispiel dafür ist das Barong-Drama.

Der Barong, ein Fabelwesen, ist der Beschützer der Menschen, er steht ihnen mit den Gutes bewirkenden Kräften der Weißen Magie bei. Die Hexenkönigin Rangda herrscht über die bösen Geister und die Hexen. Ihr Reich ist die Finsternis, und ihre Macht entspringt der Schwarzen Magie, der zerstörerischen Kraft. Das Zusammentreffen von Barong und Rangda symbolisiert stets den ewigen Konflikt zweier entgegengesetzter kosmischer Kräfte.

Meist tritt zuerst der Barong auf, geschickt verkörpert von zwei Tänzern (einer für die Vorder-, der andere für die Hinterbeine, der erste muss zudem die Maske tragen). Die stilisierte Maske stellt meist einen Löwen, manchmal auch einen wilden Bären, einen Tiger oder (seltener) einen Elefanten dar. Nach dem Auftritt des Barong herrscht tiefes Schweigen. Im Tempeltor werden die geisterhaften Hände mit den langen Fingernägeln sichtbar, die die furchtbare Rangda ankündigen. Nun tritt sie hervor mit lang heraushängender Flammenzunge; um ihren Nacken schlingen sich menschliche Gedärme, die bis über ihre Brüste hinabreichen. Dumpf keuchend Verwünschungen ausstoßend, pirscht sie sich an den Barong heran, währnd sie das weiße Tuch wirbelt, das ihre magischen Kräfte freigibt.

Es folgt ein gewaltiger Zusammenprall der beiden Zauberer. Von der Unterstützung des Barong hängt die Erhaltung der Menschheit ab. In dem Augenblick, in dem der Sieg des Barong gefährdet scheint, kommen ihm die Tänzer, bewaffnet mit heiligen Krisen, durch einen leidenschaftlichen Angriff auf Rangda zu Hilfe. Mittels Zauberspruch erreicht sie, dass die Tänzer ihre Waffen gegen sich selbst richten. Doch der Barong macht durch seinen mächtigen Zauberspruch die Kämpfer unverwundbar für ihre eigenen Dolche.

Die Tänzer stehen bei dieser beängstigenden Kris-Szene unter Trance. Wie heftig sie auch die Dolche gegen ihre Brust stoßen – die Spitzen ritzen die Haut nicht. Am Ende der Vorstellung werden die Kristänzer vom Priester mit geweihtem Wasser aus der Trance erweckt. Das Tanzdrama schließt mit einem Opfer an die bösen Geister.

Topeng

Topeng bedeutet »etwas, das gegen das Gesicht gedrückt wird«, also die Maske. Es bezeichnet das traditionelle Maskenspiel, das die überlieferten Heldentaten der Könige und Kämpfer des Volkes feiert. Die Grenze zwischen Wirklichkeit, Legende und Übernatürlichem ist beim Topeng, wo auch göttliche Mächte in die Handlung eingreifen oder die Kunst der Magie angewandt wird, nicht scharf gezogen. Es ist nicht das Ziel, historische Persönlichkeiten wahr-

heitsgetreu wiedererstehen zu lassen, sondern das Charakterbild eines Menschen zu zeichnen: feminin oder männlich, heroisch oder einfältig. Es gibt viele Arten von Topeng-Spielen, die sich je nach dem benutzten Maskensatz oder dem besonderen Stil der Darsteller unterscheiden.

Gambuh

Der Prototyp aller Tanzdramen, aus dem sich viele moderne Tanzdramen entwickelt haben, ist das *gambuh*, das alte höfische Theater. Ursprünglich diente es der Unterhaltung der Fürsten, aber auch bei religiösen Anlässen kam es zur Aufführung. Inhalte und Art der Darstel-

lung sind sehr traditionell und konservativ, und mit dem Niedergang der Fürstenhöfe geriet der schwierige Gambuh in Vergessenheit. Seit einigen Jahren bemühen sich junge Tanztruppen um seine Wiederbelebung. Während traditionell alle Rollen von Männern gespielt wurden, tanzen heute Frauen die weiblichen Rollen und manchmal sogar die Rolle des Prinzen.

Legong

Der anmutigste Frauentanz unter den klassischen Tänzen Balis ist längst ein Dauerbrenner bei Touristenaufführungen. Auch heute träumen viele kleine Mädchen davon, berühmte Legong-Tänzerinnen zu werden. Nur die schönsten und begabtesten werden für die Aus-

Ganz links: Die Hexe Rangda im Barong-Drama *Links:* Baris ist ein zeremonieller Männertanz *Rechts:* Eine Barong-Maske

bildung, die mit etwa fünf Jahren beginnt, ausgewählt. Wegen der geforderten Reinheitsvorschriften war die Karriere bereits mit Einbruch der Pubertät wieder beendet. Die durch den Tourismus gestiegene Nachfrage hat diese Vorschrift allerdings gelockert.

Drei Mädchen erzählen pantomimisch die Geschichte eines Raja, der ein Mädchen entführt und versucht, sie für sich zu gewinnen. Die *condong,* eine Hofdame, eröffnet die Aufführung mit einem Solotanz: Die Tänzerin bewegt sich mit unvergleichlicher Geschmeidigkeit, gleitet zu Boden und erhebt sich wieder in einer einzigen fließenden Bewegung. Ihr Körper bildet einen

jede ihre eigene Rolle darzustellen. Dann stehen sie sich wieder in spiegelgleicher Haltung gegenüber. Der stark stilisierte Tanz stellt höchste Anforderungen an die Tanztechnik.

Kecak

Der »Affentanz« entwickelte sich aus dem männlichen Chor des Sanghyang-Tranцerituals. 100 Männer ersetzen im Zusammenspiel der Stimmen das Gamelanorchester. Das monotone »tschak-a-tschak« der Männer diente ursprünglich der Beschwörung des Bösen. Eine Dorftanzgruppe entwickelte daraus in den 1920er Jahren durch Hinzufügung von Szenen aus dem Ra-

nen Bogen mit den ausgestreckten Ellbogen und dem hocherhobenen Kopf, während ihre Finger um die Handgelenke kreisen. Langsam richten sich ihre Augen auf zwei Fächer vor ihr auf dem Boden. Sie nimmt sie auf und wendet sich der Ankunft der eigentlichen *legong* zu, zweier Tänzerinnen, von Kopf bis Fuß in Goldbrokat gehüllt. Die gespannte und doch gelassen wirkende Haltung des Körpers, das kontrollierte Spiel der Augen, das Vibrieren zweier Finger – alle Bewegungen sind von uhrwerkhafter Präzision. Gekonnt wechseln die Tänzerinnen die Rollen, ohne die Harmonie des Tanzes zu unterbrechen: Jetzt treten sie als Doppelbild einer einzigen Person auf, erkennbar durch absolut synchrone Bewegungen. Bald trennen sie sich wieder, um

mayana den heutigen *Kecak,* den Walter Spies im Film »Insel der Dämonen« verewigte und dadurch populär machte. Urschreie wechseln mit an- und abschwellendem Summen und werden begleitet von gleichgeschalteten, immer wiederkehrenden Bewegungen des Kopfes, der Arme und des Rumpfes. Der freie Raum inmitten des Rings der Männer wird unterdessen zur Bühne. Begleitet vom Summen und Klingen des »menschlichen Orchesters« führt der Geschichtenerzähler in die Handlung ein. Wenn der Dämonenkönig Rawana mit einem hohen Satz in die Mitte des Kreises springt, untermalt der

Oben: Eine Kecak-Tanztruppe besteht nur aus Männern
Rechts: Schattenspiel

Chor seinen Flug mit einem langen, zischenden Laut. Wenn Hanuman, der Affengott, im magischen Kreis erscheint, werden die Männer zu einer Armee lärmender Affen.

Kebyar

Beim *kebyar,* der erst zu Beginn des 20. Jhs. entwickelt wurde, steht der Tänzer im Mittelpunkt. Er hat die Fähigkeit, jeden musikalischen Einfall in kraftvollen Bewegungen und sich wandelndem Mienenspiel zum Ausdruck zu bringen. Eine junge Frau in Männerkleidern stellt in der Urversion die Psyche eines pubertierenden Jugendlichen dar. Der virtuose Sitztanz verlangt vom Tänzer große Musikalität. Hier ist die Beziehung zwischen Tänzer und Gamelan besonders eng, denn aller Ausdruck muss sich in der Beweglichkeit der Arme und Handgelenke, der Mimik und der Geschmeidigkeit des Rumpfes konzentrieren.

Ramayana-Ballett

Das populäre Ramayana-Ballett wird vom Gamelanorchester begleitet und vereint traditionelle Tanztechnik und moderne Slapstick-Motive. Meist werden die königlichen Brüder Rama und Laksmana von Mädchen getanzt: Ihr Tanzstil ist würdevoll und heroisch – wie es hochwohlgeborenen Personen ansteht. Im Gegensatz zu ihren ausgewogenen Bewegungen stürmt der riesenhafte Rawana mit gewaltigen Schritten herbei, die sogleich den großmäuligen, angeberischen Tyrannen verraten. Mit Spannung werden die Auftritte der Tiergestalten erwartet, die im balinesischen Theater mit grotesken und fantastischen Einfällen frei improvisieren dür-

fen. Ein goldener Hirsch umtanzt Rama so geschickt, flink und herausfordernd, dass dieser kaum seinen Zauberpfeil abschießen kann. Die Affen dürfen nach Lust und Laune ihre Kapriolen schlagen.

Wayang Kulit

Wayang« bedeutet »Schatten«, »kulit« heißt »Leder«, und tatsächlich sind es »Schatten aus Leder«, genauer gesagt aus Ziegen- oder Büffelpergament, die der Puppenspieler über die Leinwand jagt. Möglicherweise liegen die Wurzeln des balinesischen Schattenspiels im Ahnenkult, und durch die Puppen nahm die Gemein-

schaft Kontakt mit den heiligen Ahnen auf. Zur Zeit der Indisierung wurde es weiterentwickelt und die Inhalte entstammen heute meist den klassischen Hindu-Epen.

Jedes Wayang-Spiel hat seinen Ort, seine Zeit und seinen bestimmten Zweck. Auch heute noch ist eine Wayang-Aufführung mehr Gottesdienst als Unterhaltung, und alles auf der Bühne trägt eine symbolische Bedeutung in sich: Die Leinwand symbolisiert die Welt; die Öllampe die Sonne, die die Welt erleuchtet; der Puppenspieler selbst wird als Vertreter der höchsten Gottheit angesehen, der sein Spiel mit uns Menschen, repräsentiert durch die Puppen, treibt.

Bei Tempelfesten dient das Wayang-Spektakel in erster Linie der Unterhaltung der Götter, was jedoch die Sterblichen keinesfalls ausschließt. Aber auch bei Feiern anlässlich von Durchgangsriten – wie Zahnfeilungen, Hochzeitszeremonien und Verbrennungen – sowie zur Einweihung eines Hauses kann mit einem Wayang gefeiert werden. Außerdem gibt es Wayang-Aufführungen im Rahmen von Kunstwettbewerben, an Feiertagen oder beim jährlichen Künstlerfestival in Denpasar.

Alle Aufführungen beginnen mit dem *kekayon,* einer Figur, die den Lebensbaum symbolisiert. Dieser markiert Anfang und Ende der einzelnen Szenen sowie der gesamten Aufführung. Wenn das Gamelanorchester, das wie der *da-*

lang, der Puppenspieler, selbst hinter der Leinwand hockt, zu spielen beginnt, werden die Figuren der Handlung vorgestellt. Über dem Dalang hängt eine Kokosöllampe *(damar),* die einzige Licht- und Schattenquelle der Aufführung.

Meister der Schatten

Das Schattentheater steht und fällt mit dem Dalang, der viel mehr ist als ein Puppenspieler im westlichen Sinn. Der balinesische Dalang ist Priester und Magier, ein Mann, der außergewöhnliche Talente in sich vereint und hohes gesellschaftliches Ansehen genießt. Der Meister ist vor allem ein Wortkünstler und Sprachvirtuose, der die Geschichte und ihre Figuren belebt und das Publikum fesselt. Sprachbegabung ist unverzichtbar. Er muss *kawi,* die altjavanische Hochsprache, fließend beherrschen, und genauso Hoch-, Mittel- und Niederbalinesisch. Zwar arbeitet er mit Vorlagen oder Szenarien, aber letztendlich entwirft er auf Grund seiner langjährigen Erfahrung und Kenntnis der Wayang-Tradition jedes Stück während der Aufführung selbst. Innerhalb eines Szenariums baut der Dalang Standardszenen zu einer Geschichte zusammen, die Diskussionen, Debatten, Reisen, Kämpfe, Späße, Liebesromanzen und traurige Ereignisse beinhalten kann. Besondere Bedeutung kommt den komischen Szenen zu. Mit beißendem Spott, Klamauk und der Attitüde des »einfachen Mannes« verkörpern die Dienerfiguren das humoristische Element im Spiel. Ihre dramatische Funktion besteht in der Zusammenfassung und Verbindung einzelner Teile des Stückes und in Kommentaren, die dem Publikum den Zugang zur Aufführung erleichtern. Die Geschicklichkeit des Dalang bei der Darstellung dieser Clown-Diener ist ein Maßstab für seine gesamte Aufführungskunst.

Außerdem sollte er über Ort und Publikum Bescheid wissen, um bei der Vorführung auf spezielle örtliche Anliegen und Vorlieben Bezug nehmen zu können.

Die dramatische Gesamtstruktur wird immer von Musik untermalt; das Repertoire der *gender-*Metallophonspieler umfasst jede Stimmung und Situation. Sie sind wahre Virtuosen und meistern schwierigste Passagen mit überwältigender Geschwindigkeit und absolut synchronem Bewegungsablauf. ■

Oben: Wayang-Kulit-Puppe

GAMELAN

Ob Tempelfest, Verbrennung oder ein weltliches Spektakel – Gamelanmusik gehört immer dazu und unterhält Menschen und Götter bestens. Auf Bali lässt sich ganz einfach herausfinden, wo etwas los ist. Man muss nur den Klängen des Gamelanorchesters mit seinen Messingbecken, Gongs und Xylophonen folgen. Auch alle balinesischen Tänze – abgesehen vom Kecak, der von einem Männerchor begleitet wird – werden vom Gamelan untermalt. Und sind auch die Tonfolgen für den Besucher aus dem Westen fremd, so kann sich doch kaum jemand dem magischen Zauber des Gamelan mit seiner fremdartigen metallischen Energie, die die Luft zum Vibrieren zu bringen scheint, entziehen.

Das Wort *gamelan* ist javanisch und bedeutet »Hammer«. Obwohl das Wort längst synonym für jedes Orchester von Schlaginstrumenten verwendet wird, gibt es zwischen den einzelnen Orchestern doch z.T. beträchtliche Unterschiede. Ein javanisches Gamelan klingt anders als ein balinesisches – ruhiger und weniger temperamentvoll. Aber auch balinesische Orchester zeichnen sich durch ihren jeweils eigenen Stil aus. Außerdem ist die balinesische Musik nicht statisch, sie wurde im Lauf ihrer Geschichte immer wieder verändert. In der Zeit von 1920 bis 1930 wurde der alte *gong gede* der Fürstenhöfe durch den schnelleren und volkstümlicheren *gong kebyar* ersetzt, der sich heute allgemein durchgesetzt hat.

Ein Grundsatz der Gamelanmusik ist, dass Instrumente im Bereich der höher liegenden Noten öfter angeschlagen werden als im Bereich der niedrigen Töne. Gongs verschiedener Größen markieren das Grundthema der Musik, während die anderen Instrumente zur komplizierten Ausschmückung beitragen.

Die meisten Musiker spielen verschiedene Instrumente der Xylophon-Familie. Mit einer Hand werden die Stäbe mit einem hölzernen Hammer angeschlagen, mit der anderen die soeben angeschlagenen Stäbe gedämpft.

Im Mittelpunkt des Orchesters stehen die beiden Trommeln *(kendang)*. Die Trommler kontrollieren das Tempo des Musikstücks. Manchmal benutzen sie ihre Hände, manchmal einen Stock, in jedem Fall aber sind ihre rhythmischen Techniken atemberaubend.

Die kleinen Handzimbeln *(cengceng)* betonen die immer schneller werdende Musik. Das ständige Schlagen des *kempli* – eines einzelnen kleinen Gongs, der mit einem Stock bearbeitet wird – hilft, das Orchester zusammenzuhalten. Die abgerundeten langsamen

Klänge des *trompong* (eines Satzes von Becken) hört man in gewissen Orchesterstücken und beim Kebyar-Tanz. Andere Instrumente, die Tänze oder Theatervorstellungen begleiten, sind Bambus-Xylophone, Flöten *(suling)* und die zweisaitige Violine *(rebab)*.

Fast alle Banjars (s. S. 46) haben ein Gamelanorchester, dem in der Regel ausschließlich männliche Dorfbewohner zwischen acht und 60 Jahren angehören. Doch drängen balinesischen Frauen mehr und mehr in die einstige Männerdomäne und gründen ihre eigenen Frauenorchester.

Die Kompositionen werden durch Nachspielen eingeübt, das Spielen nach Partituren ist unbekannt. Väter nehmen oft ihre Jüngsten mit zur Probe, wo sie schlafend oder wachend auf dem Schoß sitzen und das ganze Konzert miterleben. Damit auch weniger bekannte Musiktraditionen nicht in Vergessenheit geraten, fördern die Provinzregierungen schon seit geraumer Zeit Orchester. Ferner sollen junge Komponisten und Interpreten durch regelmäßig stattfindende landesweite und örtliche Musikwettbewerbe motiviert werden.

Für die Balinesen besitzen die Instrumente spirituelle Kraft. So würde niemand jemals über ein Instrument steigen, denn dies würde die dem Gamelan innewohnenden Geister verletzen. Man zeigt seinen Respekt, indem man den Instrumenten an bestimmten heiligen Tagen vor der Aufführung Opfergaben bringt. ∎

Oben: Gamelan-Orchester in Aktion

Kunst und Kunsthandwerk

Ursprünglich war Kunst auf Bali ein Geschenk für die Götter. Im Zeitalter des Tourismus beeinflusst natürlich auch Verkäuflichkeit die Ästhetik, aber immer noch entstehen hochwertige Gemälde, Schnitzereien oder Stoffe.

Die balinesische Sprache kannte ursprünglich gar kein Wort für »Kunst« oder »Künstler«. Kunst wurde niemals um ihrer selbst willen ausgeübt, sondern ergab sich aus der Forderung der Religion an die Menschen, alle zu verrichtenden Tätigkeiten in ihrem Dienst auf das Beste und Schönste zu vollbringen. So entstanden die schön gestalteten Opferteller und die prächtigen, golddurchwirkten Tücher. Bewegungen wurden in Tanz umgesetzt, Töne reihten sich zu schönen Melodien. Großzügige Förderer von Tanzkunst, Dichtung, Musik, Malerei und Bildhauerei waren bis ins frühe 20. Jh. die balinesischen Fürstenhöfe. Daneben war es v.a. die Religion, die das Kunstschaffen Balis lebendig erhielt. Die zahllosen Tempelskulpturen aus dem weichen vulkanischen Sandstein Balis verwitterten schnell, die Schnitzereien wurden von Termiten befallen. Generationen von Schnitzern und Bildhauern waren ständig mit Reparaturen und Neuanfertigungen beschäftigt.

Anfang des 20. Jhs. wurde Bali Kolonie der Niederlande. Manchem Insulaner wurde dadurch eine westliche Erziehung ermöglicht. Die neuesten Errungenschaften der Technik kamen nach Bali, auch Filme, Zeitschriften, Zeitungen – und immer mehr Touristen! Die Erweiterung ihres Gesichtskreises spiegelte sich bald in der balinesischen Kunst wider: Erstmals betrachteten Handwerker ihre Werke bewusst als Kunst und versuchten, mit neuen Stilen, Themen und Materialien ihren eigenen Weg zu finden. Mit dem Massentourismus entwickelte sich ein neuer großer Markt. Besonders die Region Gianyar

Links: Auch Kokosnüsse lassen sich in Kunstwerke verwandeln **Rechts:** Batubulan ist das Zentrum der Steinmetze

entwickelte sich zu einem Zentrum des Kunsthandwerks für ganz Bali. Kunsthandwerker decken ein breites Spektrum ab: von den wenigen, die wirklich schöpferisch und innovativ arbeiten, über solche, die lediglich die Arbeiten anderer kopieren, bis hin zu denen, die Dutzendware wie am Fließband produzieren.

Eine Sonderstellung nehmen Steinmetze und Weber ein, die in alter Tradition für den heimischen Markt arbeiten, und sich daher nicht dem Touristengeschmack unterwerfen.

Holzschnitzerei

Vor der Bekanntschaft mit europäischen Kunstauffassungen fertigten balinesische Holzschnitzer hauptsächlich farbig bemalte Statuen aus einheimischen Hölzern an. Sie stellten Dämonen, Helden aus den Hinduepen oder göttliche Manifestationen dar und standen in traditionellen Pavillons (bale) und Tempeln. Von großer Bedeutung war die Herstellung bemalter Masken, die bei Aufführungen im Rahmen religiöser Zeremonien unverzichtbar waren.

Bemalte Schnitzarbeiten sind nach wie vor überall erhältlich, meist handelt es sich dabei jedoch um billige Massenware. Bei all den Barong-Masken, Garudas, Bananenbäumen, Katzen und Früchten verdecken dicke Farbschichten die Mangelhaftigkeit der Schnitzarbeit und die minderwertige Qualität des Holzes. Ganze

alien zu experimentieren. Anstelle bemalter, stark stilisierter Statuen von Helden und Ungeheuern entstanden nun zunehmend Gestalten des Alltagslebens. Das Holz blieb unbemalt, und die natürliche Maserung betonte die geschwungenen und fließenden Formen. Aber auch verzerrte, lang gezogene, komprimierte oder impressionistische Schnitzereien, die glatt geschmirgelt und mit Schuhcreme auf Hochglanz poliert wurden, fanden ihre Liebhaber.

Schon ein kurzer Blick in die einschlägigen Holzgalerien zeigt, dass die heutigen balinesischen Holzschnitzer noch immer in der Tradition ihrer Vorfahren stehen: Sie beschränken sich

Dörfer sind damit beschäftigt, Allerweltsmotive für den Export zu produzieren.

Daneben gibt es aber immer noch eine Handvoll Holzschnitzer im Gebiet um Singapadu und Mas, die traditionelle Masken für das balinesische Theater herstellen. Die Meister ihrer Zunft bestehen sogar darauf, dass ihre Gehilfen die Farbpigmente auf traditionelle Weise mit der Hand zermahlen, denn die Götter akzeptieren nur erstklassige Arbeit. Heilige Masken können nur von Mitgliedern der Brahmanenkaste gefertigt werden, da nur diese die erforderlichen Rituale kennen.

Unter dem Einfluss europäischer Künstler begannen einige balinesische Holzschnitzer in den 1930er Jahren mit neuen Techniken und Materi-

auf eine Anzahl immer wiederkehrender Themen, variieren höchstens nach Größe und Holzart und unterscheiden sich voneinander so wenig, dass man sie fast katalogmäßig erfassen könnte. Schöpferische Meisterwerke sind selten. Die Qualität der Schnitzarbeit ist in guten Galerien allerdings über alle Zweifel erhaben.

Steinmetzarbeiten

Eine steinerne Statue mit einer halben Tonne Gewicht ist nicht gerade das passende Souvenir für den Durchschnittstouristen, deshalb produzieren die Steinmetze fast ausschließlich für den heimischen Markt. Das Zentrum der Steinmetze ist Batubulan. Verarbeitet wird ein weicher aschgrauer Sandstein. Der Großteil ihrer Arbeiten geht traditionell an Tempel und andere öffentliche Gebäude. Mit dem Massentourismus entwickelten sich Hotels und Restaurants zu zahlungskräftigen Abnehmern.

Gold- und Silberarbeiten

Wie viele andere Künste auch entwickelte sich die balinesische Schmiedekunst an den Fürstenhöfen. Ursprünglich war die Schmuckherstellung ebenso wie das Schmieden der *kris*-Dolche, der heiligen Zeremonialdolche, denen magische Wirkung zugeschrieben wird, ausschließlich Mitgliedern der Schmiedekaste *(pande)* vorbehalten. Doch mit zunehmendem touristischem Interesse an Silberarbeiten und entsprechend größerer Nachfrage erlernten auch viele Balinesen aus niederen Kasten das Handwerk und durchbrachen so die traditionellen Schranken.

Das Dorf Celuk ist berühmt für kunstvoll gearbeitete, reich verzierte und filigrane Silberarbeiten. Doch auch hier hat man sich dem Touristengeschmack gebeugt und produziert großflächige, schlichte Stücke. Die Balinesen hingegen schmücken sich am liebsten mit Goldschmuck (gleichzeitig auch eine beliebte Geldanlage), der in den Geschäftsstraßen Denpasars angeboten wird.

Textilien

Endek, der traditionelle balinesische Stoff, wird in der auf vielen indonesischen Inseln beliebten *ikat*-Technik gewoben. Die Balinesen haben ihm ihren Bedürfnissen entsprechend eine unverwechselbare, farbenfrohe Form gegeben. Endek wird bereits vor dem Weben gefärbt. Die Einschlagfäden werden auf einen Rahmen von der Breite des fertigen Produkts gespannt und teilweise mit Plastikband umwickelt *(ikat* bedeutet »abbinden«), vom Rahmen abgenommen und gefärbt, wobei die umwickelten Teile ungefärbt bleiben. Durch mehrfache Wiederholung dieses Prozesses ergeben sich fantasievolle Muster. Endek ist als Stoff von der Rolle oder auch zu Hemden, Kleidern und anderen Bekleidungsartikeln verarbeitet erhältlich.

Im Bali-Aga-Dorf Tenganan beherrschen die Frauen eine kompliziertere Abart der Abbinde- und Färbe-Technik, den *Doppelikat,* bei dem sowohl Längs- als auch Einschussfäden vor dem

Weben eingefärbt werden. Die Herstellung erfordert großes handwerkliches Geschick. Entsprechend hoch sind die Preise der Stoffe, die selbstverständlich nicht für Alltagskleidung Verwendung finden. Als Zeremonialtücher sind sie auch außerhalb Tenganans sehr geschätzt, denn man spricht den *geringsing* (»Krankheit. abwehrend«) magische Wirkung zu.

Bei religiösen Festen tragen die Balinesen bevorzugt *songket,* einen Brokatstoff mit eingewebten Gold- und Silberfäden.

Batikstoffe sind fast überall auf der Insel zu kaufen, aber die Ausspartechnik auf Basis von Wachs stammt ursprünglich aus Java.

LONTARMALEREI

Die uralte Technik der Herstellung von Lontar-Manuskripten wird heute noch vor allem im Bali-Aga-Dorf Tenganan im Osten der Insel praktiziert. In die präparierten Blätter der Lontarpalme werden mit einer Art Messer sakrale und weltliche Texte eingeritzt und oft fantasievoll verziert. Mit einem Gemisch aus Kokosöl und Ruß macht man die Eingravierungen sichtbar, bevor man die einzelnen Blätter zu einem Buch zusammenbindet.

Besucher können den Lontar-Malern in Tenganan bei der Arbeit über die Schulter blicken. Eine Lontar-Bibliothek in Singaraja sammelt kostbare alte Manuskripte.

Links: Herstellung einer Topeng-Maske in Batuan
Rechts: Schattenspielfiguren als Souvenirs für Touristen auf dem Markt von Sukawati

Malerei

Die balinesische Malerei entwickelte sich am Fürstenhof in Gelgel. Der dort geprägte Malstil leitete sich von den zweidimensionalen Figuren des javanischen und balinesischen Schattentheaters, Wayang Kulit, ab. Als Wayang-Stil oder Kamasan-Stil existiert dieser Malstil noch heute in Kamasan. Mit Naturfarben wurden präparierte Baumwollstoffe bemalt. Bis zum 20. Jh. waren solche Gemälde Auftragsarbeiten zum Schmuck von Palästen oder Tempeln, blieben jedoch ihrer Bestimmung und ihrem religiösen Inhalt gemäß unsigniert. Die Themen waren ausschließlich religiös motiviert, die Darstel-

PITA MAHA

In der Blütezeit der neuen balinesischen Kunst zwischen 1935 und 1940 wurde von Cokorda Sukawati, dem Prinzen von Ubud, die Künstlervereinigung Pita Maha gegründet, der auch Walter Spies und Rudolf Bonnet als führende Mitglieder angehörten. Mehr als 150 Künstler verließen ihre Wohnorte, um sich Pita Maha anzuschließen, angezogen von der Möglichkeit neuer Inspirationen und Diskussionen sowie einer Kontrollinstanz für die Qualität und Verbreitung ihrer Werke. Diese neue Gruppenzugehörigkeit hob die Mitglieder aus ihrer Verhaftung im alltäglichen Dorfleben heraus und führte zur Auseinandersetzung mit westlichen Werten.

lung eindimensional. Nach der Zerstörung der Fürstenhöfe durch die Holländer blieben die Aufträge für die Künstler aus – schlechte Zeiten für die Malerei brachen an.

In den 1930er-Jahren stieg die Zahl der wohlhabenden Reisenden aus Europa und Amerika drastisch an und veränderte die traditionellen Strukturen der Künstlerförderung in Bali. Unter den westlichen Besuchern waren auch etablierte europäische und amerikanische Künstler wie Walter Spies, Rudolf Bonnet und Miguel Covarrubias. Als Vertreter klassischer und avantgardistischer, westlich geprägter Kunst brachten sie auch bisher unbekannte Arbeitsmaterialien mit: Tempera- und Ölfarben, vorgeschnittenes Papier und Leinwand. Der Kontakt zu einigen einheimischen Künstlern war eng und der Einfluss der westlichen Künstler auf die neue balinesische Malerei, die nicht länger den strengen Vorschriften traditioneller Kunst verpflichtet war, lässt sich nicht leugnen. Statt der immer gleichen Motive aus den großen Hindueepen illustrierten balinesische Maler nun auch Szenen aus Alltag und Natur. Die These, die balinesische Kunst sei unter dem Einfluss ausländischer Künstler vom Mittelalter in die Moderne katapultiert worden, lässt jedoch diejenigen Künstler außer Acht, die bereits vor 1930 mit eigenständigen Schöpfungen hervorgetreten waren.

Wichtig für die Weiterentwicklung der balinesischen Malerei war die Gründung der Künstlervereinigung Pita Maha. Der wichtigste Vertreter balinesischer Kunst in der Periode war *I Gusti Nyoman Lempad* (1862–1978), Handwerksmeister und Architekt am Hof von Ubud, dessen Vater I Gusti Ketut Mayukan ein berühmter Bildhauer und Maler des 19. Jhs. war. Als Mittsechziger erhielt Lempad zum ersten Mal Papier. Und seine Tusche- und Federzeichnungen waren keineswegs nur Nachahmungen europäischer Techniken. Auf Basis alter Maltraditionen entwickelte er eine sehr eigene Ausgestaltung der Legenden seiner Heimat.

Eine grobe Unterteilung ordnet die Künstler der 1930er Jahre drei Richtungen zu; allen gemeinsam war die Verwendung von Tusche und Wasserfarben auf Papier. In der *Ubud-Schule* entstanden hauptsächlich idyllische Naturdarstellungen, in den Gemälden von *Batuan* dagegen erweckte die mosaikartige Zufallsperspektive den Eindruck, als sei jede Sektion des Bildes aus einem anderen Blickwinkel heraus gemalt. Die Bilder der Batuan-Schule aus den späten dreißiger Jahren sind, selbst in der Darstellung alltäglicher Szenen, von unbestimmbarer Schwermut beherrscht. Die dritte Gruppe bildeten in den dreißiger Jahren die Maler aus *Sanur,* deren geografische Nähe zum Meer sie eigene Themen entwickeln ließ.

Die Auflösung der Künstlervereinigung Pita Maha 1942 fiel in die Zeit der japanischen Besatzung. 1949 wurde Indonesien unabhängig; das stabile Weltbild der Balinesen war jedoch nachhaltig erschüttert. Auch in den relativ ruhigen fünfziger Jahren erreichten Malerei und Bildhauerei nie mehr Vorkriegsniveau, wenn auch die nunmehr der älteren Generation angehören-

Kunst von Frauen: Die »Seniwati Gallery of Art by Women« war 1991 die erste Galerie in Asien, die ausschließlich Werke weiblicher Künstler ausstellte und auch verkaufte – Malerinnen waren in Bali bis dahin kaum beachtet worden. Mit den Gewinnen aus dem Verkauf wird eine Kunstschule für Mädchen finanziert.

Balinesische Kunst heute

Von einem Niedergang der balinesischen Kunst war vielfach die Rede. Dabei gibt es auch heute nicht mehr und nicht weniger kunstbegabte

den Pita-Maha-Künstler weiterhin breite Anerkennung und auch materiellen Erfolg ernteten.

Auf Initiative des holländischen Künstlers Arie Smit entstand in Penestanan bei Ubud eine neue Schule für junge Maler, die dort mit Acrylfarben umgehen lernten: die *Young Artists,* die »jungen Künstler«, nach denen auch der Malstil benannt wurde. Ähnlich den Künstlern der dreißiger Jahre aus Ubud, Batuan und Sanur entwickelten diese Maler verfeinerte Techniken, ohne dadurch die Naivität und Frische ihrer Bilder einzubüßen.

Links: Gemälde von Rudolf Bonnet (1895–1978)
Oben: Deckengemälde im Wayang-Stil in der Gerichtshalle Kerta Gosa, Klungkung

Menschen auf Bali als früher. Nur wird heute die Andenkenindustrie, die sich am Massengeschmack orientiert, ungerechterweise mit dem ernsthaften Kunstschaffen gleichgesetzt. Vor den rigiden Gesetzen des freien Marktes kapitulieren viele junge Künstler, die nicht den Mainstream bedienen wollen.

Wenige nur haben den Weg an eine der etablierten Kunstakademien gefunden. Wer sich für qualitativ hochwertige Malerei interessiert, wird vor allem in Ubud und Umgebung fündig, wo das Puri Lukisan Museum, das Neka Museum und das Agung Rai Museum einen ausgezeichneten Überblick über die Entwicklung balinesischer Malerei von ihren Anfängen bis zur Moderne geben. ∎

Geschenke für Götter und Dämonen

Auf Bürgersteigen, unter Bäumen, in Autos und Schreinen huldigt man mit kunstvollen Opfergaben den Göttern und besänftigt die Dämonen.

Die balinesische Religion beruht auf einer Kosmologie, deren oberstes Ziel es ist, Gegensätze zwischen göttlichen Prinzipien und menschlichen Realitäten in Harmonie zu vereinen. So werden Götter und Dämonen gleichermaßen verehrt, und zahllose alltägliche Rituale sorgen dafür, dass die kosmische Balance erhalten bleibt. Das religiöse Leben ist geprägt von unzähligen Opfern – sowohl an die Götter als auch an die Dämonen – und Reinigungszeremonien.

Das häufigste der täglichen Rituale nennt man *sesjen*: Dreimal täglich bereiten die Frauen kleine Opferpakete mit Reis, Blumen und Salz zu und besprengen sie mit heiligem Wasser. Die Opfergaben für die Dämonen legt man auf die Türschwelle, wo sie verrotten oder von den Hunden gefressen werden. Die Opfergaben für die Götter werden auf kleinen Schreinen abgelegt, und Räucherstäbchen tragen die Gebete, die ihnen innewohnen, zum Himmel.

Die Opfergaben, die anlässlich von Festen in den Tempel getragen werden, sind dagegen oft wahre Meisterwerke aus Blumen, Geflügel, Obst, Reis u.a. Anlässlich von Tempelfesten werden außerdem die Dorfstraßen mit Bambusstangen *(penjor)* geschmückt. ◼

Links: Die kunstvollen und üppigen Opfergaben trägt man zum Tempel.

Oben: Canang nennt man die alltäglichen Opfer in jedem Haus. Ein Tablett, geflochten aus den jungen Blättern der Kokosnuss, wird mit Blumen, parfümierten Blättern und oft Reis oder Bananenscheiben gefüllt.

Die Opfergaben-Industrie

Ein durchschnittlicher balinesischer Haushalt gibt die Hälfte des Einkommens für Opfergaben aus. Allerdings wird ein Großteil davon auch wieder verzehrt. Die Opfergabenherstellung wird nach wie vor oft von den Frauen des Hauses geleistet und ist ein Akt der Hingabe an die Götter. Aber auch auf Bali ändern sich die Zeiten: Berufstätige Frauen können die alltäglichen Gaben für Götter und Dämonen inzwischen auch auf dem Markt kaufen. Und vor größeren Zeremonien kann man einen *tukang banten* (Opfergabenspezialisten) beauftragen, der oft einer Brahmanenfamilie entstammt und die Fähigkeiten von Eltern und Großeltern erlernt hat.

Käuflich erwerben kann man immer die einfachen *canang*, die jeden Tag benötigt werden, aber auch *jejaitan* – Palmblätter, die mit Bambusnadeln zusammengehalten werden. Tag für Tag werden LKW-Ladungen von Palmblättern aus Ostjava nach Bali transportiert, um Nachschub für die Opfergaben-Industrie zu gewährleisten. Bambusnadeln werden jedoch mehr und mehr durch Metallnadeln ersetzt, die industriell gefertigt werden können. Und farbiges Papier ersetzt immer häufiger gefärbte Blätter. Puristen runzeln die Stirn über diese Neuerungen, aber auch die Produktion der Opfergaben unterliegt dem Wandel der Zeiten.

Ganz oben: Nach dem Glauben der Balinesen wohnen die Dämonen im Meer. Sie werden mit Morgenopfern besänftigt, die täglich gefertigt werden
Oben: Ein Spanferkel gehört zu den Opfergaben anlässlich eines Tempelfestes. Huhn oder Schwein und andere Opfergaben wie Reis, Früchte oder Süßigkeiten ergänzen sich. Sie symbolisieren unterschiedliche Aspekte des Lebens. Wenn die Götter die Opfergaben akzeptiert haben, werden sie von den Menschen in einem Festmahl verspeist.
Rechts: Für die Herstllung von Opfergaben werden junge Kokosblätter geschnitten.

Bali für Aktive

Bali hat nicht nur Tempel und Kultur zu bieten. Für Abenteuerlustige gibt es eine fast unerschöpfliche Fülle an Angeboten zum Tauchen, Schnorcheln und Surfen, Gleitschirmfliegen, Trekken, Biken oder Golfen.

D ie landschaftliche Schönheit der Insel, ihre Küstenstriche und Badestrände und nicht zuletzt das herrliche Klima machen Bali zu einem geradezu perfekten Platz für Outdoor-Aktivitäten – zu Lande wie auf dem Wasser. Eine Vielzahl von Veranstaltern bzw. Agenturen haben sich auf Abenteuerprogramme wie Wildwasser-Rafting, Klettertouren, Trekking und Allradexpeditionen spezialisiert. Viele Unternehmungen bieten außerdem Spaß für die ganze Familie. Und meist sind Abhol- und Rückbringservice inklusive.

Tauchen und Schnorcheln

Allein das warme Wasser und die Vielfalt des Unterwasserlebens machen Tauchgänge zu einem großartigen Erlebnis. Dafür, dass auch die Sicherheit nicht auf der Strecke bleibt, sorgen renommierte Tauchschulen mit bestens gewarteter Ausrüstung und bestens ausgebildeten Lehrern, die Kurse auf Anfängerniveau wie auf professionellem Level organisieren. Auch deutschsprachige Kurse sind in vielen Hotels verfügbar. Es gibt Tauchplätze, die sich zum Schnupperkurs ebenso eignen wie für Ansprüche verwöhnter Könner. Die Programmauswahl ist vielfältig und reicht vom Nachttauchen über Tiefseetauchen bis zu Tauchgängen für den Unterwasserfotografen und Kindertauchkurse – PADI Bubblemaker etwa organisiert Programme für Kinder von 12 bis 14 Jahren.

Einer der berühmten Tauchplätze ist das Schiffswrack der *Liberty*, das rund 50 m vor dem Strand von Tulamben an der Ostküste in nur 30 m Tiefe liegt und Heimat zahlreicher Meeres-

Links: Surfer in Kuta **Rechts:** Bali bietet Tauchern einige faszinierende Korallenriffe

bewohner ist, unter ihnen das Zwerg-Seepferdchen und die Seenadel. In unmittelbarer Nähe ziehen sich herrliche Korallengärten die vulkanische Küste entlang, wo sich schwarze Riffhaie, Delfine und Wale einfinden.

Die Riffe um die Insel Menjangan im Nordwesten Balis, die zum Bali-Barat-Nationalpark gehört, fallen bis zu 80 m ab. Das Meer ist dort sehr ruhig, und gelegentlich wird der 10 m lange, zahnlose Walhai gesichtet.

Weitere bekannte Tauchplätze sind Amed an der Ostküste und die Insel Nusa Penida an der Südostküste. Dort sind die Sichtverhältnisse ausgezeichnet, um etwa Mola Mola, den riesigen Meeres-Sonnenfisch, zu entdecken. Er ist der weltweit größte Knochenfisch. Neben Tagesausflügen können auch Boote für mehrtägige Tauchexkursionen zu den Nachbarinseln gechartert werden.

Surfen

Bali ist ein Dorado für die verwöhnte internationale Surfergemeinde und bietet 20 sogenannte Top Breaks. Die beste Zeit zum Surfen ist zwischen April und Oktober, wenn der Südostmonsun bläst und hohe Wellenkämme gegen die Riffe vor den Küsten von Kuta, Nusa Dua und der Halbinsel Bukit Badung branden. Hier tummelt sich die internationale Surfergemeinde. Die wahren Meister versuchen sich an den

Delfinbeobachtungen

Der Platz für Delfinbeobachtungen ist Lovina an der Nordküste. In der Stunde der Morgendämmerung sammeln sich die Delfine in Gruppen vor der von schwarzen Lavasandstränden gesäumten Küste. Gegen eine (unbedingt vorher auszuhandelnde) Gebühr lassen sich die Besucher in einem traditionellen Fischerboot hinausfahren, um dem eindrucksvollen Spektakel beizuwohnen. Vor einigen Jahren gerieten die Delfinbeobachtungstouren in Verruf, weil die Tiere von den Booten regelrecht gejagt wurden. Man sollte sich deshalb vor Ort nach geeigneten Anbietern erkundigen.

Breaks von Padang Padang, Balangan und Ulu Watu mit seiner berühmten Welle.

Für Anfänger und Fortgeschrittene gibt es viele Herausforderungen leichteren bzw. mittleren Schwierigkeitsgrades. Mit Kenntnis der lokalen Gegebenheiten findet man immer gute und nicht überlaufene Surfstrände. Surfschulen bieten Kurse in verschiedenen Schwierigkeitsgraden an. Wer etwas abseits der gängigen Routen reist, wird vielleicht in einem Surfcamp oder auf einer »Surfari« mit professionellen einheimischen Surfern fündig. Bali ist auch Ausgangspunkt für fast alle Surftrips mit gecharterten Booten nach Ostjava, Lombok, Sumbawa oder weiter entfernt gelegenen Zielen wie Ost Nusa Tenggara und Nordsumatra.

Gleitschirmfliegen

Viele Veranstalter haben ihre Standorte auf der Halbinsel Bukit Badung. Dort liegt einer der bekanntesten Startplätze an einer Klippe 80 m oberhalb des Strandes von Timbis an der südlichsten Spitze der Insel. Spektakulär sind die Eindrücke, wenn man wie ein Albatros über Korallenriffe, entlegene Strände, türkisfarbenes Wasser, Luxusresorts und Tempel segelt. Wer nicht selber fliegen kann oder möchte, kann einen Tandemflug mit professionellem Piloten buchen. Außerdem werden auch Kurse mit Zertifizierung zum Gleitschirmpiloten angeboten. Die konstant guten Windverhältnisse des Südostmonsuns garantieren ausgezeichnete Flugbedingungen.

Golf

Alle vier Spitzengolfplätze stehen auch Nicht-mitgliedern offen, so auch der von Greg Norman entworfene Platz, der dem Le Meridien Nirwana Golf Resort in Tanah Lot angegliedert ist. Er zählt zu den besten Golfplätzen Asiens. Die Lage zwischen Meer und Reisfeldern ist grandios. Bali ist außerdem der wohl einzige Platz der Welt, wo man in der Caldera eines erloschenen Vulkans golfen kann: Der Bali Handara Kosaido Country Club in Bedugul, der älteste Golfplatz Balis und einer der schönsten weltweit, wurde von Peter Thompson entworfen. Die frische Luft im Hochland mit gut 10 Grad niedrigeren Durchschnittstemperaturen als in Balis Küstenregionen bietet das perfekte Klima für Golfer. Der Bali Golf & Country Club in Nusa Dua genügt ebenfalls höchsten professionellen Ansprüchen, kleiner ist die 9-Loch-Anlage des Bali Beach Golf Course in Sanur.

Reiten

Auf Bali gibt es eine Reihe von Pferdehöfen und Ställen, die Ausflüge zu Pferd durch Reisfeldlandschaften, Dörfer, Wälder und am Strand entlang organisieren. Begleitet werden die Touren von Ortskundigen, von denen man auch Interessantes über die Insel erfährt. Angeboten werden auch Reitstunden für unterschiedliche Altersgruppen auf variierendem Niveau mit in der Regel gut trainierten Pferden.

Trekking und Bergtouren

Die geografische Vielfalt der Insel hält für Touristen ein unerschöpfliches Angebot bereit. Es reicht von leichten Wanderungen durch Reisfelder, Regenwald und Nationalparkterrain bis zu anspruchsvolleren Bergtouren in der Trockenzeit. Besonders empfehlenswert ist der etwa zweistündige Aufstieg zum Kraterrand des Gunung Batur, um dort den Sonnenaufgang zu erleben. Der 1717 m hohe Vulkan, der in den vergangenen 200 Jahren etwa 20 Mal ausbrach, hat eine Reihe von Nebenkratern, die über den riesigen Einbruchkessel mit dem mondsichelförmigen Batursee verstreut liegen. Um 4 Uhr morgens bricht man in Begleitung eines ortskundigen Führers auf zum Kraterrand. Dabei sind rund 600 Höhenmeter zu überwinden. Oben angekommen bietet sich ein grandioser Blick über

Links: Jetboat-Fahren in Nusa Dua **Rechts:** Beim Dschungel-Trekking entdeckt man ganz neue Seiten Balis.

die Kraterlandschaft, den See und die Gipfel des Gunung Agung gegenüber, bei klarer Sicht auch bis zum Gunung Rinjani, dem eindrucksvollen Vulkanmassiv auf der Nachbarinsel Lombok. Zum Frühstück gibt es gebackene Bananen und in heißem Schwefelwasser gekochte Eier. Nach dem Abstieg laden die warmen Thermalquellen am Seeufer in Toya Bungkah ein, müde Glieder zu erquicken.

Mit majestätischen 3014 m ist der Gunung Agung, dessen Kegel eine ausgedehnte Fläche im Osten der Insel bildet, nicht nur Balis höchster, sondern auch heiligster Berg der Insel. Die Balinesen sehen ihn als Wohnsitz von Gott Shiva an. Zwei Routen führen auf den Vulkan. Die Strecke wird größtenteils in der Dunkelheit zurückgelegt, damit man rechtzeitig zum Sonnenaufgang den Krater erreicht – auch um der großen Hitze zu entgehen.

Die Route von Besakih aus dauert fünf bis sechs Stunden und ist auch von ungeübten Wanderern gut zu bewältigen. Die technische Ausrüstung besteht einzig aus einem Paar guter Wanderschuhe und einer leistungsstarken Taschenlampe. Auf der kürzeren Strecke ist man ca. drei Stunden unterwegs. Sie beginnt bei dem großen Markttempel von Pasar Agung in der Nähe von Selat und führt zum Kraterrand, von wo aus man bei klarer Sicht einen herrlichen Blick auf den Gunung Rinjani auf Lombok genießt. Eine Genehmigung für den Aufstieg ist nicht erforderlich. Nicht möglich sind Touren zum Zeitpunkt größerer religiöser Feste, die meist im April im Pura Besakih gefeiert werden. Während der Regenzeit ist von Vulkanbesteigungen unbedingt abzuraten.

Der im Westen der Insel gelegene Bali-Barat-Nationalpark bietet ausgezeichnete Möglichkeiten zum Trekking sowie fantastische Landschaftsimpressionen. Die wasser- und waldreiche Region kann auf verschiedenen Wegen erkundet werden. Die Strecken, durchschnittlich fünf Stunden lang, sind nicht besonders schwierig, haben aber oft Steigungen. Es gibt auch Abschnitte, wo ein Weg nicht klar auszumachen ist oder man sich den Weg durch den Dschungel bahnen muss. Alle Besucher des Nationalparks müssen eine Genehmigung beantragen und werden von einem ortskundigen Guide begleitet. Die notwendigen Formalitäten erledigt man im Parkhauptquartier in Cekik (Tel. 0365-61060, geöffnet tgl. 7.30–15.30 Uhr), an der Rangerstation in Labuhan Lalang oder im Büro des Forstwirtschaftlichen Instituts (PPHA) in Denpasar.

Auf ihre Kosten kommen Naturliebhaber auch auf Wanderungen durch den tropischen Regenwald im Bereich der Seen Buyan und

DAS PARADIES SCHÜTZEN

Für viele Besucher ist Bali ein Paradies. Aber Paradiese sind auch verwundbar. Die Tourismusindustrie führte zwangsläufig zu Veränderungen im Sozialgefüge, aber auch die Natur musste leiden. Unzureichende Abfallentsorgung beeinträchtigt die Qualität der Luft, der Flüsse und des Ökosystems an der Küste. Die Yayasan Gelombang Udara Segar (GUS) ist eine Non-Profit-Organisation, die sich zum Ziel gesetzt hat, Lösungen für Balis Umweltprobleme zu entwickeln. Sie wird von der Surferindustrie und anderen Investoren finanziert. Über die Stiftung kann man sich auf folgender Internetseite informieren: www.waveofchange.org/gusbali.

Tamblingan in der Nähe von Bedugul. Die Pfade in diesem Gebiet sind zwar oft sehr schmal und von einer nicht selten 2 m hohen Vegetationsdecke überwuchert, jedoch in der Trockenzeit kommt man nicht so leicht von der Route ab. Unterwegs stößt man unerwartet auf Tempel oder kann Rotwild und sogar Schwarzaffen beobachten. Alternativ kann man sich auch von einem der Dorfbewohner in einem *pedau akit*, einem traditionellen Doppelkanu, über den See rudern lassen.

Vogelbeobachtungen

Im Bali-Barat-Nationalpark sind über 250 verschiedene Vogelarten beheimatet. Er ist außerdem der einzige Platz, wo der endemische Bali-

Star mit etwas Glück noch beobachtet werden kann, der zu den besonders bedrohten Vogelarten der Welt gehört. Innerhalb der Nationalparkgrenzen in der Bucht nahe Gilimanuk liegen auf mehreren Inseln wichtige Schutzgebiete für Meeresvögel. Zwei Arten von Seeschwalben nisten in großer Zahl auf Sandbänken an der Bucht Teluk Lumpur; braune Tölpel und die kleineren Fregattvögel haben ihre bevorzugten Plätze weiter östlich auf der Insel Burung. Vielfältig ist die Vogelwelt in den Wäldern um Bedugul und Batukau, während Eisvögel die Flussbetten bevölkern.

Mountainbiken

Eine Reihe von Spezialveranstaltern bieten geführte Mountainbiketouren an – allerdings geht es eher bergab als bergauf. Viele Routen haben ihren Ausgangspunkt auf etwa 1100 m ü.d.M. und ziehen sich durch landwirtschaftliches Gebiet, kleine Weiler und Dörfer, Täler und vorbei an Reisfeldern und Tempeln. Unterwegs werden mehrere Pausen eingelegt, bei denen sich die Teilnehmer mit Früchten und landestypischen Spezialitäten stärken und die Landschaft genießen können. In Begleitung ortskundiger und erfahrener Guides erfährt man Wissenswertes über Orte entlang der Strecke, die Alltagskultur und das Leben der Menschen in den Hochlandregionen. Das Programm einiger Agenturen sieht auch einen Besuch in einem balinesischen Gehöft vor und rundet den Ausflug mit einem gemeinsamen Essen ab.

Wildwasser-Rafting

Rafting auf Balis Flüssen erfreut sich seit vielen Jahren großer Beliebtheit. Die dafür notwendigen Wasserstraßen bilden die Flussläufe des Ayung, Telaga Waja und Unda. Die Schlauchboote überwinden Stromschnellen unterschiedlicher Stärke und gleiten durch tiefe Schluchten, vorbei an großartigen Reisterrassen und Wasserfällen – immer ein eindrucksvolles Landschaftserlebnis. Während der Trockenzeit zumindest hält sich der Nervenkitzel allerdings in Grenzen. Unter den Veranstaltern herrscht eine starke Konkurrenz. Die renommierteren von ihnen achten auf hohe Sicherheitsstandards mit gut ausgebildeten und erfahrenen Guides, die die Schlauchboote manövrieren. Nach der Raf-

Links: Die Reisfelder um Ubud lassen sich gut mit dem Rad erkunden **Rechts:** Vorbereitung auf den Rafting-Trip

tingtour gibt es häufig eine warme Dusche und ein Buffet mit balinesischen und indonesischen Köstlichkeiten.

Kreuzfahrten und Ocean Rafting

Sie haben die Qual der Wahl zwischen Luxuskatamaran und Segeljacht. Beliebt sind Segeltörns zum Sonnenuntergang und Tagesausflüge zu Nachbarinseln wie Nusa Lembongan. Dort gibt es Möglichkeiten zum Schnorcheln, oder für die, die nicht nass werden wollen, Fahrten zu einem Korallenriff mit dem Glasbodenboot. Meereskajaks oder vor allem bei Kindern beliebte Banana Boats sorgen für Abwechslung.

Transfers, Mahlzeiten und Getränke sind in vielen Arrangements inbegriffen, die Tauchgänge hingegen nicht.

Spannend ist auch Ocean Rafting in einem für diese Zwecke maßgefertigten Boot. Nicht selten erreicht ein solches Gefährt Geschwindigkeiten von bis zu 70 km/h. Auf Kreuzfahrten erhalten Besucher einen Eindruck von den Inseln Nusa Lembongan und Nusa Penida. Unterwegs gibt es viel zu sehen, so zum Beispiel die Fliegenden Hunde am Fledermausfelsen. Inklusive sind das Mittagessen, Schnorcheln in Chrystal Bay, Fahrten mit dem Banana Boat bei Nusa Lembongan und ein Besuch in einem Dorf auf Nusa Ceningan, wo Seetang zur Herstellung von Agar-Agar angebaut wird. ∎

Architektur

Die kosmische Ordnung bestimmt, wie traditionelle Gebäude auf Bali angelegt werden. Heute treffen sich besonders beim Bau von Hotels oft traditionelle und westliche Baustile – umgeben von üppigen Tropengärten.

Alle balinesischen Bauwerke, ob weltlich oder sakral, werden seit Jahrhunderten nach kosmologischen Kriterien errichtet. Dörfer, Tempel und Pavillons werden entlang der Radialachse *kaja – kelod* (s. auch S. 51) von den Bergen hinunter zum Meer angelegt. Dieses uralte balinesische Ordnungssystem siedelt *kaja* (das Heilige, den Bereich der höheren Geister, das Positive) immer oben, in Richtung des nächstgelegenen großen Berges an. Die ersten ländlichen Dorfgemeinschaften waren sich auch der Leben spendenden Bedeutung der Berge wohl bewusst, denn in den Bergen liegen alle Wasserquellen der Insel. *Kelod* dagegen (das Niedere, Negative, der Bereich der Unterwelt) liegt in Richtung Meer.

Hinduistische Einflüsse

Die Verehrung der Berge wurde unter indischem Einfluss weiter betont. In der hindu-buddhistischen Kosmologie ist der Semeru oder Meru Zentrum des Universums und Wohnort der Götter. Die Balinesen erklärten den höchsten Berg der Insel, den Gunung Agung, zu ihrem heiligen Berg.

Nach hindu-buddhistischem Glauben hat alles seinen angestammten Platz im Universum, und alles, was sich dieser natürlichen Ordnung widersetzt, schwächt die Harmonie oder führt gar ins Chaos. So ist es nicht verwunderlich, dass ein Architektursystem erarbeitet wurde, das sich an der Kosmologie orientiert. Priester prägten im 11. Jh. den Begriff *tri loka.* Ihm zufolge ist der menschliche Körper – genauso wie die

Häuser, Tempel, Dörfer und die ganze Insel – in Bereiche für Götter, Menschen und Dämonen unterteilt. Der Kopf entspricht dem Himmel, die Körpermitte der Erde und der untere Teil der Unterwelt. Auch die Anordnung der Tempel im Dorf wurde in dieser Zeit festgelegt.

Das traditionelle Gehöft

Das traditionelle balinesische Anwesen, in dem normalerweise mehrere Generationen zusammenleben, folgt der sogenannten Reinheitshierarchie, die auch die Anlage der Dörfer bestimmt. Umgeben ist das Anwesen von einer Umfassungsmauer aus Lehm, Ziegeln oder Sandstein, die Schutz vor wilden Tieren gewährleistet. An der Westseite des Gehöfts liegt das Eingangstor,

Links: Deckendetail der Kerta Gosa, der Gerichtshalle des Palasts von Klungkung **Rechts:** Pura Beji in Sangsit – ein Tempel aus rotem Sandstein

hinter dem die Schutzmauer *(aling-aling)* Dämonen fernhalten soll. Im östlichen Innenhof liegt der *bale dangin*, der nach allen Seiten hin offene Pavillon für die Übergangsriten.

Meerwärts erbaut man die Küche *(pawon)*, denn sie gilt als unrein. Der Reisspeicher *(lumbung)* ist noch Teil des traditionellen Gehöfts, wurde aber zusehends bedeutungsloser, da im Zeitalter der Reismühlen die tägliche Ration nicht mehr durch die Hausfrau enthülst wird und die Lagerung sich damit erübrigt hat.

Das Familiengehöft wird als ein organisches Ganzes gesehen, vergleichbar dem menschlichen Körper. Am reinsten Platz des Gehöfts, in

der östlichen Ecke bergwärts, liegt der Haustempel mit den Altären der Ahnen. Er entspricht dem Kopf als heiligsten Körperteil. Ebenfalls bergwärts schaut das Haus des Familienoberhaupts. Alle Schlafhäuser entsprechen den Armen, der Hof dem Nabel, das Tor den Sexualorganen, Küchenhaus und Vorratsspeicher Beinen und Füßen, die Toilette schließlich dem Anus.

Der Besitzer bestimmt die Maße eines Anwesens. Ausgangspunkt für die Berechnungen sind die Länge seines Fußes und die Spanne seiner Arme. Schließlich geht es darum, Harmonie zwischen Eigentümer und Bauprojekt zu gewährleisten.

Welcher Gesellschaftsschicht der Besitzer angehört, sieht man nur am Baumaterial: Statt Lehm, Ziegeln und Bambus leisten sich die Wohlhabenden Sandstein und Edelhölzer.

Tempel

Groß angelegte, reich geschmückte Tempelanlagen wie der Muttertempel Besakih gehören zu Bali genauso wie unscheinbare kleine Tempelschreine – die Zahl aller Tempel *(pura)* auf Bali kennt niemand, sicher ist nur, dass es mehr Tempel als Wohnhäuser gibt. Experten sprechen von etwa 20 000 Tempeln auf der kleinen Insel, nicht mitgerechnet die zahllosen Haustempel, die Bestandteil eines jeden Gehöfts sind.

Tempelkult

Der Tempel belebt sich nur an Feiertagen, wenn Götter und Ahnen vom Himmel herabsteigen, um die Gläubigen zu besuchen. Festlich gekleidet bewirten die Menschen die himmlischen Gäste mit Speisen, ehren sie durch Zeremonien und unterhalten sie mit Musik, Tanz und Kurzweil. Nach drei oder vier Tagen kehren die Götter schließlich in den Himmel zurück, und der Tempel ist wieder verwaist.

Nicht jeder Balinese kann jeden Tempel der Insel verehren, aber es gibt eine Reihe von sogenannten Staatstempeln *(sad kahyangan)*, die allgemeine Verehrung genießen. Der zentrale und heiligste Tempel der Insel ist der Muttertempel **Pura Besakih** am Hang des Gunung Agung. Andere Staatstempel sind **Pura Goa Lawah, Pura Luhur Lempuyang, Pura Batukau, Pura Ulu Watu, Pura Pulaki, Pura Sakenan** auf Serangan und **Pura Kehen** in Bangli.

Jedes Dorf hat entlang der *kaja–kelod*-Achse drei Tempel: Der Ursprungstempel *(pura puseh)* weist in Richtung der Berge *(kaja)* und ist Brahma zugeordnet; der Dorftempel *(pura desa* oder *pura bale agung)* liegt im Dorfzentrum, ihm ist die große Versammlungshalle des Dorfes angegliedert und Gott Vishnu wacht über ihn; der Totentempel *(pura dalem)* schließlich liegt meerwärts *(kelod)* in der Nähe von Verbrennungsplatz und Friedhof. Shiva und seine Gefährtin Durga sind hier zu Hause.

Weiterhin opfern die *banjar*-Gemeinschaften in einem gemeinsamen Tempel. Auch Berufsgruppen wie die Reisbaugemeinschaften, *subaks*, Fischer oder Händler haben eigene Tempel. Darüber hinaus gibt es zahllose Schreine für Naturgötter und -geister.

Tempelanlage

In der Anlage eines Tempels zeigt sich das Wesen der balinesischen Religion. Es ist kein düsteres Gemäuer, sondern ein heiterer, geräumiger Festplatz. Obwohl alle Tempel ihren individuellen Charakter haben, gibt es doch einige gemeinsame Merkmale. In der Regel bestehen die Tempel aus drei Höfen oder zwei Höfen und einem Vorhof. Die Höfe sind von Mauern umgeben. Der innerste Hof *(jeroan)* ist der heiligste, der Götterwelt zugeordnet und den Bergen am nächsten. Der mittlere Hof *(jaba tengah)* ist der Sphäre der Menschen zugeordnet, der äußere Hof *(jaba sisi)* den Dämonen.

und Böse stehen sich gegenüber. Die Menschen sollten die Balance wahren und zwischen beiden Polen hindurchgehen.

Der Besucher tritt in den Vorhof und ist sofort meilenweit entfernt von der unruhigen Welt draußen. Der Tempel wirkt durch seine entrückte Stille. Steinerne Dämonengesichter, von Moos überwachsen, blicken stumm von den Mauern. Rings um den Platz stehen schlichte, strohbedeckte offene Hallen *(bales)*, oft überschattet von blühenden Frangipani-Bäumen. Sie dienen als Ruhe- und Versammlungsplätze. Die Tempelküche, die ganz in den Händen der Männer liegt, wird bei Tempelfesten hier aufgebaut.

Den Eingang zum Tempel bildet ein monumentales, oben offenes Tor. Dieses sogenannte gespaltene Tor *(candi bentar)* ist ein wichtiges Architekturmerkmal auf Bali, das zahlreiche Hotels und öffentliche Gebäude übernommen haben. Seine Ursprünge sind ungewiss. Eine Legende erzählt, dass es die zwei Hälften des mythischen Berges Meru repräsentiert, den Gott Shiva in zwei Hälften teilte und als Gunung Batur und Gunung Agung auf der Götterinsel platzierte. Die zwei Hälften fügen sich auch gut in den balinesischen Dualitätsglauben ein: Gut

Links: Der Bale Kambang (»Schwimmender Pavillon«) im Taman-Gili-Tempel **Oben:** Der Muttertempel Pura Besakih, Balis wichtigster Tempel

Große Tempelanlagen verfügen über eigene Hahnenkampfarenen *(wantilan)*, auf jeden Fall finden im äußersten Hof – ob mit oder ohne Arena – die Hahnenkämpfe statt, die die Tempelfeste eröffnen. Der *kulkul*-Turm enthält die *kulkul*-Trommel, eine Schlitztrommel, die zu Gemeindeversammlungen ruft oder bei Gefahr geschlagen wird.

Der zweite Hof ist eine Art Vorzimmer zum Allerheiligsten. Hier steht der Schrein für die Gamelan-Instrumente und eine große Versammlungshalle für die Festvorbereitungen.

Den dritten Hof, *jeroan*, betritt man in der Regel durch ein geschlossenes Tor *(kori agung)*, bewacht von zwei grimmigen Dämonen aus Stein *(raksasa)*. Diese gutartigen Vertreter der vielschichtigen Dämonenwelt vertreiben ihre bösen Brüder. Zusätzlich schützt eine Dämonenmauer *(aling-aling),* vor Bösewichtern, die nur geradeaus, nicht aber um die Ecke gehen können. Das geschlossene Tor ist der am prächtigsten verzierte Teil des Tempels, es symbolisiert den Übergang in die nächste Existenz. Im Hof finden sich die Schreine, die den Gottheiten während ihres Besuches auf Erden als Ehrensitz dienen. Mehrstöckige, pagodenähnliche Schreine *(merus)* ragen in den Himmel. Sie repräsentieren den Götterberg Meru. Der wichtigste Teil des *jeroan* aber ist der *padmasana,* der Lotosthron, auf dem sich Shiva in Gestalt des Sonnengottes

Tempelkasse entscheidet schließlich darüber, ob man sich für die schöne oder die praktische Lösung entscheidet. Das Gleiche gilt für die Dächer der Schreine: Die dunklen Fasern der Zuckerpalme haben einen schweren Stand gegenüber dem modernen und vor allem wesentlich billigeren Wellblech.

Zeitgenössische Architektur

Die Balinesen greifen schon lange Anregungen aus anderen Kulturen auf – sowohl aus dem Osten als auch aus dem Westen – und verschmelzen sie mit dem balinesischem Kulturgut zu einem ganz eigenen Stil. Die Architektur macht

Surya bei Tempelfesten niederlässt. Sein Thronsitz zeigt immer mit dem Rücken in Richtung Gunung Agung. Der Padmasana repräsentiert das Universum, deshalb bildet oft die mythische Schildkröte Bedawang seine Basis, die nach dem Glauben der Balinesen die Erde trägt. Umklammert ist sie von zwei Schlangen, die sie stützen, denn wenn sie unruhig ist, wackelt die Erde, ein Erdbeben kündigt sich an.

Nicht für die Ewigkeit

Schön beschnitzte Tore und Schreine aus Sandstein sind nicht für die Ewigkeit bestimmt – Moose und Flechten überziehen die Bauwerke schnell. Fertigbauteile aus Beton sind deshalb (leider) seit Jahren auf dem Vormarsch. Die

da keine Ausnahme: So kopierten einige der balinesischen Fürstenhäuser chinesische und europäische Bauelemente, die ihren Palästen einen eigenwilligen Stil verliehen. Beste Beispiele für diesen Architekturmix sind Bale Maskerdam und Bale Pemandesan im Puri Kanginan in Amlapura, Karangasem (s. S. 171).

Der deutsche Maler Walter Spies war möglicherweise der erste Ausländer, der sich in den 1920er-Jahren in Ubud einen Bungalow im balinesischen Stil errichten ließ – mit Bambuswänden und einem traditionellen Dach mit Elefantengras *(alang-alang).* Alte und neue Materialien mischten sich. Mit Elefantengras gedeckte Bambusbungalows wurden für Besucher der Götterinsel zum Inbegriff tropischer Romantik, seit

1930 das erste Hotel in diesem Stil in Kuta eröffnete. Die Kolonialregierung lehnte diese Bauten als »primitive Hütten« ab und baute stattdessen europäisch, was dem Klima Balis ganz und gar nicht angemessen war. Auch nach der Unabhängigkeit suchte man – wie die Bausünde des Grand Bali Beach Hotels in Sanur zeigt – lange nach dem passenden Baustil und besann sich schließlich traditioneller Bauelemente und einheimischer Baumaterialien. Das Prinzip der offenen Hallen und üppige Schnitzelemente erinnern an die Architektur der Tempel.

Der einfache Dekorstil aus den Anfangsjahren des Tourismus wurde mit der Zeit ausgefeilt und vielfach variiert und der Zeitgeist veränderte schließlich auch den Bali-Stil. Ab den 1990er-Jahren baute man minimalistischer, setze auf strukturierte Wände, Marmorböden, Möbel und Wohnaccessoires aus Naturmaterialien. Die Hotels bekamen großzügige offene Lobbys und Freiluftbadezimmer. Ausländische Architekten wie die Australier Peter Muller (Oberoi in Seminyak, Amandari in Kedewatan bei Ubud) und Kerry Hill (Amanusa in Sanur, Alila Ubud und Alila Manggis bei Candi Dasa), der Malaysier Cheong Yew Kuan (Como Shambhala bei Ubud) arbeiteten bevorzugt mit Sandstein und unbearbeitetem Holz. Ursprünglich offene Pavillons wurden mit großen Fenstern versehen. Große Veranden sorgten für schattige Sitzplätze im Freien. Die minimalistische Architektur kontrastiert bei einigen der schönsten Hotels perfekt mit der üppigen Natur.

Gartengestaltung

Es war wohl die Gemeinde der in Bali lebenden Ausländer, die der Gartengestaltung erstmals erhöhte Aufmerksamkeit schenkte. Nur wenige Balinesen interessierten sich bis dahin für Gartenarchitektur. Der königliche Wasserpalast Taman Ujung hinter Amlapura gehörte zu den wenigen angelegten Gärten, aber auch dieser wurde von europäischen Ideen beeinflusst.

Der Durchschnittsbalinese hatte keinen eigenen Garten. Pflanzen gediehen auch ohne Pflege üppig auf fruchtbaren Böden und im warmen Klima Balis. Die Früchte oder Blütenbäume, die um das Gehöft herum wuchsen, versorgten die Familie in erster Linie mit Rohmaterial für Opfergaben. Der Hof rund um die Wohn- und Wirtschaftsräume selbst blieb frei von Pflanzen, denn hier wurden die Zeremonien abgehalten.

Jedes Hotel aber, das etwas auf sich hält, wirbt heute mit seinem Tropengarten und bietet seinen Gästen Rasenflächen, Alleen von Fangipanibäumen, Mauern, die von Bougainvilleen überrankt sind, Fischteiche mit Wasserspielen und tropische Baumriesen als Schattenspender. Sogar die offenen Badezimmer der Hotelzimmer werden oft zu kleinen Gärten umgestaltet. Ganze Kolonien von Gärtnern sorgen dafür, dass aus den Gärten nicht innerhalb kürzester Zeit ein wild wuchernder Dschungel wird. ■

TRAUMGÄRTEN

Das ehemalige Atelier des Malers Donald Friend in Sanur, die Villa Kirana in Sayan und die Bamboo Gallery in Ubud sind Beispiele privater Anwesen mit wunderschönen Gärten. Gelungene Architektur in prächtigen Gärten findet man auch in so unterschiedlichen Hotels wie dem Poppies Cottages in Kuta, dem Four Seasons Resort in Jimbaran, dem Oberoi in Seminyak, dem Alila in Ubud, dem Como Shambhala bei Ubud oder dem Water Garden in Candi Dasa. Das Bali Hyatt in Sanur bietet Führungen durch seinen Garten an, den der Australier Michael White – bekannter unter seinem balinesischen Namen Made Wijaya – gestaltete.

Links: Hotelarchitektur vom Feinsten: eine Villa des Alila Ubud mit Traumblick aufs Payangan-Tal **Rechts:** Die üppigen Gärten des Four Seasons in Jimbaran

Entdeckungsreise durch die Insel

Bali ist mit seinen 5561 km² eine kleine, aber ungeheuer vielfältige Insel. Selamat jalan – »gute Reise!«

Bali ist längst ein Zeil des Massentourismus. Die Infrastruktur in den Touristenzenten lässt kaum Wünsche offen. Die Hauptstraßen sind gut ausgebaut, aber viel befahren. Doch bewegt man sich abseits der Hauptrouten, stößt man schnell auf das traditionelle Bali der kleinen Dörfer und der Reisfelder und wird mit der uralten Kultur der Insel konfrontiert. Landschaftsreigen von Felsenküsten und hellen Sandstränden im Südwesten bis zu schwarzen Lavaständen im Osten und Norden mit vorgelagerten Korallenriffen sowie von kunstvoll angelegten Reisterrassenlandschaften bis zu den kühlen Hochlandregionen ist einzigartig. Surfer schwärmen von den hohen Wellen vor Kuta oder Ulu Watu; Taucher und Schnorchler schätzen die Korallenriffe bei Tulamben, vor Nusa Lembongan oder Pulau Menjangan. Wanderer finden im Bergland um den Danau Bratan ein herrliches Revier und die Vulkane Batur und Agung lohnen einen Aufstieg. Die Insel bietet zahllose Sportangebote, darunter

einige der schönsten Golfplätze Asiens. Den kulturell interessierten Besucher erwarten eine Fülle an Kunstschätzen, spektakuläre Tempelanlagen und kleine Heiligtümer, vor allem aber eine farbenfrohe, die Sinne verwöhnende Kultur.

Organisierte Bustouren, die in allen Touristenzentren angeboten werden, sind sicher die bequemste Art und Weise, die Insel kennenzulernen. Doch wer zu Fuß die kleinen Dörfer oder Reisterrassenlandschaften erkundet, wird vieles entdecken, was dem oberflächlichen Besucher verborgen bleibt. Spätnachmittags und abends ist die beste Zeit dafür. Ein Tee am Warung, der mobilen Snackbar, ist dann sicher eine stimmungsvolle Alternative zum Einerlei der Touristenrestaurants. Ein paar Sätze Bahasa Indonesia öffnen die Herzen der Balinesen. Und ein bisschen sollte man sich auf Bali von der Ruhe der Einheimischen anstecken lassen, westliche Hektik ablegen und sich treiben lassen.

Wer eine Prozession festlich Gekleideter auf dem Weg zu einer Begräbniszeremonie oder einem Tempelfest nicht als Verkehrshindernis begreift, sondern als Chance, etwas über die Kultur dieser aufregenden Insel zu erfahren, wird auf Bali ganz sicher eine wundervolle Zeit verbringen. ■

Vorhergehende Seiten: Pura Ulan Danu Bratan – Der Strand von Sanur **Links:** In Tenganan können Sie schöne Puppen kaufen **Oben:** Gärtner im Botanischen Garten im Norden der Insel

Java

Tanjung
Pasirputih
Tanjung
Bedak
Pulau Menjangan

B a l i   S e a

Tanjung
Pulaki
Tanjung
Sendang

Gn. Prapat Agung
375
*Teluk
Terima*
Banyuwedang
Somberkerta

Pemuteran   Pulaki
Gondol
Pem
Antur
Lovina

Gilimanuk   Labuhan
Lalang
B u l e l e n g
Pengastulan
Pengayaman

Cekik
Gn. Kelatakan
698
Grokgak
Brombong
Dencarik
Banjar
Seririt

Celukan
Bawang
Ringdikit
Rangdu
623

Klatakan
Gn. Sangiang
1004
Gn. Merbuk
1386
Gn. Musi
1224
Mayong
Busungbiyu
Tunjuk
Ban

Taman Nasional Bali Barat
Kekeran
Pelapuan   M
Subuk

Nyangkraut
1305
Gn. Mesehe
1344
Gn. Patas
1580
1080
B u l e l e n g
Bantran

Melaya
(West Bali National Park)
Pupua

Candikesuma
J e m b r a n a
Pu

Tukaddaya
Banyubiru
Pasut   Tista
Sanda

Rening
Negara
Yembrana
Yehembang
Asahduren
Blimbing

Cupel
Baluk
Budeng
Mendoyo
Airsumbul
Badingkayu
Ta

Pengambengan
Perancak
Munduk
Yehembang
Pekutatan
Ting

Tanjung
Pengambengan
Lemondang
Rambut
Siwi
Medewi
Pulukan
Gumbrih
Penggragoan
Antosari

Suraberata
Soka

Pe

Klatingd

I N D I S C H E R

O Z E A N

Tanjung
Keben

Java

Tanjung
Kucur

B a l i   S e a

Situbondo

Bondowoso
Gn. Raung
3332

Singaraja
Tejakula
Lombok

Jember
Banyuwangi
Gilimanuk
Gn. Batukau
2278
Gn. Agung
3142
Bayan

Gn. Betir
1223
Negara
Mataram
Gn. Rinjani
3726
Poto
Tono

Java
Bali
Denpasar
Lembar
Praya
Selong
Taliwang

Penida

Sumbawa

Bali

0   5 km

B a l i   S e a

Tanjung Bunkulan
Kubutambahan
angsit
Air Sanih Tanjung Sanih
enarukan
npungan
araja
Jagaraga
Bilabajang
Bangkan
Pacung
Bondalem
Sembiran
Tejakula
Sawan
Penuktukan
Sambirenteng
Sudaji
Penginyahan
Tembok
Lupak
Tanjung Tekurenan
Silangjana 1219
1140
Kembangsari
Dusa
Gn. Penulisan 1745 1399
Tianyar
1087
B u l e l e n g
Belantih
Penulisan
Songan
Danau Buyan
Gn. Catur 2095
Lampu
Ayung
Kolombo
Gn. Batur 1717 Toya
Batuninggit
Kubu
nau
mblingan
ingan
Pancasari
Candi Kuning
Mungsepgan
Kintamani
Danau Batur
Bungkan
Trunyan
Belok
Lawak
Batur
Pura Jati
Danau Batur
Abang
Tulamben
Bedugul
Danau Bratan
Peludu
Penelokan
Gn. Abang 2153
iyang
Gn. Pohen Batunya 2069
Pelaga
Kiadan
Katung
Sekardadi
Buahan
Amed
ukura
Baturiti
Meyungan
Puasan
Suter
Bangah
Tohjiwa
Sunting
Pengotan
Gn. Agung 3142
Bekul
Linggah
atukaru
eserve
Pacung
Ayung
Sekahan
Culik
Biaslantang
Bunutan
aru
Jatiluwih
Apuan
Sandakan
Kayuambua 848
K a r a n g a s e m
Abang
Gn. Seraya
ayagede
Bolangan
Babahan
Luwus
Petang
Taro
Temen
Kayubihi
Besakih
Pempatan
Ababi
1175
Tanah
Penebel
Baru
Getasan
Kedisan
Sebatu
Rendang
Menanga
Sebudi
Sukaluwih
Tirtagangga
Kebon
Cacab
Bluangan
Tempaksiring
Muncan
Gerianakangin
Sibetan
Kecicang
Seraya
Jegu
Selanbawak
Payangan
Tegalalang
Cempaga
Sekar Isen
Duda
Padangtunggal
Bungaya
Amlapura
(Karangasem)
sae
Cepik
Manukaya
Tembuku
Sidemen
Yehpoh
Ngis
Asak
Subagan
andan
Semburig
Keliki
Mancawarna
Sanding
B a n g l i
Panti
826
Telengan
Tenganan
Perasi
wanasari
Sangeh
Kedewatan
Sayan
Bunutin
S e m a r a p u r a
Ulakan
Sengkidu
Bugbug
Biaha
g
ilang
Kukuh
Ubud
Pejeng
Bedulu
Bakas
Aan
Besan
Babakan
Teluk Amuk
Tanjung Biasputih
am
Tabanan
Peliatan
Pengosekan
Cemengan
Tegas
Sidan
Lebu
Candi Dasa
Mengwi
Mambal
Kota Gianyar
Kutipan
Klungkung
Kedri
Kapal
Tegal
Batuan
Gelgel
Padang Bai
B a d u n g
Lukluk
Umodesa
Sukawati
Sapa
Lebih
Masceti
Jumpai
Kusamba
(Badung
Strait)
Buduk
Semptid
Celuk
Batubulan
Ubung
Semaga
Pabean
Badung
ngan
Dauhiero
Jambe
Tambau
Kutampi
Prapat
Ped
Mentigi
Banjer
Selat
Jungut Batu
Toyapakeh
Telaga
Batumalapan
Denpasar
Sanur
Sindhu
Nusa Lembongan
Glagah
Karangsari
Braban
Gunung
Pegok
Nusa Ceningan
Suwana
Legian
Semawang
Bukit Emas 521
Semaya
uk Kuta
Kuta
Tuban
Tanjung Serangan
Nusa Penida
Karang
Pesanggaran
Pulau Serangan (Turtle Island)
Tanjung Sari
Tanglad
Tanjung Abah
Ngurah Rai tional Airport
Teluk Benoa
Tanjung Benoa
Tanjung Benoa
Ramuhan
Jimbaran
eluk Jimbaran
Tanjung Moling
Tanjung Bakung
Simpangan
Nusa Dua
n. Diana 182
Kutuh
130
Tanjung Gegar
tu Pecatu

Lembar (Lombok)

Lembar (Lombok)

Der Süden

Balis wichtigste Touristenzentren liegen, abgesehen von Ubud, alle im Süden der Insel. Es locken schöne Strände für Sonnenanbeter und Surfer, eine qirrlige Hauptstadt und spektakulär gelegene Meeresheiligtümer.

Die meisten Besucher landen auf dem Flughafen von Denpasar und sammeln ihre ersten Inselimpressionen im Süden. Wenn auch die Balinesen die Vorliebe der Besucher aus dem Westen für die Strandregionen kaum nachvollziehen können – ist doch nach balinesischem Verständnis das Meer die Heimat der Dämonen –, zieht es die sonnenhungrigen Europäer magisch an die Strände.

Jeder Urlaubsort hat seinen ganz eigenen Charakter und spricht ein bestimmtes Publikum an. Während Sanur sich ruhig und familiär gibt, Nusa Dua und das aufstrebende Jimbaran eine betuchte Klientel ansprechen, fühlen sich in Kuta und Seminyak besonders junge Leute wohl; hier bestimmen Strandleben, Shopping und ein abwechslungsreiches Nachtleben den Tagesablauf.

Auch Badequalität und Wassersportmöglichkeiten sind von Ort zu Ort ganz unterschiedlich: Kuta, das Surferparadies, ist berühmt für seine Wellen und herrlichen Sonnenuntergänge, berüchtigt für Strömungen, die das Baden nicht immer ungefährlich gestalten. Sanur kämpft mit dem anderen Extrem. Seit der Sprengung der Korallenriffe für Hotelneubauten ist das Wasser trübe und flach, bei Ebbe ist es unmöglich zu schwimmen. Der Strand wurde jüngst mit Sand aus Nusa Dua aufgeschüttet.

Allen Strandorten gemeinsam ist, dass Bali hier lediglich austauschbare exotische Kulisse bietet – um den Zauber der Kultur zu entdecken, muss man genauer hinschauen.

Die Hauptstadt Denpasar ist die einzige Großstadt Balis. Ein Besuch lohnt sich, denn hier kann man ein ganz anderes Bali, jenseits von Strandleben und Dorfidylle, erleben.

Rund um Denpasar ❶

Die mit 700 000 Einwohnern mit Abstand größte Stadt der Insel ist auch Hauptstadt der eigenständigen Provinz Bali. Dabei überflügelte sie die

Links: Tempelstatue im Pura Jagatnatha
Unten: Puputan-Denkmal am gleichnamigen Platz

Südbali

0   3 km

alte Hauptstadt und wichtigste Siedlung des Nordens, Singaraja, erst nach dem Zweiten Weltkrieg.

Hitze, Staub und permanente Verkehrsstaus in scheinbar wahllos angeordneten Einbahnstraßen gehören zu den ersten Eindrücken. Denpasar ist keine Stadt, in die man sich auf den ersten Blick verlieben würde. Hier werden keine Urlaubsträume wahr, hier wird gearbeitet. Dennoch sollte ein Abstecher in die Hauptstadt zum Programm jeder Bali-Reise gehören, denn auch hier gibt es interessante Plätze zu entdecken. Der Jagatnata-Tempel, Märkte und einheimische Lokale, in denen unverfälschte Küche serviert wird, lohnen auf jeden Fall einen Besuch.

Rund um den Puputan-Platz Ⓐ
Der dominierende Platz Denpasars ist der **Taman Puputan**. Der Name erinnert an den Kampf des Raja von Badung, wie Denpasar bis zum Zweiten Weltkrieg hieß, gegen die Niederländer im Jahre 1906. Fürst und Hofstaat stellten sich damals in Zeremonialkleidung, nur mit dem *kris*, dem magischen

Dolch, bewaffnet, den niederländischen Schützen entgegen. Sie starben von eigener Hand oder im Hagel der feindlichen Gewehrkugeln. An den kollektiven Selbstmord von rund 2000 Balinesen erinnert ein bronzenes Denkmal. Jedes Jahr am 20. September gedenkt man mit einer Zeremonie des tragischen Ereignisses.

Der Puputan-Platz belebt sich vor allem am Abend und an den Wochenenden, wenn er zum beliebten Treffpunkt wird.

Catur Mukha, die große Statue mit vier Gesichtern und acht Armen in der Nordwestecke des Platzes, stellt Shiva in der Gestalt des Herrn der vier Himmelsrichtungen dar. Sie entstand 1972 in Erinnerung an den *puputan.*

An der Ostseite des Platzes liegt der Komplex des **Bali-Museums** Ⓑ (Sa–Do 8–16 Uhr, Fr 8.30–13 Uhr, Tel. 0361-222680), dessen Gründung 1910 zur Versöhnungspolitik der von den dramatischen Ereignissen des eigenen Kolonialkrieges schockierten Niederländer gehörte. Die Eröffnung fand allerdings erst 20 Jahre später statt. Das Museum präsentiert Kunst und Kultur

Oben und unten:
Im Bali-Museum

Der Affengott Hanuman an einem Relief im Pura Jagatnatha

Unten: Der Padmasana-Thron im Pura Jagatnatha

der Insel von vorgeschichtlicher Zeit bis zu den Anfängen des 20. Jhs.

Architektonisch spiegelt es die wichtigsten Gebäudetypen der Insel, *pura* und *puri*, Tempel und Palast, wider. Das gespaltene Tor, Außen- und Innenhof sowie der *kulkul*-Turm mit der Alarmtrommel sind typisch für die Tempelbauweise. Gegenüber dem Kulkul steht erhöht ein Pavillon, der den Fürsten als Aussichtspunkt diente. Das Hauptgebäude mit der von großen Säulen umgebenen Halle gleicht den ostbalinesischen Palästen von Karangasem (heute Amlapura); hier wurden einstmals Minister und hohe Würdenträger vom Raja zur Audienz empfangen. Das fensterlose Gebäude zur Rechten entspricht dem Tabanan-Stil Westbalis, das Steingebäude auf der linken Seite gehört zum Singaraja-Stil des Nordens.

Die ausgestellten Objekte sind des äußeren Rahmens würdig, auch wenn man vergeblich nach den verschleppten Schätzen der alten balinesischen Fürstenhäuser sucht. Zu sehen sind neolithische Steinwerkzeuge und -sarkophage; hinduistische und buddhistische Bronzen, Zeremonialgegenstände, die bei den Durchgangsriten oder bei Tempelfesten eine Rolle spielen; heilige Masken, Krise, Wayang-Figuren und edle Stoffe. Landwirtschaftliches Gerät und Haushaltsgegenstände sind ausgestellt, genauso werden aber Freizeitvergnügungen wie Hahnen- und Heuschreckenkampf thematisiert. Holzschnitzereien und Gemälde ergänzen die Sammlung.

Dem Museum gegenüber liegen einige Militärgebäude und die frühere Gouverneursresidenz, nebenan der **Pura Jagatnatha ⑥** (geöffnet täglich bis Anbruch der Dunkelheit), den die Balinesen in den Voll- und Neumondnächten aufsuchen, um hier dem allerhöchsten Gott, Sanghyang Widi, zu huldigen. Der Tempel, 1953 erbaut, strahlt Eleganz aus. Der hohe *padmasana* aus weißem Korallengestein symbolisiert die Ordnung des Universums. Die Schildkröte Bedawang und die beiden *nagas* (Schlangen) versinnbildlichen das Schöpfungswerk. Der pagodenartige Turm symbolisiert die übereinander liegenden Himmel. Seine Gestaltung, die so typisch ist für die Insel, greift ei-

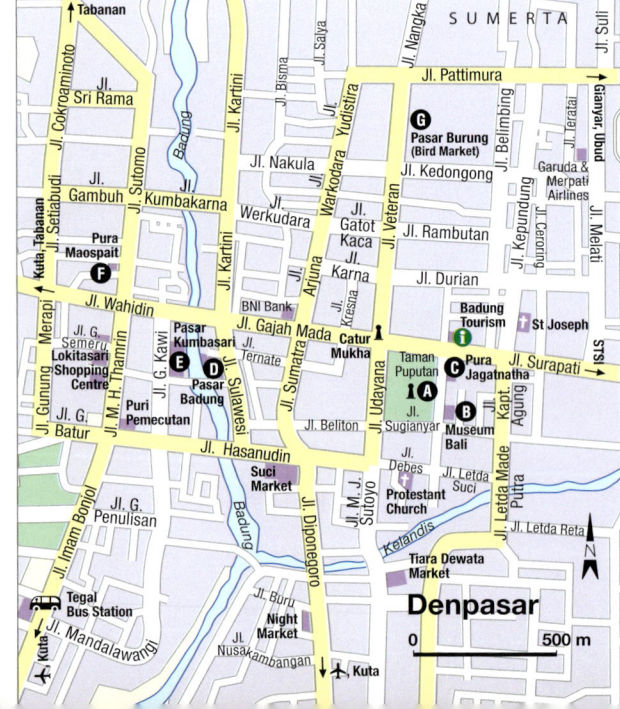

nen alten Hindumythos auf, die Geschichte von der schäumenden Milchsee, aus der die Götter den Nektar der Unsterblichkeit gewannen.

Denpasars Märkte

Denpasar bedeutet »nördlich des Marktes«, und das vierstöckige Marktgebäude des **Pasar Badung**  (tgl. 3–18 Uhr) mit seinem Riesenangebot an Früchten, Gemüse, Kleidung, Gewürzen, Körben, Tempelbedarf und Kochgeräten liegt im Herzen der Stadt, entlang der Jalan Gajah Mada und gegenüber vom Badung-Fluss.

Im **Pasar Kumbasari** ❺, westlich des Kanals, findet man günstige Kleidung, Kunsthandwerk und kleine Garküchen. Ist die Qualität der angebotenen Waren auch oft zweifelhaft, so lohnt allein schon die quirlige Atmosphäre in Verbindung mit vielfältigen Düften und Aromen und dem Getöse einheimischer Popmusik den Besuch.

Das Nachtleben beschränkt sich auf die großen **Nachtmärkte** (pasar malam) rund um den Pasar Kumbasari: Pasar Kereneng in der Nähe der Busstation nicht weit von der Jalan Kamboja und die Gegend um Pekambingan nicht weit von der Jalan Diponegoro. Neben zahllosen Garküchen findet man jede Menge fliegender Händler, die von Schlangenöl und Amuletten über Musikkassetten bis zu den obligatorischen T-Shirts und Sandalen alles anbieten. Ein wohltuender Kontrast zum stressigen Nightlife in Kuta und eine hervorragende Möglichkeit zum Studium balinesischen Freizeitvergnügens.

Wer es lieber sauberer und geordneter mag, geht ins **Dewata Shoping Centre** ganz in der Nähe an der Jalan Udayana.

Pura Maospait ❻

Der älteste Tempel der Stadt (geöffnet täglich bis Anbruch der Dunkelheit) stammt aus dem 14. Jh. und wurde von Gesandten des Majapahit-Reiches gegründet. Der hintere Teil ist noch original erhalten, während die meisten der Schreine nach Zerstörungen durch ein Erdbeben Anfang des 20. Jhs. erneuert werden mussten. Ein Schrein ist der Göttin des Majapahit-Reiches gewidmet. Achten Sie auf ein Basrelief mit einer Darstellung des Garuda-Vogels,

TIPP

Wer beim Pura Jagatnatha die Jalan Surapati überquert, stößt auf das Büro des Fremdenverkehrsamtes (Government Tourist Office; Mo–Do 8–14 Uhr, Fr 8–12 Uhr, Tel. 0361-234569). Holen Sie sich dort das sehr nützliche Verzeichnis der Feste und Zeremonien auf der Insel.

Unten: Im Pasar Badung kaufen die Balinesen Blumen für ihre Opfergaben

Junge Legong-Tänzerin

Unten: Tanzunterricht
in der Kunstakademie

Reittier des Hindugottes Vishnu, und von Bima, einem Helden aus dem indischen Mahabharata-Epos.

Pasar Burung (Vogelmarkt) ⓖ

Fährt man auf der Jalan Veteran nach Norden, passiert man das historische Inna Bali Hotel, von den Holländer 1927 erbaut, das sein Kolonialflair trotz des Verkehrs ringsum bewahrt hat. Den Vogelmarkt, eine Abteilung des größeren Pasar Satria, erreicht man am Eingang des Puri Satria. Hier werden neben Vögeln auch tropische Fische, Kleinsäuger und Reptilien verkauft (tgl. 8–15 Uhr). Die Tierhaltung ist allerdings alles andere als vorbildlich.

STSI (Sekolah Tinngi Seni Indonesia) ❷

Rund 2 km östlich der Innenstadt liegt an der Jalan Nusa Indah eine der kulturellen Institutionen, die von der Regierung eingerichtet wurden, um die vielfältige künstlerische Tradition Balis lebendig zu erhalten. Seit 1967 können junge Indonesier hier traditionellen Tanz, Musik und Puppenspiel sowie Choreographie studieren. Auf dem Campus der Kunstakademie liegt auch das Museum Lata Mahosadhi mit einer interessanten Ausstellung von Gamelan-Instrumenten. In einem anderen Gebäude werden Studentenarbeiten der bildenden Kunst präsentiert. Die Schule heißt Besucher nach vorheriger Anmeldung willkommen (Mo–Fr 8–14 Uhr, Tel. 0361-227316).

Taman Werdi Budaya ❸

Südlich des STSI liegt in der Jalan Nusa Indah der Taman Werdi Budaya, besser bekannt unter dem Namen **Art Centre** (Di–So 8–17 Uhr, Tel. 0361-222776). Eine ständige Ausstellung traditioneller und moderner balinesischer Malerei und Holzschnitzkunst ist in dem 1973 gegründeten Kunstzentrum zu sehen, aber auch kunstvoll gearbeitete Stoffe, Silberschmiedearbeiten und anderes Kunsthandwerk hervorragender Qualität. Hier findet das Bali Arts Festival statt (s. Exkurs).

Puri Kesiman
und Pura Agung Petilan

An der Hauptstraße von Denpasar nach Gianyar liegt der **Puri Kesiman,**

BALI ARTS FESTIVAL

Der **Taman Werdi Budaya** wurde 1973 gegründet, um Platz für eine permanente Ausstellung balinesischer Kunst und Kultur zu schaffen. Die meiste Zeit wirkt das schöne Gartengelände verlassen.

Aber einmal im Jahr erwacht das Zentrum zu pulsierendem Leben – im Juni/Juli, wenn hier das *Festival der Kunst* (www. baliartsfestival.com) gefeiert wird. Vier Wochen lang treten jeweils abends viel versprechende Tanz- und Musikgruppen auf – und neben klassischem balinesischem Tanz und Tanztheater kann man hier auch zeitgenössisches balinesisches Kunstschaffen im Kreis fachkundiger Einheimischer erleben.

Die Aufführungen heben sich deutlich von den Aufführungen für Touristen andernorts ab. Kulturelle Workshops und Verkaufsausstellungen ergänzen das Programm.

die Residenz einer der drei königlichen Familien, die einst das Königreich von Badung regierten. Die Tore und hohen Ziegelmauern sind typisch für die Architektur Südbalis. Ein Blick durch das Tor verschafft Einblicke in den königlichen Alltag. Zu besichtigen ist der Palast nicht.

Östlich davon liegt der **Pura Agung Petilan ❹**, ein für viele Balinesen bedeutender Tempel. Das schlanke Ziegeltor ist schön proportioniert und im Innenhof verteilen sich schlichte Pavillons – einer mit einer höhlenartigen Öffnung, deren Basis eine Schildkröte und mehrere Schlangen aus Stein zieren. Bei Tempelfesten bringen Gläubige ihre Barong- und Rangda-Masken hierher, um sie mit spiritueller Kraft aufzuladen.

Orchideengarten ❺

Fährt man weiter östlich, ist die Straße von Tohpati nach Sanur gesäumt von Baumschulen, die ein riesiges Angebot an tropischen Schmuckpflanzen haben. Der Orchideengarten (tgl. 8–18 Uhr, www.baliorchidgardens.com) ist für Orchideenliebhaber ein Muß. Viele Arten können nicht nur bewundert, sondern auch erworben werden. Manchmal werden auch Führungen angeboten.

Sanur ❻

1906 strandete ein chinesischer Schoner vor der Küste von Sanur. Nach balinesischem Gesetz galt ein derartiger Unglücksfall als ein Geschenk des Meeresgottes Baruna, und jeder, der bei der Bergung half, hatte Anspruch auf einen Anteil. Das allerdings stellte einen offenen Bruch des Vertrages dar, den die Balinesen mit den Niederländern abgeschlossen hatten, sodass diese den Vorfall als willkommenen Anlass sahen, gegen den Raja von Badung mit Waffengewalt vorzugehen. So begann die holländische Invasion des Südens der Insel mit den Schlachten von Sanur, die nach blutigen Kämpfen ihren grausigen Höhepunkt im *puputan* des Hofes fanden.

In den 1930er-Jahren war Sanur ein verträumtes Stranddörfchen ohne nennenswerte Infrastruktur. Die ersten Bungalowhotels, die ein internationales Publikum anzogen, entstanden in den 1950er-Jahren. Mit dem Bau des Grand Bali Beach Hotel, eines Projektes der Sukarno-Ära – finanziert mit japanischen Kriegsreparationszahlungen –, wurde 1966 das Zeitalter des Massentourismus eingeläutet. Bei seiner Eröffnung erschien das Hotel den Balinesen als wahre Sensation: Ganze Dörfer strömten herbei, um die Zimmer mit fließendem Wasser und elektrischem Strom, Fahrstühle und andere Wunderwerke der Technik zu bestaunen. Von außen allerdings ist der mehrstöckige Betonklotz alles andere als eine Augenweide.

In den 1970er-Jahren setzte ein Bauboom ein, aber eine weise Entscheidung der Provinzverwaltung legte fest, dass kein Gebäude höher als eine Kokospalme gebaut werden dürfe, was Sanur seinen dörflichen Charakter bewahrte und das Bungalowhotel zum dominierenden Hotelbaustil machte. Auch das nächtliche Amusement ist

TIPP

Wer länger als für einen Urlaub auf Bali bleibt, sollte einen Indonesischkurs besuchen. Eine gute Adresse: die Indonesia Australia Language Foundation (Tel. 0361-225243, www.laif.edu) in Denpasar.

Unten: Im Taman Werdi Budaya kann man schöne Bilder bewundern

Eine Kohlezeichnung der Legong-Tänzerin Ni Polok, gezeichnet von ihrem Ehemann Le Mayeur

Unten: Das Le-Mayeur-Museum erinnert an den berühmten belgischen Künstler

weit weniger aufdringlich als in Kuta. Und trotz des Touristenrummels kann man in Sanur noch das Flair eines von Brahmanen geprägten Ortes erspüren, und während der Tempelfeste werden noch spektakuläre Trance-Tänze aufgeführt.

Das Meer um Sanur ist flach und ruhig, bei Ebbe, wenn die Sandbänke Hunderte von Metern bis zum Riff hinausreichen, scheint es ganz zu verschwinden – wer dann schwimmen gehen möchte, muss sehr weit hinauslaufen. Bei Flut jedoch sind die zahlreichen Wassersportmöglichkeiten gut. Auch Windsurfen oder Segeln sind möglich.

Le-Mayeur-Museum  ⓗ

Historische Monumente sind in Sanur kaum erhalten geblieben. An die erste Künstlerkolonie in den 1930er-Jahren erinnert nur noch das Anwesen des belgischen Malers Le Mayeur, der 1932 nach Bali kam, wo er bis zu seinem Tod 1958 lebte. Das ihm gewidmete Museum (Di–So 8–14 Uhr) nördlich des Grand Bali Beach Hotels gelegen, überrascht mit einem Garten voller Kunst-

schätze, herrlichen Schnitzereien und den Bildern Le Mayeurs, von denen viele seine Frau Ni Polok zeigen, die in ihrer Jugend eine schöne, angesehene Legong-Tänzerin war. Ni Polok überließ der Regierung das Grundstück 1985. Die Gemälde sind nicht im besten Zustand, weil die Salzluft ihnen zusetzte, aber der Charme des Anwesens lohnt dennoch den Besuch.

Pura Segara ⓘ

Sanur verfügt darüber hinaus über einige sehenswerte Tempel. Südlich des Grand Bali Beach Hotels liegt in der Jl. Segara Ayu der **Pura Segara**. Ungewöhnlich ist, dass der Tempel hauptsächlich aus Korallengestein erbaut wurde. Ein Hingucker außerdem: die Statuen in leuchtenden Farben.

Pura Belanjong ⓙ

Am Südende des Ortes liegt der **Pura Belanjong** mit der ältesten Säuleninschrift Balis, dem Prasati Belanjong, aus dem Jahre 913 n.Chr., welche erst in den 1930er-Jahren entdeckt wurde. Sie untermauerte die Theorie, dass der Hinduismus in Bali bereits im 10. Jh.

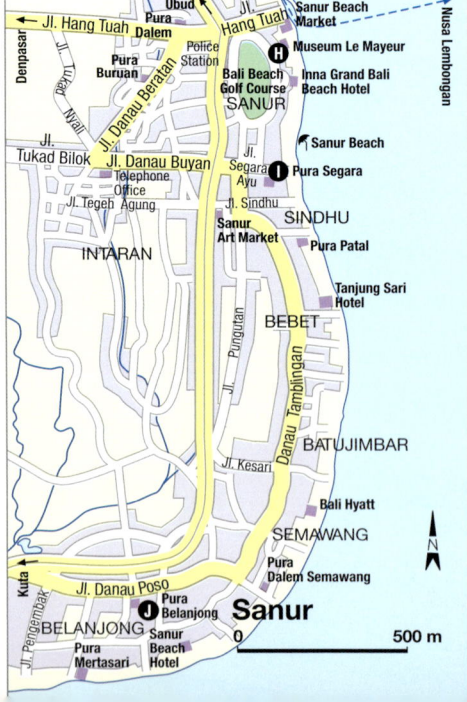

etabliert war. Am knapp 2 m hohen Pfeiler kann man zwei Arten von Schriften ausmachen: Altbalinesisch und Sanskrit.

Pulau Serangan ❼

Früher konnte man die winzige Insel südlich von Sanur nur bei Flut mit dem Boot und bei Ebbe zu Fuß erreichen. Seit einigen Jahren führt nun aber eine Brücke hinüber. Weil früher Schildkröten hier ihre Eier ablegten, ist Serangan auch als Schildkröteninsel bekannt. Während der Suharto-Zeit gab es Pläne, sie in ein Touristenziel zu verwandeln. Die Fischer, die zur Volksgruppe der Bugis aus Sulawesi gehörten und hier seit Generationen lebten, mussten die Insel verlassen, die platt gewalzt wurde. Im Namen des Fortschritts wurde dabei auch die landschaftliche Schönheit der Insel zerstört, doch das Tourismusprojekt wurde nie realisiert. Am Nordwestende der Insel liegt der Pura Sakenan – ein kleiner, aber wichtiger Tempel. Architektonisch ist er nicht interessant, aber am Sonntag nach Kuningan wird er zum Pilgerziel für Gläubige aus allen Teilen Südbalis.

Bukit Badung

In krassem Gegensatz zu den sattgrünen Feldern des südlichen Bali steht das hauptsächlich aus Kalksandstein bestehende Tafelland der Halbinsel, die mit Bali nur durch eine schmale Landzunge verbunden ist. Dort liegt der internationale Flughafen der Insel, **Ngurah Rai International Airport**. Architektonisch ansprechend präsentiert er sich im balinesischen Stil. Taxis und Busse erwarten die ankommenden Gäste, die auf ihrer Fahrt zu den Ferienorten gleich mit zwei Ikonen des balinesischen Tourismus des ausgehenden 20. Jhs. konfrontiert werden: einer riesigen Götterstatue und dem Hinweisschild zur nächsten McDonalds-Filiale.

Bukit Badung besteht aus trockenem Buschland, wo – etwa 200 m über dem Meer gelegen – sogar Kakteen wachsen. In den 1980er-Jahren verlegte Balis staatliche Universität Udayana viele ihrer Fakultäten hierher, weil das Bauland günstig war.

Der Ausbau des Tourismus begann in den 1980er-Jahren mit der Retortensiedlung Nusa Dua. Inzwischen entste-

Pura Sekenan auf der kleinen Insel Serangan

Unten links: Der Elefantengott im Pura Segara
Unten rechts: Beach Volleyball in Sanur

hen auch auf abgelegenen Klippen mehr und mehr Hotels.

Nusa Dua ❽

An der Ostküste der Halbinsel liegt mit Nusa Dua ein Exklusivparadies mit zahlreichen Luxushotels, die ab Anfang der 1980er-Jahre entstanden, um das wachsende Touristenaufkommen in diesem »Ghetto« zu konzentrieren und den Rest Balis vor den negativen Folgen des Tourismus zu schützen. Doch die Tourismusentwicklung ließ sich nicht bändigen. Die Hotelenklave Nusa Dua wirbt mit Fünf-Sterne-Hotels, schönen Stränden und einem Golfplatz, für dessen Bewässerung eine Pipeline Wasser aus den Bergen heranschaffen muss.

Eigentlich sollte die Insel mit dem Projekt Nusa Dua vor dem negativen Einfluss des Tourismus geschützt werden, doch könnte man leicht den Eindruck bekommen, als müssten hier die Touristen vor dem Kontakt mit der Welt der Einheimischen geschützt werden. Viele verlassen ihr luxuriöses Ghetto höchstens für einen Tagesausflug im klimatisierten Bus.

Tanjung Benoa ❾

Das Fischerdorf nördlich von Nusa Dua war lange Zeit vom Tourismus völlig unberührt. Gegenüber liegt der künstliche Hafen von Benoa, ein wichtiger Handelshafen der Insel, von dem aus seit einigen Jahren auch Schnellboote nach Nusa Lembongan abfahren. Einige neue Hotels unterschiedlichster Kategorien haben den Strand auch für Touristen erschlossen. Auf eine multikulturelle Besiedlung weist ein chinesischer Friedhof zwischen Moschee und balinesischem Tempel hin. Ein lebendiger Morgenmarkt gewährt interessante Einblicke ins Alltagsleben der Einheimischen.

Pura Luhur Uluwatu ❿

Eine gute Straße windet sich über die Halbinsel Bukit Badung bis zur westlichen Spitze, wo die Felsen der Steilküste über 100 m tief senkrecht ins Meer abfallen. Der kleine Felsentempel (geöffnet tgl. bis Einbruch der Dunkelheit), der »Kopf aus Stein«, der sich auf dem äußersten Felsvorsprung erhebt, stammt etwa aus dem 10. Jh. und ist einer der Haupttempel, die von allen Ba-

TIPP

Der schönste Strandabschnitt Nusa Duas erstreck sich im Bereich des Grand Hyatt und der Ayodya-Hotels.

Unten: Ein Trip mit dem Banana Boat ist nur eine von zahlreichen Vergnügungen

linesen hoch verehrt werden. Die Priester Empu Kuturan und Danghyang Nirartha haben der Überlieferung nach bei seiner Entstehung mitgewirkt. Der Legende nach soll Danghyang Nirartha hier seine Erleuchtung (*moksa*) empfangen haben.

Der Tempel ist den Schutzgottheiten des Meeres geweiht und hat einen ungewöhnlichen Bogeneingang in Form von Flügeln.

Der Eingang zum zweiten Innenhof ist von einem Standbild Ganeshas flankiert; der Elefantengott wird als Beseitiger aller Hindernisse verehrt. Bevölkert wird das Tempelgelände von aggressiven Affen – Brillen, Schmuck und Taschen gut festhalten!

Das Allerheiligste bleibt den Gläubigen vorbehalten. Besucher können jedoch von der Aussichtsplattform aus, die sich seitlich befindet, einen Blick auf den Tempel werfen.

Südlich des Tempels und des Parkplatzes zweigt ein Pfad zu einem Aussichtspunkt mit herrlichem Blick auf Tempel und Meer ab. Zum Sonnenuntergang findet sich hier eine ganze Schar von Romantikern ein.

Surferstrände

Die Region nördlich des Tempels, der Westzipfel der Bukit Badung, ist berühmt bei Surfern. Allerdings sollten sich hier wegen schroffer Felsen und gefährlicher Wellen nur erfahrene Sportler aufs Brett wagen. Saison ist zwischen April und September. Zu den berühmten Stränden gehören Uluwatu, Suluban, Padang Padang, Impossibles, Bingin, Balangan und Dreamland. Zum Schwimmen sind sie alle nur sehr bedingt geeignet.

Garuda-Wisnu-Kencana-Kulturpark ⓫

Wenn man ins Zentrum der Bukit zurückkehrt und sich nördlich hält, steuert man auf den Eingang des sogenannten Kulturparks (tgl. 8–22 Uhr) zu. Das riesige Gelände wurde in den 1990er-Jahren konzipiert, aber nie fertig gestellt. Ein typisches Prestigeprojekt der Suharto-Zeit. Im Blickfeld des 250-Hektar-Geländes sollte eine 66 m hohe Bronzestatue des Hindugottes Vishnu stehen, auf dem Garuda-Vogel reitend. Bislang wachsen nur Kopf und Oberkörper aus dem Boden. Die Anlage

Vorsicht vor den aufdringlichen Affen am Pura Luhur Uluwatu

Unten: Pura Luhur Uluwatu liegt spektakulär am Felsen

Surferparadies
Bukit Badung

Unten: So ruhig ist
Kuta Beach sehr selten

wirkt wie eine Geisterstadt: Die Amphitheater der Anlage werden selten bespielt, Restaurants und Läden sind verlassen.

Jimbaran ⓬

Einer der jüngeren Badeorte liegt an der Westküste der Halbinsel. Einige exklusive Resorts verwöhnen hier zahlungskräftige Gäste. Der Strand gilt zu Recht als einer der schönsten der Insel. Frühaufsteher sollten sich den Fischmarkt am Nordende der Bucht nicht entgehen lassen. Die farbenfrohen Fischerboote bringen den Fang der Nacht zwischen 6 und 7 Uhr morgens zum Strand. Dort oder ein paar Schritte weiter auf dem eigentlichen Marktgelände wird der frische Fisch dann direkt an den Koch gebracht.

Am frühen Abend finden sich weiter südlich am Strand die Feinschmecker ein, um in einer der zahllosen einfachen Restaurants den Sonnenuntergang und leckere Fischspezialitäten und Meeresfrüchte zu genießen. Im Oktober 2005 wurde der Friede Jimbarans durch einen Bombenanschlag javanischer Terroristen in zwei Restaurants gestört. Längst ist wieder Ruhe eingekehrt.

Jimbaran jenseits des Strandes ist wohltuend unprätentiös geblieben, ein typisches balinesisches Dorf mit Tempeln, Markthalle und Warungs. Gegenüber vom Hauptmarkt liegt der Staatstempel **Pura Ulun Siwi** ⓭. Die Schreine sind in Richtung des ehemaligen Königreichs Mengwi ausgerichtet, zu dessen Herrschaftsbereich der Tempel einst gehörte. Das Dorf besitzt bedeutende Barong- und Rangda-Masken, die von Zeit zu Zeit ihren Auftritt vor dem Pura Ulun Siwi haben – oft begleitet von Tranceritualen.

Kuta ⓮ und Umgebung

Die Region Kuta umfasst Tuban im Süden und zieht sich weiter gen Norden über Kuta, Legian, Seminyak nach Kerobokan. Die Grenzen zwischen den einzelnen Orten sind jedoch längst fließend.

Kaum ein Besucher ahnt, dass Kuta einst Lepra-Station und ein Umschlagplatz für den Sklavenhandel war. Der erste Europäer, der sich auf Bali niederließ, war der dänische Händler Mads

Lange, der um 1830 eine Koprafabrik in Kuta errichtete. Seinen zunehmenden Einfluss nutzte er, um die miteinander zerstrittenen Rajas zum gemeinsamen Widerstand gegen die Niederländer im Norden der Insel zu bewegen. Sein Tod durch Gift wurde nie aufgeklärt. Er liegt auf einem heruntergekommenen Friedhof in Kuta begraben.

Die dürftige Qualität des Bodens machte Landwirtschaft wenig ertragreich, und es hieß, Dämonen trieben dort ihr Unwesen. Also blieb es den Touristen vorbehalten, an diesem öden, gottverlassenen Platz Geschmack zu finden. Die ursprünglichen Bewohner des Ortes waren Fischer oder Schmiede, die die ersten Touristen, die sich halbnackt am Strand in der Sonne aalten, argwöhnisch betrachteten. Nach und nach aber begannen sie, die Chance zu begreifen, die das Geschäft mit den sonderbaren Fremden bot. Sie luden sie in ihre Hütten ein und boten ihnen für wenig Geld Unterkunft und Familienanschluss an. Der »homestay« war geboren. Aus dem einstigen Platz für Aussteiger und Surfer wurde schließlich innerhalb der letzten Jahrzehnte ein internationaler Urlaubsort, der sich immer weiter über Legian bis Seminyak ausdehnte. Sonne, Strand, Wellen und ein Vergnügungsangebot der Extraklasse – mehr erwarten die meisten Gäste hier auch gar nicht vom Urlaub.

Das Strandleben ist abwechslungsreich. Während die Tropensonne vom Himmel brennt, lassen sich die Sonnenanbeter aus aller Welt rundum versorgen. Fliegende Händler bieten lautstark und penetrant Erfrischungsgetränke und tropische Früchte, Massagen und Maniküre an. Mit Kopfschütteln betrachten die Einheimischen die Strandschönheiten, die viel braune Haut zeigen und ihre Nacktheit nur notdürftig mit winzigen Batikfummeln bedecken. Während samtäugige balinesische Beach Boys die Touristinnen umschwärmen, tanzen blondgelockte Surfer mit gestählten Körpern auf den Wellen. Mindestens ein Opfer fordern die Dämonen des Meeres, heißt es. Die Strömung ist nicht zu unterschätzen, und warnende Flaggen sind durchaus ernst zu nehmen.

TIPP

Disko Double Six: Bis zum frühen Morgen tanzt man sich täglich ab 23 Uhr in der Freiluftdisko (Jl. Double Six) die Seele aus dem Leib. Und wem das dann noch nicht reicht: Beim Sprung vom diskoeigenen Bungee-Turm lässt man den Alltag garantiert weit hinter sich.

Unten links: Die Vishnu-Satue im Kulturpark
Unten links: Am Kuta Beach kann man sich die Surfbretter wachsen lassen

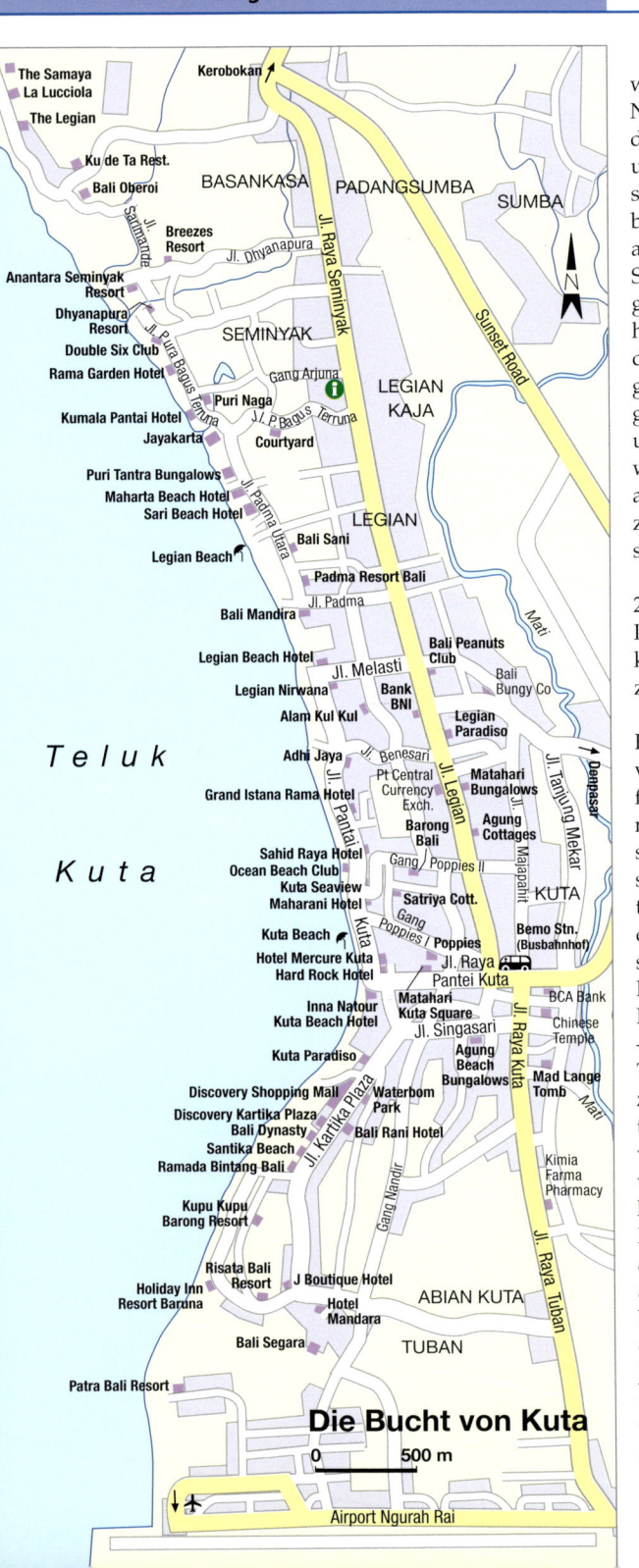

Die Bucht von Kuta

0   500 m

Wunderschön ist Kuta Beach nach wie vor am frühen Morgen, wenn die Nachtschwärmer noch schlafen und die Balinesinnen, bekleidet mit Sarong und Schärpe, die Opfergaben zur Besänftigung der Dämonen zum Strand bringen. Nicht versäumen sollte man auch einen Abendspaziergang am Strand. Zu den flanierenden Touristen gesellen sich auch mehr und mehr Einheimische, die die Angst vor dem Meer, die die alte Generation noch prägte, abgelegt hat. Fußball und Beachvolleyball gehören zum beliebtesten Zeitvertreib, und Besucher sind als Mitspieler meist willkommen. Wenn die Tropensonne als glutroter Ball im Meer versinkt, zeigt sich Kuta Beach in gespenstisch schönem Licht.

Das Nachtleben beginnt gegen 22 Uhr mit Drinks in den zahlreichen In-Bars, um dann in den Open-Air-Diskos in den frühen Morgenstunden auszuklingen.

Im Laufe der Jahrzehnte sind die Entwicklungen nicht spurlos an Kuta vorübergegangen. Der westliche Einfluss der Urlauber hat die Jugendlichen nicht unberührt gelassen, Kuta verlor seine Unschuld. Mit dem Drogenkonsum schnellte auch die Kriminalitätsrate in die Höhe. Auch Prostitution, vor der die Balinesen lange die Augen verschlossen, hat ihre Nischen gefunden. In Schockstarre fiel das leichtlebige Kuta am 12. Oktober 2002, als Bomben – gezündet von radikal islamischen Terroristen aus Java – gleichzeitig in zwei überfüllten Nachtclubs explodierten. Mehr als 200 Menschen, darunter viele Touristen, starben. Gegenüber vom Sari Club, wo eine der Bomben hochging, erinnert ein Mahnmal an die Katastrophe. Der Wiederaufbau war abgeschlossen, als fast 3 Jahre später – am 1. Oktober 2005 – erneut drei Bomben die Götterinsel in Angst und Schrecken versetzten. Zwei explodierten in Jimbaran, eine in einem beliebten Restaurant am Kuta Square. Die Attentäter wurden zur Rechenschaft gezogen und mit vielen Reinigungszeremonien versuchten die Balinesen, die Götter wie-

der zu versöhnen. Seither blieb Bali vor weiteren Anschlägen verschont, und die Touristen kehrten zurück.

Shoppingparadies Kuta

Kuta ist die Hauptstadt des Kommerzes in Bali, und dem Kaufrausch kann sich kaum jemand entziehen. Kaum kehrt man dem Strand den Rücken, landet man in der **Jalan Legian,** der Shopping-Meile, die sich längst mehrere Kilometer weit nach Norden streckt. Surfbedarf und Lederkleidung, billige Batiksarongs und Silberschmuck, Naturkosmetik und Plagiate von Designeruhren, echte und falsche Antiquitäten warten hier auf zahlungskräftiges und -williges Publikum. Einfache Souvenirbuden und klimatisierte Boutiquen, Tattoostudios und Reisebüros, Restaurants und Bars liegen dicht an dicht. Schnäppchenjäger werden am **Kuta Square** fündig, wo sich ein Designer-Outlet an das andere reiht.

Am südlichen Ende der Jalan Legian stößt man auf das Monument, das an das schreckliche Bombenattentat islamischer Extremisten im Oktober 2002 erinnert und der Opfer gedenkt.

Tuban

Außer dem Ngurah Rai Flughafen gibt es wenig Bemerkenswertes in Tuban. Der Ort liegt südlich von Kuta und wird manchmal auch als Süd-Kuta bezeichnet. Insgesamt ist es ruhiger, die Straßen sind weniger verstopft, der Strand weniger überfüllt. Die Hotels gehören meist der mittleren Kategorie an. Die Haupttangente ist die Jalan Kartika Plaza, die Tubans Hotels, Restaurants und Läden verbindet.

Waterbom Park

An der Jalan Kartika Plaza liegt auch der Vergnügungspark (tgl. 9–18 Uhr; www.waterbom.com) mit spektakulären Wasserrutschen, Rampen, Wasserkanälen und anderen Attraktionen rund ums Wasser sowie Spielplätzen, Restaurants und einem Spa. Eine Attraktion nicht nur für Kinder, die besonders am Wochenende sehr gut besucht ist.

Eine Attraktion der anderen Art ist die riesige Discovery Shopping Mall gegenüber, mit zahlreichen Geschäften und den beiden Kaufhäusern Centro und Sogo.

Surfbretter kann man selbstverständlich mieten

Unten links:
Köstlichkeiten im Ku De Ta in Seminyak
Unten rechts:
Spitzenherstellung in Seminyak

Chilis sind aus der balinesischen Küche nicht wegzudenken

TIPP

Möbelwerkstätten
Wer Teakholzmöbel erwerben und nach Europa verschiffen lassen möchte, hat in Seminyak und Kerobokan die Qual der Wahl.

Unten: Wasserspaß im Waterbom Park

Legian

Je weiter man der Jalan Legian in nördlicher Richtung folgt, desto feiner und teurer werden Unterkünfte, Restaurants und Boutiquen. Die Jalan Melasti markiert die Grenze zu Legian, obwohl die beiden Nachbarorte längst zusammengewachsen sind.

Am Strand von Legian sind die Hotels – anders als in Kuta – nicht durch eine Autostraße vom Strand getrennt, die Atmosphäre ist ruhiger, aber Einsamkeit braucht man auch hier nicht zu erhoffen.

Legian war seit jeher der bevorzugte Strand der Aussteiger, die sich hier ab den 1970er-Jahren ihre Häuser erbauten. Die schönen Restaurants waren lange der bevorzugte Platz der in Bali lebenden Ausländer, um zu sehen und gesehen zu werden. Sie sind inzwischen mehrheitlich nach Seminyak abgewandert.

Seminyak ⓯

An Legian wiederum schließt sich Seminyak an, wo in den 1970er-Jahren als erstes Hotel das Oberoi erbaut wurde, das für lange Zeit auch das einzige Luxushotel der Region blieb, ein Rückzugsort für die Wohlbetuchten. Längst ist auch der Übergang von Legian nach Seminyak fließend, mehr Hotels der oberen Kategorie und andere schicke Etablissements haben sich entlang des Strandes und der Hauptstraße angesiedelt wie das Strandrestaurant La Lucciola oder das berühmte Ku De Ta, Treffpunkt der Reichen und Schönen.

Jalan Laksmana (Kayu Aya) und **Jalan Abimanyu** (Dyana Pura) sind Zentren des Geschehens mit den angesagten Clubs und schicken Restaurants, in denen die Küchen der Welt von italienisch bis japanisch serviert werden. Boutiquen mit ausgefallener Mode junger Designer und viele Möbel- und Einrichtungsgeschäfte säumen die Jalan Raya Seminyak.

Der **Pura Dalem Petitenget** ⓰ ist ein kleiner, aber wichtiger Tempel in Strandnähe, in dem häufig Zeremonien abgehalten werden. Er wurde zu Ehren des Besuchs des javanischen Priesters Danghyang Nirartha gebaut, der im 16. Jh. nach Bali kam, um dem sich dort ausbreitenden Islam zu entkommen. In den 1990er Jahren fiel ein Baum auf den Tempel und beschädigte ihn so stark, dass er wiederaufgebaut werden musste. Wenn er deswegen auch sehr neu aussieht, sorgt die einsame Lage doch für eine bsondere Atmosphäre.

Kerobokan ⓱

Die Hauptstraße führt nicht an der Küste entlang, sodass man aus dem Landesinneren nur auf Stichstraßen an den Strand gelangt. Kerobokan ist von Seminyak aus der nächste Ort. Auch hier wächst die Zahl der Restaurants stetig mit der Zahl von Ausländern, die sich hier Häuser bauen. Auch exklusive Ferienhäuser, die man mitsamt dem Personal mieten kann, wachsen wie Pilze aus dem Boden.

Canggu ⓲

Weiter nördlich liegen Strände wie **Batubeling** und **Berawa,** gefolgt von **Canggu.** Am herrlichen schwarzen Sandstrand gibt es bisher kaum Touris-

ten und schon gar keine fliegenden Händler, dafür aber ein wahres Kleinod unter den vielen wunderschönen balinesischen Hotels: das Tugu Bali (s. S. 241). Sehr beliebt ist Canggu auch bei Surfern. Weitere Strände an der Grenze zu Tabanan sind **Batu Mejan, Pererenan** und **Selasih.**

Pura Tanah Lot ⑲

Der berühmte Küstentempel liegt an der Grenze zum Bezirk Tabanan, er wird aber hauptsächlich von den Badeorten des Südens aus aufgesucht. Von Denpasar aus kommend hält man sich in westlicher Richtung. In Kediri führt eine Seitenstraße zur Küste hinunter.

Tanah Lot ist der vielleicht berühmteste und sicherlich meist fotografierte Tempel Balis – gelegen auf einer Felsspitze dicht am Ufer, umtost von der Brandung. Von Weitem wirkt der Tempel mit seinen schwarzen pagodenartigen Türmen wie eine chinesische Tuschezeichnung. In Höhlen am Strand, dem Tempel gegenüber, leben zwei heilige Schlangen, angeblich die Herren des Tempels. Das Innere bleibt den Gläubigen vorbehalten; doch hat man vom benachbarten Hügel einen fantastischen Blick auf die ganze Anlage.

Die besonders bei Sonnenuntergang dramatische Kulisse lockt ganze Heerscharen von Touristen an – nur wer den Souvenirrummel übersieht, kann die Schönheit des Ortes dann noch würdigen. Die Cafés mit der besten Aussicht verlangen dann kräftig überhöhte Preise. Wenn Sie den Zauber des Ortes ungestört erleben wollen, besuchen Sie den Tempel besser am frühen Morgen, wenn die zahlreichen Busse noch unterwegs sind.

Tanah Lot ist nur ein kleines Heiligtum, aber es gehört zu einer ganzen Kette von Meerestempeln an der Südküste, zu denen Pura Sakenan, Pura Ulu Watu, Pura Rambut Siwi und Pura Petitenget zählen. Sie sind mit den großen Gebirgstempeln Pura Besakih (am Agung), Pura Batur (am Batur) und Pura Luhur (am Batukau) verbunden.

In den Bergtempeln werden die zu Bergen und Bergseen in Beziehung stehenden Gottheiten verehrt, in den Meerestempeln alle Geister und Gottheiten, die mit dem Meer in Verbindung stehen. Diese Tempel werden den *sadkahyangan,* den sogenannten Staatstempeln, zugerechnet, die von allen Balinesen verehrt werden.

Die Chroniken schreiben den Tempel von Tanah Lot dem Priester Nirartha aus dem 16. Jh. zu. Während seiner Reisen sah er eines Tages ein Licht von der Westküste her aufsteigen, heißt es. Als er näher kam, bemerkte er ein zauberhaftes kleines Felseneiland. Er rastete und meditierte. Bald schon scharten sich Schüler aus der näheren Umgebung um ihn. Um Ärger mit dem Priester des Ortes zu vermeiden, versetzte Nirartha seinen Meditationsort einfach mitten ins Meer und schuf so Tanah Lot (»Das Land inmitten des Meeres«).

In der Nähe liegt das **Pan Pacific Nirwana Bali Resort** mit einem wunderschönen, von Greg Norman entworfenen Golfplatz hoch über den Klippen mit grandiosen Blicken auf Reisfelder, Meer und Tempel.   ∎

TIPP

Mayeur-Zimmer
Im Museums-Hotel **Tugu Bali** am Canggu Beach (s. S. 118) kann ein Le Mayeur gewidmetes Zimmer mit vielen Fotos vom Maler und seiner Frau besichtigt werden.

Unten: Der Küstentempel Tanah Lot

AUSGEWÄHLTE ADRESSEN

Die Preiskategorien gelten für ein Drei-Gänge-Menü ohne Getränke.

- ● = unter 50 000 Rp
- ●● = 50 000 bis 150 000 Rp
- ●●● = 150 000 bis 300 000 Rp
- ●●●● = über 300 000 Rp

Denpasar

Da hauptsächlich lokale bzw. einheimische Gäste in die Hauptstadt kommen, überwiegen die Restaurants mit indonesischer und chinesischer Küche.

Chinesisch

◆ **Feyloon**
Jalan Raya Puputan, Renon, Denpasar, Tel. 0361-265733, tgl. Mittag- und Abendessen, ●●●
Balis wahrscheinlich bestes chinesisches Restaurant, spezialisiert auf Meeresfrüchte, kantonesische Gerichte und Szechuan-Küche.

Sanur

In dieser Region lebt die größte Expat-Community auf der Insel. Und so eröffnen in regelmäßigen Abständen neue Restaurants.

Österreichisch/Deutsch

◆ **Arena Café**
Jalan By Pass
Ngurah Rai 115, Sanur,

Tel. 0361-287255, tgl. 16–22.30 Uhr, ●●
Österreichische, deutsche und zentraleuropäische Speisekarte und ein großes Bierangebot. Hier sind jene gut aufgehoben, die eine Vorliebe für Fleisch haben, doch es gibt auch Meeresfrüchte.

Cafés

◆ **Beach Café**
Sindhu Beach, Sanur. Tel. 0361-282875, tgl. Frühstück, Mittag- und Abendessen, ●
Gute Frühstücksadresse, vor allem für englisches Frühstück! Salate und Sandwiches entweder am Tisch oder am Strand.

◆ **Street Café**
Ajanta Villas, Jalan Danau Tamblingan 21, Sanur, Tel. 0361-289259, www.ajantavillas.com; tgl. Mittag- und Abendessen, ●●
Bei der Bestellung einer Hauptspeise wie holländische Bitterballen, Cevapcici oder mexikanische Nachos ist das reichhaltige Salatbuffet inbegriffen. Gratis W-Lan.

Chinesisch

◆ **Sanur Harum**
Sanur Paradise Plaza, Jalan Hang Tuah 46, Sanur, Tel. 0361-281781, www.sanurparadise.com; tgl. Mittag- und Abendessen, ●●-●●●
Klassisches klimatisiertes chinesisches Restaurant, auf kantonesische und

Szechuan-Küche spezialisiert. Täglich ein »Eat-as-much-as-you-want« Dim-Sum-Angebot.

Italienisch

◆ **Massimo il Ristorante**
Jalan Danau Tamblingan 206, Sanur, Tel. 0361-288942, www.balimassimo.com; tgl. Mittag- und Abendessen, ●●
Exzellente italienische Küche mit regionalen Spezialitäten aus Lecce. Wundervolle Pizza und Pasta.

◆ **Stiff Chilli**
Jalan Kesumasari 11, Semawang, Sanur. Tel. 0361-288371, www.stiffchilli.com; tgl. Frühstück, Mittag- und Abendessen, ●●
Strandwarung mit leckerer und günstiger italienischer Küche, unter anderem Ravioli mit Rindfleisch und Salbeibutter, Holzofenpizza und dem besten Eis in Sanur.

Nusa Dua und Tanjung Benoa

In dieser Gegend hat man eine begrenzte Restaurantauswahl, es sei denn, man will in einem der großen Hotels essen gehen. Ein gutes Dutzend Restaurants bietet das Bali Collection Shopping Center, doch sie liegen allesamt über dem auf Bali üblichen Preisniveau.

Asiatisch

◆ **Maguro Asian Bistro**
Nusa Dua Beach Hotel, Tel. 0361-771210, www.nusaduahotel.com; tgl. Mittag- und Abendessen, ●●●
Hier lässt es sich am Strand bei innovativer asiatischer Küche gut speisen. Die japanische Karte bietet neben Sushi und Sashimi auch Yakitori (gegrillte Fleischspießchen) und Spareribs.

Balinesisch

◆ **Bumbu Bali**
Tanjung Benoa, Tel. 0361-774502, www.balifoods.com; tgl. Mittag- und Abendessen, ●●●
Authentische und ausgezeichnet präsentierte balinesische Küche von Heinz Holtzen, dem früheren Chef des Grand Hyatt Bali. Eine mehrgängige Rijsttafel mit winzigen Appetizern, sieben Hauptgerichten und drei Desserts ist die ideale Einführung zur balinesischen Küche. Kochkurse werden ebenfalls angeboten (siehe auch Seite 13).

◆ **Raja's**
Nusa Dua Beach Hotel. Tel. 0361-771210, www.nusaduahotel.com; tgl. Abendessen, ●●●●
Ein exklusives balinesisches Restaurant mit gehobener Küche. Eine Spezialität des Hauses ist Bebek Betutu (in einer Gewürzpaste marinierte ganze Ente, in

Bananenblatt einge-
wickelt und gedünstet).

Fusion

◆ Spice
Conrad Hotel,
Jalan Pratama Raya 168,
Tanjung Benoa,
Tel. 0361-778788,
www.conradhotels.com;
tgl. Abendessen, ●●●●
Sensationell: das Sieben-
Gänge-Menü. Aber auch
à la carte gibt es so
manche Delikatesse.

Italienisch

◆ The Italian
Restaurant
Amanusa, Nusa Dua,
Tel. 0361-772333,
www.amanresorts.com;
tgl. Abendessen, ●●●●
Den einfallslosen Namen
des Restaurants lassen
die wohlkomponierten
italienischen Gerichte im
Nu vergessen.

Jimbaran

Fast jedes der kleinen
Fisch- und Meeresfrüch-
terestaurants, die hier
am Strand vor Sonnen-
untergang öffnen, ist
sein Geld wert. Das
Ambiente ist wunderbar,
wenn der Rauch von den
Grills aufsteigt und die
Köstlichkeiten darauf
garen. Wer außerhalb
des Hotels essen möchte,
ist hier genau richtig.

Kuta

In den Tagen der ersten
Surfies begnügte sich die
Szene mit dem Angebot
in den Seitenstraßen des
Poppies Hotels. Heute

sieht die Gastroszene
ganz anders aus, auch
wenn die Rucksack-
touristen nicht vergessen
werden.

International

◆ Kori Restaurant
and Bar
Gang Poppies 2, Kuta,
Tel. 0361-758605, www.
korirestaurant.co.id;
tgl. Mittag- und Abend-
essen, ●●●
Hier gibt es eine große
Auswahl an westlichen
und balinesischen
Gerichten mit viel
Atmsophäre. Sehr gut
sind die Meeresfrüchte
vom Grill.

◆ Made's Warung Kuta
Jalan Pantai Kuta,
Tel. 0361-755297,
tgl. Frühstück, Mittag-
und Abendessen, ●●
Eines der Restaurant-
Originale Kutas aus den
frühen 1980er-Jahren,
das Nostalgie verbreitet.
In Seminyak gibt es ein
weiteres Made's Warung
(Tel. 0361-732130), das
mehr Ambiente bietet.

Mexikanisch

◆ TJ's Mexican
Restaurant
Gang Poppies I, Kuta,
Tel. 0361-751093,
www.tjsbali.com;
tgl. Frühstück, Mittag-
und Abendessen, ●●
Das erste und immer
noch beste mexikanische
Restaurant (besser Tex-
Mex) auf Bali. Hier sind
große Portionen Pro-
gramm, ebenso die
Margaritas, eiskaltes
Bier und Desserts.
Schöner Garten!

Tuban

Auch als Süd-Kuta be-
kannt. Hier gibt es inzwischen eine Reihe guter
Restaurants.

Balinesisch

◆ Kunyit Bali
Hotel Santika,
Jalan Kartika, Tuban,
Tel. 0361-751267,
www.santikabali.com;
tgl. Frühstück, Mittag-
und Abendessen, ●●
Jedes der Spezialmenüs
ist authentisch baline-
sisch, z.B. die Suppe mit
grüner Papaya und
Schnecken, Schweine-
fleisch geschmort in
Gelbwurz und süßer
Sojasoße oder Ayam
Panggang Kalasan,
Hähnchen in Kokosmilch
mit Gewürzen gekocht.

Deutsch

◆ Mama's
Jalan Raya Legian 99,
Legian, Tel. 0361-
751805, www.bali-
mamas.com; tgl. 24
Stunden geöffnet, ●●
Frisch gezapftes Bier,
Schlachtplatte und
Schweineschulter mit
Sauerkraut und Salz-
kartoffeln – typisch
deutsch halt.

Indonesisch/Westlich

◆ Batan Waru
Bali Garden Hotel,
Jalan Kartika Plaza,
Tuban, Tel. 0361-766303,
www.baligoodfood.com,
tgl. Mittag- und Abend-
essen, ●●
Die Filiale des berühm-
ten Restaurants in Ubud
serviert sehr gute indo-

nesische, balinesische
und westliche Favourites.
Besonders zu empfehlen
sind die Garnelen in
Chili, Tum Ayam (in Ba-
nanenblatt gedämpftes
Gewürzhähnchen) und
Sop Buntut (javanesische
Ochsenschwanzsuppe).

Legian

Die Restaurants dieses
bei Familien sehr belieb-
ten Strandabschnitts
bieten einfache Küche.

Deutsch

◆ Extrablatt
Jalan Nakula 17, Legian,
Tel. 0361-732982,
tgl. Mittag- und Abend-
essen, ●●
In dem kleinen Warung
wird gute Hausmanns-
kost serviert. Frikadellen,
verschiedene Wurstsor-
ten und mehr.

Schweizerisch

◆ The Flying Piano
Jalan Werkudara (Rum
Jungle Road), Legian,
Tel. 0361 761389,
tgl. Frühstück, Mittag-
und Abendessen, ●●
Hier kann man sich zu
Pianoklängen von Pedro
an Rösti und anderen
Schweizer Köstlichkeiten
gütlich tun.

Vegetarisch

◆ Aromas
Jalan Legian, Legian,
Tel. 0361-751003,
tgl. Frühstück, Mittag-
und Abendessen, ●●
Innovative und kreativ
präsentierte vegetari-
sche Küche in einem
Gartenrestaurant.

Seminyak und Kerobokan

Wo Seminyak und Kerobokan ineinadner übergehen, liegen einige Nachtbars und sehr gute Restaurants. Die sog. »Fressgasse« – wo Jalan Laksmana/Kayu Aya und Jalan Petitenget einen Bogen beschreiben – bietet viele Küchen zu sehr guten Preisen.

Asiatisch

◆ **Sarong**
Jalan Raya Petitenget 19X, Kerobokan, Tel. 0361-737809, www.sarongbali.com, tgl. Abendessen, ●●●●
Chic und immer voll. Eine kulinarische Erlebnisreise durch Asien!

Balinesisch

◆ **Sate Bali**
Jalan Laksmana, Tel. 0361-736734, tgl. Mittag- und Abendessen, ●●
Hier zaubert der Besitzer, der lange Koch in einem Fünf-Sterne-Hotel war, u.a. die mehrgängige Rijsttafel. Er veranstaltet auch Kochkurse.

Belgisch

◆ **Mannekepis**
Jalan Raya Seminyak 2, Seminyak, Tel. 0361-8475784, www.mannekepis-bistro.com, tgl. 10–1 Uhr, ●●
Internationales Jazz- und Bluescafé mit vielen belgischen Spezialitäten, etwa Gentse Waterzooi (Suppe mit Huhn, Kartoffeln und Gemüse).

Cafés

◆ **Café Marzano**
Jalan Kunti 7, Seminyak. Tel. 0361-733671, Mo–Sa Frühstück, Mittag- und Abendessen, ●●
Italiensches Café mit großer Auswahl an Antipasti, hausgemachten Pastas und Pizzen aus dem Holzofen.

◆ **Chat Café**
Jalan Kunti I 18, Seminyak, Tel. 0361-732303, www.chatcafebali.com, tgl. Frühstück, Mittag- und Abendessen, ●●
Herzhaftes zum Frühstück, griechische Vorspeisen mit Pitabrot, indonesische und westliche Gerichte sowie Snacks am Rest des Tages. Gratis Surfen über W-Lan.

Französisch

◆ **Métis**
Jalan Petitenget 6, Tel. 0361-737888, tgl. Abendessen ●●●●.
In dem großen Restaurant am Reisfeld mit Bar, Lounge und Galerie wird französische Mittelmeerküche serviert.

International

◆ **Breeze**
The Samaya, Jalan Laksmana, Tel. 0361-732567, www.thesamayabali.com, tgl. Mittag- und Abendessen, ●●
Die gehobene Küche hat für seine kontinentalen Schöpfungen mit asiatischen Akzenten und seine idyllische Lage am Strand mediales Echo ausgelöst. Sehr schöner Platz für einen Drink zum Sonnenuntergang an der Bar!

◆ **Kura Kura**
Bali Oberoi, Jalan Laksmana, Seminyak, Tel. 0361-730361, www.oberoihotels.com, tgl. Abendessen, ●●●●
Das Restaurant des Bali Oberoi ist nach wie vor ein Klassiker und hat immer das besondere Extra auf der Speisekarte.

◆ **Nutmegs**
Hu'u Club, Jalan Raya Petitenget, Tel. 0361-736443, www.huubali.com, geöffnet So–Do 16–24 Uhr, Fr–Sa 16 Uhr–3 Uhr, ●●●●
Vorzügliches Restaurant und Nachtclub unter einem Dach. Köstlich schmecken die gerösteten Schnecken mit orientalischen Gewürzen oder Lamm in grünem Curry.

◆ **Gado Gado**
Jalan Dhyana Pura 99, Seminyak, Tel. 0361-730955, tgl. Frühstück, Mittag- und Abendessen, ●●●
Zu den Höhepunkten der Mittagskarte gehört ein Beispiel aus der Fusionküche: Mit Wasabi gewürztes Hähnchen auf einem Bett scharfer Thai-Nudeln.

◆ **The Living Room**
Jalan Petitenget, Kerobokan, Tel. 0361-735735, www.livingroombali.com, tgl. Abendessen, ●●●
Im schönen Pavillon in einem romantischen Garten wird moderne asiatische Fusionküche mit französischem Akzent serviert.

◆ **Loloan Brasserie**
Jalan Kayu Jati 9X, Kerobokan, Tel. 0361-736677, tgl. Abendessen, ●●●
Französisch-asiatische Fusionkarte und freundlicher, exzellenter Service. Das mehrgängige »tasting menu« ist die beste Annäherung an die hier gebotene Küche.

◆ **Sardine**
Jl Petitenget, Kerobokan, Tel. 0361-738202, tgl. Abendessen, ●●●●
In einem Bambuspavillon werden frischer Fisch und Meeresfrüchte serviert. Vom Restaurant aus hat man einen herrlichen Blick über ein Reisfeld.

Griechisch

◆ **Mykonos Taverna**
Jalan Laksmana 57, Tel. 0361-733253, www.mykonos-bali.com, tgl. Mittag- und Abendessen, ●●
Im Stil einer kleinen, einfachen griechischen Taverna mit Bouzoukimusik. Passend dazu wundervolle griechische Mezze, Fisch- und Lammgerichte. Ausgezeichnetes Preis-Leistungs-Verhältnis.

◆ **Panterai**
Jalan Raya Seminyak 17, Tel. 0361-732567, www.pantarei-restaurant-bali.net, tgl. Mittag- und Abendessen, ●●
Stilvolles Restaurant mit einer großen Auswahl

griechischer Spezialitäten. Auf der Mezzekarte u.a. Krasato, Tintenfisch in Rotwein und Olivenöl gedünstet. Jeden Abend Live-Musik.

Indisch

◆ **Gateway of India**
Jalan Dhyana Pura, Tel. 0361-732940, tgl. Mittag- und Abendessen, ●●
Authentische nordindische Küche mit Tandoori-Ofen für die Abendküche. Das Restaurant hat Filialen in Kuta (Jl. Pantai Kuta 11, Tel. 0361-754463) und Sanur (Jl. Danau Tamblingan 103, Tel. 0361-281579).

◆ **Queen's Tandoor**
Jalan Raya Seminyak, Tel. 0361-732770, www.queenstandoor.com, tgl. Mittag- und Abendessen, ●●●
Sowohl nordindische als auch scharfe südindische Küche von indischen Köchen – das Ergebnis ist ein authentisches Geschmackserlebnis. Unten speist man im Freien, im ersten Stock klimatisiert.

Indonesisch

◆ **Baku Dapa**
Jalan Dhyana Pura, Tel. 0361-731148, tgl. 24 Stunden, ●
An diesem kleinen Warung kann man viele Gerichte von Manado kennenlernen, etwa Porridge Bubur Manado zum Frühstück. Spezialität des Hauses ist Sop Buntut, Ochsenschwanzsuppe. Nirgendwo auf Bali schmeckt sie besser!

Italienisch

◆ **Trattoria**
Jalan Laksmana, Tel. 0361-737082, tgl. Abendessen, ●●
Fast jeden Abend voll. Gute Pastas, Pizzen, Salate sowie Fleischgerichte und Seafood.

◆ **Pizza Club**
Jalan Laksmana, Tel. 0361-730614, tgl. Mittag- und Abendessen, ●●
Eher amerikanisch als italienisch mit einem großen Pizzangebot, auch zum Mitnehmen.

Japanisch

◆ **Kaizan**
Jalan Laksmana 33, Tel. 0361-742324, tgl. Abendessen, ●●●
Im klimatisierten Bereich unten wird japanische Küche serviert. Spezialität des Hauses ist Shabu-Shabu. Auf der Dachterrasse genießen die Gäste koreanisches Barbecue.

◆ **Ryoshi**
Jalan Raya Seminyak 17, Tel. 0361-731152, www.ryoshibali.com, tgl. Mittag- und Abendessen, ●●
Japanisches Restaurant mit exzellenter Qualität, z.B. Sushi, Sashimi, Tempura und Teppanyaki (auf der heißen Platte zubereitet), eine Reihe von Reis- und Nudelgerichten und viele vegetarische Optionen.

Mediterran

◆ **La Lucciola**
Jalan Petitenget, Kerobokan,

Tel. 0361-730848, tgl. Frühstück, Mittag- und Abendessen, ●●●●
Mediterran inspirierte Küche in sehr entspanntem Ambiente. Das grasgedeckte Restaurant am Strand gliedert sich in zwei Ebenen. Gut für Cocktails zum Sonnenuntergang.

◆ **Grocer & Grind**
Jalan Kayu Jati 3X, Kerobokan, Tel. 0361-730418, www.grocerandgrind.com, tgl. Frühstück, Mittag- und Abendessen, ●●●
Stilvolles Bistro, fast immer voll. Zum Mittagessen sehr beliebt sind Sandwiches, Salate und Tapas. Die Abendkarte bietet mehr. Gratis W-Lan.

◆ **Ku De Ta**
Jalan Laksmana, Tel. 0361-736969, www.kudeta.net, tgl. Frühstück, Mittag- und Abendessen, Drinks bis spät, ●●●●
Direkt am Strand von Seminyak. Eines von Balis trendigen und berühmten Restaurants mit Beach Club. Die Speisekarte spiegelt moderne australische Küche wieder. Beliebter Treffpunkt zum Sonnenuntergang.

Marokkanisch

◆ **Khaima**
Jalan Laksmana, Tel. 0361-7423925, tgl. Mittag- und Abendessen, ●●●
Atmosphärisches Restaurant. Fleisch und Gemüse werden hier in sogenannten Tagine-

Keramikgefäßen langsam gedämpft, wobei das Wasser mit Gewürzen angereichert wird. Gelegentlich Bauchtanzaufführungen.

Spanisch

◆ **La Sal**
Jalan Drupadi 100, Seminyak, Tel. 0361-738321, www.lasalbali.com, Mo–Sa Mittagessen, Sa nur Abendessen, ●●
Sehr gute Auswahl an fantasievoll zubereiteten Tapas und Hauptgerichten. Abends wird ein Churrasco-Grill mit Steaks nach argentinischer Art serviert.

Thai

◆ **Wild Orchid**
Anantara Resort, Jalan Dhyana Pura, Seminyak, Tel. 0361-737773, www.bali.anantara.com, tgl. Abendessen, ●●●
Schickes Restaurant am Swimmingpool oberhalb von Strand und Meer. Traditionelle Thaiküche mit modernem Touch.

Vegetarisch

◆ **Prana**
The Villas, Jalan Kunti, Seminyak, Tel. 0361-730840, www.thevillas.net, tgl. Mittag- und Abendessen, ●●●
Eine Villa in marokkanischem Stil mit Spa. Dem Gast werden hier Gerichte im Sinne eines Vitalmenüs mit Gemüse und Salat aus biologischem Anbau serviert.

Strandaktivitäten

Balis Strände ziehen Surfer, Sonnenanbeter und Strandfans an und bieten Shoppingerlebnisse, Massagen und eine Vielzahl von Sportmöglichkeiten.

Wer Südseestrände und türkisfarbenes Wasser sucht kommt auf Bali eher nicht auf seine Kosten. Viele Strände sind schwarze oder graue Sandstrände, die aus vulkanischen Prozessen hervorgegangen sind. Wenige weiße Sandstrände finden sich im Süden der Bukit-Halbinsel, in Nusa Dua, Tanjung Benoa und Sanur.

Grau sind die Sandstrände von Kuta, Legian und Seminyak an der Südwestküste. Sie entschädigen jedoch mit Superbedingungen für Surfer, alle möglichen Arten von Strandaktivitäten wie ausgedehnte Spaziergänge, Volleyball, Frisbee, Fußball – und nicht zuletzt mit wundervollen Sonnenuntergängen. Zwischen 16 und 17 Uhr beleben vor allem sonntags balinesische Familie die Strandszene – dann bauen die Kinder Sandburgen, spielen oder plätschern im Wasser. ■

Oben und links: Sanur bildet eine ca. 5 km lange Küstenlinie mit einem vorgelagerten Riffkranz und Lagune. Die geschützte Lage an hellen Sandstränden lädt bei Flut ein zum Schwimmen in sicherem Gewässer und zum Surfen am nahe gelegenen Riff. Ausgezeichnete Möglichkeiten zum Jetskiing, Wasserski, Surfen und Boarden bietet das benachbarte Tanjung Benoa. Zu den besonderen Attraktionen dort gehört auch Flyfish, bei dem ein Motorboot ein Gummifloß hinter sich herzieht bis es abhebt.

Unten: Surfer am Strand von Kuta und ein Tauchlehrer auf Pulau Menjangan. Breaks und Barrels dort ziehen Surfergemeinde aus aller Herrn Länder nach Kuta, während die Korallenriffs rund um Pulau Menjangan im Nordwesten Balis mit ihrer reichen Unterwasserwelt locken.

Oben: Reiter am Strand von Seminyak. Der Küstenstrich nördlich der Strände von Kuta und Legian zieht sich an Seminyak und Canggu entlang und hat ausgedehnte, flache und feinsandige Strände – perfekt für Erkundungen zu Pferde. Erfahrene Reiter können nach Herzenslust nah an der Wasserlinie den Strand entlang galoppieren.

Oben: Haarflechten ist ein Klassiker am Strand von Kuta. Wer langes Haar trägt, wid sich vor Angeboten nicht retten können. Hat man sich auf den Preis geeinigt, wird das Haar geknotet und mit bunten Perlen in kunstvollen Mustern geschmückt. Dafür sollte man sich ein schattiges Plätzchen suchen, denn die Prozedur kann eine Stunde und länger dauern.

Oben: Der Strand von Tanjung Benoa. Die schmale Halbinsel zieht sich in die Bucht nördlich von Nusa Dua und ist in der Hand von Wassersportanbietern.

Rechts: Fischen in Nusa Lembongan. Gecharterte Boote und Jachten bringen Tagesbesucher zum Fischen in die Gewässer einer der Bali im Südosten vorgelagerten Inseln. Es gibt auch Arrangements mit entsprechender Ausrüstung für längere Touren zu weiter entfernt gelegenen Fischgründen.

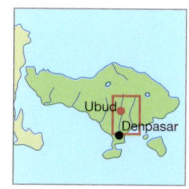

Ubud und Umgebung

Gesegnet mit einer traumhaften Lage inmitten eines fruchtbaren Reisanbaugebiets und einem Fürsten, der sich schon früh für die Förderung der Künste einsetzte, war die Entdeckung Ubuds für den Tourismus vorprogrammiert

NICHT VERPASSEN!

Bali Bird Park
Celuk
Sukawati
Ubud
Goa Gajah
Tegallalang
Elephant Safari Park
Gunung Kawi
Pura Kehen, Bangli

Links: Die heilige Quelle im Pura Tirtha Empul
Unten: Steinmetz in Batubulan

Fruchtbare Böden mit reichen Reisernten im einstigen Königreich ermöglichten den Bauern, dass neben der Feldarbeit und Erfüllung der religiösen Pflichten Zeit für künstlerische Entfaltung blieb. Der Bezirk Gianyar, zu dem Ubud gehört, ist das kulturelle Zentrum der Insel. Die ersten Fremden, die sich hier in den 1920er-Jahren niederließen, waren Künstler, die inmitten der ruhigen Landschaft Inspiration fanden. Wer sich für Schnitzkunst und die Entwicklungen der balinesischen Malerei interessiert, sollte sich für Ubud genügend Zeit nehmen.

Hat man Denpasar mit seinem Großstadtlärm hinter sich gelassen, kommt man ins dörfliche Bali, wo sich saftiggrüne Reisfelder aneinanderreihen. Vogelscheuchen aus Palmblättern, die Dewi Sri, die Reisgottheit, darstellen, Tempel und Schatten spendende Strohdächer sind über die Felder verteilt. Man sieht Frauen, die den Göttern der Felder und der Fruchtbarkeit Blumen- und Reisopfer darbringen und mit heiligem Wasser die bösen Dämonen zu besänftigen suchen.

Zahllose kleine Dörfer reihen sich auf dem Weg von Denpasar nach Ubud aneinander. Die ehemals eigenständigen Ortschaften gehen fast schon ineinander über. Nonstop dauert die Fahrt nach Ubud eine gute Stunde, doch auf der Strecke liegen einige interessante Dörfer, die mit ihren künstlerischen Berufsgruppen auf sich aufmerksam ge-

macht haben In vielen Werkstätten kann man den Handwerkern über die Schulter schauen. Es lohnen also einige Stopps unterwegs.

Batubulan ❶

Das lang gezogene Straßendorf liegt nordöstlich von Denpasar. Entlang der Hauptstraße reiht sich eine Steinmetzwerkstatt an die andere. Die balinesischen Tempelreliefs und -statuen werden aus Tuff- oder Sandstein *(paras)* gemeißelt; das extreme Tropenklima setzt dem weichen Gestein so zu, dass

Ubud und Umgebung

0   3 km

der Tempelschmuck nach wenigen Jahrzehnten von Flechten und Moosen überzogen und reif für Erneuerung ist. In den Werkstätten fertigen die Steinmetze die Figuren meist in Gruppen gemeinschaftlich nach jahrhundertealten Vorlagen. Individuelle Schöpfungen sind wenig verbreitet. Ein beliebtes Motiv sind grimmig dreinschauende Statuen, die nicht alle böse Dämonen darstellen, sondern als den Menschen wohlgesonnene Geister unwillkommene Besucher aus der Unterwelt von Tempeln und Wohnhäusern fernhalten. Heute allerdings wird auch nach dem Geschmack der Touristen gearbeitet.

Berühmt ist Batubulan auch für seine täglichen Barong-Aufführungen. Dieses Tanzdrama, das inzwischen auf mehreren Bühnen im Ort zur Aufführung kommt, versinnbildlicht den uralten Kampf zwischen Gut und Böse. Der Barong, ein mystisches Geschöpf, meist in der Gestalt eines Löwen, wird von zwei Männern dargestellt. Er ist ein gütiger Charakter, und seinen Barthaaren werden Heilkräfte zugeschrieben. Seine Gegenspielerin Rangda, die Königin der Unterwelt, wird von den Balinesen

gleichermaßen gefürchtet und respektiert.

Taman Burung Bali ❷ und Rimba Reptilien-Park

Vorführungen ganz anderer Art erlebt man im nördlich von Batubulan gelegenen Vogelpark (tgl. 9–17.30 Uhr, Tel. 0361-299352). Mehr als 1000 Spezies exotischer Vögel sind in den ansprechend gestalteten Aviarien zu sehen. Anliegen des Parks ist es, seltene und gefährdete Vogelarten wie etwa den Bali-Star *(jalak putih)* zu schützen. Gepflasterte Wege führen durch die zwei Hektar große Parklandschaft.

Gleich nebenan kann man im **Rimba Reptil Park** (tgl. 9–17 Uhr) Pythons, Krokodile und Komodo-Warane bewundern.

Singapadu ❸

Reisende, die an Masken interessiert sind, sollten einen Abstecher nach Singapadu einplanen. Man fährt bei der nach Batubulan und Celuk rechts abzweigenden Straße weiter geradeaus; nach etwa einem Kilometer erreicht man eine T-Kreuzung mit einem gro-

Oben und unten: Batubulan ist berühmt für seine Aufführungen des Barong-Tanzes

ßen Banyanbaum auf der linken Seite. Dort nimmt man den Abzweig rechts in das kleine Dorf, das hoch talentierte Musiker und Tänzer hervorgebracht gebracht hat. Singapadu ist einer der wenigen Orte auf Bali, wo heute noch Barong-Masken hergestellt werden. Die Werkstatt von I Wayan Tangguh (Tel. 0361-298685) steht Besuchern offen. Faszinierend ist es dort zuzusehen, wie sich ein Stück Holz in ein Kunstwerk verwandelt.

Bali Zoo Park ❹

Weiter unterhalb an der Straße in Singapadu auf der linken Seite liegt der bei Familien beliebte Zoo (tgl. 9–18 Uhr; Tel. 0361-294356). Hier leben in einem 3,5 Hektar großen Landschaftspark u.a. sowohl Großkatzen wie Tiger und Löwen als auch Kamele.

Celuk ❺

Von Singapadu geht es von der T-Kreuzung rechts in östlicher Richtung weiter in das Dorf der Gold- und Silberschmiede, das über eines der höchsten Pro-Kopf-Einkommen aller balinesischen Dörfer verfügt. Dicht an dicht drängen sich hier die Werkstätten und Galerien, die Silberketten in Filigran-Technik, Broschen in Form goldener Schmetterlinge, mit Granatsplittern besetzte Armbänder, üppige Ohrgehänge und Clips aller Art zum Verkauf anbieten. Die Werkstätten bestehen oft nur aus einem kleinen Hinterzimmer mit fünf bis zwanzig, meist sehr jugendlichen Arbeitern, und können besucht werden. Vor allem die Herstellung der traditionellen Filigranarbeiten verlangt großes handwerkliches Geschick. Die arbeitsmittel sind einfach: Der Silberschmied benutzt einen Baumstumpf mit einem herauragenden Eisenbolzen als Unterlage zum Hämmern, einen Bambusköcher zum Auffangen der Feilspäne und ein Handgebläse zur Erzeugung der nötigen Temperaturen. Wie fast alle Berufe auf Bali ist auch der des Gold- und Silberschmieds erblich.

Sukawati ❻

Von Celuk gelangt man zunächst in östlicher, dann in nördlicher Richtung nach Sukawati, einst Sitz eines mächtigen Königreichs im 18. Jh. Das balinesische Schattenspiel oder *wayang kulit* hat hier nach wie vor seinen Mittelpunkt. Es gilt als die am schwersten zu erlernende Kunstform der Insel. Der Dalang, der Puppenspieler, muss verschiedenste Figuren überzeugend führen, Hunderte von Geschichten auswendig wissen, singen, die Musiker anleiten und eine Unzahl Stimmen imitieren können, er muss sogar selbst in Seele, Geist und Körper rein sein. In vieler Hinsicht erfüllt er auch die Aufgaben eines Priesters, bis hin zur Bereitung des heiligen Wasssers – normalerweise ist dies alleiniges Vorrecht der Brahmanenpriester.

So traditionell die Themen des Schattenspiels auch sein mögen, ein geschickter Puppenspieler macht jede Aufführung zu einem aktuellen Ereignis. Die Geschichten des Wayang Kulit stecken voller Anspielungen. Sie machen dem Publikum Spaß, vermitteln ihm aber daneben geläufige Wertvorstellungen.

TIPP

Im Banjar Babakan in Sukawati kann man dem Puppenspieler I Wayan Nartha in seinem Haus bei der Herstellung von Lederpuppen zuschauen. Man findet ihn am Ende einer Seitenstraße etwa 100 m südlich des Marktes. Am besten macht man zuvor telefonisch einen Termin aus (Tel. 0361-299080).

Unten: Sukawati ist bekannt für seine Schattenspielfiguren

Oft gestalten und bemalen die *dalang* ihre Figuren selbst. Im Banjar Babakan hinter dem großen Marktgebäude wohnen einige Puppenspieler, denen man zusehen kann, wie sie Figuren aus Büffelhaut schneiden und kunstvoll gestalten.

Eine hervorragende Auswahl balinesischen Kunsthandwerks, nicht immer erster Qualität, aber zu sehr günstigen Preisen, bietet der **Pasar Seni** (tgl. 9–17 Uhr), der Kunsthandwerksmarkt im Zentrum von Sukawati.

Sukawatis **Pasar Seni** (tgl. 9–17 Uhr) ist eine zweistöckige Halle im Stadtzentrum. Hier gibt es Kunst und Kunsthandwerk, Klamotten und Nippes. Die Qualität ist unterschiedlich, aber Sie können hier billiger einkaufen als in den größeren Läden oder an den Verkaufsständen von Kuta. Vergessen Sie aber nicht zu handeln!

Batuan ❼

Das Dorf liegt nur 1 km nördlich des Kunsthandwerksmarktes von Sukawati. Es ist nicht nur der Ursprungsort eines berühmten balinesischen Malstils, sondern darf sich auch vorzüglicher

Tempelschnitzereien und Tänzer rühmen. Anlässlich von Tempelfesten kann man hier eine der drei Gambuh-Truppen erleben – von insgesamt kaum einem Dutzend, die es auf der ganzen Insel noch gibt. *Gambuh* gilt vielen gelehrten als Vorläufer des klassisch-balinesischen Tanzes. Wegen seiner altertümlichen, schwer verständlichen Sprache und Humorlosigkeit sowie seinen langsamen Bewegungsabläufen hatte diese Tanzform an Popularität verloren und bleibt den Balinesen bis heute eher fremd – trotz diverser Versuche, sie zu modernisieren.

Eine modernere Tanzform aus dieser Gegend ist der »Froschtanz«, dessen Geschichte dem westlichen Märchen vom »Froschkönig« ähnelt. Hier sind die Instrumente das Besondere – *suling* (Flöte) und *genggong* (balinesische Maultrommel). Dieser Tanz wird oft von Kindern getanzt und in den größeren Hotels aufgeführt.

Der beliebteste Tanz aus Batuan aber ist Topeng, ein getanztes Maskendrama (s. S. 69). Die Geschichten erzählen von balinesischen Königen und ihren Untertanen, sind also nicht indischen

Batuans amüsante Froschtänze werden meist von Kindern getanzt

Unten links: Maskenschnitzer in Batuan
Unten rechts: Kopf des Riesen Kebo Iwo im Pura Gaduh

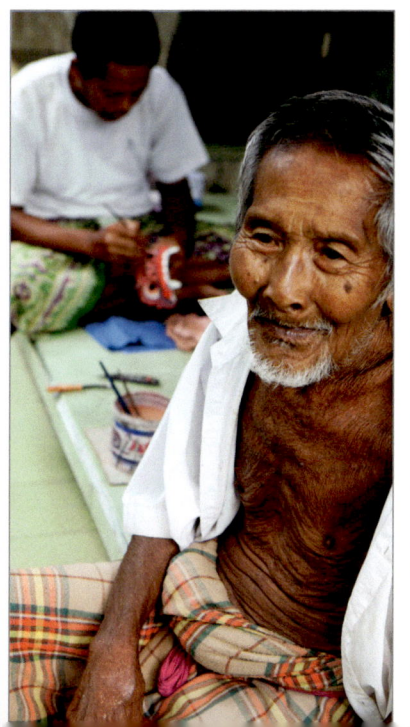

Gongs in der Sidha
Karya Gamelan
Foundry

Unten links: Belaga
ist ein Zentrum für
Bambusmöbel
Unten rechts: Detail
eines geschnitzten
Instrumentenkastens
in der Sidha Karya
Gamelan Foundry

Ursprungs. Eine gute Topeng-Truppe verleiht den Masken durch eingeflochtene lehrreiche Anekdoten, unflätige Witze und tänzerisches Können Leben. Einige der Bedeutendsten Topeng-Tänzer stammen aus Batuan.

Neben berühmten Tanzlehrern sind auch einige der international bekanntesten balinesischen Maler hier ansässig. Besonders interessant sind die Gemälde von I Made Bude. Dem traditionellen Batuan-Stil, der in den 1930er Jahren entstand, entsprechend sind seine Bilder in getragenen Farben gemalt, die Leinwand ist übersät mit Figuren.

Was Made Bude und einige anere Maler der jungen Generation von ihren Vorgängern, die vor allem idyllische Dorfszenen auf die Leinwand brachten, unterscheidet, ist die Einbeziehung sozialkritischer Themen. Fotografierende Touristen, Surfer und Flugzeuge demonstrieren auf humorvolle Weise das Miteinander von Einheimischen und Touristen sowie die Auswirkungen des Toursmus auf das Sozialgefüge. Einige seiner Bilder findet man im Neka Museum in Ubud.

Einen Besuch lohnt der **Pura Puseh.** Der Tempel der Dorfgründer, mit schönem Reliefschmuck und Skulpturen wurde im 11. Jh. gegründet. Er liegt der dörflichen Versammlungshalle gegenüber. Jeweils am 1. und 15. eines jeden Monats finden *Gambuh*-Aufführungen (s. S. 69, 131) statt.

Blahbatuh ❽

Nach 2 km auf der Straße in nördlicher Richtung nach Sakah führt der rechte Abzweig bei der Statue des Brahmarare (Darstellung Brahmas als Baby) nach Blahbatuh. Dort ist der **Pura Puseh Gaduh** Kebo Iwa gewidmet, einem mit übernatürlichen Kräften ausgestatteten Riesen aus grauer Vorzeit. Er gilt als der Erbauer vieler großer Steinmonumente auf der Insel. Beachtenswert sind die erotischen Darstellungen am Haupttor. In einem kleinen Pavillon befindet sich ein über einen Meter hoher massiver Steinkopf. Nicht möglich ist die genaue Datierung der Skulptur, die sich von anderen Monumenten im hindu-javanischen Stil unterscheidet. Vermutlich ist sie rein balinesischen Ursprungs.

Es heißt, Kebo Iwa sei ein hoher Beamter des letzten Königs von Bedulu vor der Eroberung durch Majapahit 1343 gewesen. Gajah Mada, der Premierminister von Majapahit, konnte Bali nicht einnehmen, solange Kebo Iwa lebte. Es gelang ihm schließlich, diesen mit dem Versprechen nach Java zu locken, ihn dort mit einer schönen Prinzessin zu vermählen – doch dann ließ er ihn töten.

Hochinteressant ist der Besuch einer Gamelan-Werkstatt oder der Sidha Karya Gamelan Foundry (Tel. 0361-942798). Hier fachen Männer mittels Blasebalg das Feuer an und schmieden die Bronzestücke zur gewünschten Form zurecht. Die fertigen Tasten der Gamelan-Metallophone überprüft der Meister selbst auf die korrekte Stimmung. Die Werkstatt stellt ganze Orchesterinstrumentarien her.

Belega, Bona und Mas

An der Nebenstrecke 1 km östlich von Blahbatuh liegt das Dorf **Belega** ➒, wo Bambusmöbel aller Art produziert werden. Weitere 1,5 km nordöstlich liegt **Bona** ➓. Hier werden ebenfalls Bambusmöbel und Flechtwaren aus getrockneten Fächerpalmblättern von guter Qualität zum Verkauf angeboten. Bona ist auch Geburtsstätte des Kejak-Tanzdramas (s. S. 70).

Von Bona sind es nur ca. 2 km in nordöstlicher Richtung bis Gianyar (s. S. 147), Hauptstadt des gleichnamigen Distrikts. Alternativ geht dieselbe Strecke zurück bis zur Brahmarare-Statue in der Nähe von Sakah und von dort weiter in nördlicher Richtung nach **Mas** ⓫. Der Ort ist vor allem bekannt für seine Holzschnitzkunst und Herstellung von Masken und Teakholzmöbeln. Die Schnitzer können in den zahlreichen Holzgalerien bei der Arbeit beobachtet werden. Einer der für seine innovativen Arbeiten bekannten Künstler ist Ida Bagus Anom, der seine Werkstatt an der Hauptstraße (Tel. 0361-975292) hat. Seine Masken gehen an Pantomimen und Performance-Künstler aus der ganzen Welt, besonders be-

kannt und kopiert ist seine Maske des Gähnens. Auf der westlichen Seite der Hauptstraße liegt in der Nähe des Zentralmarkts die Njana Tilem Galerie (tgl. 9–16.30 Uhr; Tel. 0361-975099). Ida Bagus Tilem, der Sohn des verstorbenen Ida Bagus Njana, führt das Werk seines Vaters, der zu den besten Holzschnitzern Balis gehörte, weiter.

Auch geschichtlich ist Mas nicht ohne Bedeutung. Das Dorf ist vorwiegend von Brahmanenfamilien bewohnt, die ihre Herkunft vom javanischen Priester Danghyang Niratha ableiten. Der Begründer des Pura Taman Pule schuf die traditionelle balinesische Dorfordnung, *desa adat*, mit dem Dorf als Mikrokosmos innerhalb der größeren kosmologischen Ordnung.

Ubud ⓬

Der Name Ubud leitet sich vom balinesischen Wort *ubad*, Medizin, ab, das wiederum auf ein heilkräftiges Kraut hinweist, welches nahe dem Fluss Campuhan wächst. Vielen Adligen aus Ubud werden bis heute besondere Heilkräfte zugeschrieben. Nicht zuletzt aus diesem Grund bringt das Volk der

Unten: Am Markt von Ubud

Statue im Puri Saren
Agung, dem einstigen
Palast der Fürsten-
familie von Ubud

Fürstenfamilie von Ubud seit jeher große Verehrung entgegen. Oben erwähnter Fluss gab dem Ortsteil Campuhan seinen Namen. Hier entstand in den 1920er- und -30er Jahren eine Künstlerkolonie um Walter Spies, Rudolph Bonnet und Cokorde Gede Agung aus der einheimischen Fürstenfamilie der Sukawati. Er förderte die unter dem Namen Pita Maha bekannte Künstlergruppe und trug damit auch zu einem Umbruch und der damit verbundenen wachsenden Bekanntheit von Ubud bei.

Den Künstlern folgten schließlich die Touristen, die den Ort zu einem Hauptanziehungspunkt und blühenden Wirtschaftszentrum im Binnenland Balis verwandelten.

Mehr Ruhe bieten die Dörfer der Umgebung, Campuhan, Sayan, Peliatan oder Pengosekan, wo man Eindrücke vom ländlichen Alltag gewinnen kann. In jedem Fall ist Ubud idealer Ausgangspunkt, um die Landschaft und kulturellen Highlights der Region zu erkunden.

Im Ortszentrum

Dort, wo die Jalan Raya Ubud und die Jalan Wanara Wana, bekannter als Monkey Forest Road, sich treffen, liegt der **Pasar Ubud** ⓭ des Ortes, Ausgangspunkt zu den meisten der nachstehend aufgeführten Sehenswürdigkeiten. Ubuds Hauptmarkt besteht aus einem älteren Gebäude und einem jüngeren Anbau. Der dahinter liegende Obst- und Gemüsemarkt (tgl. 6–14 Uhr) hat über die Jahre immer mehr Gesellschaft von kunsthandwerklichen Ständen bekommen.

Dem Markt gegenüber liegt der **Puri Saren Agung,** Regierungssitz der Fürsten von Ubud von ca. 1800 bis zum Zweiten Weltkrieg und immer noch einer der Wohnsitze der Fürstenfamilie Sukawati. Einige der Räumlichkeiten, die 1917 nach einem Erdbeben errichtet wurden, wurden in ein Hotel (Reservierungen unter Tel. 0361-975057) umgewandelt. Im Vorhof des Palastes, der der Öffentlichkeit zugänglich ist, finden allabendlich Tanzvorführungen statt.

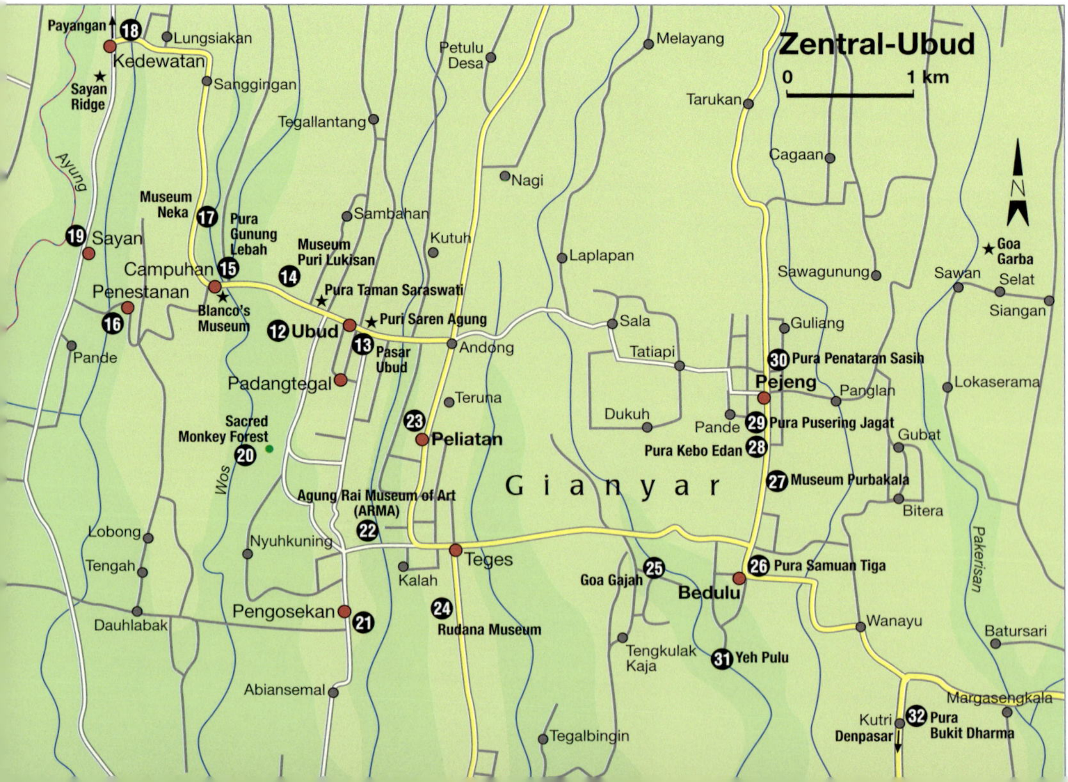

Teile der Anlage schuf I Gusti Nyoman Lempad (1862–1978), einer der auch international bekanntesten Universalkünstler Balis, der als Maler, Bildhauer und Architekt gleichermaßen in Erscheinung trat. Berühmt wurde er vor allem durch seine Tuschezeichnungen (s. S. 78), von denen einige in den Museen Ubuds ausgestellt sind. Sein Geburtshaus (zur Besichtigung geöffnet 8–18 Uhr) liegt nur wenige Meter östlich des Palastes an der Jalan Raya.

Schräg gegenüber vom Markt liegt der **Pura Desa,** der Haupttempel Ubuds.

Gleich bei der Hauptkreuzung liegt das Touristenbüro **Bina Wisata** (tgl. 8–20 Uhr, Tel. 0361-973285). Sein Hauptanliegen ist die Erhaltung der Natur- und Kulturschönheiten der Region Ubud. Es fördert einen behutsamen Tourismus und mahnt die Besucher, sich an die einheimischen Sitten und Kulturtraditionen zu halten sowie möglichst viel über Land und Menschen zu lernen. Das Personal ist mehrsprachig. Sehr informativ und hilfreich ist auch das schwarze Brett, das auf

kulturelle Veranstaltungen, Tanzaufführungen, Tempelfeste und andere Zeremonien hinweist. Im Büro sind auch Tickets erhältlich.

Rund 100 m westlich der Hauptkreuzung zweigt die Jalan Kajeng nach Norden ab. Die ins Straßenpflaster eingelassenen Steine tragen die Namen einheimischer Menschen und Orte. Folgt man dieser Straße ein kurzes Stück, kommt man zum rechter Hand gelegenen, sehr interessanten **Threads of Life Indonesian Textile Arts Centre** (tgl. 10–19 Uhr; Tel. 0361-972187; www.threadsoflife.com). Hier werden traditionelle Webtechniken bewahrt bzw. wiederaufgenommen, Kurse und Ausflüge in Dörfer angeboten, die sich auf *ikat-* und *songket-*Webarbeiten spezialisieren. Die Exponate der Ausstellung umfassen kostbare Stücke aus der gesamten Inselwelt Indonesiens.

Wieder zurück an der Jalan Raya Ubud folgt man der Hauptstraße nach rechts wenige Schritte zum Lotus Restaurant. Angrenzend liegt der **Pura Taman Saraswati,** der nach der Göttin der Künste und des Lernens benannt ist. Die Anlage und der eindrucksvolle

Bunte Batik-Sarongs am Markt von Ubud

Unten: Das Museum Puri Lukisan ist in einen wunderschönen Garten eingebettet

TIPP

Der **Ganesha Book-
shop** an der Jalan
Raya unweit der Post
bietet eine riesige
Auswahl an Büchern,
Magazinen, Musik-
instrumenten und
Kunsthandwerk.
Gebrauchte Bücher
können außerdem
gekauft oder einge-
tauscht werden
(tgl. 9–18 Uhr;
Tel. 0361-970320;
www.ganeshabooks
bali.com).

Unten: Angestellte
der Frauengalerie
Seniwati

steinerne Thron der Saraswati sind das
Werk von I Gusti Nyoman Lempad.

Ein Stück weiter die Jalan Raya Ubud
entlang in Richtung Campuan liegt das
Museum Puri Lukisan ⓮ (tgl. 9 bis
17 Uhr; Tel. 0361-971159; www.mpl-
ubud.com) inmittten eines herrlichen
Gartens mit Lotusteichen. Das älteste
unter Ubuds Kunstmuseen geht auf die
Privatsammlung der Fürstenfamilie
zurück. Seit 1956 werden hier Werke
einheimischer Maler ausgestellt, es bietet einen guten Überblick über die Entwicklung und den Reichtum der balinesischen Malerei.

Im Mittelpunkt der Ausstellungen
im Hauptgebäude stehen die Skulpturen und Malerei aus den 1930er-Jahren
mit der traditionellen Malerei im
wayang-Stil und Exponate von Lempad
als auch Werke von Vertretern der Pita-
Maha-Gruppe. Das zweite Gebäude
setzt die Entwicklung fort mit den
Young Artists und zeitgenössischen
Künstlern. Es folgt ein Trakt für Sonderausstellungen.

Richtung Ortszentrum geht es in die
Jalan Sriwedari zur Frauengalerie **Seniwati Gallery of Art by Women** (Di
bis So 9–17 Uhr; Tel. 0361-975485; www.
seniwatigallery.com), die 1991 von der
in Bali lebenden Britin Mary Northmo-
re gegründet wurde. Sie setzte damit
ein Zeichen in der männlich dominier-
ten balinesischen Kunstlandschaft und
ermutigte Malerinnen, an die Öffentlichkeit zu treten. Die Gruppe der hier
ausstellenden Frauen, dazu zählen Einheimische genauso wie in Bali lebende
Ausländerinnen, konnten ihre Werke
inzwischen mit Erfolg in anderen südostasiatischen Ländern und in Europa
zeigen. Die Kunstwerke werden auch
zum Verkauf angeboten.

Zurück an der Hauptstraße biegt
man links ab und gelangt nach wenigen Schritten zur **Neka Art Galerie**
(tgl. 9–17 Uhr, Tel. 0316-975034), die es
bereits seit 1967 gibt. Besonders interessant sind die Exponate aus der
Young-Artists-Schule des aus den Niederlanden stammenden indonesischen
Künstlers Arie Smit im oberen Stockwerk. Im Unterschied zum Neka-
Museum sind alle hier ausgestellten
Stücke käuflich erwerbbar.

Westlich des Zentrums

Die meisten der nachstehend vorge-
stellten Sehenswürdigkeiten sind fußläufig gut erreichbar. Im Hinblick auf
die schweißtreibenden Temperaturen
und teilweise nervenaufreibenden Ver-
kehrsverhältnisse empfiehlt sich eine
Fahrt mit dem Bemo bzw. ein angemie-
tetes Fahrzeug mit Fahrer.

Die Jalan Raya führt in westlicher
Richtung nach **Campuhan** (Zusammenfluss zweier Flüsse) ⓯. Einen Abstecher lohnt der **Pura Gunung Lebah**.
Der Tempel steht in Verbindung mit
dem Batur-Tempel und ist der Göttin
des Batur-Sees geweiht (s. S. 154). Das
Heiligtum wurde Anfang der 1990er
Jahre umfassend restauriert und soll
Residenz des legendären javanischen
Priesters Resi Markandeya im 8. Jh. gewesen sein. Hier finden verschiedene
bedeutende Reinigungsrituale statt,
u.a. das Waschen sakraler Tempelobjekte und das Verstreuen der Asche
nach Feuerbestattungen.

Wenn man die Hängebrücke überquert hat, führt links ein schmaler Weg bergauf zum **Blanco Renaissance Museum** (geöffnet tgl. 9–17 Uhr, Tel. 0361-975502), das an das Werk des philippinischen Künstlers Antonio Maria Blanco erinnert. Der 1999 verstorbene Maler, ein Meister der erotischen Malerei, lebte jahrzehntelang auf Bali. Seine balinesische Frau und ihre gemeinsame Tochter sind auf verschiedenen Bildern zu sehen.

Ein oberhalb des Museums ansteigender Weg führt nach **Penestanan** ⓰. Das Dorf wurde bekannt, als der holländische Maler Arie Smit hier Anfang der 1960er-Jahre eine Malschule für einheimische Jungen einrichtete, aus der der sogenannte Young-Artists-Stil hervorging. Smit ermutigte die jungen Maler, neue Wege bei der Darstellung und Wahl ihrer Sujets zu gehen. In der neuen Maltechnik kamen überwiegend mit Terpentin verdünnte Ölfarben zur Anwendung. Dadurch erhielten die kräftigen Farben einen matteren Ton. Licht und Schatteneffekte kommen ebenso wenig zur Geltung wie die Perspektive. Die Gesichtszüge werden nur

angedeutet, dafür wird der Ausführung der Vegetation umso mehr Aufmerksamkeit geschenkt. Noch heute säumen viele Galerien die Straßen des kleinen Dorfes.

1 km westlich des Tjampuhan Hotels an der Jalan Raya Sanngginggan liegt das **Museum Neka** ⓱ (tgl. 9–17 Uhr, Tel. 0361-975074; www.museumneka. com). Für viele Besucher birgt die 1976 gegründete Privatsammlung des ehemaligen Lehrers und eines der größten Kunstkenner Indonesiens, Suteja Neka, den besten Überblick über die Malerei auf der Insel. Über mehrere Gebäude verteilt wird die Entwicklung der balinesischen Malerei vom Wayang-Stil über die Vertreter der Pita-Maha-Gruppe bis zu Arie Smit und seiner Gruppe der Young Artists in indonesischer und englischer Sprache nachgezeichnet. Ein Schwerpunkt liegt auf den Werken von Malern aus anderen Teilen Indonesiens sowie von Ausländern, die in Bali leb(t)en, darunter prominente Namen wie Rudolf Bonnet, Han Snel und Miguel Covarrubias und Affandi. Daneben wird eine Auswahl von Schwarz-Weiß-Fotos aus den 1930er- und 40er-

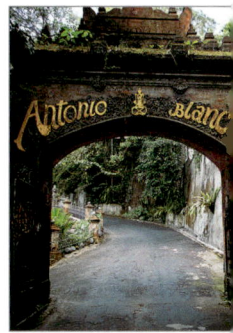

Eingang zum Blanco Renaissance Museum

Unten: Im Pura Gunung Lebah wird das Odalan gefeiert

Im Neka Art Museum

Unten: »Waiting to Dance« nannte Abdul Aziz sein Gemälde von 1983, das im Neka Art Museum zu sehen ist

Jahren ausgestellt. Viele der Aufnahmen stammen vom Amerikaner Robert Koke, der das erste Hotel in Kuta baute.

Am besten, Sie besuchen das Museum am Vormittag, bevor die Touristenbusse anrollen. Nur dann haben Sie Muße, die Bilder in Ruhe zu betrachten.

In nördlicher Richtung am Kamm entlang gelangt man auf der Hauptstraße nach **Kedewatan** ⓲, einem Dorf mit spektakulärem Ausblick und Rambutan-Bäumen. Hier ebenso wie in dem etwas weiter nördlich gelegenen Payangan entstanden einige Hotels und Resorts der internationalen Luxusklasse wie das Amandari, Alila Ubud, Como Shambhala Estate und das futuristisch anmutende Four Seasons Sayan. Auch Nicht-Hotelgäste sind zum Essen in einem der erlesenen Restaurants willkommen.

Weiter südlich bieten sich vom Rand der beeindruckenden Sayan-Schlucht traumhafte Ausblicke auf den sich durch die Schlucht schlängelnden Ayung. Von **Sayan** ⓳ aus werden Rafting-Touren veranstaltet, die sich gro-

ßer Beliebtheit erfreuen. Der kanadische Ethnomusiker Colin McPhee (1900–1964), der die Gamelanmusik dokumentierte, hat sich in den 1930er-Jahren hier ein Haus gebaut.

Südlich des Zentrums

Ein Spaziergang entlang der Touristenmeile Ubuds, der **Monkey Forest Road** (Jalan Wanara Wana), die am Hauptmarkt von der Jalan Raya abbiegt, kommt einem wie ein nicht enden wollendes Panoptikum all dessen vor, was sich die balinesische Tourismusindustrie hat einfallen lassen. Hotels, Restaurants und Boutiquen versperren den Blick auf die Reisfelder. Die Straße ist längst gnadenlos verstopft.

Östlich des Fußballfelds liegt die Bibliothek **Pondok Pekak Library and Art Centre** (tgl. 9–17 Uhr, Tel. 0361-976194), wo man gegen eine geringe Gebühr Bücher ausleihen kann. Hier gibt es auch Balis einzige Kinderbuchausleihe. Darüber hinaus gibt es ein Restaurant, einen Leseraum, einen Treffpunkt für Expat-Frauen und ein Angebot von Kursen zu balinesischer Kultur.

Auch wer dem Kaufrausch verfallen ist, wird aufatmen, wenn er am Ende der Monkey Forest Road den **Monkey Forest** ⓴ (Affenwald) erreicht, der wie die anderen Affenwälder in Bali auch Heimat ganzer Horden von Makaken ist. Die Tiere sind kein bisschen scheu. Solange man Brillen, Ohrringe und Filmrollen fest im Griff hat und nicht den Versuch unternimmt, die Affen zu streicheln, macht es Spaß, das Familienleben zu beobachten. Ganz und gar überflüssig ist es, sie mit Bananen und Erdnüssen zu füttern, denn die Tiere machen alles andere als einen unterernährten Eindruck.

Die Bestimmung der Affen ist es, den Tempel im Wald, **Pura Dalem Agung Padang Tegal,** zu schützen. Er ist Durga, der Totengöttin, geweiht, die häufig die Gestalt der Hexe Rangda annimmt.

Das nahe gelegene **Padangtegal** ist Heimat zahlreicher Maler. Hier können Sie sich in netten Gästehäusern mit

Blick auf sattgrüne Reisfelder einquartieren.

Wo die Monkey Forest Road eine Biegung nach Osten beschreibt, führt der rechte Abzweig an der Y-Kreuzung in südlicher Richtung nach **Pengosekan ㉑**. Von hier kommen die Körbe aus den getrockneten Blättern der Lontarpalme.

An einer Y-Kreuzung in Pengosekan geht es links zum Haupteingang des **Agung Rai Museum of Art** (ARMA) ㉒ (tgl. 9–18 Uhr, Tel. 0361-975449; www.armamuseum.com). Die 1996 vom Kunsthändler Anak Agung Rai eröffnete, architektonisch reizvoll eingerahmte Gemäldegalerie zeigt eine hervorragende Auswahl an balinesischen und ausländischen Bildern, die größtenteils aus dem Besitz der Familie Agung Rai stammen. Das einzige Original von Walter Spies, das in Bali verblieben ist, hängt hier. Den großzügigen Ausstellungsräumen des Museums sind ein Buchladen und eine Bibliothek angegliedert. Tanzkurse, Seminare und Workshops zum Thema Kunst und Kultur gehören ebenfalls zum interessanten Museumskonzept. Aufsehen erregende Tanz-Aufführungen werden vor allem in Vollmond- und Neumondnächten einem fachkundigen Publikum geboten.

Bleiben Sie auf der Hauptstraße nach Westen. Bald darauf führt ein Abzweig links in das Dorf **Peliatan ㉓**, das in den 1950er-Jahren durch seine Legong-Tanztruppe berühmt wurde, die damals auf einer Welttournee sogar Metropolen wie New York und Paris im Sturm eroberte. Nachfolgende Generationen haben die Tradition fortgeführt, noch immer sind in Peliatan hochklassige Legong-Tänzerinnen zu erleben, die von Gamelanorchestern begleitet werden, die ihnen an Qualität nicht nachstehen.

Von Peliatan geht es in südlicher Richtung auf der Hauptstrecke zwischen Mas und Denpasar zum **Rudana Museum ㉔** (tgl. 9–17 Uhr, Tel. 0361-975779, www.museumrudana.com). Es ist eines der jüngsten Museen auf Bali mit Werken zeitgenössischer Künstler, eröffnet 1995 von Nyoman Rudana, einem Lokalpolitiker und Kunstmäzen.

Beginnen Sie den Museumsrundgang im obersten der drei Stockwerke,

TIPP

2006 öffnete der neue **Botanische Garten** von Ubud (tgl. 9–17 Uhr, Tel. 0361-970 951; www.botanicgarden bali.com). Er liegt nördlich von Ubud im Dorf Kutah Kaja und verlockt zum Spaziergang oder zum romantischen Picknick.

Unten: Die Affen im Monkey Forest in Ubud sind den Balinesen heilig

WANDERUNGEN UND SPAZIERGÄNGE RUND UM UBUD

Die Reisbaulandschaft bietet vielfältige Eindrücke vom Leben auf dem Land. Frauen mit ihren kunstvoll arrangierten Opfergaben auf dem Weg in den Tempel, Bauern mit ihren Rindern auf den Feldern, dazwischen Gänse- und Entenherden.

Lassen Sie sich die Fahrt zu Ihrem Ausgangspunkt am besten vom Hotel arrangieren, oder organisieren Sie sich ein Bemo, das Sie dorthin bringt. Starten sollte man in den frühen, noch etwas kühleren Morgenstunden. Zur Ausrüstung gehört ausreichend Wasser, ein Snack für unterwegs, Mückenschutzmittel, Kopfbedeckung und – in der Regenzeit – ein Schirm. Alternativ kommt eine geführte Wanderung in und um Ubud in Frage.

Von Penestanan zum Affenwald (10 km)

Der Startpunkt ist an den Stufen gegenüber dem Hotel Tjampuhan. Zunächst geht es die Stufen hoch und etwa 1,5 km durch Penestanan. Dann laufen Sie etwa 3 km in südlicher Richtung weiter, durch Katik Lantang bis Singakerta. Dort nimmt man an der Kreuzung den linken Abzweig nach Dangin Labak. Eine Brücke führt in östlicher Richtung weiter nach Nyuhkuning, wo Sie dem ersten Abzweig links folgen. Nach ca. 1 km gelangt man zum Affenwald. Zurück nimmt man dieselbe Strecke.

Von Kutuh nach Petulu (9 km)

Starten Sie am besten gegen Mittag. Von der Ortsmitte von Ubud geht es in östlicher Richtung über eine Nebenstrecke nach Kutuh. Dort steigt der Weg an und führt über 4 km bis Junjungan. Bei der T-Kreuzung geht es rechts in östlicher und dann weiter in nördlicher Richtung bis zu einer weiteren T-Kreuzung. Dort geht`s wieder rechts und 2 km bergab bis Petulu. Hier lassen sich in der Abenddämmerung unzählige weiße Reiher in den Baumkronen nieder. Von einer unterhalb gelegenen Kreuzung kann man entweder mit einem der letzten Bemos wieder nach Ubud zurückfahren oder weitere 2 km in Richtung Süden zurück laufen.

Von Bedulu nach Pejeng (6 km)

Der Startpunkt liegt gegenüber der Goa-Gemeindehalle an der Hauptstraße in Bedulu. Dort zweigt ein Weg links zunächst in nördlicher und dann in östlicher Richtung zur Hauptstraße nach Pejeng ab. Die Strecke führt aufwärts bis zum ersten Abzweig links, der zum Pura Pasering Jagat führt. Weiter geht es in westlicher Richtung zur Pande-Gemeindehalle. Von dort nimmt man die Abzweigung rechts und folgt dem Weg so lange nach Norden, bis er an einer T-Kreuzung auf einen kleinen Tempel stößt. Dort nimmt man den linken Abzweig und kann nun zwischen zwei Routen wählen: Geradeaus geht es bis zum Pura Batan Bingin mit seinen herrlichen Steinmetzarbeiten und alten Bäume in den Tempelhöfen. Eine Straße führt um den Tempel herum bis zu einer Y-Kreuzung. Dort rechts halten. Die Alternative führt vom linken Abzweig an der T-Kreuzung bis Tatiapi und von dort in südlicher Richtung weiter bis zum Candi Tebing Kelebutan. Folgt man dem Pfad hinunter zum Friedhof, gelangt man zu einer aus dem Felsen geschlagenen Tempelfassade. Dort kann man ein Erfrischungsbad im Fluss nehmen. Weiter geht es durch Dukuh, wo man Abstecher zum 1 km weiter westlich gelegenen Pura Beji Bun oder zum 1 km nordwestlich gelegenen Pura Beji Taman Sari machen kann. Die Wasserheiligtümer haben Fontänen, die die für Männer und Frauen getrennten Badebecken speisen. Von dort steigt die Straße an bis zu einer Y-Kreuzung, an der Sie sich links halten.

Beide Routen führen nach Sala. Dort geht es an der Gemeindehalle links weiter ca. 1 km in westlicher Richtung hinunter in eine Schlucht und auf der anderen Seite wieder hoch, bis man an der Statue von Arjuna wieder zur Hauptstraße zurück nach Ubud kommt. ◾

Links: Weißer Reiher auf einem Tempel in Petulu

wo traditionelle balinesische Kunstwerke ausgestellt sind. Die beiden anderen Stockwerke sind bekannten, zeitgenössischen Künstlern aus ganz Indonesien gewidmet. Unter anderem sind hier exquisite Holzskulpturen zu sehen.

Östlich von Ubud

Verlässt man Ubud in Richtung Kintamani, begibt man sich ins Gebiet des Königreichs von Pejeng, des ersten bekannten Königreichs auf balinesischem Boden. Die meisten der Heiligtümer aus der Zeit zwischen dem 11. und 14. Jh. wurden erst im 20. Jahrhundert wieder entdeckt.

Vieles kann man in einem Tagesausflug von Ubud besichtigen, aber nicht alles an einem Tag. Unterwegs können Sie sich mit Snacks und Wasser an Warungs versorgen, Restaurants gibt es keine.

Goa Gajah ㉕

An der Hauptstraße von Ubud nach Gianyar erreicht man die »Elefantenhöhle« (tgl. 9–17 Uhr). Die Herkunft des Namens ist unbekannt, denn Elefanten hat es auf Bali nie gegeben. Möglicherweise steht der Name in Zusammenhang mit dem elefantenköpfigen indischen Gott Ganesha, der hier einst verehrt wurde. Hinweise gibt auch eine javanische Chronik, das Palmblattmanuskript *Nagarakertagama* aus dem Jahre 1365, das von einem buddhistischen Priester berichtet, der zu jener Zeit als Einsiedler am Lwa Gajah (»Elefantenfluss«) lebte. Diese Anmerkung bezieht sich wahrscheinlich auf den Fluss Petanu, der nicht weit von hier tief unten in der Schlucht fließt (s. auch S. 143).

Goa Gajahs Ursprünge lassen sich bis ins 11. Jh. zurückverfolgen, die gesamte Anlage wurde allerdings erst 1922 ausgegraben. Ein Furcht einflößendes Dämonenhaupt, das den Besucher beim Betreten zu verschlingen scheint, markiert den Eingang zur Höhle. Über seine Identität rätseln die Forscher bis heute. Umrahmt ist es von einer wilden Haarpracht, in der sich Tiere und dämonische Menschengestalten verstecken. Vielleicht wollte der unbekannte Künstler auf diese Art und Weise die menschliche Hilflosigkeit an-

Wer die Affen füttern will, kann Nüsse und Bananen kaufen

Unten links:
Gemälde im Agung Rai Museum of Art
Unten rechts:
Pura Dalem Agung im Monkey Forest

Holzskulptur im
Rudana Museum

Unten links: Peliatan
ist für seine Legong-
Tänzerinnen berühmt
Unten rechts: Maler
im Rudana Museum

gesichts von Naturgewalten und dämonischen Kräften andeuten.

Lässt man sich von dem grotesken Kopf nicht abhalten die Felshöhle zu betreten, gelangt man in das T-förmige Innere. Eine Taschenlampe leistet gute Dienste beim Erkunden der Nischen, die früher wahrscheinlich asketischen Einsiedlern als Unterkünfte dienten. Am einen Ende steht eine vielarmige Ganeshastatue, am anderen eine *lingga*-Dreiergruppe.

Ganesha, der Gott mit dem Elefantenkopf, ist der Sohn Shivas. Der *lingga* steht immer im Zusammenhang mit der Shiva-Verehrung. Hieraus könnte man schließen, dass es sich bei Goa Gajah um einen Shiva-Tempel handelte. Dagegen sprechen buddhistische Ruinen vor der Höhle. Der dämonische Schädel am Eingang wiederum trägt große Ohrringe, was eher auf eine Frau hindeutet. Zahlreiche Forscher sehen deshalb in dieser Gestalt eine Rangda-ähnliche Hexenfigur, die aus dem tantrischen Buddhismus oder aber dem Shivaismus stammen könnte.

Eine andere Theorie besagt, dass die Höhle auseinandergerissen und in zwei Hälften gespalten wurde – so wie Shiva den großen Weltenberg Mahameru in zwei Hälften teilte und so den Gunung Agung und den Gunung Batur schuf. Dabei kommt dem Agung die männliche, dem Batur die weibliche Rolle zu. Oft muss das gleiche Ritual in den Tempeln der Gottheiten beider Berge abgehalten werden, um das kosmische Gleichgewicht nicht zu zerstören.

Vor der Höhle steht eine 1000 Jahre alte Statue der Hariti, einer Dämonen-Gottheit, die sich von einem Kinder verschlingenden Ungeheuer zu einer buddhistischen Schutzpatronin der Kinder wandelte. Die Balinesen haben diese Legende ihrem eigenen Legendenschatz einverleibt. Dort taucht Hariti als Men Brayut auf, die zusammen mit ihrem Mann Pan Brayut so viele Kinder hatte, dass sie weder ein noch aus wusste. Sie wollte sie verschlingen, aber die Begegnung mit einem Weisen bekehrte sie und machte sie gläubig.

1954 kamen bei Ausgrabungen Badeplätze mit sechs weiblichen Figuren vor der Höhle zum Vorschein, die als Himmelsnymphen Schützerinnen der

Wasserspeier sind. Wasser ist für den Balinesen die Quelle des Lebens, und so befinden sich häufig Badeplätze neben Tempeln. Ein Seitenarm des Flusses Petanu führt an der Höhle vorbei. Petanu und Pakrisan fließen parallel von den Bergen ins Meer. Im Gebiet zwischen diesen beiden Flüssen liegen die meisten alten Heiligtümer.

Der **Pakerisan-Fluss** (von kris = Dolch) hat sich sein Bett durch massives Felsgestein gegraben und gilt den Balinesen als besonders verehrungswürdig. Viele Klöster und Schreine sind daher an seinem Lauf angesiedelt. Folgt man im hinteren Teil der Anlage den Stufen abwärts, kann man Überreste einer buddhistischen Einsiedelei ausmachen sowie eine bescheidene Buddha-Statue, der ein zweites Exemplar zur Seite stand, bevor es entwendet wurde. Man kann aus diesen Funden schließen, dass in Goa Gajah wahrscheinlich sowohl Hinduasketen als auch buddhistische Mönche lebten.

Der **Petanu** (sein Name bedeutet »verflucht«) hat eine interessante Geschichte. Vor langer Zeit kam es zu einer Schlacht zwischen dem bösen König Mayadanawa und dem Heer des Gottes Indra. Mayadanawa zwang sein Volk, nur ihn zu verehren und untersagte alle Opfer an die Götter. Solch eine Beleidigung wollten diese natürlich nicht so einfach hinnehmen. Die erste kriegerische Auseinandersetzung fand in der Nähe von Petemon statt. Danach musste Mayadanawa nach Tampaksiring fliehen, wo er alle Brunnen vergiftete, um Indras Truppen zu vernichten. Der Gott schuf ungerührt zwei heilige Quellen, eine davon in Tirtha Empul (s. S. 148), die seine Truppen wieder zum Leben erweckten. Um seiner Rache zu entkommen, floh der böse König in die nahe gelegenen Dörfer und verwandelte sich nacheinander in einen Hahn, einen Reishalm, einen Brotfruchtbaum, eine Steinstatue und schließlich in eine Nymphe. Indra schoss einen Pfeil auf ihn, und Mayadanawas Blut wurde zu einem Fluss. 1700 Jahre lang war es den Balinesen verboten, dessen Wasser für die Bewässerung der Felder zu nutzen, denn würde der Reis jemals geerntet, so die Sage, flösse Blut aus den geschnittenen Halmen.

TIPP

In Goa Gajah finden sich Elemente des Hinduismus und Buddhismus aus dem 13. Jahrhundert – ein frühes Beispiel für das Miteinander der beiden indischen Religionen, das man auch heute noch auf Bali ausmachen kann.

Unten: Der Eingang zur Goa Gajah

TIPP

Während des Voll-
mondes im April oder
Mai bringen zahlreiche
Dorfgemeinschaften
anlässlich des 13tägi-
gen Tempelfestes ihre
Kultgegenstände zum
Pura Samuan Tiga. Zu
sehen gibt es zahl-
reiche Zeremonial-
tänze, rituelle Kämpfe
zwischen hunderten
von Gläubigen und
eindrucksvolle
Prozessionen mit
Opfergaben.

Pura Samuan Tiga ❷❻

Weiter in östlicher Richtung zweigt
man an einer T-Kreuzung nach links ab
und gelangt zum »Tempel des Treffens
von drei Parteien«, einem der bedeutendsten Heiligtümer Balis. Der Name
des Tempels einnert an eine Zeit religiöser Krisen im 10. Jh., als sich eine
Reihe von Schulen in ständigem Konflikt miteinander befanden. So wurde
in diesem Tempel ein Treffen abgehalten, das zu einer Verschmelzung von
Shivaismus, Buddhismus und Animismus führte. Beeindruckend auf Terrassen errichtet, wirkt der riesige Tempelkomplex wie ein kleines Dorf aus
Toren, Schreinen und Pavillons, die
Mitte der 1990er-Jahre renoviert wurden. Drei steinerne Merus für die Gottheiten der Seen, des Wohlstands und
des Meeres stehen im Schatten gigantischen Banyanbaumes. Unten am Fluss
entspringt eine heilige Quelle.

Museum Purbakala ❷❼

Wo man vom Pura Samuan Tiga in
westlicher Richtung kommend wieder
auf die Hauptstrecke stößt, geht es
rechts ca. 500 m die Straße hoch zum

Museum Purbakala (Mo–Do 8–15 Uhr,
Fr 8–12 Uhr, Tel. 0361-942354). Das kleine **archäologische Museum** beherbergt
beeindruckende Funde aus der Mega-
lith- und Bronzezeit sowie riesige
Steinsarkophage von ca. 300 v.Chr.

Pura Kebo Edan ❷❽

Ein kurzes Stück den Hügel hoch auf
die andere Seite der Straße nach Pejeng
liegt der Pura Kebo Edan in den Reisfeldern südlich von Intaran. Er ist
Heimstatt einer riesigen, über 3 m hohen Statue des »Riesen von Pejeng«.
Dieser steht in Tanzhaltung über einer
menschlichen Gestalt, die ihn mit weit
aufgerissenen Augen anstarrt. Sein Gesicht bedeckt eine abstrakte Steinmas-
ke. Nach Einschätzung von Experten
handelt es sich hierbei möglicherweise
um Bhairava, eine Darstellung des
Hindugottes Shiva, wie sie im tantrischen Buddhismus verehrt wird.

Pura Pusering Jagat ❷❾

Weiter nördlich an der Hauptstraße
führt der erste Abzweig links zum Pura
Pusering Jagat. Dort ziehen vierseitig
behauene steinerne Tanzfiguren, die

Unten: Im Museum
Purbakala

mit ihren weit geöffneten Augen und höhnisch grinsenden Mündern an Dämonen erinnern, die Aufmerksamkeit auf sich. Hier befindet sich auch ein bemerkenswertes zylindrisches Steingefäß, Naragiri, »Berg der Männer«. Darauf eingemeißelt sind Szenen aus der Geschichte vom Quirlen des Milchmeeres zur Gewinnung des Trankes der Unsterblichkeit aus den Tiefen des Ur-Ozeans.

Pura Penataran Sasih ㉚

Weitere 100 m in nördlicher Richtung auf der anderen Seite der Hauptstraße liegt der Pura Penataran Sasih, der eine gewaltige Bronzetrommel, den sogenannten »Mond von Pejeng« beherbergt. Er gehört zu den bedeutendsten Altertümern Indonesiens. Die Trommel mit einem Durchmesser von 190 cm ist etwa 1000 Jahre älter als das Reich von Pejeng selbst, denn sie entstammt der indonesischen Bronzezeit, die etwa 300 v.Chr. einsetzte. Sie ist geformt wie ein Uhrglas und mit acht stilisierten Köpfen geschmückt. Die spiralförmigen Dekorationen legen die Vermutung nahe, dass diese Trommel ihren Ursprung in der sogenannten Dong-Son-Periode in Nordvietnam hat. Als die chinesischen Herrscher von Tongking den Versuch unternahmen, ganz Vietnam in ihre Gewalt zu bringen, kam es zu mehreren Aufständen der einheimischen Bevölkerung. Man nimmt an, dass zu dieser Zeit viele Adlige nach Südostasien flohen und unter anderem diese riesigen Bronzetrommeln mitbrachten.

Warum aber trägt dieses kunsthandwerkliche Meisterstück den Namen »Mond von Pejeng«? Die Sage weiß zu berichten, dass das Jahr einst dreizehn Monde anstelle von zwölf hatte. Eines Nachts fiel einer der Monde auf die Erde herab und verfing sich im Geäst eines Baumes. Dort schien er so strahlend hell, dass die Diebe der Umgebung sich nicht mehr auf Beutezug wagten. Der kühnste von ihnen kletterte auf den Baum und verrichtete seine Notdurft dem Mond mitten ins Ge-

sicht. Der Mond zerbarst – wobei der Frevler ums Leben kam – und stürzte in Form dieser Trommel zu Boden. Seit dieser Zeit hat niemand mehr gewagt, die Trommel zu berühren. Sie bleibt im Tempel verschlossen, und täglich werden ihr Opfergaben dargebracht.

Yeh Pulu ㉛

1 km zurück in südlicher Richtung und dann über einen unbefestigten Pfad durch die Reisfelder führt der Weg zu den Ruinen von Yeh Pulu (tgl. Sonnenauf- bis -untergang) aus dem 14. Jh.. Auffälligstes Merkmal des kleinen Heiligtums, das man nach einem Spaziergang entlang der Reisfelder erreicht, ist eine 25 m lange und 2 m hohe Mauer, die mit lebensgroßen Reliefbildern geschmückt ist. Die plastisch herausgearbeiteten Figuren scheinen – abgesehen von einem sitzenden Ganesha – keine religiösen Themen darzustellen. Es handelt sich wahrscheinlich um die ältesten bekannten Alltagsdarstellungen auf Bali.

Im Zentrum der ersten Darstellung steht ein *kayon*, der beim Schattentheater den Lebensbaum symbolisiert und

Auf den Reisterrassen von Tegalalang wird noch der alte Bali-Reis angebaut

Unten: Der »Mond von Pejeng« im Pura Penataran Sasih

Baumwolle, aus der
Endek-Stoffe gewebt
werden

Unten: Wächterin
in Yeh Pulu

Anfang und Ende der Vorstellung markiert. Die erste Figur zeigt einen Mann, der seine Hand wie zum Gruß erhoben hat. Religionswissenschaftler sehen darin die Darstellung einer Inkarnation des Gottes Vishnu, und zwar den jungen Krishna. Die nächste Szene zeigt einen Mann, der eine Schale mit Palmwein trägt und dem eine vornehme Dame vorausgeht. Ihr reicher Schmuck unterstreicht ihre Bedeutung. Beide nähern sich einem reich dekorierten Haus, aus dem eine alte Frau heraustritt. Es folgen ein Mann mit Axt im Gespräch mit einer Frau und ein Eremit mit hohem Turban, der an die heutige Kopfbedeckung der Brahmanenpriester erinnert. Das nächste Relief zeigt eine bewegte Jagdszene, bei der ein Mann einem Raubtier, wohl einem Bären, ein doppelseitiges Messer in den geöffneten Rachen stößt. Gleich daneben hockt – einer Karikatur gleich – ein komischer Frosch und ahmt den Helden nach, indem er ein Messer in das Maul einer angreifenden Schlange stößt. Dann sind zwei Männer zu sehen, die zwei Tiere an einer Stange zwischen sich tragen. Die letzte Szene

schließlich zeigt einen Reiter hoch zu Pferde, der eine Frau hinter sich herzieht.

Die Reliefs wurden 1925 ausgegraben, aber ihre Bedeutung ist bis heute rätselhaft. Vielleicht stellen sie Szenen aus der Lebensgeschichte des Gottes Krishnas dar, wobei die letzte Szene aller Wahrscheinlichkeit nach von der siegreichen Heimkehr des Helden berichtet.

Pura Bukit Dharma ❸❷

Hat man an der Hauptstrecke Bedulu in Richtung Gianyar passiert, geht es an der Semabaung-Kreuzung (Statue einer von Schlangen umgebenen Gottheit) rechts in südlicher Richtung nach Kutri. Wer besonders an alten Skulpturen interessiert ist, sollte dort den steilen Pfad vom Bukit-Dharma-Tempel zu einem kleinen, hoch gelegenen Schrein emporklimmen. Hier befindet sich die 2 m hohe Plastik der Durga, die den ihr zu Füßen liegenden Dämon tötet. Obgleich die Statue sehr verwittert ist, fällt die anmutige Bewegtheit des Körpers auf, die nicht den üblichen Darstellungsformen balinesischer oder

javanischer Plastik entspricht, sondern sich eher an indische Vorbilder anlehnt. Die Durgastatue ist eines der schönsten Kunstwerke, die aus dem frühen 11. Jh. erhalten sind.

Gianyar ㉝

Von Bedulu aus geht es auf der Hauptstrecke in östlicher Richtung nach Gianyar. Von der einstigen Größe des gleichnamigen Königreiches lässt die heutige Bezirkshauptstadt kaum mehr etwas ahnen, obwohl es die niederländische Kolonialzeit praktisch unverändert überstand, da der Raja mit den Niederländern kollaborierte. Eine Spezialität dieses Gebietes sind die *endek,* feine Ikat-Gewebe (s. S. 77), die sich in Bali großer Beliebtheit erfreuen. In vielen Werkstätten kann man beim faszinierenden Abbinde- und Färbeprozess zur Herstellung komplizierter Muster und dem Weben der Stoffe zuschauen. Lohnenswert ist auch ein Bummel über den Hauptmarkt, wo man sich ein Babi Guling, ein Spanferkelgericht, für das Gianyar bekannt ist, schmecken lassen kann.

Nördlich von Ubud

Wer von den lieblichen Landschaften Zentralbalis ausgehend nach Norden fährt, taucht langsam in das kühle, geheimnisvolle Bergland rund um den Vulkan Batur ein und bekommt ein ganz anderes Gesicht der Insel zu sehen. Auf den ersten Blick wirken die balinesischen Göttersitze unwirtlich, auf den zweiten Blick kann man sich der Faszination dieser von vulkanischen Kräften geprägten Landschaft kaum entziehen. In der Region Tampaksiring setzt sich das alte Königreich von Pejeng fort. Auch hier förderten die Archäologen zu Beginn des 20. Jhs. so manches Heiligtum zutage.

Petulu ㉞

Nimmt man von Ubud aus kommend bei Kutuh die Abzweigung nach Norden, erreicht man bald den kleinen Ort, der vor allem für seine *kokokan,* seine weißen Reiher, berühmt ist. Bei Son-

nenauf- und untergang umkreisen die Tiere in Scharen die Bäume. Tagsüber suchen sie in den Reisfeldern der Umgebung nach Würmern, Fischen und Kaulquappen, bevor sie zum Rasten nach Petulu zurückkehren. Nach dem Glauben der Balinesen sind die Reiher in Wirklichkeit Manifestationen ruheloser Seelen. Vor 1966 gab es hier keine Reiher, erzählt man, dann erreichten die Schrecken der Kommunistenverfolgungen unter Sukarno auch Bali. Hunderttausende fielen dem Morden zum Opfer und viele wurden in der Nähe des Waldes von Petulu begraben, wo Wochen später die Reiher ihre Nester zu bauen begannen.

An mehreren Beobachtunspunkten stehen Tische. Schnappen Sie sich einen und bestellen Sie einen Drink.

Tegalalang ㉟

Zurück auf der Hauptstraße kommt man nach 7 km in nördlicher Richtung ins Dorf der Holzschnitzer. Werkstätten und Verkaufsstände säumen die Straße. Tegalalang ist aber auch für seine spektakulären Reisterrassen berühmt.

In Petulu leben unzählige Weiße Reiher

Unten: Die Reisterrassen von Tegalalang

Koi-Karpfen im quell-
gespeisten Pool des
Pura Tirtha Empul

Unten links: Die
heilige Quelle im Pura
Tirtha Empul **Unten
rechts:** Bananen-
verkäuferin

Elephant Safari Park ㊱

Weiter nördlich kommt man vorbei an
Pujung nach **Taro** zum familienfreund-
lichen Elephant Safari Park (tgl.
9–18 Uhr, Tel. 0361-721480, wwwbali-
adventuretours.com). Die hier gehalte-
nen Elefanten stammen überwiegend
aus Sumatra, wo sie wegen der Abhol-
zungen ihren Lebensraum verloren haben. Hier kann man die grauen Riesen
anfassen und füttern. Safaris durch den
Dschungel, in dem es auch eine Lodge
gibt, sind ein Erlebnis der ganz besonderen Art.

Pura Gunung Kawi Sebatu ㊲

Auf der Hauptstraße geht es zurück in
Richtung Pujung und links nach Sebatu und weiter bis zum Pura Gunung
Kawi Sebatu. Das Wasserheiligtum mit
für Männer und Frauen getrennten
Reinigungsbecken entfaltet eine besondere Atmosphäre.

Tirtha Empul ㊳

In Tampaksiring liegt das Quellheilig-
tum Tirtha Empul, das von allen Balinesen verehrt wird. Es heißt, Gott Indra
habe sie geschaffen, indem er die Erde
ritzte, der eine Quelle mit *amerta*, dem
Elixier der Unsterblichkeit, entsprang.
Damit tränkte er seine Soldaten, die
vom Dämonenkönig vergiftet worden
waren, und die Götter konnten nun
den Kampf gegen die Dämonen sieg-
reich beenden. Im 10. Jh. wurde hier
ein Badeplatz eingerichtet, und die
Einheimischen schreiben dem Quellwasser magische Heilkräfte zu. Der allgemeine Badeplatz wurde des Touris-
tenandrangs wegen längst verlegt, aber
jedes Jahr einmal (nach dem balinesischen Kalender alle 210 Tage) strömen
aus allen Regionen Balis Menschen
herbei, v.a. Schwangere und Kranke,
um in den Becken an der Quelle des
Pakerisan-Flusses zu baden.

Beim vierten Vollmond des Jahres
bringen die Bewohner des nahen Dorfes Manukaya einen heiligen Stein zur
rituellen Reinigung zur Quelle. Erst
Anfang des 20. Jhs. wurde die verwit-
terte Inschrift auf dem Stein entziffert,
und zwar durch den holländischen Archäologen Stutterheim. Sie gibt die
Gründung von Tirtha Empul mit 962
n.Chr. an und beschreibt die Reinigungszeremonie. Tausend Jahre lang

haben die Dorfbewohner dieses Ritual getreu der mündlichen Überlieferung gepflegt – ohne die Inschrift lesen zu können!

Gunung Kawi ③⑨

Zurück geht es auf der Hauptstraße ca. 1 km bergabwärts, dann einen linken Abzweig in östlicher Richtung bis zum Ende der schmalen Straße. Eine lange Treppe aus steinernen Stufen führt zum Gunung Kawi.

Der beeindruckende Komplex von aus dem Felsen gehauenen *candis* und Mönchszellen wurde erst in den 30er-Jahren des 20. Jhs. im Tal des Pakerisan nahe Tampaksiring entdeckt. Die insgesamt zehn Monumente soll der Legende nach Kebo Iwa in einer einzigen Nacht aus dem Fels gekratzt haben; dem mächtigen Kanzler des Königs Bedulu sagte man sowohl magische Fähigkeiten als auch die Kräfte eines Riesen nach.

Eine Gruppe mit fünf Monumenten liegt am Ostufer des Flusses, vier weitere im Westen und eines am Südende des Tals.

Die in ihren über 7 m hohen Nischen erstaunlich gut erhaltenen Monumente erinnern an javanische Grabtempel *(candis),* verfügen aber über keinen Innenraum, sondern sind nur Reliefs. Wegen des fehlenden Hohlraums nimmt man an, dass es sich nicht um Begräbnisplätze, sondern um Gedenkstätten für gottähnliche Fürsten aus der Warmadewa-Dynastie handelt.

Inschriften auf einigen Candis geben Hinweise auf ihre Entstehung um das Jahr 1100 herum, kurz nach dem Tod des Regenten Anak Wungsu, des Sohnes von König Udayana.

Die Identität der hier verehrten Könige und ihrer Gemahlinnen ist jedoch nicht eindeutig zu bestimmen. Einer Theorie nach wurden die fünf zusammenstehenden Candis zu Ehren Udayanas, seiner Königin, seiner Konkubine und seiner beiden Söhne, Marakata und Anak, errichtet.

Nach einer anderen Theorie handelt es sich um Ehrungen für Anak Wung-

su, seine königlichen Gemahlinnen und seine vier Konkubinen.

Mit dem zehnten Candi, der ein Stück abseits steht, wurde möglicherweise ein hoher Beamter geehrt.

Bangli

Nördlich von Gianyar grenzt der Bezirk Bangli an. Das einstige Königreich wurde von einem Prinzen aus Klungkung im 18. Jh. gegründet. Bangli ist ein guter Ausgangspunkt für Touren nach Norden und zum Gunung Batur (s. S. 154)

Pura Dalem Sidan ④⓪

Nimmt man hinter Gianyar die Straße nach Bangli, lohnt in einer Kurve nahe dem Dorf **Sidan** ein Stopp am Totentempel des Dorfes; er zählt zu den schönsten *pura dalems* auf Balis. Der Kulkul-Turm (Trommelturm) ist bedeckt mit Reliefs, die die Bestrafung von Sündern durch dämonische Riesen zeigen. Die Tore flankieren Gottheiten des Todes und der Verwandlung, darunter vor allem Durga, die als Hexenkönigin Rangda mit den Totentempeln verbunden ist.

Regeln für den Tempelbesuch

Unten: Candis von Gunung Kawi

Pura Dalem Penuggekan ④

Ein kurzes Stück die Straße bergauf markiert ein steinernes Tor die Grenze zum Bezirk Bangli. Nach weiteren 7 km erreicht man eine Y-Kreuzung, wo der linke Abzweig hinauf zur Stadt Bangli führt. Nach 400 m stadtauswärts auf der rechten Seite liegt Pura Dalem Penunggekan. Die Außenwände des Totentempels zeigen lebendige Darstellungen von Höllenstrafen, die Menschen erwarten, wenn sie kein tugendhaftes Leben geführt haben.

Bukit Demulih ④

Weiter westlich geht es an der nächsten Y-Kreuzung nach links, dann dem Straßenverlauf folgend an der Kreuzung rechts zum Bukit Demulih. Der ca. 500 m lange Aufstieg lohnt mit einem herrlichen Blick vom Aussichtspunkt, wo die stille Atmosphäre so gefangen nimmt, dass man gar nicht mehr weg möchte.

Pura Kehen in Bangli ④

Oben und unten:
Pura Kehen in Bangli

Ein hoher Trommelturm steht an der Einfahrt nach Bangli, der einstigen Hauptstadt eines von der Gelgel-Dy-

nastie abstammenden Königreichs. Der bedeutendste Tempel dieses Bezirks ist der Pura Kehen, ein in Terrassen angelegtes Bergheiligtum und Staatstempel von Bangli. Er geht zurück auf das frühe 13. Jh., denn in einer alten Schrift wird von einem Tempelfest des Jahres 1204 berichtet, zu dem ein großer schwarzer Stier geschlachtet wurde.

Am Fuß der Treppe werden in einem alten Schrein Bronzeplatten mit eingravierten historischen Berichten aufbewahrt. Statuen im Stil von Wayang-Kulit-Figuren säumen die erste Terrasse, von der Stufen zu einem sehenswerten Tempeltor führen. Über dem Durchgang droht der Dämon Kala Makara mit gespreizten Händen böse Eindringlinge zu ergreifen, um sie am Betreten zu hindern. Ein gewaltiger Banyanbaum überschattet den äußeren Hof, in dessen Mauern chinesische Porzellanteller eingelassen sind. Ein *meru* mit elf Dächern beherrscht das Allerheiligste. Zur Rechten erhebt sich der dreisitzige Thron der Hindutrinität Brahma, Shiva und Vishnu.

Von hier sind es noch 15 km bis zum Gunung Batur, s. S. 154. ∎

AUSGEWÄHLTE ADRESSEN

Die Preiskategorien gelten für ein Drei-Gänge-Menü ohne Getränke.

● = unter 50 000 Rp
●● = 50 000 bis 150 000 Rp
●●● = 150 000 bis 300 000 Rp
●●●● = über 300 000 Rp

Ubud

Asiatisch

◆ **Indus**
Jl. Raya Sanggingan, Ubud, Tel. 0361-977684, www.casalunabali.com/indus-restaurant; tgl. Frühstück, Mittag- und Abendessen, ●●●
Einer der Klassiker in Ubud. Vom Lokal und der Terrasse öffnen sich herrliche Blicke über das Flusstal des Tjampuhan und auf den Gunung Agung. Asiatische Vollwertküche. Kleine Kunstgalerie.
◆ **Waroeng**
Jalan Monkey Forest Road, Ubud, Tel. 0361-970928, www.thewaroeng.com; tgl. Mittag- und Abendessen, ●●
Dieses kleine Juwel bietet eine Vielfalt asiatischer und einige westliche Gerichte. Zum besten, was die Küche hergibt, zählen die Geflügel und Schnittlauch-Curry-Tarts, Wontons mit Garnelen und süß-saurem Dip, indonesische Spezialitäten wie das ausgezeichnete Soto

Ayam, eine würzige Hühnersuppe mit Ei, Sojasprossen und geriebene Kartoffeln oder Opor Ayam, Hähnchen in einem Kokosmilchcurry mit Tamarinden und Zitronengras.

Balinesisch

◆ **Ibu Oka**
Jalan Suweta, Ubud, Tel. 0361-976345, tgl. 11–14.30 Uhr, ●
Das Restaurant ist in ganz Bali für die Spezialität der Insel, Babi Guling (Spanferkel) berühmt. Hier stehen die Leute nicht selten Schlange.

Belgisch

◆ **Café des Artistes**
Jalan Bisma X, Ubud Tel. 0361-972706, www.cafedesartistesbali.com; tgl. Mittag- und Abendessen, Reservierung für abends empfohlen, ●●
Eines der Restaurants in Ubud mit dem besten Preis-Leistungs-Verhältnis mit einem schönen Garten. Serviert werden belgische Spezialitäten wie Carbonades à la Flamande (in schwarzem Bier geschmortes Rindfleisch), Steaks und einige indonesische und thailändische Gerichte. Gratis W-Lan bis 18 Uhr.

Cafés

◆ **Cinta Grill**
Jalan Monkey Forest, Ubud, Tel. 0361-975395, tgl. Mittag- und Abendessen, ●●●

Internationale und einheimische Küche. Große Auswahl an Salaten, Suppen, Sandwiches, Pasta, Currys, Frittiertem und leckeren Desserts.
◆ **Kaklang Café**
Jalan Raya Pengosekan, Pengosekan, Tel. 0361-978984, www.kaklang.com; tgl. Frühstück, Mittag- und Abendessen, ●●
Kleines und feines klimatisiertes Café mit hervorragenden Brotsorten, Gebäck und Kuchen und den besten Croissants in ganzen Bali.

Französisch

◆ **Pignou di Penyu**
Jalan Goutama, Ubud, Tel. 0361-972577, Mo–Sa 9–22 Uhr, ●●●
Authentische französische Küche in einem kleinen, intimen Restaurant. Unter den Vorspeisen findet man Fisch- oder Zwiebelsuppe, unter den Hauptspeisen z.B. flambierte Garnelen in Anis-Likör.
◆ **Fusion**
Ary's Warrung, Jalan Raya Ubud, Ubud, Tel. 0361-975053, www.dekco.com; tgl. Mittag- und Abendessen, ●●●
Das Restaurant bekennt sich zur »asiatischen Küche der Gegenwart«. Sie verbindet westliche Küche und Kochmethoden mit asiatischen Gewürzen und Zutaten. Auf der Karte finden sich viele Schnuppergerichte,

damit sie probieren können. Köstliche Auswahl an Vorspeisen an der schönen Cocktailbar.
◆ **Lamak**
Jalan Monkey Forest, Ubud, Tel. 0361-974668, www.lamakbali.com; tgl. Mittag- und Abendessen, ●●●●
Eines der Spitzenrestaurants von Ubud, von dem angesehenen Designer Made Wijaya. Ausgezeichnete Fusion-Küche wie Entenbrust in asiatischen Gewürzen und Lammkoteletts, überzogen mit einer feinen Hunansauce. Lamak besitzt auch eine der edelsten Cocktailbars auf Bali. Gratis Abholservice von den Hotels in und um Ubud.

Indisch

◆ **Indian Dieties**
Jalan Raya Pengosekan, Pegosekan, Tel. 0361-7444222, tgl. Mittag- und Abendessen, ●●
Mitglied der bekannten Restaurantgruppe Gateway of India (auch in Seminyak, Kuta und Sanur) mit einer einheitlichen Speisekarte. Die angebotenen Gerichte sind nicht nur gut, sondern auch preiswert. Besonders lecker sind die Kathi-Rollen (Hähnchen oder vegetarisch), das Kadai-Hähnchen-Curry; Malai-Kofta (Hüttenkäse mit Gemüsekroketten oder Aloo Mattar (Kartoffeln und grünes Erbsencurry).

Indonesisch und International

◆ **Bali Pesto Café**
Jalan Monkey Forest, Ubud, Tel. 0361-7424076, tgl. Mittag- und Abendessen, ●●
Würzige indonesische Küche mit italienischem Touch. Reichhaltige und günstige Frühstücksauswahl und Pizzagerichte. Sehr zu empfehlen: Daging Bumbu Bali (zarte Scheiben vom Rinderfilet in balinesischen Gewürzen gedünstet) oder Spareribs vom Schwein in pikanten Saucen z.B. aus Tomate, Ingwer und Chili.

◆ **Barbeque**
Jalan Monkey Forest, Tel. 0361-976177, tgl. Mittag- und Abendessen, ●●
Wartet mit einem Mix internationaler und indonesischer Speisen auf und ist spezialisiert auf Grillgerichte. Unter anderem gibt es unterschiedliche Wurstsorten (Chorizo, Bratwurst und Urutan, eine balinesische Wurst) plus Spareribs, Steaks, Kebabs und Garnelen.

◆ **Batan Waru**
Jalan Dewi Sita, Ubud. Tel. 0361-977528, www.baligoodfood.com; tgl. Frühstück, Mittag- und Abendessen, ●●
Außergewöhnliche indonesische und westliche Gerichte, köstliche Erfrischungsgetränke und Desserts werden hier in großen Portionen zu einem ausgezeichneten Preis-Leistungs-Verhält-

nis serviert. Ein kleines Muss: Die indonesischen Spezialitäten Ayam Rica-Rica (Hähnchen in Chili- und Kokosmilch) oder Ayam Panggang Bali (Balinesische Grillhähnchen). An Dienstagabenden ist Chili Crab Night, in der es auch Fisch, Garnelen und andere Meeresfrüchte gibt.

◆ **Bebek Bengil (Dirty Duck Diner)**
Jalan Hanoman, Padang Tegal, Tel. 0361-975489, tgl. Mittag- und Abendessen, ●●
Großes Restaurant inmitten von Reisfeldern und von einer frischen Brise umweht. Bekannt für seine knusprigen Entengerichte und scharfe asiatische Spareribs. Auch westliche Gerichte wie Hähnchen nach Kiew Art mit Pommes Frites werden lecker zubereitet. Gutes Preis-Leistungs-Verhältnis und freundlicher Service.

◆ **Café Lotus**
Jalan Raya Ubud, Ubud, Tel. 0361-975660, www.lotusrestaurants.com; tgl. Frühstück, Mittag- und Abendessen, ●●
Gemischte Speisekarte mit westlichen und indonesischen Gerichten, hausgemachten Pastagerichten und verführerischem Käsekuchen. Sehr stimmungsvolle Sitzplätze direkt neben einem Lotusteich mit Blick auf den Pura Taman Saraswati und angrenzende Tanzbühne, wo abends regelmäßig

Tanz- und Musikaufführungen stattfinden.

◆ **Casa Luna**
Jalan Raya Ubud, Ubud, Tel. 0361-977409, www.casalunabali.com; tgl. Frühstück, Mittag- und Abendessen, ●●
Groß, aber dennoch stimmungsvoll. Die balinesische und indonesische Küche ist sehr gut, die internationalen Gerichte sind es nicht immer. In der eingegliederten Bäckerei gibt es allerlei Brotsorten, Kuchen und Gebäck.

◆ **TeraZo**
Jalan Suweta, Ubud, Tel. 0361-978941, www.baligoodfood.com; tgl. Mittag- und Abendessen, ●●●
Ein unprätentiöses Esslokal mit sehr guter internationaler und asiatischer Küche. Tagesgerichte werden in großen Portionen serviert. Ein Highlight des Hauses ist TeraZo's 8-lagiger Pie (nur zur Mittagszeit) mit Pilzen, Lauch, roter Paprika, Ricottakäse, Spinat, Parmesankäse, geräuchertem Marlin und Kürbis.

Indonesisch

◆ **Warung Enak**
Jalan Raya Pengosekan, Pengosekan, Tel. 0361-972911, www.warungenakbali.com; tgl. Mittag- und Abendessen, ●●
Sensationelle indonesische Küche mit Gerichten aus dem gesamten Archipel wird in der von Made Wijaya konzipier-

ten Anlage serviert, die eine Reihe von Pavillons und Höfen einschließt. Ausgezeichnet die Rijstaffel mit 18 Gängen wie auch die Auswahl anderer Spezialitäten à la carte. Gratis Abholservice von den lokalen Hotels.

Japanisch

◆ **Ryoshi**
Jalan Raya Ubud, Tel. 0361-972192, www.ryoshibali.com; tgl. Mittag- und Abendessen, ●●
Ein traditionelles japanisches Restaurant mit einer kleinen Sushi- und Sashimi-Bar im Obergeschoss und ein schöner, mit Fenstern gegliederter Raum mit tropischen Pflanzen und einem kleinen Wasserlauf unten. Günstige Tempura und Teppanyaki-Gerichte, Reis- und Nudelgerichte und vegetarische Küche.

Thailändisch

◆ **Kokokan Club**
Arma Resort, Jalan Raya Pengosekan, Ubud, Tel. 0361-976659, www.armaresort.com; tgl. Mittag- und Abendessen, ●●●
Gartenrestaurant mit umfangreiche Speisekarte. Empfehlenswert sind die Vorspeisen, u.a. Yam Wonsen (Nudelsalat mit Garnelen, mariniertem Hähnchen, Tintenfisch und einer scharfen Chilisoße) und Por Peh Sod (Frühlingsrollen, gefüllt mit Gemüse und Glasnudeln, von einer süßen

Sojasoße umhüllt. Überdurchschnittlich die Qualität der Hauptgerichte, vor allem Gaeng Ped Fucthong – geröstete Ente mit Kürbis als herrlich gewürztes, cremiges rotes Curry zubereitet. Gute Auswahl an vegetarischen Gerichten.

In der Umgebung von Ubud

Französisch

◆ **Mozaic**
Jalan Raya Sangginan, Tel. 0361-975768, www.mozaic-bali.com; Di–So, frühzeitige Reservierung nötig, ●●●●
Eines der exklusivsten Restaurants der Insel. Die Einrichtung ist geschmackvoll zurückhaltend und die moderne französische Küche einfach göttlich. Abends wird ein Sechs-Gänge-Menue serviert.

Indonesisch

◆ **Ibu Mangku**
Kedewatan, Ubud, Tel. 0361-974795, ●●
Ein sehr populärer, von Einheimischen wie Touristen gleichermaßen gut besuchter Warung mit einem einzigen Gericht: Nasi Ayam Kedewatan – eine gemischte Platte mit gegrilltem Hähnchen, balinesischem Tum Ayam (Huhn in Gewürzmarinade in Bananenblatt, Gemüse, Ei, gerösteten Erdnüssen) und Reis. Genial einfach und genial lecker zu einem unschlagbaren Preis.

International

◆ **CasCades**
The Viceroy, Jalan Lanyahan, Nagi, Tel. 0361-971777, www.theviceroybali.com; tgl. Mittag- und Abendessen, ●●●●
Gehört zu Balis besten Restaurants mit Blick über das Lembah Tal. Die Karte wird ständig variiert, Foie Gras, Krebs aus Alaska und Meeresfrüchte gibt es immer. Sehr gute Weine und erstklassiger Service.

◆ **Jazz Café**
Jalan Sukma, Tebesaya, Ubud, Tel. 0361-976594, www.jazzcafebali.com; tgl. Mittag- und Abendessen, ●●●●
Das Musikcafé in Ubud schlechthin! Jeden Abend Jazzmusik live. Das Essen bietet ausgezeichnete Bistroqualität mit einer großen Auswahl von Salaten, Pasta und Pizza als auch verschiedenen Hauptgerichten, u.a. gegrillte Garnelen mit Basmatireis und indischer Currysoße.

◆ **Kemiri**
Uma Ubud, Jalan Sangginan, Sanggingan. Tel. 0361-972448, www.uma.como.bz; tgl. Mittag- und Abendessen, ●●●●
Das Hotelrestaurant der Spitzenklasse bietet ein überraschend gutes Preis-Leistungs-Verhältnis. Genießen Sie Vitalmenues aus dem eigenen Shambala Spa, z. B. gegrillte Garnelen mit Pomelo und Apfelsalat und Tamarindendressing

oder geschmorten Baby-Snapper in einem Teigmantel in Koriandersoße. Gartenrestaurant am Pool.

◆ **Maya Sari**
Maya Ubud, Jalan Gunung Sari, Peliatan, Tel. 0361-977888, www.mayaubud.com; tgl. Mittag- und Abendessen, ●●●●.
Schön gelegene Essplätze mit Blick über ein Flusstal. Überwiegend internationale Speisekarte, ergänzt von Fusion-Küche.

◆ **Plantation**
Alila Ubud, Payangan. Tel. 0361-975963, www.alilahotels.com; tgl. Frühstück, Mittag- und Abendessen, ●●●●
Eines der besten Hotelrestaurants. Serviert wird ein Mix aus internationalen und indonesischen Gerichten in einem Pavillon im landestypischen Baustil mit Kokospalmpfeilern. Ausgezeichnete Frühstückskarte. Sehr guter Service. Mittags- und Abendkarte enthalten sehr innovative Kreationen, etwa das Backhähnchen mit einem Risotto aus schwarzem Reis und einer Chilikonfitüre.

Italienisch

◆ **Pizza Bagus**
Jalan Raya Pengosekan, Ubud, Tel. 0361-978520, www.pizzabagus.com; tgl. Mittag- und Abendessen, ●●
Riesige Auswahl an mehr oder weniger ungewöhnlichen Varianten

wie Tiroler Pizza oder Venezianische Pizza. Auch die Pizza Bagus Spezial ist eine Eigenkreation. Lieferservice.

Thailändisch

◆ **Siam Sally**
Jalan Hanoman, Pengosekan, Ubud, Tel. 0361-98077, tgl. Mittag- und Abendessen, ●●●
Hier mischen sich Thai und balinesischer Baustil. Unten gibt es gemütliche Sofasitzgruppen mit Tischen, oben einen nach den Seiten hin offenen Pavillon mit großen Papierlaternen und zwei Terrassen. Ausgezeichnet sind die Currys mit hausgemachten Gewürzpasten und frischer Kokosmilch, rustikale Nudelgerichte und sehr gute Wok-Kreationen.

Vegetarisch/Bio

◆ **Glow**
Como Shambhala Estate at Begawan Giri, Tel. 0361-978888, cse.comoshambhala.bz; tgl. Frühstück, Mittag- und Abendessen, ●●●●
In einzigartiger Lage oberhalb des Ayung-Flusstals präsentiert die Karte hauptsächlich vegetarische Küche, ergänzt von einigen Fleischgerichten und Meeresfrüchten. Die Küche hier bringt immer wieder Köstliches und Gesundes auf den Tisch – ausschießlich in Bio-Qualität und eine Freude für Augen und Gaumen.

Gunung Batur und Umgebung

Die heiligen Vulkane sind das Reich der Götter, glauben die Balinesen. Und die Region rund um den Batur-Vulkan mit dem gleichnamigen See und ehrwürdigen Tempeln fasziniert jeden Besucher.

Unten: Im Pura Ulun Danu Batur werden Opfergaben gefertigt

Fährt man von **Bangli** (s. S. 149) in Richtung Batur, steigt die Straße stetig an, die üppige tropische Vegetation weicht zurück und die Temperaturen sinken. Vor allem am Nachmittag ist das Bergland oft in mystische Nebelschwaden gehüllt. Am besten kommt man deshalb in den Vormittagsstunden. Grandios ist der Blick in die Caldera des Vulkans. Der riesige Einbruchkessel, der bei einem urzeitlichen Ausbruch entstand, hat einen Durchmesser von 13 km. Man kann so die Größe des einstigen Vulkans ermes-

sen. In der Caldera erhebt sich der bei einer späteren Eruption entstandene, 1717 m hohe **Gunung Batur ❶**. Der junge Vulkan explodierte 1926 zum letzten Mal heftig, aber auch 1963, als der Agung den Osten der Insel verwüstete, spuckte er Feuer. 1994 wurden vulkanische Aschen ausgestoßen, die Besteigung war über Monate hinweg verboten, und seither verfügt der Batur über einen vierten Krater. Der Legende nach teilte Pasupati (Shiva) den heiligen Hinduberg Mahameru und brachte die Hälften als Vulkane Agung und Batur nach Bali. Nach dem Agung ist der Batur der zweitheiligste Berg Balis. In vielen Tempeln der Insel wird die auf seinem Gipfel wohnende Gottheit verehrt. In östlicher Richtung kann man den **Gunung Abang** (2150 m) ausmachen. Am Fuße des Vulkans liegt der Kratersee **Danau Batur ❷**, Balis größter Süßwassersee, der für die Bewässerung Ostbalis zuständig ist.

Penelokan ❸

Direkt am Calderarand liegt Penelokan (»Aussicht«) mehr eine Aussichtsplattform als ein Dorf. Händler bestürmen die Touristen, die hier Halt machen. Neben schlechtem Kunsthandwerk bieten sie köstliche Passionsfrüchte an, die im kühlen Bergklima hervorragend gedeihen. Beeindruckend ist der Blick auf die schwarzen Lavastreifen, die sich vom nebelumhüllten Gipfel des Batur bis in die Caldera ziehen. Die Oberfläche des stillen Batur-Sees

schimmert bald wie blaues Glas, bald wie eine Platinscheibe.

Interessant ist ein Besuch im neuen **Museum** (Jl. Kintamani, www.batur-museum.com, tgl. 8–17 Uhr), wo kindgerecht mithilfe von Schaubildern, Computersimulationen und interaktiven Spielen das Phänomen des Vulkanismus erläutert wird

Pura Ulun Danu Batur ❹

Folgt man der Hauptstraße in nordwestlicher Richtung am Kraterrand entlang, stößt man nach rund 4 km auf Balis zweitheiligsten Tempel nach dem Muttertempel Pura Besakih. Die Bewohner dieser Gegend lebten früher näher am Fuß des Berges. Bei dem furchtbaren Ausbruch 1917 wurden 65 000 Häuser und 2500 Tempel zerstört. Die Lava hatte das Dorf zugedeckt, machte aber wunderbarerweise vor dem Tempel halt. Die Menschen sahen darin ein gutes Omen und zogen nicht fort. Als 1926 ein neuer Ausbruch erfolgte, wurde außer dem Dorf auch der Tempel unter der Lava begraben. Nur sein höchster Schrein blieb übrig, der der Gottheit in ihrer Erscheinung als Dewi Danu, der Göttin der Seen und Flüsse, gewidmet ist.

Nach dieser Katastrophe siedelten sich die Dorfbewohner in gebührender Entfernung am Calderarand in Kintamani an. Sie brachten den verschont gebliebenen Schrein mit und bauten den Tempel wieder auf. Die große Mehrheit der 285 geplanten Schreine ist jedoch von der Vollendung noch weit entfernt. Die zwei mächtigen Eingangstore wirken streng im Gegensatz zu den reich verzierten gespaltenen Toren Südbalis. Sie öffnen sich auf geräumige Innenhöfe, die mit schwarzer Schlacke ausgelegt sind. Hinter den Reihen hoher Merus ragt der rauchende Gipfel des Vulkans empor. In einem besonderen Haus werden kostbare Reliquien aufbewahrt, darunter auch eine massive goldene Glocke. Der Sage nach ist diese Glocke dem Tempel von einem König von Singaraja gestiftet worden, und zwar als Sühne dafür, dass er die Götter beleidigt hatte. Die Rituale sind bestimmt von der Verehrung des Batur-Sees und der Fürbitte um gute Bewässerung. Der Kratersee speist die vielen Quellen, die den Hängen entspringen.

Sonnenaufgang am Batur

Unten: Statue im Pura Ulun Danu Batur

Natural Hot Springs,
Toya Bungkah

Unten: Gebet am
Schrein der Göttin des
Sees; Pura Ulun Danu
Batur

Von Penelokan nach Penulisan

Hinter dem Pura Ulun Danu liegt **Kintamani** ❺, die alte Bergstadt in luftiger Höhe. Dass hier eines der ältesten balinesischen Königreiche seinen Sitz hatte, merkt man dem verschlafenen Ort nicht an. Jeden dritten Tag aber herrscht hier fröhliches Markttreiben.

Die Straße führt in die Berge, die von Wolken eingehüllt sind, zum 1745 m hohen **Gunung Penulisan** ❻. An klaren Tagen genießt man von hier einen fantastischen Blick bis zur Nordküste, nach Lombok und über die drei Berge Agung, Abang und Batur.

Eine steile Treppe führt hinauf zum Bergheiligtum **Pura Tegeh Koripan** ❼. Mit 1745 m ist dies der höchstgelegene balinesische Tempel – eigentlich ein ganzer Tempelkomplex, den die Menschen der umliegenden Dörfer zu Gebeten und Festen aufsuchen und dessen Besuch von Touristen etwas Kondition verlangt. In den kaum verzierten offenen Bales sind schöne Statuen zu sehen: Bildnisse balinesischer Könige und Gottheiten sowie Linggas. Einige Plastiken stammen aus dem 11.,

andere aus dem 15. Jh. Man nimmt an, dass der Tempel das Bergheiligtum des alten Pejeng-Reiches war, so wie Pura Besakih der späteren Gelgel-Dynastie als Heiligtum diente.

Kedisan und Trunyan

Von Penelokan aus windet sich eine schmale Straße in die Caldera zunächst nach **Kedisan** ❽ am Ufer des Batur-Sees. Dort können Boote für die Überfahrt nach **Trunyan** ❾ gechartert werden. Die Bewohner des Bali-Aga-Dorfes am schräg gegenüberliegenden Ufer des Sees halten an einer Sozialordnung fest, die noch aus prähistorischen Zeiten stammt. So werden hier, anders als sonstwo auf Bali, die Toten nicht verbrannt, sondern auf dem Friedhof am See, nicht weit entfernt vom Dorf, aufgebahrt und den Geiern überlassen – ein archaisches Totenritual. Eifersüchtig hüten die Dorfbewohner die verborgen gehaltene Statue Ratu Gede Pancering Jagats, des Schutzpatrons des Dorfes – mit 4 m Höhe die größte Balis. Einmal im Jahr wird ihm zu Ehren das Berutuk-Ritual zelebriert, bei dem Tänzerinnen in Kostümen aus

Kokosschalen und Palm- und Bananenblättern auftreten. Sie symbolisieren eine Gruppe von Hexen, Anhängerinnen des Schutzpatrons.

Die Dorfbewohner haben über Jahrhunderte von der übrigen Entwicklung Balis isoliert gelebt, und sie sind bis heute nicht willens, ihre Kultur mit neugierigen Besuchern aus dem Westen zu teilen und sich deren Fotoapparaten auszusetzen. Touristen sind in Trunyan nicht gern gesehen. Entsprechend sind Bootsfahrten und obligatorische Spenden für das Dorf überteuert, um die Zahl der Besucher klein zu halten. Wer dennoch einen Ausflug wagen will, sollte sich auf harte und oft unerfreuliche Verhandlungen mit den Bootsleuten einstellen.

Toya Bungkah und Pura Ulun Danu

Am Westufer des Sees liegt **Toya Bungkah** ❿, ein bescheidenes kleines Dorf, das längst vom Trekking-Tourismus lebt. Beeindruckend sind auf dem Weg dahin die Lavaströme der letzten Ausbrüche des Batur: Das poröse schwarze Gestein wird langsam wieder vom tropischen Grün überwuchert. In **Toya Bungkah** beginnt meist der Aufstieg zum Kraterrand, der bei durchschnittlicher Kondition 2 bis 3 Stunden dauert. Ein Erlebnis ist der Sonnenaufgang am Kraterrand. Mit etwas Glück tut sich ein Blick bis zum Gunung Rinjani auf Lombok auf. Das Baden im See wird nicht gern gesehen, da sein Wasser nicht nur die Bewässerungskanäle speist, sondern auch zur Herstellung heiligen Wassers dient.

Toya Bungkah ist für seine heißen, heilenden Quellen bekannt. Der Eintritt zu den öffentlichen Bädern ist frei. Sehr viel sauberer und angenehmer sind aber die **Natural Hot Springs** gleich neben dem See in einem schönen Garten und mit einem kleinen Spa (tgl. 8–19 Uhr). Ein ausgedehntes Bad ist eine Wohltat nach der anstrengenden Vulkanbesteigung. In der Nähe gibt es ein paar einfache Restaurants und kleine Hotels, in denen man die Nacht verbringen kann.

Am Nordende des Sees, in **Songan,** findet man die Überreste des ursprünglichen **Pura Ulun Danu** ⓫, fast gänzlich unter Lava begraben. ∎

Pura Ulun Danu wurde beim Ausbruch des Batur 1926 zerstört und später wieder aufgebaut

---

AUSGEWÄHLTE ADRESSEN

Die Preiskategorien gelten für ein Drei-Gänge-Menü ohne Getränke.

● = unter 50 000 Rp
●● = 50 000 bis 150 000 Rp
●●● = 150 000 bis 300 000 Rp
●●●● = über 300 000 Rp

Penelokan

Viele Restaurants am Kraterrand in Penelokan bieten mehr oder weniger indonesische Lunchbuffets an. Abends isst man am besten in den kleinen Hotels oder an einem der einfachen Warung unten am See in Toya Bungkah.

Indonesisch

◆ **Gong Dewata**
Penelokan,
Tel. 0366-51036,
tgl. Frühstück und Mittagessen, ●●
A la carte können Sei hier zwischen indonesischen und chinesischen Gerichten wählen, daneben gibt es aber sowohl zum Frühstück als auch zum Mittagessen ein Buffet – was viele Touristen wegen der Vielfalt bevorzugen. Tische stehen sowohl drinnen als auch draußen auf der Terrasse mit Bergblick.

◆ **Grand Puncak Sari**
Penelokan,
Tel. 0366-51073,
tgl. Mittagessen, ●●
Das Restaurant ist zweistöckig: oben lockt eine Terrasse, unten sitzt man drinnen. Das Buffet bietet eine große Vielfalt an Gerichten zu einem etwas höheren Preis. Die indonesischen, chinesischen als auch lokalen Versionen westlicher Gerichte sind à la carte erhältlich.

◆ **Gunung Sari**
Penelokan
Tel. 0366-52365,
tgl. Mittagessen, ●
Splitlevel-Gebäude zur Hälfte verglast, zur Hälfte offen. Überdurchschnittlich reichhaltiges Standardbuffet zum Mittagessen. À la carte bietet das Gunung Sari balinesische Küche wie Pepes Ikan (Fisch in Bananenblatt).

◆ **Lakeview Restaurant**
Lakeview Hotel.
Penelokan,
Tel. 0366-51394,
www.indo.com/hotels/lakeview,
tgl. 8–22 Uhr, ●●
Hier gibt es Frühstück und Mittagbuffets, die mehr Auswahl bieten als die Karte. Praktisch das einzige Restaurant in Penelokan, das auch am Abend geöffnet ist.

Ostbali

Dem Weltbild der Balinesen entsprechend ist der Osten der Insel von großer Bedeutung. Nicht zufällig liegt hier ihr Muttertempel. Ostbali ist eine stille Region, mit schwarzen Vulkanstränden und bunten Fischerbooten.

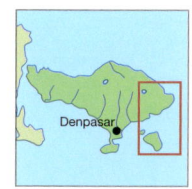

NICHT VERPASSEN!

Pura Besakih
Klungkung
Nusa Lembongan
Goa Lawah
Padang Bai
Tenganan
Candi Dasa
Amlapura
Tirtagangga
Amed

Links: Auf Nusa Lembongan wird Seegras angebaut **Rechts:** Der Muttertempel Besakih

Die östlichen Inselregionen sind weit weniger entwickelt wie der wohlhabende Süden. Die Landschaft wechselt zwischen kargen Hügeln und fruchtbaren, terrassierten Reisbaukulturen. An klaren Tagen dominiert der eindrucksvolle Kegel des **Gunung Agung** (3014 m) die Landschaft. Nach seinem letzten Ausbruch 1963 war Ostbali für mehrere Jahre isoliert. Weiter östlich säumen schwarze Lavastrände die dünn besiedelten Küstenstriche mit ihren Fischerdörfern und Salzgewinnungsanlagen. Einsame Strände und üppige Reisterrassenlandschaften garantieren Erholung abseits des Massentourismus. Ledier wurde lange Zeit aus den Korallen Kalk für den bau der Häuser gewonnen. Das hat einige Riffe schwer geschädigt, was wiederum zur Erosion vieler Strände führte. Im Inland leben in einigen Dörfern noch archaische Traditionen fort. Und man kann vergangenen Fürstentümern nachspüren.

Pura Besakih ❶

Die Zugangsstraße führt über Menanga, von dort geht es weitere 5 km bergan zum Muttertempel aller balinesischen Heiligtümer (tgl. Sonnenauf- bis -untergang). Die Lage ist einzigartig: Auf gut 900 m Höhe schmiegen sich die Schreine an die Hänge des Göttervulkans. Die Anlage beherbergt die Ahnenschreine aller balinesischen Hindus. Alle Fürstentümer der Insel unterhalten hier ihre eigenen Tempel.

Der riesige Komplex versinnbildlicht die religiöse Einheit des balinesischen Hindu-Dharma-Glaubens.

Geteilt sind die Meinungen darüber, ob der Besuch sich angesichts des riesigen kommerziellen Rummels lohnt. Touristen können sich manchmal kaum der vielen selbst ernannten Guides erwehren. So mancher verspricht für viel Geld auch den Zutritt zu den einzelnen Tempeln, der aber Nicht-Hindus streng verboten ist.

Früher mag sich an der Stelle des heutigen Tempels ein terrassenförmig

Ostbali

0   5 km

angelegtes Heiligtum befunden haben, in dem der Gott des Berges verehrt wurde. Über einen Zeitraum von mehr als tausend Jahren wurde der Tempel ausgebaut und erweitert, bis er zum gegenwärtigen Komplex von mehr als 80 Tempeln mit 22 Hauptkomplexen angewachsen war. Die Anfänge des Baus liegen im 8. Jh.; viele Erweiterungen wurden im 14. und 18. Jh. hinzugefügt. Inschriften ist zu entnehmen, dass im Jahr 1007 hier wohl die Totenfeiern für Königin Mahendradatta, der Gattin König Udayanas, stattfanden, die im Jahr zuvor gestorben war.

Seit dem 15. Jh. war Besakih offizieller Tempel der Gelgel-Klungkung-Dynastie, die eine Reihe von kleineren Tempeln zu Ehren von gottgewordenen Herrschern baute. Heute ist er der Tempel der Provinz- und Landesregierungen, die auch für seinen Unterhalt aufkommen. 1917 wurde Besakih bei einem schweren Errdbeben fast dem Erdboden gleichgemacht und wieder aufgebaut.

Der Zorn der Götter

Im Februar 1963 kamen viele Menschen zu den Vorbereitungen für das »Eka Dasa Rudra«-Fest im Tempel zusammen: Das größte aller balinesischen Opferfeste – Opferritual ist eine Zeremonie zur Reinigung des gesamten Universums – wird nur alle 100 Jahre gefeiert wird. Plötzlich zeigte sich ein feuriger Schein über dem Krater. Ein Priester legte die herabfallende Asche als symbolische Reinigung Besakihs aus, und somit wurden die Vorbereitungen trotz der drohenden Gefahr fortgesetzt.

Am 8. März schließlich fanden die großen Opferzeremonien statt. Beständig stiegen dicke schwarze Rauchsäulen aus dem Krater empor. Kurz darauf schien der ganze Berg, der über Jahrhunderte hinweg geschwiegen hatte, zu explodieren. Bei dem Ausbruch fanden mehr als 1600 Menschen den Tod, 100 000 Menschen wurden obdachlos und zahlreiche Dörfer und Felder wurden von den Lavaströmen zerstört. Die meisten Balinesen betrachteten den Ausbruch als Zeichen für eine ernsthafte Verstimmung der Götter. Die herabregnende Vulkanasche vernichtete fast die gesamte Ernte der Insel. Nach neuen Berechnungen der Priester fand die Zeremonie 1979 ein zweites Mal statt – diesmal ohne Zwischenfälle.

Pura Penataran Agung

Innerhalb des Tempelkomplexes ist das überragende Heiligtum der **Pura Penataran Agung** mit seinen hoch aufragenden *merus*. Viele Stufen führen zum gespalteten Eingangstor hinauf, von wo aus Sie einen Blick in den Innenhof werfen können, der von Nicht-Hindus nicht betreten werden darf. Hier erhebt sich ein dreisitziger Schrein, der der Trinität von Brahma, Vishnu und Shiva *(trimurti)* geweiht ist. Während der Feste werden die Schreine mit den Symbolfarben der Götter geschmückt.

Pura Keduling Kreteng und Pura Matu Madag

Während das zentrale Heiligtum Shiva geweiht ist, werden in zwei weiteren Tempelkomplexen Vishnu und Brahma

TIPP

Der leichteste Weg auf den Gunung Agung beginnt am Pura Pasar Agung. Der Tempel liegt schon auf halbem Weg nach oben, führt allerdings nicht zum Gipfel. Diesen erreicht man nur auf einem schwierigen Wanderpfad vom Pura Besakih aus. Die Begleitung eines Guides ist für beide Wege ratsam.

Unten: Bale Maskerdam im Puri Agung Karangasem in Amlapura

Unten: Das Puputan-
Denkmal in Klungkung

verehrt. Pura Kiduling Kreteng, 20 km östlich des Penataran Agung ist der Tempel für Brahma. Er wird von der Fürstenfamilie aus Bangli betreut. Der kleinere Pura Batu Madeg nordwestlich des Penataran Agung ist Vishnu geweiht; für ihn ist die Karangasem-Dynastie verantwortlich.

In der Nordostecke der Tempelanlage bietet ein kleiner Warung Erfrischungen – der schönste Platz, um die Erhabenheit der Landschaft und die Schönheit des heiligen Ortes auf sich wirken zu lassen.

Muncan ❷

Von Besakih aus geht es 2 km hinter Menanga bei der Kreuzung in **Rendang** links ab. Rund 4 km sind es auf einer kurvenreiche Strecke durch eine grandiose Reisterrassenlandschaft bis Muncan. Hier wird nach dem Mondkalender Mitte März ein besonderes Fruchtbarkeitsritual zelebriert. Dabei werden die Figuren Jero Ding und Jero Dong, verkörpert durch zwei Baumstümpfe (der eine hat ein Astloch, der andere einen dazu passenden Aststumpf), symbolisch vermählt und an-

schließend dem Fluss überlassen. Dieses Ritual soll für reiche Ernteerträge sorgen.

Pura Pasar Agung

Ca. 4 km östlich von Muncan erreicht man in **Selat** eine asphaltierte Nebenstrecke, auf der man über 12 km bergan durch Sebudi und Lavafelder zum Pura Pasar Agung kommt. Hier ist der Ausgangspunkt zu einer der Hochlandtouren. Der Tempel wurde bei dem Ausbruch des Agung 1963 vollständig zerstört und in den späten 90er Jahren des 20. Jhs. wieder aufgebaut und erweitert. Eine lange Treppe führt hinauf zum Heiligtum in spektakulärer Lage. Der Blick auf den Agung und auf Ostbali is grandios. Auch hier gibt es einen dreisitzigen Schrein für die Trinität von Brahma, Vishnu und Shiva.

Iseh und Sidemen

Folgt man der Hauptstraße 1,5 km in östlicher Richtung bis Selat-Duda kommt man dort an eine Kreuzung. Der rechte Abzweig führt über viele Kurven 12 km bergabwärts durch eine herrliche Reisterrassenlandschaft ins Bergdorf **Iseh** ❸. Hier baute sich der deutsche Künstler Walter Spies 1937 ein Landhaus mit freiem Ausblick auf den großen Vulkan.

Weiter südlich liegt **Sidemen** ❹, ein Weberdorf. Jeder Haushalt ist hier mit der Herstellung von Stoffen beschäftigt. Schon von der Straße hört man das Klickklack der Webstühle. Alle Arten von *ikat*-Webereien sowie *songket*-Stoffe (s. S. 77) sind hier erhältlich. Sidemen ist auch Sitz von Yayasan Siddhamaha, einer 1990 eröffneten Kunstschule, an der junge Leute u.a. traditionelle Literatur, Malerei, Tanz, Musik und balinesische Sprache studieren können.

Klungkung (Semarapura) ❺

Nach ca. 10 km erreicht man **Satria.** Die Straßen sind von farbenprächtigen, goldbedruckten Schirmen gesäumt – der Ort ist für die Produktion von Ehrenschirmen und weiteren Tempelausstattungen bekannt.

Nach einem weiteren Kilometer ist die Bezirkshauptstadt Klungkung erreicht, die in Semarapura umbenannt wurde.

Im späten 17. Jh. verloren die Fürsten des Königreichs Gelgel mit Sitz in Gelgel (s. S. 165) eine Reihe von Auseinandersetzungen. Einer der Minister revoltierte und besetzte den Thron. Es folgte ein langer Kampf um die Rückeroberung. 1710 wurde in Klungkung ein neuer Palast errichtet – man glaubte, das alte Gelgel sei verflucht.

Als Sitz des Dewa Agung, des nominell Ranghöchsten der balinesischen Fürsten, hat Klungkung immer einen besonderen Platz in der Geschichte und Kultur der Insel eingenommen. Die Fürstenpaläste waren auch kulturelle Zentren, von denen wichtige Impulse für das Kunstschaffen auf der gesamten Insel ausgingen.

Das Zentrum wird überragt vom **Puputan Klungkung Monument.** Das Denkmal aus dunklem Stein erinnert an den rituellen Massenselbstmord (*puputan*) des Raja und seiner Getreuen im Kampf gegen die Holländer 1908.

Östlich der Hauptquerstraße finden sich einige Einkaufsmöglichkeiten: eine Handvoll Antiquitätenländen an der Hauptstraße, und der mehrstöckige **Pasar Klungkung** (tgl. 7–16 Uhr) dahinter.

Taman Gili

Heute liegen die Überreste des Palastes innerhalb des Areals von Taman Gili (tgl. 9–17 Uhr) gegenüber dem Puputan-Denkmal. Wohl gegen Ende des 18. Jhs. errichtete man die ursprüngliche **Kerta Gosa,** die Gerichtshalle. Sie ist ein ungewöhnlich schönes Beispiel des von Klungkung beeinflussten Bau- und Malereistils, harmonisch angelegt und von einem Wassergraben umgeben.

Drei Brahmanenpriester walteten als Richter an diesem Gerichtshof, der noch bis in holländische Zeiten bestand. Hier wurden alle die Fälle behandelt, die nicht innerhalb der Familie oder Dorfgemeinschaft geregelt werden konnten, die Kerta Gosa war Sitz des höchsten und strengsten Gerichts der Insel.

Die Deckengemälde erzählen von unten nach oben im Uhrzeigersinn Episoden aus dem *Bima Swarga,* einer Son-

Am Sockel des Puputan-Denkmals in Klungkung sind die Statuen einiger Mitglieder des Königshauses zu sehen, die den Puputan begingen

Unten links: Deckengemälde in der Gerichtshalle von Klungkung **Unten rechts:** Bale Kambang

derfassung des Mahabharata, die bei Verbrennungszeremonien oft in Form eines Schattenspiels erzählt wird. Der Held Bima steigt hinab in die Hölle, um seine Eltern zu befreien. Dieser Mythos hat große ethische Bedeutung. Die Balinesen glauben an die Wiedergeburt und an das *karma phala,* wonach wir für unsere Sünden im nächsten Leben bestraft werden. Die Gemälde der Kerta Gosa zeigen uns sehr drastisch die Folgen unserer Taten. Ein geiziger König z.B. wird wahrscheinlich als armer Bettler wiedergeboren, um materiellen Wohlstand als Gottesgeschenk schätzen zu lernen.

Der Malstil, der auf das 18. Jh. zurückgeht, wird nach dem nahe gelegenen Dorf, in dem diese Malweise noch heute gepflegt wird, als Kamasan-Stil bezeichnet.

Der angrenzende **Bale Kambang** (»Schwimmender Pavillon«) wurde von der königlichen Familie als Ruheplatz genutzt. Die Deckengemälde zeigen balinesische astrologische Zeichen und u.a. buddhistische Legenden der Brayut-Familie. Wie die Kerta Gosa wurde er 1908 von den Niederländern zerstört und nach 1945 von einheimischen Künstlern restauriert. Original erhalten ist nur ein schön verziertes Palasttor.

Semarajaya Museum

Auf der linken Seite des Taman Gili steht das Backsteintor des ehemaligen **Palastes,** das jetzt einen Schrein beherbergt. Einer lokalen Legende zufolge soll sich das Palasttor wie von Zauberhand geschlossen haben, nachdem die Fürstenfamilie bei dem Puputan ausgelöscht wurde. Seitdem hat niemand gewagt, das Tor wieder zu öffnen. Beachtenswert ist der Schmuck mit Darstellungen chinesischer, holländischer und portugiesischer Figuren.

Das benachbarte **Museum Semarajaya** (tgl. 9–17 Uhr; im Eintrittsticket für das Taman Gili inklusive) gibt einen Überblick über die Kultur der Region. Die Exponate reichen von traditionellen Waffen und Wayang-Malereien bis Gerätschaften zum Weben und zur Salzgewinnung. Historische Fotos zeigen Abbildungen des alten Gerichtshofs. Eine weitere Sammlung enthält Gemälde und Skulpturen des italieni-

Unten links: Zeremonie im Pura Dasar in Gelgel **Unten rechts:** Gemälde im Kamasan-Stil

schen Künstlers Emilio Ambron (1905 bis 1996), der auf Bali in den 1930er-Jahren lebte und arbeitete.

Tihingan

Einen Abstecher, am besten in den kühleren Morgenstunden, lohnt das 2,5 km westlich von Klungkung gelegene Dorf **Tihingan.** Haupteinkommensquelle der lokalen Wirtschaft ist die Herstellung von Gamelaninstrumenten, die in den kleinen Schmiedewerkstätten entstehen. Interessant ist es, zuzusehen, wie der Dekor und die Goldverzierungen für die Holzkisten geschaffen werden, in denen die Instrumente verstaut bzw. befördert werden.

Nyoman Gunarsa Museum

Von der Kreuzung in Tihingan führt die Straße 2,5 km bergabwärts zum Nyoman Gunarsa Museum (tgl. 9–16 Uhr; Tel. 0366-22255; www. gunarsamuseum.com). Die Ausstellungen verteilen sich über vier Stockwerke und enthalten Sammlungen von traditionellen balinesischen Malereien, Masken, u.a. eine riesige Barong-Maske, Schnitzereien und andere Artefakte. Darüber hinaus gibt es Werke zeitgenössischer halb-abstrakter Kunst von I Nyoman Gunarsa, dem Gründer des Museums, und anderer moderner balinesischer Künstler zu sehen.

Kamasan

2 km südlich von Klungkung liegt das Dorf **Kamasan,** das Zentrum der von Klungkung geprägten Malerei. Die Künstler verwenden für ihre Arbeiten natürliche Farbpigmente und illustrieren Episoden aus der indischen Mythologie und javanisch-balinesischen Liebesgeschichten. Tatsächlich wird dieser Stil häufig auch Wayang-Stil genannt, da die dargestellten Lebewesen an Wayang-Kulit-Figuren (Schattenspielfiguren) erinnern. Hier kann man man Arbeiten guter Qualität zu einem vernünftigen Preis kaufen.

Lohnend ist ein Besuch im **Kamasan Arts Centre,** wo auch Malkurse angeboten werden.

Gelgel ❻

Geschichtsinteressierten sei ein Besuch der früheren Hauptstadt südlich von Kamasan empfohlen. Hier regierte im 14. und 15. Jh. der Dewa Agung (wörtlich »Großer Gott«) als mächtiger König von Gelgel. Im 17. Jh. begann sein Stern allmählich zu sinken. Er verlor nicht nur eine Reihe von Schlachten, sondern auch die meisten seiner Verbündeten. Es hieß, ein Fluch sei über den Palast gekommen, und man verlegte den Regierungssitz nach Klungkung. Dennoch zerfiel das Königreich in viele kleinere Fürstentümer, aus denen am Ende die acht Bezirke des heutigen Bali entstanden. Heute wirkt der Ort eher islamisch, dominiert von einer großen Moschee.

Im **Pura Jero Agung** (»Großer Palasttempel«) werden die Vorfahren des Königshauses verehrt. Zum Tempelfest im benachbarten **Pura Dasar** kommen Angehörige der Adelskaste aus ganz Bali zusammen.

Kusamba ❼

Von Klungkung geht es auf der Hauptstrecke an der Küste entlang zum Fi-

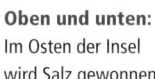

Oben und unten:
Im Osten der Insel
wird Salz gewonnen

Der Schrein des Ratu Gede Mas Mecaling im Pura Penataran Ped

Unten: Crystal Bay auf Nusa Penida

scherdorf. Vom schwarzen Sandstrand heben sich pittoresk die bunt bemalten Auslegerboote ab. Das Dorf lebt inzwischen in erster Linie vom Fischfang, das traditionsreiche Gewerbe der Salzgewinnung dagegen ist heute kaum noch rentabel. Braune Strohdächer bedecken die kleinen Fabrikationshütten am Strand, in denen das Salz produziert wird. Sandfelder werden mehrmals mit Meerwasser getränkt, bevor man den auf diese Art und Weise mit Salz angereicherten Sand in einen trichterförmigen Bottich gibt. Bei erneuter Wässerung wirkt der Sand wie ein Filter, und allmählich rinnt eine hochkonzentrierte Salzlake in schmale Bambuströge, die in die Sonne gestellt werden, damit die Lake kristallisiert. Dieser Prozess dauert insgesamt einen Tag.

Die Inseln Penida, Lembongan und Ceningan

Gegenüber von Kusamba liegen drei dünn besiedelte Inseln, die von Kusamba, Benoa im Süden oder Padang Bai im Osten mit dem Boot gut erreichbar sind.

Nusa Penida ❽

Die ca. 47 000 Inselbewohner leben überwiegend vom Fischfang und der Gewinnung von Seegras. Der Meeresarm zwischen den Inseln ist reich an Fischen, aber zweimal täglich muss die trockene kleine Insel, die kaum Anbau erlaubt, mit Erdnüssen, Reis und Früchten aus Bali beliefert werden. Die Fischer von Kusamba sind stolz auf ihre großen *prahus,* mit denen sie – bei nur fünf Mann Besatzung – bis zu anderthalb Tonnen Fracht transportieren. Sie setzen auch Passagiere zur Insel über, die die Korallengärten und die weißen Strände von Nusa Penida locken.

Die unwirtliche Insel war einst Strafkolonie des Königreichs Klungkung. Sie gilt den abergläubischen Balinesen auch heute noch als Heimat der Dämonen. Die Inselbewohner, so heißt es, sind bewandert in schwarzer Magie und genießen daher den Respekt der Balinesen. Im Alltag sind die meisten Siedler Fischer oder leben vom Algenanbau. Touristisch ist die Insel kaum erschlossen und bietet sich vor allem für Wandertouren an.

Pura Peed, der Tempel des sagenhaften Zauberers Ratu Gede Mecaling, liegt 3 km westlich von Toyopakeh an der Nordküste, wo Boote von Nusa Lembongan anlegen. 3 km östlich von Toyopakeh liegt der Tempelkomplex **Pura Penataran Ped,** der der Seegöttin Pura Taman geweiht ist. Der **Sebuluh-Wasserfall** nahe Batu Madeg und die Quelle bei Sakti sind schöne Ausflugsziele.

Nusa Lembongan ❾

Viel kleiner ist die nordwestliche Nachbarinsel. Dank einer gut ausgebauten touristischen Infrastruktur – man setzt auf Nachhaltigkeit – lockt sie aber wesentlich mehr Besucher an. Die weißen Sandstrände von **Jungutbatu** und **Mushroom Bay** an der Ostküste sind mit vielen kleinen Unterkünften und Boutique-Hotels längst bestens erschlossen – ein idealer Platz für eine Badeverlängerung nach einer Rundreise. Auch für den Ausstattungsbedarf von Schnorchlern und Tauchern ist bestens gesorgt. **Dream Beach** an der Südküste ist einer der Treffpunkte von Surfern. Allerdings ist das eher ein Do-rado für sehr erfahrene Surfer, da die Wellen anspruchsvoll sind.

Nusa Ceningan ❿

Östlich von Lembongan Village führt eine 1 km lange Stahlseilbrücke hinüber zur kleinste Insel der Gruppe. Lohnend ist der höchste Punkt der Insel, von wo man auf einem Hügel 65 m ü.d.M. weite Blicke genießen kann. In der Bucht wird Seegras angebaut, eine unverzichtbare Verdienstquelle für die Bewohner. Daraus wird der Gelatine-Ersatz *agar-agar* gewonnen, das auch wichtiger Grundstoff in der Kosmetikindustrie ist.

Pura Goa Lawah ⓫

Zurück auf dem Festland erreicht man ca. 2,5 km östlich von Kusamba die Fledermaushöhle. Leider sind die Händler hier über die Jahre ziemlich aufdringlich geworden. Die Decke der heiligen Höhle scheint zu leben: Dicht an dicht hängen Tausende von Fledermäusen und bilden eine dunkle, atmende Masse aus Körpern. Die eigentliche Höhle, die sich bis zum Pura Besakih ziehen soll, bildet den Innenhof des Tempels.

TIPP

Das Wasser rund um die kleinen Inseln Nusa Penida und Nusa Lembongan ist besonders sauber und verlockt wegen des reichen Unterwasserlebens zum Schnorcheln und Tauchen.

Unten: Anbau von Seegras auf Nusa Lembongan

Schreine schützen den Eingang. In Goa Lawah wird die Schlange Basuki verehrt; tatsächlich lebt hier eine Schlange, von der es heißt, sie ernähre sich von den Fledermäusen. Goa Lawah ist ein Unterweltstempel, der als Pendant zum Pura Besakih große Verehrung erfährt.

Den Eingang säumen eine Reihe kleinerer Schreine, die im Zusammenhang mit Riten nach der Verbrennung stehen. Vom Strand auf der anderen Seite der Straße wird die Seele gerufen. Ein Behältnis wird symbolisch mit Wasser gefüllt und zur Höhle gebracht. Nach Durchführung einer Zeremonie wird es zum Pura Dalem Puri im Besakih-Tempelkomplex (s. S. 159) gebracht.

Padang Bai, Balina und Manggis

Ca. 7 km in Richtung Candi Dasa führt an einer Kreuzung der rechte Abzweig nach **Padang Bai** ⓬. Eine schöne Bucht, landeinwärts von Hügeln eingefasst, umgibt den Naturhafen, von dem mehrmals täglich Fähren nach Lombok und Nusa Penida verkehren. Die gro-

ßen Kreuzfahrtschiffe, die die Insel ansteuern, ankern auf der linken Seite der Bucht. Bislang säumen nur kleine Losmen die schöne Bucht mit ihren herrlichen Badeplätzen. Die Geschichte des Küstendorfes, in dem sich viele muslimische Familien angesiedelt haben, geht zurück auf die Zeit des Königs Udayana im 11. Jh. Zu den Attraktionen gehören auf einer Landzunge östlich des Ortes der **Pura Silayukti**, ein dem javanischen Priester des frühen 11. Jhs., Empu Kuturan, geweihter Tempel und auf der anderen Seite der Landzunge **Blue Lagoon** und **Teluk Jepun,** die japanische Bucht, wo man sehr gut schnorcheln und tauchen kann. Entsprechende Arrangements über Tauchveranstalter vor Ort.

Hinter Padang Bai liegt **Teluk Amuk,** ein umstrittenes Terminal für Öltanker. An dessen östlichem Ende, wo die Küstenstraße eine Eisenbrücke überquert, führt ein Abzweig zu den Dörfern **Buitan** und **Balina Beach** ⓭. Dort liegen einige Hotels, u.a. das Luxus-Ressort Amankila, das einen sehr schönen Sandstrand besitzt, sowie das bescheidenere, gleichwohl elegante Alila Manggis. In diesem Teil der Küste halten sich Schäden durch Korallenabbau in Grenzen, sodass man bei Ebbe am Strand entlangspazieren kann.

In der Nähe liegt das küstennahe Dörfchen **Manggis**, das seinen Namen nach der köstlichen Mangosteenfrucht erhalten hat.

Sengkidu ⓮

Die Hauptstraße in östlicher Richtung führt weiter nach Sengkidu. Bekannt ist der von kleinen Hotels und Losmen gesäumte Ort für seine prachtvollen Zeremonien im Pura Puseh während des November-Vollmondes, wenn Männer sich in Trance versetzen und somit gegen ihre Dolchstöße immun sind.

Tenganan ⓯

An einer Kreuzung vor Candi Dasa führt ein Abzweig links hinauf nach Tenganan im Hügelland um Karanga-

TIPP

Es ist nicht einfach, das Datum des Usaba-Sambah-Festes in Tenganan vorauszusagen, aber normalerweise wird es am Vollmondtag im Juni oder Juli begangen. Ein ähnliches, aber kleineres Fest wird gleichzeitig im Nachbardorf Dauh Tukad gefeiert

Unten: Gläubige im Pura Goa Lawah

sem. Es ist eines der konservativsten Dörfer der Bali Aga, dieser urbalinesischen Dorfgemeinschaft, die nicht vom javanisch inspirierten Hinduismus der Majapahit-Flüchtlinge beeinflusst wurde. Der Ort ist von einer hellen Steinmauer umschlossen; alle Anwesen haben den gleichen Grundriss und sind in Reihen längs der Mauer angeordnet.

Die Einwohner von Tenganan sollen ursprünglich aus Bedulu stammen. Man erzählt sich, dass der mächtige König Dalem Bedulu, der Anfang des 14. Jhs. lebte, sein Lieblingspferd verloren hatte und seinen Leuten befahl, es zu suchen. Sie zogen nach Osten und fanden den Kadaver des Pferdes in der Gegend um Tenganan. Als der König ihnen eine Belohnung zusprach, erbaten sie sich Land – so weit, wie der Verwesungsgeruch des toten Pferdes reichte. Der König sandte ihnen einen Beamten mit guter Nase, um die Zuteilung des Landes gerecht vorzunehmen. Tagelang ritten sie mit dem Beamten durch die Hügel – immer noch lag der Geruch des Kadavers in der Luft. Schließlich entschied der ermüdete Beamte, dass es genug sei, und reiste ab.

Da zog der Anführer der Bali Aga unter seinen Kleidern das Stück verwesenden Fleisches hervor, das ihnen ihr Land eingebracht hatte.

Die Gemeinde von Tenganan besitzt noch heute große fruchtbare Felder, und als Großgrundbesitzer lassen sie diese von Balinesen aus anderen Dörfern bestellen. Sie selbst beschäftigen sich nur damit, ihren *tuak,* den beliebten Palmwein, herzustellen und das Kunsthandwerk zu pflegen. Die Frauen weben das berühmte Flammentuch *kamben geringsing* (s. S. 77), das seine Träger vor allen schädlichen magischen Schwingungen schützen soll. Die Webtechnik des Doppelikat, die dabei angewendet wird, ist nur in zwei anderen Regionen Asiens bekannt und so kompliziert, dass eine Frau zur Anfertigung eines Tuches oft mehrere Jahre benötigt. Die Einwohner von Tenganan tragen bei zeremoniellen Anlässen selbst nur die schönsten Stücke, die weniger gelungenen gehen in den Verkauf.

Um die Erbengemeinschaft klein zu halten, darf nur innerhalb der Dorfgemeinschaft geheiratet werden. Dies ist zwar eine wirksame Geburtenkontrol-

Eine Puppe ist ein schönes Souvenir aus Tenganan

Unten: Frauen bereiten ein Fest in Tenganan vor

Musterdetail eines *geringsing*

Unten: Bali-Aga-Frauen stampfen traditionell den Reis

le, fördert aber die Degeneration. Wer einen Partner außerhalb Tenganans heiratet, wird verbannt.

An Festtagen (die spektakulärsten werden im Januar und im Juni begangen) kleiden sich die Mädchen ab zwei Jahren in Seide, eine bunte Schärpe wird um die Taille geschlungen und Blüten aus gehämmertem Gold ins Haar gesteckt. Die gesamte Kleidung leuchtet im Sonnenlicht, und allein diese Farbenpracht macht schon einen Besuch sehr reizvoll. Während des Festes sind im Dorf Riesenräder aufgestellt. Manche haben ein Rad mit Sitzen, andere zwei Räder, in denen als Teil eines alten Rituals die verheirateten Frauen des Dorfes herumgedreht werden; das Drehen symbolisiert die Vereinigung der Erde mit der Sonne.

Die Musiker eröffnen das Fest mit der geheimnisvollen Musik des *gamelan selonding*, das ein altertümliches Xylophon mit eisernen Klangplatten zu seinen Instrumenten zählt. Die staatliche Kunsthochschule (STSI) hat eine Replik hergestellt, und junge Komponisten benutzten nun dieses Instrument für ihre eigenen musikalischen Vorstellungen. Der Selonding ist Begleitung zum rituellen Opfertanz *rejang*, der sich aus eleganten, getragenen Bewegungen der Frauen zusammensetzt. Der berühmte Kampf mit Pandanusblättern findet in Tenganan nur einmal im Jahr, während des Festes *Usaba Sambah* statt. Begleitet vom heiligen Gamelan greifen sich zwei Männer an; jeder ist mit einem runden, geflochtenen Schild und einem Büschel Pandanusblätter ausgerüstet, und zwar von jener Art, die auf beiden Blattseiten Dornen hat. Dabei gibt es zwei Taktiken, den Sturmangriff und das Pressen. Letztere hat den Nachteil, dass, während der eine Mann den Rücken des Gegners mit dem dornigen Büschel bearbeitet, der andere es ihm mit gleicher Münze heimzahlen kann. Nach den Kämpfen werden die Wunden mit einer Essigmixtur behandelt.

Ein Abstecher lohnt der ruhigere, weil weniger besuchte westliche Ortsteil Tenganan Dauh Tukad (s. Hinweisschild rechter Hand an der Straße, die zur Hauptstrecke zurückführt). West-Tenganan ist durch einen Flussarm vom größeren Ortsteil getrennt, das Leben dort folgt weniger strengen Regeln des Gewohnheitsrechts, des sogenannten *adat*.

Candi Dasa ⑯

Der Küstenort war bis in die 1980er-Jahre eine unscheinbare Siedlung, die sich mit dem Anwachsen des Tourismus schnell in einen Ferienort mit einer beachtlichen touristischen Infrastruktur verwandelte. Er ist ein sehr guter Ausgangspunkt für Erkundungen Ostbalis. Der einstmals schöne Strand ist leider durch T-förmige Wellenbrecher verunstaltet, die Erosionsschäden infolge massiver Korallensprengungen aufhalten sollen. Sie machen einen Strandspaziergang weitgehend unmöglich.

Eine Ausnahme bildet **Pasir Putih**, ein goldfarbener Sandstrand, der über einen steilen Weg mit der Ausschilderung »Virgin Beach« erreicht werden kann.

Am östlich von Candi Dasas künstlich angelegten Lotusteich liegt **Puri Candi Dasa,** der über mehrere Terrassen auf einem Hügel errichtet wurde und ins 12. Jh. zurückreicht.

Wer an ernsthaften kulturellen Studien interessiert ist, sollte Ibu Gedongs **Gandhian Ashram** besuchen, eine autarke Gemeinschaft, die auf den Grundprinzipien Mahatma Gandhis basiert. In den 1970er-Jahren war der Ashram das einzige Gebäude an diesem abgelegenen Strand.

Bukit Gumang ⓱

5 km östlich von Candi Dasa (unterwegs sind möglicherweise Affen zu sehen) liegt **Bugbug,** das von der Anlage her einem Bali-Aga-Dorf ähnelt. Hier findet alle zwei Jahre (in Jahren mit gerader Jahreszahl) im Licht des Oktober-Vollmondes der »Krieg der Götter« *(Perang Dewa)* auf dem Gumang-Hügel statt. Tausende von Bewohnern von vier umliegenden Dörfern versammeln sich und hängen gebratene Ferkel als Opfergaben in Frangipani-Bäume. Sie lassen ihre Götter in Gestalt von Puppen gegeneinander kämpfen. Während

dieses Rituals verfallen viele Teilnehmer in Trance.

Amlapura ⓲

Über einen breiten erstarrten Lavastreifen, der Jahr für Jahr ein bisschen weiter kultiviert wird, gelangt man in die Hauptstadt des Bezirks Karangasem. Bis zum Ausbruch des Gunung Agung 1963 trug auch die Stadt den Namen Karangasem. Das frühere Königreich Karangasem entstand, als Gelgel im späten 17. Jh. an Macht verlor. Ende des 18. und zu Beginn des 19. Jhs. war es das mächtigste Reich auf Bali.

Die Hauptattraktion Amlapuras ist der **Puri Agung Karangasem** (tgl. 9–17 Uhr). Der Palast war lange Residenz seiner Könige, die ihre Herrschaft über das Meer bis nach Lombok ausgedehnt hatten. Das Haupttor mit seinem dreistufigen Dach ist ein klassisches Beispiel für den strengen Architekturstil Karangasems.

Während der Kämpfe mit den Holländern um die Jahrhundertwende erklärte der Raja von Karangasem den Niederlanden seine Loyalität und durfte deshalb Titel und Amt behalten. **Puri**

Eingang zum
Puri Karangasem

Unten: Bale Maskerdam im alten Palast in Amlapura (Puri Agung Karangasem)

Kanginan, in dem der letzte Fürst geboren wurde, ist eine Schöpfung des 20. Jhs. mit europäischen, chinesischen und balinesischen Stilelementen. Das Hauptgebäude des Palastes, Bale Maskerdam, mit einer großen Veranda ist nach Amsterdam genannt worden und würdigt das Einverständnis der Holländer, dass der Fürst von Karangasem Titel und bestimmte Privilegien behalten durfte. Gegenüber steht der schmucke Bale Pemandesan, der für Zahnfeilungszeremonien genutzt wurde. Die hölzerne Täfelung scheint eine chinesische Arbeit zu sein, während im nächstgelegenen Pavillon die Ramayana-Szenen der Reliefs wieder balinesisch sind.

Taman Ujung ⓳

Die Könige von Karangasem schufen wundervolle sogenannte schwimmende Paläste, um sich vom heißen Klima Ostbalis zurückzuziehen. So auch König Anak, der das Wasserschloss (tgl. 8–17 Uhr) an der Küste ca. 8 km südlich von Amlapura erbauen ließ. Sein 1921 mit einer religiösen Zeremonie eingeweihtes Gebäude wurde 55 Jahre

Oben und unten:
Im idyllischen
Taman Ujung

später durch ein Erdbeben zerstört und nach einer umfassenden Restaurierung 2004 wiedereröffnet. Es bildet einen ausgedehnten Komplex von Becken, Pavillons und einer langen, von Arkaden gesäumten Brücke mit Dekorelementen, die in Beton gegossen wurden. Die üppig gedeihende Vegetation wird der Anlage im Lauf der Jahre gut zu Gesicht stehen.

Von Ujung nach Amed

Von Ujung zieht sich die Straße ca. 6 km die Küste entlang hinauf nach **Seraya,** einem Dorf am Abhang des 1175 m hohen, gleichnamigen Berges. Entlang der Strecke öffnen sich fantastische Blicke über das Meer und nach Lombok. Auf der Straße ist man in der Regenzeit am besten mit Allradfahrzeugen unterwegs. Von Seraya aus gelangt man auf einer schmalen und kurvenreichen Straße um die Basis des Gunung Seraya schließlich nach **Amed.**

Über Taman Tirtagangga nach Amed

Leichter befahrbar und nicht minder pittoresk ist die Route nach Amed 6 km nordwestlich von Amlapura über **Taman Tirtagangga** ⓴ (tgl. 8–17 Uhr). Der Name des Wasserschlosses bedeutet »Wasser der Stufen des Ganges«. Viele Einheimische Kinder und Jugendliche kommen zum Baden in die mit Skulpturen geschmückten und von kühlem Quellwasser gespeisten Wasserbecken. Durch den Vulkanausbruch 1963, politische Hitzköpfe und Erdbeben wurde die Anlage stark beschädigt. In ihrem Verfall zeugt sie vom Untergang einer Epoche. Von weiter oberhalb bieten sich herrliche Ausblicke auf die umliegenden Reisfelder. Hier finden Reisende Ruhe und Entspannung.

Pura Lempuyang ㉑

Von Tamang Tirtagangga geht es auf der Hauptstraße 4 km nach **Abang.** Unterwegs wird man von landschaftlichen Eindrücken und Perspektiven zwischen dem Gunung Seraya im Os-

ten und dem Gunung Agung im Westen begleitet. Nach einer in die späten 60er-Jahre des 20. Jhs. zurückreichenden Begebenheit, bevor Elektrizität diesen Teil der Insel erreichte, soll ein Weltraumsatellit einen blauen Lichtstrahl auf der Erde gesichtet haben. Nach einer genauen Ortung stellte sich die Lichtquelle als Standort des Pura Lempuyang heraus.

Östlich der Straße ist an der Hügelflanke das gespaltene Tor des unteren Tempelbereichs zu sehen. Dorthin führt der rechte Abzweig in Abang. An Tagen mit klarer Sicht wird Ihnen ein Blick den Atem rauben: der Agung, scheinbar flankiert vom gespaltenen Tor. Von Schlangen flankiert ist die Treppe, die über zunächst einen Kilometer und weitere 1700 Stufen durch den Wald zum eigentlichen Tempel auf 768 m ü.d.M. hinaufführt. Hier kann man sich der spirituellen Energie des Platzes hingeben.

Von Abang sind es noch 14 km über einen rechten Abzweig in **Culik** bis Amed.

Amed ㉒

Mit dem Namen Amed verbindet sich sowohl das gleichnamige kleine Fischerdorf als auch eine Reihe kleiner schwarzer Kiesstrände an den Buchten dieses Küstenstrichs, etwa Jemeluk, Lipah, Lehan, Selang und Aas mit Salzgewinnungsanlagen, Unterkünften aller Preiskategorien und guten Möglichkeiten zum Schnorcheln. Die kleinen Orte sind ideal für Menschen, die Entspannung suchen. Hier lässt man die Blicke zwischen Lombok und dem Gunung Agung schweifen.

Tulamben Marine Reserve ㉓

Zum nordöstlichen Küstenstrich fährt man zurück bis Culik, nimmt dort den rechten Abzweig und kommt nach weiteren ca. 10 km zu dem unter Tauchern beliebten Meeresreservat vor Tulamben. Die Hauptattraktion ist hier Schnorcheln und Tauchen, Letzteres vor allem dort, wo das amerikanische

Marinefrachtschiff *Liberty* im Januar 1942 von einem japanischen Boot torpediert wurde und kurz vor der Küste sank. Die Erschütterungen des Ausbruchs des Gunung Agung 1963 ließen den Rumpf in zwei Teile zerbrechen und drückten das Boot 50 m weiter weg vom Strand zu seiner heutigen Lage. Hier entstand über die Jahre hinweg ein Habitat für eine Vielfalt tropischer Fische und Korallen.

Die Nordostküste

Eine sehr gut ausgebaute Straße führt die gesamte Nordostküste entlang. Dort lassen sich noch deutlich die Auswirkungen der bei dem Ausbruch von 1963 entstandenen Lavaströme an den Vulkanflanken beobachten. Reizvoll ist die Fahrt durch eine mit dürrem Gestrüpp sowie Lontar- und Kokosnusspalmen bewachsene karge Hügellandschaft.

An der Strecke liegen die Dörfer **Kubu** ㉔ und **Tianyar** ㉕, die zum Teil von der Salzgewinnung leben. Bis Tejakula (s. S. 180) hat das touristische Interesse des Reisenden eine Pause verdient. ∎

Farbenfrohes Auslegerboot *(jukung)* an der Ostküste bei Amed

Unten: Sonnenuntergang in Amed, im Hintergrund der Gunung Agung

Die Preiskategorien gelten für ein Drei-Gänge-Menü ohne Getränke.

- ● = unter 50 000 Rp
- ●● = 50 000 bis 150 000 Rp
- ●●● = 150 000 bis 300 000 Rp
- ●●●● = über 300 000 Rp

Nusa Lembongan

Hier isst man am besten in den Hotelrestaurants. In der Gegend von Jungutbatu gibt es einige recht gute Warungs.

Manggis

Wie fast überall an der Ostküste Balis isst man am besten in den Hotelrestaurants. Nachstehend seien Ihnen einige gute Adressen empfohlen.

International

◆ **Seasalt**
Alila Manggis,
Buitan, Manggis,
Tel. 0363-41011,
www.alilahotels.com,
tgl. Frühstück, Mittag-
und Abendessen, ●●
Stilvoll eingerichtetes Restaurant in einem offenen balinesischen Pavillon mit Blick auf den Lotusteich. Internationale, balinesische und indonesische Gerichte kommen aus der Küche. Leichtere Speisen, Salate und Sandwiches werden

tagsüber serviert, aufwendigere Kreationen abends. Sehr populär sind die Kochkurse des Restaurants, man kann zwischen halbtägigen und 2 bis 5-tägigen Programmen wählen.

Candi Dasa

Die meisten Restaurants hier servieren Meeresfrüchte und indonesische Gerichte. Wie in Ubud gibt es hier eine Reihe von Restaurants mit internationalen Küchenchefs – und es werden immer mehr. Doch auch außerhalb der Hotels gibt es zahlreiche gute Optionen.

Holländisch

◆ **Vincent's**
Jalan Raya Candi Dasa,
Tel. 0363-41368,
tgl. Mittag- und Abendessen, ●●●
Das geschmackvoll gestaltete Restaurant mit Lounge gehört einem Holländer. Serviert werden lokale und europäische Gerichte. Zu Letzteren gehören Pilztoast (in der Pfanne in Butter, Knoblauch und Rotwein gebraten), Ananas-Garnelen-Cocktail mit Whiskysoße und Croque Monsieur (Warmer Schinken-Käse-Toast). Holländisches Frühstück und guter Kaffee werden ebenfalls angeboten. Cool Jazz wird häufig im Hintergrund gespielt.

Indonesisch/Asiatisch

◆ **Candi Agung**
Jalan Raya Candi Dasa,
Tel. 0363-41672,
tgl. Frühstück, Mittag-
und Abendessen, ●●
Kleiner, sauberer Warung, wo abends um 20 Uhr eine balinesische Tanzaufführung stattfindet. Dann tauscht eine der Kellnerinnen ihre Garderobe mit der Tanzkleidung und tritt auf einer kleinen Bühne auf. Einfache, gut komponierte indonesisch-chinesische Küche. Eine Spezialität des Hauses ist Udung Goreng, gegrillte Garnelen mit balinesischem Sambal.

International

◆ **Garpu**
Rama Candi Dasa,
Candi Dasa,
Tel. 0363-41540,
www.ramacandidasa hotelcom,
tgl. Frühstück, Mittag-
und Abendessen, ●●●
Vom klimatisierten Lokal blickt man über das Meer auf Padang Bai. Der französische Chef zaubert mit das beste Essen der Gegend – probieren Sie unbedingt seine Ententerrine mit Sauce Cumberland. Im Garpu gibt es auch selbst gebackenes Brot.
◆ **Kafé Watergarden**
Jalan Raya Candi Dasa,
Tel. 0363-41540,
www.watergardenhotel. com, tgl. Frühstück,
Mittag- und Abendessen,
●●●

Das Restaurant gehört zum gleichnamigen Hotel. und bietet vorzügliche Qualität zu einem sehr guten Preis-Leistungs-Verhältnis. Der Schwerpunkt liegt auf indonesischer Küche mit einigen internationalen Favoriten, darunter auch von der Thaiküche inspirierte Gerichte. Vegetarische Optionen werden ebenfalls angeboten.
◆ **Lotus Seaview**
Jalan Raya Candi Dasa,
Tel. 0363-41257,
www.lotusrestaurants. com,
tgl. Frühstück, Mittag-
und Abendessen, ●●
Ein Restaurant der renommierten Lotuskette. Essen mit Meerblick, Mix von balinesischer und westlicher Küche mit italienischem Einschlag.
◆ **Temple Café**
Temple Bungalows,
Jalan Raya Candi Dasa,
Tel. 0363-41629,
www.bali-seafront-bungalows.com,
tgl. Frühstück, Mittag-
und Abendessen, ●●
Gehört Australiern, denen es offensichtlich die deutsche Küche angetan hat. Auf der Speisekarte finden sich sogar Kohlrouladen. Angebote mit großen Frühstücksportionen, exzellent als Snack ist ein Wrap mit würzigem Hähnchen und Salat. Hervorragendes Preis-Leistungs-Verhältnis.

◆ **Toke**
Jalan Raya Candi Dasa,
Tel. 0363-41991,
tgl. Mittag- und Abend-
essen, ●●●
Das teilweise offene
Restaurant überrascht
mit fantasievollem
Dekor. Auf der Speise-
karte entdeckt man
westliche, balinesische
und indische Küche.
Viele Meeresfrüchte
und täglich wechselnde
Tages-Specials.

Amed

Das Gebiet von Amed
umfasst ein knappes
Dutzend Dörfer südlich
des Ortes Amed. Touris-
tisch spielt sich das
meiste am Strand von
Lipah ab.

Indonesisch

◆ **Café Indah**
Lipah Beach, Amed,
Tel. 0363-23437,
tgl. Mittag- und Abend-
essen, ●
Kleiner Warung direkt
am Strand. Einfach,
lecker und günstig!
Besonders empfehlens-
wert ist Fisch mit
schwarzen Bohnen,
Saté, Garnelen mit Chili
gewürzt und saures
Hähnchen.

◆ **Restaurant Gede**
Lipah Beach, Amed,
Tel. 0363-23517,
tgl. Frühstück, Mittag-
und Abendessen, ●●●
Wahrscheinlich die beste
indonesisch-chinesische
Küche rund um Amed,
preislich allerdings auch
etwas über dem Durch-
schnitt. Hier kommen

Liebhaber von Hummer,
Riesengarnelen und an-
deren Tagesfängen auf
ihre Kosten. Hähnchen
oder Fisch nach Manda-
rin-Art ist ein Klassiker
auf der umfangreichen
Speisekarte.

◆ **Warung Brith**
Lipah Beach, Amed,
Tel. 0363-23527,
tgl. Mittag- und Abend-
essen geöffnet, ●●
Ungemein populärer und
familiärer Warung. Der
Hit heißt hier Ang Shio
Hie, oder Fisch süß-
sauer, und wird ungleich
leckerer als in vielen
chinesischen Restaurants
rund um den Globus
serviert. Traditionelle
balinesische Gerichte
wie Ente (Bebek Betutu)
und Spanferkel (Babi
Guling) sind hier auf
Vorbestellung auch zu
haben.

International

◆ **Life in Amed**
Life In Amed Resort,
Lean, Amed,
Mobil 081-338-645037,
www.lifebali.com,
tgl. Frühstück, Mittag-
und Abendessen, ●●
In dem kleinen Restau-
rant werden in sehr
ansprechender Weise
Gerichte sowohl der
westlichen als auch
lokalen Küche serviert.
Besonders zu empfehlen
sind der Salat mit Zie-
genkäse (mit Feigen und
gerösteten Pinienker-
nen), Hähnchensalat mit
Dijon-Senfdressing, das
in Kokosnussmilch zu-
bereitete Curry mit Gar-
nelen und Ananas und

der gegrillte Baby Red
Snapper, zu dem ein
balinesischer Lawarsalat
gereicht wird.

◆ **The Pavilion**
Baliku Resort,
Banyuning, Amed,
Tel. 081-338 209173,
tgl. Mittag- und Abend-
essen, ●●
Große Terrasse, etwas
erhöht gelegen, mit
zauberhaften Blicken
nach Lombok und auf
die Berge der Umge-
bung. Direkt vor der
Küste gegenüber liegt
das japanische Schiffs-
wrack, das bei Schnorch-
lern sehr beliebt ist.

◆ **Puri Wirata**
Bunutan, Amed,
Tel. 0363-23523,
tgl. Frühstück, Mittag-
und Abendessen, ●●
Bungalows und Restau-
rant werden von Deut-
schen bewirtschaftet.
Sehr schöne Lage am
Wasser unter Palmen mit
einer Mischung aus
indonesischen und west-
lichen Gerichten. Wer
möchte kann zum
Frühstück Bratkartoffeln
mit Speck, Zwiebeln mit
Spiegelei bekommen.

◆ **Sails**
Horizon Resort,
Lean, Amed,
Tel. 0362-22006,
tgl. Mittag- und Abend-
essen, ●●
An der bergwärtigen
Seite der Hauptstraße
gelegen, mit schönen
Ausblicken. Hier gibt es
lokale und westliche Ge-
richte, die liebevoll zube-
reitet werden. Im oberen
Preissegment kann man
Hähnchen nach Manda-

rin-Art mit Sternanis,
Lammmedaillons,
Spareribs und den
frischen Fang des Tages
genießen.

◆ **Santai**
Santai Bungalows,
Bunutan, Amed,
Tel. 0363-23487,
www.santaibali.com,
tgl. Frühstück, Mittag-
und Abendessen, ●●●
Was der Chef zubereitet,
gehört zum Besten, was
die internationale Küche
in der Region von Amed
zu bieten hat. Zu den
Topfavoriten gehören
der Couscous-Salat mit
Tandoori-Chicken,
Knoblauchsuppe mit
Riesengarnelen, Barra-
cuda-Fischfilet in Ingwer
mit Gemüsenudeln und
Cashewnüssen und der
traditionelle balinesische
Ikan Pepes. Dabei wird
der Fisch mit Kokosnuss
und Gewürzen in Bana-
nenblatt eingewickelt
und gegrillt.

Tulamben

Deutsch

◆ **Tauch Terminal**
Tulamben,
Tel. 0363-22911,
www.tauch-terminal.
com, tgl. Frühstück,
Mittag- und Abendessen,
●●
Nettes, von Deutschen
geführtes Restaurant am
Meer, wo Taucher gern
hinkommen, da das
Wrack der Liberty genau
in diesem Bereich liegt.
Die Speisekarte bietet
europäische und indone-
sische Gerichte an. Früh-
stück German style.

Wasserpaläste im Osten Balis

Wasserbassins, Pavillons und Gärten, einst dem balinesischen Adel vorbehalten, laden die heutigen Reisenden in kühle Oasen ein.

Taman Ujung war königliche Sommerresidenz von Anak Agung, dem letzten Raja von Karangasem. Wenn auch die Restaurierung 2004 den historischen Anlagen nicht gerecht wird, sind die Wasserbecken mit ihren Seerosenteppichen, luftigen Pavillons und hübschen Brücken stimmungsvoll.

Auch Taman Tirtaganga (»Garten des Wassers des Ganges«) wurde 1948 von König Anak gebaut. Es ist dem Schloss Versailles bei Paris nachempfunden. Quellwasser speist die Wasserspeier und Fontänen der großen Becken, in denen man gut schwimmen kann. Unterkunft innerhalb des Parks siehe rechts. ■

Links: Zeitgenössische balinesische Darstellung von Dewi Gangga, der Gottheit des Flusses Ganges im Taman Tirtagangga.

Ganz oben: Taman Ujung, einst königliche Sommerresidenz. Inmitten des von Seerosen geschmückten Beckens liegt der Wasserpavillon Bale Kambang.
Oben: Brunnen im Taman Tirtagangga. Das Wasser fließt über die Ränder der elfstufigen steinernen Pagode in den Pool.

Wohnen in Tirtagangga

Ein, zwei Nächte im Taman Tirtagangga – ein lohnenswerter Aufenthalt und Ausgangspunkt zu Erkundungen Ostbalis. Allein der Park ist sehenswert und inmitten einer herrlicher Landschaft von Hügeln und Reisterrassen gelegen. Die Gästehäuser der Umgebung vermitteln Guides für interessante Wanderungen in der Region. Innerhalb der Anlage selbst können Sie sich in den Tirtagangga Water Palace Villas einquartieren, von wo sich herrliche Blicke über den Park und die darunter liegenden Reisterrassen öffnen.

Die Villa Tirta Ayu beherbergt zwei Schlafzimmer mit eigenem Butler, Koch und Fahrer. Die zweite Villa mit Namen Jamrud ist unterteilt in zwei kleinere Suiten, die Marmorvilla und die Löwenvilla. Die Marmorvilla (Abb. oben) ist die schönere der beiden und hat ein Wohnzimmer, einen Esspavillon, ein Freiluft-Gartenbad im unteren Geschoss sowie ein mit einem Moskitonetz ausgestattetes Schlafzimmer mit angrenzendem Bad im Obergeschoss. Buchungen unter Tel. 0363 21383, www.tirtagangga-villas.com.

Unten: Darstellung eines Stiers im Taman Tirtagangga. Eine der vielen Figuren, die als Wasserspeier dienen.

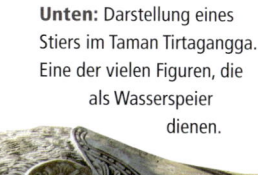

Ganz oben: Besucherinnen posieren im Taman Tirtagangga für ein Erinnerungsfoto.
Oben: Erfrischender Badegenuss in einem der Schwimmbecken, die vom Wasser einer Quelle vom Hügel hinter dem Taman Tirtagangga gespeist wird.

Nordbali

Im Norden zeigt Bali ein anderes Gesicht: Gewürz-, Vanille-, Kaffee- und Kakaoplantagen ergänzen im Hochland die Reisterrassen. Bergseen und Wasserfälle sind Traumkulisse für Wanderungen, und hinter schwarzen Sandstränden locken Korallenriffe.

Denpasar

NICHT VERPASSEN!

Sambirenteng
Kubutambahan
Jagaraga
Sangsit
Singaraja
Lovina Beach
Bratan-See
Botanischer Garten
Munduk

Links: Der Wasserfall Air Terjun bei Gitgit Tiefe **Rechts:** Die Bäder in Tejakula

Die Geschichte des Landstreifens, der sich längs der gesamten Nordküste vor der ruhigen Javasee hinzieht, ist weit mehr als die des übrigen Bali geprägt von maritimen Einflüssen und Weltoffenheit. Vor und während der Majapahit-Zeit nicht mehr als eine Provinz, erstarkte die Region zu Beginn des 17.Jhs. unter Raja Panji Sakti, der seine Erfolge mit der Eroberung von Javas Ostspitze krönte. 1604 erbaute er einen Palast, den er Singaraja nannte – dort, wo die Menschen ein *buleleng* genanntes Getreide anbauten.

Als Sir Thomas Stamford Raffles während des britischen Interregnums Generalgouverneur auf Java war, war eine Militärexpedition 1814 einige Monate in Singaraja stationiert.

Die Engländer zogen sich zurück und wurden von den Niederländern ersetzt, die zunächst mit Forderungen, später aber dann auch mit Waffen kamen, um die Plünderung gestrandeter Schiffe durch die Balinesen zu ahnden, die nach balinesischem Brauch ein gängiges Unterfangen und keinesfalls als Raub galten (s. auch S. 34).

Die Feudalherrschaft der Rajas von Nordbali endete, als die Holländer das Gebiet übernahmen. Die ersten Angriffe der Niederländer endeten in Niederlagen oder unentschieden. Erst 1849 stürmte eine verstärkte Truppe die Festung Jagaraga im Osten Singarajas und nahm sie nach einer tagelang erbittert geführten Schlacht ein.

Ab 1882 übten die Holländer direkte Kolonialherrschaft über Buleleng und Jembrana aus. Singaraja wurde zur Hauptstadt Balis und zum Sitz der Kolonialregierung für die alte Provinz »Kleine Sunda-Inseln« (heute Nusa Tenggara) erklärt und war gleichzeitig wichtigste Hafenstadt der Insel. Zu dieser Zeit wurden viele Nachkommen der Rajas holländische Beamte.

Kein Wunder, dass Nordbali stärker durch den europäischen Einfluss geprägt wurde als der Süden. In Buleleng haben die *banjars* nicht mehr die kom-

Gemälde eines jungen
Künstlers im Art Zoo

Unten: Im
Pura Ponjol Baru

munale Bedeutung wie im Süden. Die soziale Ordnung basiert im Norden eher auf den einzelnen Familien. Ebenso ist das Kastensystem nicht so stark ausgeprägt wie im Süden, wo die einheimischen Fürsten noch bis 1908 regierten.

Auch in der Kunst ging Nordbali einen eigenen Weg. Der in der Nähe von Singaraja gewonnene rosa Sandstein ist sehr weich und somit sehr leicht zu bearbeiten, sodass die Bildhauer ihrer Fantasie freien Lauf lassen konnten: Verschlungene Sandsteinreliefs dominieren die Tempel. Burleske Karikaturen von wohlgenährten holländischen Beamten sind wie Cartoons entlang der Wände mancher nördlicher Tempel abgebildet. Die hohen Tore streben in dynamischen Linien empor und sind völlig mit üppigem Bildwerk überzogen.

Die Opfergaben sind im Norden allerdings weniger kunstvoll als in den wohlhabenderen Teilen der Insel. Auch die heiligen Feiertage Galungan und Kuningan werden weniger aufwendig begangen als im Süden.

Les

Wenn man aus dem Osten Balis kommend auf der Küstenstraße in Richtung Norden fährt, hält man sich links, dem Hinweis nach **Les** folgend. Man fährt etwa einen Kilometer bis zu einer kleinen Kreuzung, wo man nun dem Hinweisschild zu einem Wasserfall folgt. Bei ein paar kleinen Shops gibt es einen großen Parkplatz. Von dort aus geht es nur zu Fuß weiter. Etwa 20 Minuten brauchen Sie durch eine Reisterrassenlandschaft, bis Sie Balis höchsten Wasserfall **Borboran Yeh Mempeh** ❶ erreichen. Hier kann man in einem kleinen Pool baden.

Von Tejakula bis Air Sanih

Die einsamen Strände von **Tejakula** ❷ oder **Sambirenteng** versprechen perfekte Entspannung. Hier liegen nur wenige Hotels, die sich an Taucher oder Besucher wenden, die Ruhe und Abgeschiedenheit suchen. Bekannt sind die Musiker und Tänzer von Tejakula – hier ist Balis größte Wayang-Wong-Truppe zu Hause, die Dutzende

bunter Menschen-, Affen- und Dämonenmasken besitzt. Im Zentrum von Tejakula laden die **Horse Baths** heute Menschen zu einem erfrischenden Bad im Quellwasser ein. In alten Zeiten wurde hier eine Rast auf der langen und beschwerlichen Reise entlang der Nordküste eingelegt, und die Transportpferde wurden im kühlen Wasser gewaschen.

Etwa 12 km weiter westlich liegt auf einem Hügel der **Pura Ponjol Baru** ❸, von dem aus man einen herrlichen Meerblick genießt – wie schon der Legende nach der javanische Priester Nirartha, der im 16. Jh. auf Bali missionierte. Dabei sah er ein gekentertes Boot und fand die Seeleute leblos am Strand. Da tat sich eine magische Quelle am Strand auf, und Nirartha besprengte die Menschen damit. Sie erwachten und konnten ihre Reise fortsetzen, obwohl ihr Boot einen gebrochenen Mast und kein Segel mehr hatte. Unterhalb des Tempels erinnert eine Nachbildung des Bootes an dieses Ereignis.

Eine Sehenswürdigkeit ganz anderer Art ist der **Art Zoo** ❹ (tgl. 9–17 Uhr, www.symonbali.com) in Alas Sari, ein homoerotischer Park, geschaffen von dem amerikanischen Künstler Symon. Die lebensgroßen Skulpturen und farbenfrohen Gemälde von jungen Balinesen sind einen Stopp wert.

Weitere 5 km westlich liegen die Quellen von **Air Sanih** ❺, auch bekannt unter dem Namen Yeh Sanih (tgl. bis Sonnenuntergang), die einen großen Pool speisen. Ein beliebter Treffpunkt der Einheimischen. Ein paar einfache Warungs und Unterkünfte finden sich ganz in der Nähe.

Nordbalinesische Tempel

Östlich von Singaraja finden sich einige der schönsten Beispiele nordbalinesischer Tempelkunst. Statt der vielen kleinen Schreine und Meru-Türme erhebt sich im inneren Hof der nördlichen Tempel nur ein einziges Postament auf einer terrassierten Steinbasis. Häufig trägt es den *padmasana,* den Thron des Sonnengottes, und Schreine,

Das berühmte Relief eines Radfahrers im Pura Meduwe Karang in Kubutambahan

An den Kampf der Indonesier gegen die Holländer erinnert das Yudha Mandala Tama Independence Monument in Singaraja

Unten: Die nordbalinesischen Tempel zeigen dank des sehr weichen Sandsteins verschwenderische Ornamente (hier Pura Beji, Sangsit)

die Reliquien enthalten und als Ruheplatz für die Götter während der langen Tempelfeste dienen.

Der nördliche Stil ist so überschwänglich barock, dass der südliche dagegen fast klassisch genannt werden könnte. Jedes Detail des Tempels ist sorgfältig herausgearbeitet – Bögen und Flammenzungen, Arabesken und Spiralen überall.

Ein schönes Beispiel nordbalinesischer Tempel ist der **Pura Maduwe Karang** in **Kubutambahan** ❻. Im »Tempel des Herrn, dem die Erde gehört« verehren die Gläubigen Mutter Erde und die Sonne, die über das Gedeihen der nicht bewässerten Feldfrüchte wachen. Der Tempel wurde 1890 errichtet und ist mit vielen Fruchtbarkeitsmotiven verziert, darunter eine Reihe erotischer Szenen. Die Tempelskulpturen zeigen verschiedene Motive wie z.B. Dämonen, Diener, Liebende und Adlige sowie ein Porträt des holländischen Archäologen W. O. J. Nieuwenkamp, der um die Jahrhundertwende Bali per Rad durchquerte. Die Statuen außerhalb des Tempels thematisieren Geschichten aus dem Ramayana. Während in den Subak-Tempeln um reichen Ertrag der Reisfelder gebetet wird, erfleht man hier den Segen für die hiesigen Produkte wie Kokosnüsse, Mais und Kaffee. An Festtagen kommen die Bauern der umliegenden Dörfer und bitten um die Reste der in den Feldern vergrabenen Opfergaben. Das ist ein Ritual, um das Wohlwollen der Götter auf den Ackerboden zu lenken.

Ein Stück weiter landeinwärts liegt **Jagaraga** ❼. Traurige Berühmtheit erlangte das Dorf durch eine blutige Schlacht zwischen Balinesen und Holländern, die 1849 einem Großteil der Dorfbevölkerung das Leben kostete. Hauptattraktion ist aber der kleine **Pura Dalem.** Reliefs stellen das Leben vor und nach der Ankunft der Niederländer dar. Zu den humorvollsten Darstellungen gehört ein Relief, das zwei Europäer in ihrem Auto zeigt, die von einem bewaffneten Räuber überfallen werden. Kunstflieger mit einmotorigen Flugzeugen tauchen ins Meer, und ein holländischer Dampfer, der von einem schuppigen Meeresungeheuer angegriffen wird, funkt SOS. Auch die bösen Rangda- und Fruchtbarkeitsfiguren, darunter eine unter einer Masse Kinder begrabene Mutter, sind meisterlich und voller Humor gearbeitet.

Ein ausgezeichnetes Beispiel für den nördlichen Stil ist auch der **Pura Beji** in **Sangsit** ❽, ein *subak*-Tempel, der Dewi Sri, der Reisgöttin, geweiht ist. Naga-Schlangen ziehen sich zu beiden Seiten der Treppe als Balustraden entlang. Aus der in sich verwobenen Steinflora des prächtigen Tores wachsen Fabeltiere und dämonische Wächter, oft absichtlich in einer Dreivierteldrehung des Körpers dargestellt, die noch mehr Unruhe in das Gesamtbild bringt. Die dynamische Asymmetrie setzt sich im Inneren des Heiligtums fort. Vögel ohne Unterschnabel, wilde Tiger und Sonnenblumen ragen überall aus dem Sockel hervor. Reihen von Steintürmen stehen auf den Terrassen. Als Ausgleich zu dieser Überfülle zieren den weitläufigen Hof nur einige Frangipani-Bäume.

Singaraja ❾

An Größe und Bedeutung ist die Stadt längst von Denpasar überflügelt worden. Im Vergleich zur neuen Hauptstadt wirkt die alte gemütlich und altmodisch, ist mit ihren bescheidenen 15 000 Einwohnern aber immerhin die größte Stadt des Nordens und Sitz von zwei Universitäten. Die Geschäftsstraßen sind fest in chinesischer Hand. Auch einer der wenigen chinesischen Tempel Balis zeugt von der Bedeutung der Minderheit aus Ostasien für das Geschäftsleben Singarajas. Er liegt unweit des alten Hafens, der einst wichtiger Handelshafen war. Heute ist er versandet.

Nach ihrer blutigen Eroberung der friedlichen kleinen Insel plagte die Niederländer ein schlechtes Gewissen, und sie begannen die sogenannte ethische Politik zu propagieren. Um die Kultur der Insel zu erhalten, begannen sie in den 1920er Jahren den Tourismus zu fördern und gründeten Kulturinstitutionen wie das Bali-Museum in Denpasar oder die historische Bibliothek **Gedong Kirtya** (Mo–Do 8–16, Fr 8–13 Uhr) in Singaraja, in der insgesamt etwa 3000 balinesische Manuskripte aufbewahrt werden. Das Museum beherbergt möglicherweise die wertvollste Sammlung von Lontar-Büchern in Asien.

Die Technik des Beschriftens von Lontar-Blättern kam aus Indien, wo zwischen 1100 und 1350 »illuminierte« Palmblattmanuskripte gefertigt wurden. Diese in Südostasien weit verbreiteten Bücher wurden aus Blättern der Lontarpalme hergestellt, die geschnitten, gepresst und durch einen Wurzelsud präpariert werden, bevor mit einem Griffel Texte und Miniaturen eingeritzt werden. Durch das Einreiben mit einer Öl-Ruß-Mischung werden die Ritzungen sichtbar gemacht.

Lontar-Bücher enthalten Texte aus der klassischen Literatur und Mythologie, historische Chroniken und religiöse Abhandlungen. Einige der wertvollsten Sammlerstücke stammen aus der Majapahit-Zeit. *Prasasti*, Metalltafeln, in die königliche Erlasse der Pejeng-Bedulu-Dynastie geritzt sind, gehören zu den frühesten schriftlichen Aufzeichnungen, die man auf Bali gefunden hat.

Eingang zum chinesischen Tempel in Singaraja

Unten: Fischerboote am Strand von Lovina

Kleine Opfergabe

Lohnend ist ein Besuch des lebhaften **Nachtmarktes** von Singaraja: Frische Früchte locken in der Markthalle, mit ohrenbetäubendem Lärm werben die Musikkassettenhändler um Kundschaft, und von den zahllosen kleinen Garküchen duftet es verführerisch. Hier kann man sich zu den Einheimischen an einen der Warungs hocken und für wenig Geld authentisch balinesisch essen.

Lovina Beach ❿

Rund 6 km westlich von Singaraja erstreckt sich ein langer Küstenstreifen aus schwarzem Sand mit den Dörfern Anturan, Tukad Mungga, Kalibukbuk, Kalisasem und Temukus. Die Sammelbezeichnung Lovina Beach stammt vom letzten König Bulelengs aus den 1960er-Jahren. Hier geht es noch ruhiger zu als in den Touristenzentren des Südens, ein schöner Platz zum Schnorcheln und Entspannen.

Es gibt viele günstige Unterkünfte, aber auch einige Hotels der mittleren Kategorie. Verglichen mit den Touristenzentren des Südens kann man hier noch sehr günstig Urlaub machen.

Unten: Das warme Wasser in den Becken von Air Panas Banjar kommt aus dem Maul von Schlangen

Eine Abwechslung für Besucher sind die Delfintouren, die fast jedes Hotel und jeder Fischer anbietet. Am frühen Morgen starten je nach Saison mehr oder weniger motorisierte Fischerboote, um sich auf die Suche nach Delfinschwärmen zu machen. Die Beobachtung artet allerdings oft in eine regelrechte Verfolgung der armen Tiere aus, die angesichts der zahlreichen Boote Reißaus nehmen – Tierfreunde widerstehen dem Angebot also vielleicht. Weiterhin werden Schnorcheln und Tauchen angeboten; die Bedingungen dafür sind allerdings weiter westlich in Pemuteran wesentlich besser.

Ausflüge von Singaraja

Ein interessanter Ausflug führt 3 km westlich von Temukus nach Dencarik, von dort aus den Berg hinauf zum **Brahma Arama Vihara** ⓫, einem 1958 gegründeten buddhistischen Ashram. Meditationsschüler werden nur im April und September aufgenommen, Besucher sind aber immer willkommen, wenn sie sich an die Bekleidungs- und Verhaltensregeln des Ashrams halten – auf Shorts und Miniröcke sowie Spaghettiträger-Oberteile sollte man verzichten. Zu sehen sind Gemälde, die das Leben Gautama Buddhas thematisieren, und im Garten ein Modell des Borobodur-Tempels auf der Nachbarinsel Java. des größten buddhistischen Heiligtums weltweit.

Nach weiteren 3 km erreicht man **Air Panas Banjar** (tgl. 8–18 Uhr), eine wunderschöne Badeanlage, die von heißen Quellen gespeist wird. Hier kann man sich unter die Balinesen mischen, die vor allem am Wochenende in den Pools ihre Freizeit genießen. Ein kleines Restaurant und ein Mini-Spa, in dem Massagen angeboten werden, verführen zum Bleiben.

Von Singaraja nach Bedugul

Wenn man von Singaraja kommend bergwärts fährt, erreicht man nach etwa 10 km **Air Terjun Gitgit** ⑫. Vor allem kurz nach und während der Regenzeit lohnt sich der 500 m lange Fußweg zum 40 m hohen Wasserfall, der von Verkaufsbuden gesäumt ist. In dem natürlichen Pool unterhalb des Wasserfalls kann man sich erfrischen.

Danau Bratan ⑬
Die Straße windet sich weiter aufwärts ins kühle Bergland. In der Caldera eines urzeitlichen, längst erloschenen Vulkans breitet sich der stille Bratan-See **aus**. Im Tempel **Pura Ulun Danu** auf einem kleinen Landvorsprung am See verehren die Bewohner von Bedugul die Leben spendende Göttin der Gewässer, Dewi Danu. Der Tempel, der im frühen 17. Jh. vom Raja von Mengwi errichtet wurde, ist zusammen mit dem Pura Ulun Danu Batur der bedeutendste Bewässerungstempel Balis. Das Allerheiligste des Tempels, zwei schlanke Merus, erheben sich auf zwei Inselchen im See.

Am See ist es wochentags sehr ruhig, am Wochenende aber treffen viele Großfamilien aus Java ein, die das kühle Bergklima genießen, und Hochzeitspaare lassen sich vor romantischer Kulisse ablichten.

Ein Anziehungspunkt für Golfer ist der **Bali Hokkaido Golf Club,** der älteste Golfplatz der Insel und der wohl einzige Golfplatz der Welt, der in einem (erloschenen) Vulkan liegt. Gastspieler sind willkommen

Am Markt von Candi Kuning werden Erdbeeren verkauft, die im kühlen Hochland gut gedeihen

Unten: Fischerboote am Bratan-See

BOOTSFAHRTEN

Die Pfade durch den Regenwald zwischen Buyan- und Tamblingan-See führen zum Pura Tahun, einem Tempel mit einem elfstufigen Meru. Von hier aus kann man bei einem der Fischer eine Bootstour in einem traditionellen Boot buchen. Motoren und Wassersport sind hier glücklicherweise verboten.

Die Quelle, die die Seen speist, versorgt die Umgebung mit Trinkwasser. Außerdem tummeln sich im klaren Wasser Fische, die eine willkommene Abwechslung auf dem Speiseplan sind.

Auf der anderen Seite des Danau Tamblingan liegen ein weiterer Tempel, der Pura Gubug, der der Göttin der Bergseen geweiht ist, und das winzige Dorf Munduk Tamblingan, dessen Bewohner Viehzucht betreiben. Leibspeise der Tiere sind die Lotosblüten, die im seichten Seewasser gedeihen.

In der Region um Munduk wachsen Nelken; geerntet werden sie grün, nach dem Trocknen sind sie fast schwarz

Unten: Nur ein schmaler Landstreifen trennt den Buyan-See (rechts) vom Tamblingan-See (links)

Candi Kuning und Bedugul

Nahe Bedugul liegt der Markt von **Candi Kuning,** wo wilde Orchideen und Lilien neben allen Arten von Früchten und Gewürzen verkauft werden. Die meisten Urlauber beziehen ihre Quartiere im kleinen Städtchen **Bedugul ⓮**, 1308 m hoch gelegen, das der gesamten Bergregion hier auch den Namen gab. Hier im kühleren Hochland gedeihen Zwiebeln, Kohl und Papaya. Die Bauernhäuser entlang der Straße sind keine strohgedeckten Hütten mehr, sondern solide Holz- und Ziegelbauten zum Schutz gegen die häufigen und starken Regenfälle. Die Erde ist mit üppigem Moos und Bodendeckern bewachsen und vom kühlen Wasser der zahlreichen Bergflüsse getränkt.

Botanischer Garten ⓯

Südlich des Marktes von Candi Kuning liegt der Eingang zum Kebun Raya Eka Karya Bali (tgl. 8–18 Uhr). Der 130 ha große Botanische Garten ist stolz auf 650 verschiedene Baum- und 500 Orchideenarten. Eine relativ neue Attraktion, die vor allem Familien anlockt, ist der **Treetop Adventure Park** (tgl. 8.30 bis 18 Uhr), wo man sich wie Tarzan von Baum zu Baum schwingen oder auf Hängebrücken von Baumkrone zu Baumkrone spazieren kann.

Danau Buyan und Danau Tamblingan

Die dem Bratan-See benachbarten Seen **Buyan ⓰** und **Tamblingan ⓱**, von Kaffeeplantagen umgeben, garantieren auch am Wochenende Ruhe und Erholung. Auf Wanderungen im Bergland lässt sich die heimische Flora unmittelbar studieren.

Munduk ⓲

Hinter dem Danau Tamblingan zieht sich die Straße abwärts nach Munduk, einem schönen Dorf mit Kaffee-, Vanille- und Gewürznelkenplantagen, die vielfach schon von den Holländern in den 1890er-Jahren angelegt wurden. Geführte Wanderungen, Koch- und Tanzkurse bietet das idyllisch gelegene **Hotel Puri Lumbung** an, von dem aus man spektakuläre Blicke bis zur Küste genießt. Von hier führt der Weg zurück an die Küste bei **Sererit ⓳**. ◼

AUSGEWÄHLTE ADRESSEN

Die Preiskategorien gelten für ein Drei-Gänge-Menü ohne Getränke.

● = unter 50 000 Rp
●● = 50 000 bis 150 000 Rp
●●● = 150 000 bis 300 000 Rp
●●●● = über 300 000 Rp

Lovina

Chinesisch

◆ **Warung Aria**
Jalan Raya Lovina 18, Kalibukbuk, Lovina, Tel. 0362-41341, tgl. Mittag- und Abendessen, ●
Kleiner Warung an der Hauptstraße mit einfachem und sehr günstigem Essen nach kantonesischer Art. Sehr gut der gebratene Reis mit Garnelen.

International und indonesisch

◆ **Damai Restaurant**
Jalan Damai, Lovina. Tel. 0362-41008, www.damai.com, tgl. Mittag- und Abendessen, ●●●●
Sehr schönes Resort im oberen Segment mit einem Restaurant, das für seine gehobene Küche bereits Auszeichnungen erhielt. Serviert wird exquisite Nouvelle Cuisine und Fusionküche mit indonesischen und westlichen Gerichten, die bei herrlicher Aussicht eingenommen werden. Sehr zu empfehlen ist das

Fünf-Gänge-Gourmet-Abendessen. Gratis Transport wird angeboten.

◆ **Kakatua**
Kalibukbuk, Lovina, Tel. 0362-41344, tgl. Frühstück, Mittag- und Abendessen, ●●
Zwei offene Pavillons mit einem Fischteich beherbergen dieses Restaurant, das mit seiner einfachen Küche ein wahres kulinarisches Feuerwerk entfacht. Unglaublich, was da alles gezaubert wird. Die Kreationen reichen von Pizza, Pasta über käseüberbackenen Blumenkohl bis hin zu indischen Currys, mexikanischen und thailändischen Gerichten und hausgemachten Puddings.

◆ **Kubu Lalang**
Pantai Tukadmungga, Lovina, Tel. 0362-42207, www.kubu.balihotelguide.com, tgl. Frühstück, Mittag- und Abendessen, ●●
Das Strandrestaurant hat eine große Karte mit balinesischer, europäischer, arabischer und indischer Küche mit einem sehr guten Preis-Leistungs-Verhältnis und ausgezeichnetem Service.

◆ **Kwizien**
Jalan Raya Kaliasem, Lovina, Tel. 0362-42031, tgl. Mittag- und Abendessen, ●●
Das Restaurant für einen besonderen Anlass mit klimatisiertem Essbereich und einer

Terrasse serviert sowohl europäische als auch lokale Küche. Steak Rocquefort, Lammmedaillons und Spareribs sind besonders empfehlenswert. Exzellente Weinauswahl.

◆ **Le Gong**
Bali Paradise Hotel, Jalan Kartika, Kalibukbuk, Lovina, Tel. 0362-41432, tgl. Frühstück, Mittag- und Abendessen, ●●●
Dieses Hotelrestaurant ist ein wahres Juwel. Drinnen kühl dank Aircondition, draußen mit Blick auf Pool und Garten. Lammkeule und Steak Diana (mit einer Soße aus Senf, Zwiebeln, Pilzen und Rotwein) sind die Spezialitäten des Hauses.

◆ **Adirama**
Adirama Hotel, Lovina, Tel. 0362-41759, tgl. Frühstück, Mittag- und Abendessen, ●●
Das Hotelrestaurant am Strand serviert ein breites Spektrum an Gerichten – von Fish & Chips über indonesische Hühnchengerichte bis zu mexikanischen Klassikern (Tacos, Enchiladas, Quesadillas & mehr).

Thai

◆ **Jasmine Kitchen**
Gang Bina Ria (zweigt von der Jalan Bina Ria ab), Kalibukbuk, Lovina, Tel 0362-41565, tgl. Mittag- und Abendessen, ●●

Kleines Thai-Lokal mit leckeren vegetarischen Frühlingsrollen. Ausgezeichnet ist auch das Massaman-Curry mit Kokosmilch, Kartoffeln, Erdnüssen und wahlweise Garnelen oder Gemüse.

Bedugul

International

◆ **Café Teras**
Jalan Raya Denpasar–Singaraja, Lempuna, Tel. 0362-29312, tgl. Frühstück, Mittag- und Abendessen, ●●
Am Eingang zum Golf Club. Nehmen Sie im kolonialen Speisesaal oder auf der Terrasse Platz und genießen Sie japanische Klassiker von Misosuppe bis Teriyaki-Hähnchen …

◆ **Kamandalu**
Bali Handara Kosaido Golf & Club, Beugul, Tel. 0362-22646, www.balihandarakosaiso.com, tgl. Frühstück, Mittag- und Abendessen, ●●●
Ausgezeichnetes Restaurant mit Blick über den Golfplatz. Japanische, indonesische und balinesische Gerichte.

◆ **Pacung Indah**
Pacung, Tel. 0368-21020, Frühstück, Mittag- und Abendessen, ●●
www.pacungbali.com
Südlich von Bedugul genießt man mit Blick auf Reisterrassen indonesische und westliche Gerichte aus regionalen Produkten.

Westbali

Wenig besuchte Strände, Weinfelder hinter Lavastränden, ein faszinierender Nationalpark und einige der besten Tauchplätze Balis sind zu entdecken.

Denpasar

NICHT VERPASSEN!

Pura Pulaki
Pemuteran
Pulau Menjangan
Gilimanuk
Bali-Barat-NP
Belimbingsari
Palasari
Negara
Pupuan

Links: Fischerboote im Hafen an der Flussmündung des Perancak **Unten:** Auf dem Weg zum Markt

Wenige Reisende finden den Weg in den dünn besiedelten Westen der Insel. Doch sie werden reich belohnt: Wer genug von den Verkehrsstaus Südbalis, von überfüllten Stränden und dem Rummel der Touristenzentren hat, sollte sich auf den Weg in den »Wilden Westen« der Insel machen. Wenige Surfer bevölkern die schwarzen Strände im Südwesten, wo die stürmische Brandung kaum durch Korallenriffe gebremst wird.

Im Westen sind die Straßen erheblich weniger befahren. Kein Wunder – hier leben auch weit weniger Menschen als im dicht besiedelten Süden. Westlich von Tabanan führt die Straße parallel zum Meer durch den Bezirk Jembrana. Kokoshaine und Reisfelder säumen die Straße auf dem Weg zum Fährhafen Gilimanuk an der Westspitze der Insel. Viele Balinesen meiden die Region, lehnen sie als unzivilisiert ab, weil sich hier zahlreiche Einwanderer aus Java, Madura und Sulawesi angesiedelt haben.

Die Hälfte des Bezirks Jembrana ist immer noch dicht bewaldet, ein Großteil der Waldgebiete gehört zum Nationalpark Bali Barat, Zuflucht für viele bedrohte Tierarten.

Im Nordwesten dagegen, rund um den Ort Pemuteran, entstand ein kleines Tourismuszentrum – hier locken schöne Tauchplätze, vor allem rund um die Nationalparkinsel Menjangan, Unterwassersportler an.

Nach Pulaki

Rund 16 km westlich von **Sererit** liegt der kleine geschützte Hafen von **Celukan Bawang ❶**, der Singaraja als Haupthafen an der Nordküste ablöste. Von Zeit zu Zeit legt hier einer der traditionellen *pinisi*-Schoner aus Sulawesi an.

Weiter westwärts wird das Land zusehends trockener. Hier wachsen Weinstöcke, die einen interessanten Kontrast zur tropischen Flora bilden. Traditionell wurden die Trauben zu *anggur,* einer Art Medizinwein oder Krafttrunk,

Statue im
Pura Pabean, Teil
des Pura Pulaki

verarbeitet. Längst werden sie aber auch zu Tafelweinen akzeptabler Qualität gekeltert. Während der Trockenzeit zwischen Juni und September ist es manchmal möglich, bei der Weinlese zusehen.

Bei **Grokgak** ❷ liegen die Weingärten von Hatten Wines (Tel. 0361-286298, www.hattenwines.com), dem bekanntesten Winzer der Region. Aus Alphonse-Lavallée- bzw. Belgia-Reben werden Rot-, Weiß- und Roséweine gekeltert. Die Kellereien liegen allerdings in Sanur. Im Rahmen einer organisierten Tour von Bali Discovery (Tel. 0361-286283, www.balidiscovery.com) kann man sowohl Weinfelder als auch Kellerei besichtigen.

Nach weiteren 5 km erreicht man das Dorf **Pulaki** ❸ mit tosender Brandung und interessanten Tempeln aus dem 16. Jh., die wie so viele balinesische Tempel auf den javanischen Priester Nirartha zurückgehen, der auf der Flucht vor dem Islam nach Bali kam. Man erzählt sich eine Legende: Nirarthas jünste Tochter verirrte sich im Wald und wurde von ein paar jungen Männern aus dem Dorf überfallen. Als der Priester sie fast tot fand, verwandelte er sie in eine Gottheit namens Dewi Melanting. Ihr Tempel, Pura Melanting, steht auf den bewaldeten Hängen. Nirartha fand und bestrafte die Täter, in dem er sie unsichtbar machte und ihnen befahl, seiner Gattin zu dienen, die er vergöttlichte und der er den Pura Pulaki errichtete. Die Balinesen glauben bis heute, dass die unsichtbaren Geister von Pulaki, *gamgan* genannt, ab und zu auftauchen und mit ihrer schwarzen Magie so manches Unheil anrichten. Immer wenn Hunde ohne Grund bellen, wenn Flugzeuge und Schiffe in der Region verunglücken, werden die Geister von Pulaki verantwortlich gemacht.

Der **Pura Pulaki**, 2 km westlich vom Ort gelegen, gehört zu den wichtigsten balinesischen Tempeln und ist von einer Affenschar bevölkert. Zum Tempelkomplex gehört auch der Pura Pabean gegenüber mit herrlichem Blick auf die Küste. Er vereint chinesische

und balinesische Stilelemente und wird oft von Fischern besucht, die um eine sichere Ausfahrt bitten.

Pemuteran und Banyuwedang

Nach weiteren 3 km erreicht man **Pemuteran ❹**, wo ab den 1990er-Jahren ein kleiner Badeort mit Hotels in unterschiedlichen Kategorien und ruhigen Stränden entstand. Hierher zieht es neben Tauchern und Schnorchlern diejenigen, denen es in Lovina nicht mehr ruhig genug ist. Die Hotels organisieren Wanderungen im Nationalpark und Tauchausflüge nach Menjangan.

Die durch Dynamitfischerei in der Vergangenheit geschädigten Riffe werden seit einigen Jahren erfolgreich renaturalisiert: Aus Metall baut man Gerüste, an denen Korallen befestigt werden. Diese setzt man unter Strom, um das Wachstum zu beschleunigen. Unterwassersportler finden so auch weiterhin ausgezeichnete Möglichkeiten zum Tauchen und Schnorcheln.

In Pemuteran können Sie mit einer kleinen Spende den gefährdeten Meeresschildkröten helfen: Reef Seen (siehe

Randspalte) züchtet sie und entlässt sie ins Meer.

Rund 10 km sind es von hier noch bis **Banyuwedang ❺**. Der Name »Heißes Wasser« leitet sich von heißen Quellen ab, für die der Ort bekannt ist. Die Badeanlagen wirken etwas vernachlässigt, eine ausgezeichnete Alternative sind die Badeanlagen im Mimpi Resort, die Besucher gegen eine kleine Gebühr nutzen können.

Pulau Menjangan

Labuan Lalang ❻ an der Bucht von Terima ist Ausgangspunkt für Bootstouren zur unbewohnten »Hirschinsel« **Pulau Menjangan ❼**, die zum Bali-Barat-Nationalpark gehört. Beim Visitor Centre und dem Parkplatz gibt es einfache Warungs. Schnorchelausrüstungen werden von den Bootsbesitzern gestellt. Tauchausflüge sollte man jedoch besser von Pemuteran aus organisieren. Die eindrucksvollen vorgelagerten Korallenriffe fallen bis zu 50 m steil ab und gelten als beste Option für Taucher in Bali. Bei Streifzügen auf der Insel kann man Rehe und Hirsche beobachten.

TIPP

Der Tauchveranstalter **Reef Seen Aquatics** (Tel. 0362-92339, www.reefseen.com) war Pionier in den Renaturalisierungsmaßnahmen der Korallenriffe und engagiert sich außerdem für die Rettung der gefährdeten Meeresschildkröten.

Links unten: Der Wert von Perlen hängt von ihrer Größe, Farbe, Oberfläche und Form ab **Unten rechts:** Vor Pemuteran versucht man, Riffe künstlich anzusiedeln

Makam Jayaprana ❽

Kurz hinter Labuan Lalang liegt auf einem Hügel mit schönen Küstenblicken die Grabstätte eines Volkshelden aus dem 17. Jh. Hinter dem Monument verbirgt sich eine tragische Liebesgeschichte – Thema zahlreicher Schattenspielaufführungen: Der Waisenjunge Jayaprana wurde im 17. Jh. von einer adeligen Familie aufgezogen und heiratete eine schöne junge Frau, die auch vom alten Raja umworben wurde. Um die schöne Layonsari für sich zu gewinnen, schickte dieser den jungen Mann einer vermeintlichen Piratentruppe entgegen. Tatsächlich wurde Jayaprana in einen Hinterhalt gelockt und ermordet. Seine Witwe gab jedoch dem Drängen des Raja nicht nach, sondern beging aus Gram über den Tod des geliebten Mannes Selbstmord, um mit ihrem Liebsten vereint zu sein. Kein Wunder, dass immer wieder Frauen hierher kommen, um Glück in der Liebe zu erflehen.

Das Grab, heute ein Tempel, der von einer männlichen und einer weiblichen Figur flankiert wird, ist auf einem kleinen Spaziergang zu erreichen.

Gilimanuk ❾

Die Straße, die von der Nordküste nach **Cecik** abzweigt, passiert die Ostflanke des **Gunung Prapat Agung,** (324 m), der auf einem 24 km langen Pfad umrundet werden kann. Viele Wildvögel haben sich in das Gebiet des Gunung Prapat Agung zurückgezogen. Wenn man wieder die Küste erreicht, geht der Bezirk Buleleng in den Bezirk Jembrana über. Bei **Cekik** teilt sich die Straße. Eine Abzweigung führt gen Süden, eine Nebenstraße einige Kilometer weiter in westlicher Richtung direkt bis nach Gilimanuk.

Die Einfahrt in den gesichtslosen Ort markiert ein erstaunlich aufwendiges und für das kleine Gilimanuk überdimensioniert erscheinendes Monument: Vier steinerne Schlangenkörper vereinen sich zu einem Bogen, der die Straße überspannt. Die einzige Sehenswürdigkeit ist das **Museum Situr Purbakala,** in dem man die Ausgrabungsfunde einer angeblich 4000 Jahre alten Siedlung präsentiert (tgl. 8–15 Uhr). In der Tat stammen einige der ältesten Siedlungsspuren auf Bali aus dieser Gegend; einige Fundstücke wie Breit-

Unten links: Auf dem Weg zum Grab der Jayaprana **Unten rechts:** Der Bali-Star ist vom Aussterben bedroht

beile und Tonscherben, werden auf 1000 v.Chr. datiert. Geologen behaupten, dass Java und Bali einst eine Landmasse bildeten.

In erster Linie ist Gilimanuk Fährhafen. Rund um die Uhr verbinden die Fähren Bali mit der eine halbe Stunde entfernten Nachbarinsel Java. Die Meeresstraße zwischen beiden Inseln ist nur 3 km breit, und die geologische Erkenntnis, dass Java und Bali einst zusammenhingen, erscheint einleuchtend.

Nationalpark Bali Barat ⓿

In Cekik liegt das Hauptbüro des Taman Nasional Bali Barat (Mo–Do 7.30 bis 15.30 Uhr, Fr 7.30–11 Uhr, Sa 7.30 bis 13 Uhr, Tel. 0365-61060), des einzigen Nationalparks der Insel. Er erstreckt sich über ein Gebiet von 760 km² und wurde 1984 gegründet. Es ist das letzte Fleckchen unberührter Natur auf Bali, mit bewaldeten Bergen, Küsten und Meeresriffen – **Pulau Menjangan** ist eine der besten Tauchoptionen auf Bali (s. S. 191). Die sanften Hänge des 375 m hohen **Gunung Prapat Agung** liegen ganz im Westen sowohl der Insel als auch des Nationalparks. Am Fuß des Berges kann man eine 24 km lange Wanderung machen.

Neben Hochwild gehören Zibetkatzen, Affen und auch noch wenige Dutzend Exemplare des wilden javanischen Büffels zu den Parkbewohnern. Eine Attraktion für Ornithologen ist der seltene Bali-Star (*Leucopsar Rothschild*), auch Rothschilds Mynah genannt, ein kleiner weißer Vogel mit leuchtend blauen Streifen um die Augen und um die schwarzen Flügelspitzen. Er ist nur in Bali heimisch, aber vom Aussterben bedroht. Weniger als ein Dutzend Exemplare sind in der Wildnis auszumachen. Um das Vorkommen wieder zu steigern, haben Zoos und Vogelparks aus der ganzen Welt einzelne Exemplare des Bali-Stars zu Brutzwecken nach Bali geschickt.

Die Unterkunftsmöglichkeiten sind sehr begrenzt. Die Wandererlaubnis für den Nationalpark erhält man in der Parkverwaltung in Cekik oder Labuan Lalang. Die Begleitung durch Guides, die in der Regel ausreichend Englisch sprechen, ist obligatorisch. Touren organisieren auch die Hotels an der Nordwestküste.

Belimbingsari und Palasari

Viele Bewohner des Bezirks Jembrana sind Muslime, aber auch Christen haben sich zu Gemeinschaften zusammengeschlossen. Bei Melaya zweigen Nebenstraßen zu den christlichen Dörfern **Belimbingsari** ⓫ und **Palasari** ⓬ ab, die bekannt sind für ihre mächtigen Kirchenbauten im balinesischen Stil. Belimbingsari ist Stützpunkt der Protestanten Balis. Die imposante Kiche zeigt balinesische Schmuckelemente und besitzt wie jeder balinesische Tempel eine *kulkul*-Trommel statt einer Glocke. Sonntags kann man um 9 Uhr am Gottesdienst teilnehmen (Tel. 0365-42192).

Die katholische Kirche in Palasari ist die größte in Ostindonesien. Die Dachstruktur erinnert an die Merus der balinesischen Tempel. Hier kann man freitags um 17.30 Uhr und sonntags um

Christusstatue in der katholischen Kirche von Palasari

Unten: Die katholische Kirche in Palasari

Medewis schwarzer
Strand

6.30 Uhr der Messe beiwohnen (Tel. 0365-42201).

Negara und Loloan Timor

Die Schiffe fuhren einst von Perancak aus flussaufwärts bis nach **Negara** ⑬, wo der Palast des Raja von Jembrana lag. Heute ist die Stadt ohne klassische Sehenswürdigkeiten Hauptstadt des Bezirks Jembrana. Das aufregendste Ereignis in Negara sind die Ochsenrennen, seit ihrer Einführung vor rund hundert Jahren ein Vergnügen für Jung und Alt. (s. Exkurs)

Einen Kilometer südlich von Negara liegt mit **Loloan Timor** ein Dorf mit einem auf Bali einzigartigen Ambiente. Die Bewohner sind muslimische Buginesen, die vor mehreren Generationen aus Sulawesi einwanderten, aber bis heute ihre Häuser im Bugi-Stil als Pfahlbauten errichten.

Auch eine der faszinierendsten Musikformen der Insel, die sich grundlegend von der sonst auf Bali üblichen Gamelan-Musik unterscheidet, ist in Jembrana zu Hause: Das *gamelan jegog* besteht ausschließlich aus Bambusinstrumenten, die aus riesigen Bambus-

Unten: Ochsenrennen sind ein beliebter Spaß der Einheimischen

rrohren hergestellt werden. Aus der Ferne erinnert der Klang an Donnerrollen. Jegog begleitet die üblichen traditionellen Tänze, hat aber auch ein gewisses eigenes Repertoire.

Von Negara nach Medewi

An der Mündung des gleichnamigen Flusses liegt **Perancak** ⑭. Der Ort war Landepunkt für Händler und Einwanderer aus Java, bevor in den 1930er-Jahren der Fährverkehr nach Gilimanuk aufgenommen wurde. Hier soll Danghyang Nirartha erstmals balinesischen Boden betreten haben. Der schlichte Pura Gede Perancak erinnert an dieses Ereignis. Um den Tempel aus weißem Stein zu finden, muss man bei Tegalcangkring von der Hauptstraße links abbiegen. Bei einer Kreuzung mit einem Monument geht es rechts ab; dann sind es noch etwa 9 km bis zum Tempel.

Kehrt man zur Hauptstraße zurück und fährt in östlicher Richtung weiter, erspäht man schon aus der Ferne hoch über dem Strand den bescheidenen **Pura Rambut Siwi** ⑮, wie so viele Tempel der Region ein vom Priester

OCHSENRENNEN

Vor Jahrhunderten führten Immigranten aus Madura die Rennen in Negara ein. Die Ochsen werden sorgfältig ausgesucht und gemästet. Umweht von seidenen Bannern, paradieren sie dann mit bemalten Hörnern und riesigen Holzglocken vor der Zuschauermenge.

Die Rennstrecke ist 2 km lang, und die Gespanne werden nach Geschwindigkeit und Stil beurteilt. Es ist erstaunlich, wie die an sich phlegmatischen Tiere die Zielgerade mit einer Geschwindigkeit von bis zu 60 km/h bewältigen. Die wendigen Wagenlenker fahren meist im Stehen und zerren anfeuernd an den Schwänzen der Tiere.

Die Rennen, die in den Sommermonaten stattfinden, sind bei den wettlustigen Balinesen äußerst beliebt. Über Termine informiert das Jembrana Tourist Office (Tel. 0365-41060).

Nirartha im 16. Jh. gegründetes Heiligtum. Der Sage nach kehrte Nirartha einst auf seinen Wanderungen im Dorf Yeh Embang ein und bewirkte durch seine Wunderkräfte das Ende einer in der Region grassierenden Seuche. Er hinterließ dem Dorf als Erinnerung ein Haar von seinem Haupt, das heute als Reliquie im Tempel verehrt wird – daher auch der Name des Tempels: »Verehrung des Haares« *(rambut).*

Der nächste Ort an der Küstenstraße ist **Medewi** ⓰, ein beliebter Surfer-Treffpunkt. Aber Vorsicht: Die Wellen können heftig und die Unterwasserströmung stark sein. Am Strand gibt es einige einfache Hotels.

Von Medewi nach Pupuan

Direkt hinter Medewi liegt **Pekutatan**, von wo aus sich eine schmale Straße in nördlicher Richtung die Berghänge hinaufschlängelt. Tatsächlich überwindet sie die Bergkette und erreicht in Pengastulan die Nordküste. Die schmale Straße, die sich durch Regenwälder, Kaffee- und Nelkenplantagen windet, gehört zu den landschaftlich schönsten Fahrstrecken auf Bali.

In den beiden Dörfern **Asahduren** ⓱ und **Manggisari** kann man zeitgenössisches balinesisches Dorfleben studieren, das noch kaum durch den Tourismus beeinflusst ist. An einer Stelle führt die Straße direkt durch einen *bunut*-Baum, der mit seinen mächtigen Luftwurzeln an einen Banyanbaum erinnert. Den Baum zugunsten des Straßenbaus zu fällen hätte bedeutet, die Seele des Baums ihrer Heimstatt zu berauben – ein Ding der Unmöglichkeit, und so schuf man den Weg einfach hindurch. Die Einheimischen kennen den Baum unter dem Namen **Bunut Bolong** ⓲ – *bolong* bedeutet so viel wie »Loch«. Ein kleiner Schrein nebenan wird mit zahlreichen Opfergaben bedacht, denn er gewährt launischen Geistern Zuflucht.

Die Bergstraße Richtung Nordküste führt durch herrliche Reisterrassenlandschaften und kleine Orte wie Tista oder **Pupuan.** Einige kleine Hotels ziehen Ruhebedürftige an. Genießen Sie von hier den Blick auf das südwestliche Bali, bevor Sie entweder zurück an die Nordküste oder Richtung Süden nach Tabanan (s. S. 197) fahren. ■

Einzigartig: Eine Straße führt mitten durch einen Baum (Bunut Bolong)

AUSGEWÄHLTE ADRESSEN

Die Preiskategorien gelten für ein Drei-Gänge-Menü ohne Getränke.

● = unter 50 000 Rp

●● = 50 000 bis 150 000 Rp

●●● = 150 000 bis 300 000 Rp

●●●● = über 300 000 Rp

Pemuteran

Die meisten empfohlenen Restaurants in der Region um Pemuteran sind Hotelrestaurants.

◆ **Dewi Ramona**
Matahari Beach Resort,
Tel. 0362-92312,

www.matahari-beach-resort.com, tgl. 7–22.30,
●●●
Asiatische und westliche Küche gehen in diesem exklusiven Hotelrestaurant eine gelungene Melange ein. Zu den Highlights gehören die reiche Vielfalt der Frühlingsrollen und das balinesische Special – Fisch im Bananenblatt.

◆ **Taman Selini**
Taman Selini Resort,
Tel. 0362-94746,
www.tamanselini.com,
tgl. Frühstück, Mittag- und Abendessen, ●●
Angenehmes Strandrestaurant mit überraschend guter griechischer Küche,

ergänzt von lokalen und internationalen Gerichten.

Negara

Da Negara kein Touristenspot ist, ist die Auswahl an Restaurants sehr begrenzt. Meist finden Sie in kleinen Warungs eine Gelegenheit, sich zu stärken.

◆ **Wira Pada Restaurant**
Jalan Ngurah Rai 107,
Tel. 0365-42669,
Mo–Sa Frühstück, Mittag- und Abendessen, ●
Die Spezialität des Hauses sind Tepung-Gerichte (verschiedene Fleischsorten paniert und gebraten) und chinesische Varianten wie

Hähnchen oder Fisch süß-sauer.

Medewi

Die meisten Restaurants in der Region sind Hotels angegliedert.

◆ **Mediwi Beach Cottages**
Tel. 0365-40029,
tgl. 7–22.30 Uhr. ●●
Hierher kommen v.a. Surfer, die nicht gerade mit kulinarischen Highlights verwöhnt werden. Die indonesischen und internationalen Gerichte sind recht durchschnittlich, aber es fehlt leider an Alternativen vor Ort.

Tabanan

Einst ein mächtiges Königreich, ist Tabanan heute eine der Reiskammern Balis. Attraktionen sind jede Menge landschaftlicher Höhepunkte, einige der schönsten Tempel der Insel sowie die Kultur: Musik und Tanz für Kenner.

Denpasar

NICHT VERPASSEN!

Krambitan
Pura Taman Ayun
Affenwald Sangeh
Pura Luhur Batukau
Jatiluwih

Links: Die Reisterrassen von Jatiluwih sind UNESCO-Weltkulturerbe **Unten:** Im Gedong Mario Theatre in Tabanan erinnert eine Statue an den großen Tänzer

Reis, Reis, Reis – der Bezirk Tabanan bildet zusammen mit den Bezirken Badung und Gianyar den Reisgürtel des Südens. Kilometerweit erstrecken sich die gepflegten, unter Aufsicht der Subak-Organisationen stehenden fruchtbaren Felder von den Ausläufern des Gunung Batukau bis dicht an die Küste. Und da man mehrfach im Jahr ernten kann, sind die Bauern das ganze Jahr über beschäftigt.

Bis 1891 gab es im heutigen Bezirk Tabanan zwei Königreiche: Tabanan und Mengwi. Mengwi wurde 1891 von seinen Nachbarn Tabanan und Badung vereinnahmt. Die Zeit der absoluten Herrschaft der Rajas endete 1906 mit der niederländischen Eroberung von Südbali. Der Raja von Tabanan schloss kein Abkommen mit den Niederländern und verlor sein Land: Es wurde unter den einzelnen Dörfern des Gebietes aufgeteilt, die durch den Landgewinn zu neuer Blüte gelangten. Wenn auch die Rajas unter den Niederländern keinen politischen Einfluss mehr hatten, blieben sie doch Führer ihres Volkes, und ihre Paläste bildeten Mittelpunkte des künstlerischen Lebens. Die Fürstenfamilien erfüllten weiterhin ihre Pflichten als Schirmherren der religiösen Zeremonien in den Landestempeln.

Tabanan ❶

Die Stadt wurde während der politischen Machtkämpfe im 17. Jh. Sitz eines mächtigen Königreichs, in dem auch die Kultur blühte. Hier waren berühmte Gamelanorchester und Tänzer zu Hause, unter ihnen auch der große Mario. Gegen Ende des 19. Jhs. geboren, begann er schon im Alter von sechs Jahren mit dem Tanzen. Er entwickelte und perfektionierte während des Ersten Weltkriegs so spektakuläre Tänze wie den *kebyar duduk* und den *kebyar trompong* (s. auch S. 71). In den 1930er-Jahren begeisterte er mit seiner tänzerischen Kunst nicht nur seine Landsleute, sondern auch das europäische Publikum. Das Gedong Mario Theater im

Die Region Tabanan

INDISCHER OZEAN

0   3 km

Zentrum des Ortes, das für Tanz- und Theateraufführungen genutzt wird, erinnert noch heute an den Tänzer. Wissenswertes über den Reisanbau erfährt man im **Museum Subak** (Mo–Sa 7.30–17 Uhr, Fr nur bis 13 Uhr, Tel. 0361-810315).

Tabanan ist ein lebhaftes Handelszentrum mit vielen Läden, die, wie anderswo auch, chinesischen Kaufleuten gehören. Auffallend ist das gepflegte Straßenbild.

Abstecher nach Pupuan

Unbedingt lohnend ist ein Abstecher nach Pupuan, wo man unterwegs einige der schönsten Reisterrassenlandschaften der Insel bestaunen kann. Von **Antonsari ❷** führt die Straße über Dörfer wie **Belimbing ❸** und **Sanda ❹** mit herrlichen Aussichtspunkten weiter nach **Pujungan,** wo ein Pfad zu einem Wasserfall abzweigt. Von hier an wechseln sich Reisfelder mit Gewürznelken- und Kaffeeplantagen ab. Schließlich erreicht man **Pupuan ❺**.

Hier hat man nun zwei Optionen – entweder man fährt in nördlicher Richtung weiter und erreicht nach rund 12 km bei Sererit (s. S. 186, 189) die Nordküste. Alternativ wählt man die Strecke über Tista, Manggissari und Asahduren und kommt so nach Westbali (s. S. 189).

Krambitan und Pejaten

Rund 3 km südwestlich der Stadt Tabanan liegt das dörflich ruhige **Krambitan ❻**, wo ein Zweig der königlichen Familie von Tabanan zwei Paläste unterhält: Puri Agung Wisata und Puri Anyar. In Letzterem lebt die Familie bis heute, unterhält aber auch ein Gästehaus und ein Restaurant. Die fürstlichen Gastgeber veranstalten »Palastnächte« mit einem *tektekan-gamelan*-Orchester, bestehend aus gespaltenen Bambustrommeln und Holzklappern, und lokalen Spezialitäten.

Südöstlich von Krambitan windet sich die Straße durch Reisterrassen weiter nach **Pejatan ❼**, ein wichtiges Zentrum der Töpferei auf Bali. Dachziegel, Wanddekor, Töpfe, Vasen und mehr kann man schon von der Straße aus erspähen. Eine gute Adresse ist beispielsweise Tanteri's Ceramics (tgl. 8–16.30 Uhr, Tel. 0361-264921)

Das Museum Subak in Tabanan informiert über den Reisanbau

Unten: Reissetzlinge werden gepflanzt

Der elfstöckige
Prasada dominiert den
Pura Sada in Kapal

Unten: Detail am
Pura Sada

Pura Sada in Kapal ❽

Südöstlich von Tabanan erreicht die Straße nach etwa 10 km Kapal mit dem bedeutendsten Tempel dieser Region. Im Ahnenheiligtum wird die vergöttlichte Seele von Ratu Sakti Jayengrat verehrt, dessen Identität bis heute noch nicht geklärt wurde. Der Tempel, dessen Gründung möglicherweise auf das 12. Jh. zurückgeht, wurde während der Majapahit-Periode von einem früheren König Mengwis wieder aufgebaut. Damit ist Pura Sada der älteste der königlichen Schreine Mengwis, älter noch als Pura Taman Ayun. Er wurde beim großen Erdbeben von 1917 zerstört und im Jahr 1950 von Archäologen rekonstruiert.

Ein elfstöckiger *prasada,* ein Schrein in Pagodenform aus Backstein, verziert mit modernen Plastiken, beherrscht den Komplex. Sieben Heilige umgeben den Schrein, und die Spitze huldigt den neun Richtungsgottheiten, denen der acht Himmelsrichtungen und dem der Mitte. Die 54 Steinthrone des Tempels, die an megalithische Ahnensitze denken lassen, erinnern angeblich an treue Gefolgsleute des Königs, die in der Schlacht gefallen sind. Einer anderen Version zufolge handelt es sich um Denkmäler für seine Frauen und Konkubinen.

Pura Taman Ayun in Mengwi ❾

Fährt man in nördlicher Richtung weiter, erreicht man nach 4 km Mengwi, das bis 1891 der Mittelpunkt eines mächtigen Königreiches war, dessen Wurzeln bis in die Zeit der Gelgel-Dynastie zurückreichen. Diese Könige werden noch heute in den Landestempeln Mengwis verehrt, und zwar besonders im Pura Taman Ayun. Dieser wurde im 17. Jh. vom damaligen Raja von Mengwi, I Gusti Agung Anom, gegründet. Der große Wassergraben ringsum vermittelt dem Besucher das Gefühl, das Heiligtum befände sich inmitten eines Sees, was zugleich den Namen Taman (»Garten mit Teich«) erklärt. Die drei Haupthöfe symbolisieren die drei Bereiche der Erdgeister, Menschen und Götter. Der ganze Komplex steht stellvertretend für den Berg Mahameru, der in einem See aus Milch schwimmt.

Im ersten Hof der riesigen Tempelanlage beeindruckt der mächtige *wantilan,* die Hahnenkampfarena. Vom *kulkul*-Turm im zweiten Hof genießt man einen schönen Überblick über die gesamte Tempelanlage.

Pura Taman Ayun erfüllt eine ungewöhnliche rituelle Funktion: Es handelt sich hier um einen *penyawangan,* einen Tempel also, in dem andere Heiligtümer verehrt werden. Man findet hier Schreine zur Verehrung der wichtigsten Berge (Agung, Batukau, Batur und Pengelengan) sowie einen Schrein für den Pura Sada. Die Türen der mit den Fasern der Zuckerpalme gedeckten Schreine sind reich mit Schnitzwerk verziert. Ein dreiteiliger Thron dient der Göttertrinität Brahma, Shiva und Vishnu bei Tempelfesten als Ruheplatz. Der innere Hof darf von Nicht-Hindus nicht betreten werden, ist aber beim Spaziergang entlang der Mauer gut einsehbar.

Sangeh ⑩

Vom Pura Taman Ayun fährt man in östlicher Richtung weiter nach Sangeh. Die Entstehung des Bukit Sari, des »Affenwaldes« mit seinen gigantischen Muskatbäumen, in dem Hunderte kleiner grauer Affen leben, beschreibt eine Legende: Rawana, der große Bösewicht des Ramayana-Epos, konnte nicht sterben – weder auf Erden noch in der Luft. Der Affenführer Hanuman fand eine Lösung. Er packte den heiligen Berg Mahameru und teilte ihn in zwei Hälften, zwischen denen er den Riesen erdrückte. Dabei fiel ein Teil des Berges bei **Sangeh** auf die Erde und mit ihm Truppen aus Hanumans Affenarmee, deren Nachkommen bis heute dort leben.

Der Wald ist in seiner Art einzigartig in Bali, er gilt als heilig, und seit langer Zeit dürfen hier keine Bäume mehr gefällt werden. Der mit grünem Moos bedeckte **Pura Bukit Sari** aus dem 17. Jh. ist den flinken Affen ein beliebter Schlupfwinkel. Ihre Freundschaft lässt sich schnell durch ein paar Erdnüsse gewinnen. Achten Sie jedoch auf Ihre Wertsachen – die Affen sind gerissene Taschendiebe! Sie sind an Menschen gewöhnt, und verlangen für ihre unterhaltsamen Kunststücke entsprechende Belohnung. Der Tempel wurde mehrfach restauriert, zuletzt 1973. Im zentralen Innenhof steht eine große Garudastatue, deren Alter unbekannt ist. Sie versinnbildlicht die Erlösung vom Leid und die Gewinnung von *amerta,* dem Lebenselixier.

Heldenfriedhof Marga ⑪

An der Kreuzung bei Belayu fährt man links bergauf und stößt nach 6 km auf einen bedeutenden historischen Platz: Am 20. November 1946 starben in der Schlacht von Marga der Befehlshaber der nationalen Truppen auf Bali, Oberstleutnant I Gusti Ngurah Rai, und ein Regiment von Guerillakämpfern. Eingekreist von einer zahlenmäßig überlegenen niederländischen Truppe, weigerten sich die 94 Mann trotz starker Luftangriffe aufzugeben. Sie kämpften bis zum letzten Mann – ein Massenselbstmord, der an die königlichen *puputan* (s. S. 36) erinnerte, die die Kolonialherrschaft auf Bali eingeläutet hatten. In Marga wird dieser

TIPP

Wer geruhsame Tage auf dem Land mit Familienanschluss verbringen möchte, sollte sich im Puri Taman Sari einbuchen. Nachfahren der königlichen Familie von Mengwi haben ihr Haus für zahlende Gäste geöffnet, die authentisches Dorfleben schnuppern möchten.

Unten: Im heiligen Affenwald von Sangeh

Die heißen Quellen
von Yeh Panas

Unten links: Rasante
Fahrt entlang der Reis-
terrassen von Jatiluwih
Unten rechts:
Gläubige im Pura
Luhur Batukau

Männer mit einem Ehrenmal aus 94 Steinen – **Margarana** genannt – gedacht; im angrenzenden kleinen Museum erinnern Fotodokumente an die bewegende Periode des Unabhängigkeitskampfes (tgl. 9–17 Uhr). Der Todestag Ngurah Rais ist nationaler Heldengedenktag, an dem viele Musiker und Tänzer zu Ehren der Gefallenen auftreten. Der internationale Flughafen Balis trägt heute Ngurah Rais Namen.

Bali Butterfly Park ⑫

Von Marga aus kehrt man zurück zur Hauptstraße, hält sich westlich in Richtung Tunjuk und fährt dann bergab nach **Wanasari,** wo der Schmetterlingspark liegt (tgl. 8–17 Uhr, Tel. 0361-814282/3). Hier ist man umschwirrt von etwa 15 verschiedenen Schmetterlingsarten, die an warmen, trockenen Tagen besonders aktiv sind.

Yeh Panas ⑬

Wer nun Lust auf ein Bad in heißen Quellen verspürt, fährt etwa 9 km bergauf nach **Penatahan.** Hier sprudelt die heiße Quelle Yeh Panas, heute Teil des Yeh Panas Hot Spring Resort (tgl. 8–18 Uhr, Tel. 0361-262356). Wie alle außergewöhnlichen Naturphänomene werden auch diese Quellen von den Balinesen als heilig verehrt. Also hat man um Yeh Panas einen kleinen Tempel gebaut. Doch schon allein wegen seiner Lage ist der heilige Ort einen Abstecher wert. Während des Zweiten Weltkriegs unternahmen die Japaner einen Versuch, die Quelle in einen *onsen,* einen Badeplatz im japanischen Stil zu verwandeln. Heute gehören die Quellen zu einem kleinen Hotel und können auch von Nicht-Hotelgästen genutzt werden (kleine Gebühr).

Pura Luhur Batukau ⑭

Fährt man wieder bergauf, erreicht man nach etwa 10 km einen der heiligsten Tempel Balis, der an den Hängen des Gunung Batukau (2276 m), des »Kokosschalenbergs«, liegt. Dichter Bergwald umgibt die Anlage. Schlicht und erhaben steht der Tempel auf einer einsamen Lichtung inmitten üppiger Vegetation. Dass in allen Tempeln Westbalis ein Schrein dem Pura Luhur Batukau geweiht ist, zeugt von seiner Bedeutung.

Ein siebenstufiger Meru ehrt Mahadewa, die Gottheit des Batukau. Weitere Schreine sind den Vorfahren der Königsfamilie von Tabanan gewidmet. Der siebenstufige Meru ist auch der Sitz des Di Made, eines Herrschers von Gelgel im 17. Jh. Die benachbarten Steinschreine in Pagodenform (*prasada*) ähneln den Schreinen von Kapal.

Nicht weit von Pura Luhur erinnert ein nahezu quadratischer See an Pura Taman Ayun mit seinem breiten Wassergraben. Beide Tempel gelten als *pura taman* – als »Wassertempel«, die stets vom Fürsten selbst unterhalten wurden. Seen sind seit jeher eng mit Bergheiligtümern verbunden, denn zu den Ritualen des hiesigen Tempels gehören auch die Verehrung von Bergseen und die Segnung des Wassers für die Bewässerung der Felder. Im Pura Luhur stehen auch Schreine für die drei Seen, die zu seiner Umgebung gehören: Bratan, Buyan und Tamblingan.

Jatiluwih 🄕

Vom Tempel aus fährt man wieder zurück zur Hauptstraße, hält sich links und windet sich erneut bergauf. Das Bergdorf **liegt** hoch oben (850 m ü.d.M.) an einem Terrassenhang, und man kann den gesamten Süden Balis überblicken. Ganz sicher trägt das Dorf seinen Namen zu Recht: Jatiluwih heißt »wahrlich wunderbar«. Die Schönheit des Ortes fand 2008 internationale Anerkennung – die Reisterrassen von Jatiluwih wurden zum UNESCO-Weltkulturerbe erklärt, weil hier die uralte Technik des Reisanbaus in vollendeter Weise bewahrt wird. Hier wird – anders als in den meisten anderen Reisbauregionen der Insel *padi Bali* angebaut, die traditionelle Reissorte der Insel (s. S. 27), die auch nach wie vor auf traditionelle Art und Weise geerntet wird.

Apuan und Pacung

Die Straße windet sich weiter ostwärts nach **Apuan** 🄰. Dieses kleine Bergdorf ist die spirituelle Heimat aller Barong-Masken des Bezirks Tabanan. Nach weiteren 5 km erreichen Sie **Pacung** 🄱, wo es noch einmal herrliche Reisterrassen zu bewundern gibt und man weiterfahren kann in die Region von Bedugul (s. S. 186). ∎

TIPP

An den Hängen des Gunung Batukau liegt der Sarinbuana-Öko-Turm, der zur gleichnamigen Lodge (Tel. 0361-7435198, www.baliecolodge.com) gehört. Die Blicke vom Turm sind grandios, und in Begleitung von Guides der Lodge kann man die Region ringsum zu Fuß erkunden.

AUSGEWÄHLTE ADRESSEN

Die Preiskategorien gelten für ein Drei-Gänge-Menü ohne Getränke.

● = unter 50 000 Rp

●● = 50 000 bis 150 000 Rp

●●● = 150 000 bis 300 000 Rp

●●●● = über 300 000 Rp

Sanda/Belimbing

Die beiden Dörfer am Fuß des Gunung Batukau sind bekannt für ihre wunderschöne landschaftliche Lage, die tolle Aussicht und das kühlere Hochlandklima.

◆ **Cempaka Belimbing**
Belimbing,
Tel. 0361-745 1178, www.cempakabelimbing.com, tgl. Frühstück, Mittag- und Abendessen, ●●
In diesem Restaurant, das zu einem Villenkomplex gehört und landschaftlich sehr schön eingebettet ist, spielt das Essen die zweite Geige. Gleichwohl wird hier gediegene indonesische und westliche Küche serviert.

◆ **Plantations**
Sanda Butik Villas, Sanda, Mobil 0828-373 0055, www.sandavillas.com, tgl. Frühstück, Mittag- und Abendessen, ●●●

Von der Terrasse bietet sich eine herrliche Sicht, der perfekte Platz für eine Pause auf einer Fahrt zwischen Süd- und Nordbali. Zu den Köstlichkeiten des Hauses, das in Besitz von Dänen ist, gehören Garnelen mit Chili und Knoblauch, Hühnerbrust mit Camembert und Curry-Taschen, gefüllt mit Hähnchenstreifen und Gemüse im Teigmantel.

Region Jatiluwih

◆ **Big Tree Farm**
Jatiluwih, Tel. 0361-461978, www.bigtreebali.com, Mai–Okt. tgl. Abendessen, ●●●●

Die Amerikaner Blair und Ben Ripple betreiben hier biologische Landwirtschaft. Von Mai bis Oktober lockt hier ein Abendessen mit Fackelbeleuchtung. Die Produkte Marke Eigenanbau landen praktisch direkt vom Feld auf dem Teller. Frischer geht`s nicht! Im Preis enthalten ist ein Sechs-Gänge-Menü, Wein und Transport. Nur mit Reservierung!

◆ **Café Jatiluwih**
Jatiluwih, Tel. 0361-815245, tgl. Frühstück und Mittagessen, ●
Einfache indonesische Küche am Rand zauberhafter Reisterrassen.

Lombok

**Lombok bezaubert mit noch unverbauten wei-
ßen Stränden, kleinen vorgelagerten Koralleninseln und dem mächtigen Massiv des Rinjani-
Vulkans und lockt Trekker, Taucher und
Strandfreaks gleichermaßen.**

Lombok ist mit rund 4700 km² Größe etwas kleiner als Bali und wird beherrscht von einem zentralen Bergmassiv mit dem dritthöchsten Berg Indonesiens, dem 3726 m hohen Vulkan Gunung Rinjani. Reisanbau prägt das Hochland und die südlich angrenzenden fruchtbaren Anbaugebiete. Im Süden reifen Tabak, Erdnüsse und die Frucht, der die Insel ihren Namen verdankt – Lombok heißt »Chili«. Umringt ist die Insel von traumhaften Stränden, die fast alle noch zu entdecken sind. Eine Traumbucht reiht sich nördlich von Senggigi, dem bislang einzigen nennenswerten Badeort Lomboks, an die andere – kleine Koralleninseln sind der Küste vorgelagert. Noch liegen an den Stränden bunte Fischerboote statt Touristen, in den Kokoshainen hinter dem Strand grasen Kühe und Ziegen. Und die Menschen sind so entspannt wie der Alltagsrhythmus auf der Insel.

Im Inselinneren gibt es noch viel Wald. Wasserfälle, Flüsse und Berge warten auf ihre Entdeckung. Im Norden Lomboks dominiert eine Bergkette mit 13 Gipfeln, gekrönt vom mächtigen Massiv des Rinjani-Vulkans – eine Herausforderung für Bergsteiger.

Über Jahrhunderte wurde Lombok kulturell und politisch von verschiedensten Völkern beeinflusst. Den Großteil der rund zwei Millionen Einwohner stellen heute die muslimischen Sasak, die malaiischen Ursprungs und seit mindestens 2000 Jahren in Lombok heimisch sind. Sie leben noch ganz traditionell in kleinen Dörfern, bestellen ihr Land, gehen auf Fischfang und produzieren Kunsthandwerk. Prächtige Zeremonien, Tänze und Musik sind selbstverständlicher Teil ihres Lebens.

Der Rest der Bevölkerung verteilt sich auf Balinesen, Buginesen, Chinesen, Javaner und Araber. Mit 10 % stellen die Balinesen, die Lombok 150 Jahre lang bis 1894 regierten und kulturell vor allem im Westen der Insel prägten, die größte Minderheit.

Der schon lange geplante internationale Flughafens wird 2011 öffnen und den Süden Lomboks mit der Welt verbinden. Dann willl man auch auf Lombok endlich touristisch durchstarten. Kann sein, dass die ruhigen Tage von Lombok gezählt sind … ■

Vorhergehende Seiten: Bunte Fischerboote **Links:** Muslimische Jungs auf dem Weg zur Schule **Oben:** Chilis, Knoblauch, Zwiebeln und Macadamia-Nüsse

Westlombok

Die touristische Infrastruktur Westlomboks kann sich sehen lassen. Die Strände laden zum Baden und Entspannen ein. Und wer sich gern unters Volk mischt, besucht die quirligen Märkte und das Städtekonglomerat Ampenan, Mataram, Cakranegara.

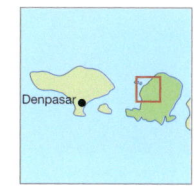

Denpasar

NICHT VERPASSEN!

Ampenan
Mataram
Cakranegara
Narmada
Pura Lingsar
Suranadi
Pura Batu Bolong
Senggigi
Mangsit

Links und unten:
Senggigi hat wunderschöne Strände

Rund zwei Drittel der Inselbewohner sind Sasak. Malaiischen Ursprungs, leben sie seit mindestens 2000 Jahren auf Lombok, wahrscheinlich besiedeln sie die Küsten schon seit 4000 Jahren. Die letzten 600 Jahre war Lombok ein Feudalstaat mit vielen kleinen Königreichen. Einige folgten dem Animismus, andere praktizierten eine Mischung aus Animismus, Hinduismus und Buddhismus. Jahrhundertelang stand Lombok unter dem Einfluss von Java. Im 14. Jh. schließlich wurde es dem ostjavanischen Majapahit-Reich einverleibt. Mehrere kleine Königreiche wurden von javanischen Adligen regiert, und bis heute beruft sich die Sasak-Aristokratie auf ihre javanischen Ursprünge. Auch Hinduismus und Islam kamen über Java nach Lombok; ab dem 17. Jh. jedoch dominierte in Ost- und Zentrallombok ein Islam eigener Prägung, während Westlombok immer stärker unter den kulturellen und politischen Einfluss Balis geriet.

Ab Mitte des 17. Jhs. besetzten die Balinesen, die heute noch die größte Minderheit auf Lombok stellen, die Insel von Karangasem aus und regierten sie bis 1894. Sie rodeten Wälder und legten Reisterrassen und Bewässerungssysteme wie im Mutterland an; auch die Arbeit in landwirtschaftlichen Kooperativen, *subak*, wurde von ihnen eingeführt.

Der letzte König, A. A. Ngurah Gede Karangasem, erlangte 1840 die Herrschaft über Lombok und unterwarf auch Ostbali seinem Einfluss. Er sorgte für die Entwicklung einer hoch stehenden Kultur und für den Bau zahlreicher Tempel. So ermöglichte er den hier ansässigen Balinesen geistige und kulturelle Unabhängigkeit von der Mutterinsel. Er beschnitt jedoch auch die Bodenrechte der Sasak-Aristokratie, führte ein starres Steuersystem ein und zwang die Sasak-Bauern zu Lehnsdiensten. Verschiedentlich kam es im 19. Jh. zu Revolten und es sammelte sich der Widerstand der Sasak gegen

Traditioneller
Reisspeicher
(lumbung)

TIPP

Strandverkäufer bieten
oft Perlen zu sehr
günstigen Preisen an.
Es handelt sich in der
Regel um echte Perlen,
aber von bescheidener
Qualität. Wer etwas
mehr Geld auszugeben
bereit ist, findet eine
gute Auswahl in den
Gold- und Perlenläden
in Ampenan und
Cakranegara.

die »heidnischen« hindu-balinesischen
Herrscher.

Ende des 19. Jhs. baten die Sasak die
Niederlande um militärischen Beistand
gegen die balinesische Herrschaft. Den
Europäern kam das Hilfegesuch gelegen. Nach heftigen Kämpfen siegten
sie und ließen viele balinesische Tempel und Paläste dem Erdboden gleich-
machen. Zahlreiche balinesische Fürsten begingen mit ihren Familien und
Getreuen den Puputan, den rituellen
Selbmord.

Während die Sasak-Führer hofften,
nun selbst die Herrschaft übernehmen
zu können, mussten sie sich den Kolonialherren beugen.

Die niederländische Herrschaft endete erst 1942 mit dem Einmarsch der
Japaner. Nach dem Zweiten Weltkrieg
kehrten die Niederländer zurück, wurden aber von einer nationalistischen
Guerilla schnell wieder vertrieben. Seit
dieser Zeit ist die Insel Lombok unabhängig. Doch die Geschichte hat ihre
Spuren hinterlassen: Obwohl die Kultur der Sasak eigenständig war und ist,
findet man bis heute auf Lombok viele
Spuren javanischer und balinesischer
Kultur, auch in der Sprache.

Die Religion der Sasak

In der Religion unterscheidet man zwei
Hauptgruppen: *Waktu Lima* und *Waktu
Telu*.

Die Waktu Lima sind orthodoxe
Muslime. Die Waktu Telu hingegen
kombinieren einige islamische Glaubenssätze mit einem bunten Mosaik
aus Ahnenkult, Hinduismus und Buddhismus. Die Bezeichnung Wetu Lima
(»fünfmal«) deutet auf die täglichen
fünf Gebete und fünf Glaubenssätze
des Islam hin, zu deren Einhaltung die
Waktu Lima verpflichtet sind.

Die Bezeichnung Wetu Telu (»dreimal«) hingegen bezieht sich auf die Gebete der Waktu Telu zu drei verschiedenen Zeiten und die Beachtung dreier
Arten von Zeremonien: den Lebens-
zyklus begleitende Rituale (wie Geburt,
Beschneidung, Heirat, Tod, etc.), islamische Zeremonien und jahreszeitliche

Bali Sea

Gill Isl
Trawangan
18

Salat Lombok (Lombok Strait)

Nipah
Malimbu
Tanjung Rumbeh
Lendang Lua
13 Mangsit
Kerandanga
12 Senggigi
Pu
Batu Bolo
10 Batu L
Pura Se
1 Amp

Tanjung
Bangkobangko
Bangko-
Bangko 54
Asahan
Gede
Labuan
Poh
Pelangan
Barat
53
Mecanggah
Mekaki
Bay
Slodong
Tanjung
Belenanggung
Ujur
Gili Nanggu
52
Le
Tauh
(Sekotong
Barat) 51
Sekotong
Tengah
T

N

Lombok

0 _____ 10 km

Bali Sea

Akarakar
Sukadana
Selengan
Anyar
Segenter
24
Loloan
Kayangan
Obel-obel
Lawang
25 **Bayan**
Sulat
26
Senaru
Belanting
Sesait
★ Sendang Gile Waterfall
Sajang
Gondang
23
Karanganyar
Putih
22 Tanjung
Jenggala
★ Tiu Pupus Waterfall
Amoramor
Sembalun Lawang
21
Pura Medana
★ Tui Kelep Waterfall
Rajak
Sambelia
Sira
Bentek
Aik Kalak
Labuhan
angsal
29 Sembalun Bumbung
Pandan
32
emenang
Terangan
Segara
Gunung Tanaklayur 2664
Danau Segara Anak
Gunung Rinjani 3726
Gunung Nangi 2330
Pentangan
28
27
Sumbawa
Gunung Menining 1418
R i n j a n i   N a t i o n a l
P a r k
Tanjung Kayangan
Kayangan
30 Sapit
Jeruk Manis
Labuhan Lombok
31
L o m b o k
Jangkok
Tetebatu
Kembangkuning
Aikmel
Wanasaba
Segare
unungsari
Jeruk Manis
38
34
Apitaik
Pringgabaya
Mambalan
Pura Lingsar
Pura Suranadi
Sesaot
Tanakbeak
Kotaraja
35
Lenek
Poh Gading
Mambendaya
Lenek
Mataram
8
9
Batukumbung
Terutak
Montongbetok
Ledangnangka
Leneklauk
Bertais
Lingsar
Narmada
Pemepek
Loyok
37
36 Hikmah
Korleko
2
(Sweta)
Pringgarata
Mantang
Barabali
Masbagik
3
4
7
Taman Narmada
Bagu
Bonjeruk
Pagutan
Dasanbaru
Sikur
Pancor
Selong
Tanjung Belusun
Telagawaru
Kediri
Aikmual
Muncan
Terara
Keselet
Tanjung
Banyumelek
Ubung
Jelantik
Pendem
Montongtangi
Penedagandor
33 Labuhan Haji
Kuripan
Gerunung
Pengadang
Janapria
Gereneng
Gerung
Sukarara
Jurangjaler
Langko
Loangmaka
Gunungrajak
Gelanggang
40
Batutulis
Beraim
Lekor
Buntjang
Sesait
Ungga
39 **Praya**
Batunyale
Kelebuh
Palung
Keruak
47
Ranggagata
Darek
Penujak
Lajut
Orokorok
Mujur
Embungaden
Plambik
41
Tanakawu
Sengkereng
Tanjung Luar
Setanggor
Marong
Semoyang
Jerowaru
Kabol
Kateng
Sengkol
Ganti
Sukaraja
Mangkung
Pengembur
Truwai
Bagikcendo
Tanjung Ringgit
ngsapah
42 Rembitan
Sagikmateng
Ekas Bay
43 Sade
Selong Blanak Beach
49 Selong Blanak
Kuta
Sungkup
Seriwe
atap
Mawun
48
44 Kuta Beach
45
46 Gerupuk
Tanjung Aan
Tanjung Bilasayak
Tanjung Amat
S e l a t   A l a s   (A l a s   S t r a i t)

Rituale wie Ernte- und Fruchtbarkeitsfeste.

Die Waktu Lima haben ein islamisches Selbstbewusstsein entwickelt, wie es in ganz Indonesien zu finden ist, während die Waktu Telu auf die enge Welt ihrer angestammten Heimat beschränkt blieben. Im 20. Jh. sind die Waktu Telu und ihre Rituale mehrheitlich in den Islam eingegliedert worden. Die religiösen Führer *(tuan guru)* der Waktu Lima haben erfolgreich darauf hingearbeitet, alle Sasak-Muslime einheitlichen und offiziell verbindlichen religiösen Bräuchen des Islam zu unterwerfen.

Die Städte Westlomboks

Die Westküste Lomboks ist der am stärksten entwickelte Teil der Insel, der folgerichtig auch am dichtesten besiedelt ist. Hier findet man Städte, relativ gut ausgebaute Straßen, Läden, Restaurants und Hotels und den derzeit einzigen Flughafen der Insel.

Senggigi ist der Hauptbadeort und liegt rund 20 Minuten vom Flughafen Selaparang entfernt. Gegenüber der Westküste liegt die Nachbarinsel Bali

mit dem heiligen Vulkan Agung. Die Vegetation ähnelt derjenigen Balis und ist üppig-tropisch. Und darauf, dass dieser Teil der Insel auch kulturell stark von den Balinesen geprägt wurde, weisen Hindutempel hin, die allerdings viel schlichter sind als die Tempel auf der Nachbarinsel.

Die drei größten Städten Lomboks – Ampenan, Mataram und Cakranegara – liegen alle im westlichen Lombok und sind längst miteinander verschmolzen. Eindeutige Stadtgrenzen kann man nicht mehr ausmachen, aber einen eigenen Charakter haben sich die drei Städte dennoch bewahrt.

Ampenan ❶

Die wohl lebendigste Stadt der Insel hat eine Vielzahl von Läden, billigen Hotels, staubigen Straßen, Pferdekarren *(dokar* oder *cidomo)*, islamischen Buchhandlungen und ein quirliges Araberviertel. Die arabischen Händler, noch heute eine bedeutende und angesehene Minderheit, kamen nach Ampenan, als es damals als einzige Siedlung Lomboks einen Hafen hatte. Längst konzentriert sich der Fährver-

Unten: Alltägliches Transportwesen

kehr auf Lembar, und Ampenan ist mehr oder weniger ein Fischerhafen. Besonders in den Abendstunden erwachen die Gassen zum Leben. Ein Nachtmarkt mit Marktständen und kleinen Garküchen lockt die Einheimischen an. Wer einmal ins Alltagsleben der Insel eintauchen möchte, sollte Ampenan zu Fuß erkunden

An manchen Feiertagen kann man hier noch Vorstellungen des *gandrung*-Tanzes oder des *wayang-sasak,* des Schattenspiels der Sasak, sehen.

Mataram ❷

Die Hauptstadt Lomboks ist zugleich Regierungssitz der Provinz Nusa Tenggara Barat (NTB), die aus Lombok und dem östlich angrenzenden Sumbawa besteht. Die Verwaltungsgebäude, die wichtigsten Firmen und Banken, Moscheen, Buchhandlungen, das Hauptpostamt und die Universität sind hier angesiedelt.

Das **Nusa Tenggara Barat Museum** (Di–So 7–14 Uhr) in Mataram zeigt Kunstgegenstände aus Lombok und Sumbawa und bietet gelegentlich auch sehenswerte Sonderausstellungen. Im Kulturzentrum **Taman Budaya** in der Jalan Pariwisata kann man traditionelle Musik- und Tanzveranstaltungen erleben.

Cakranegara ❸

An Mataram wiederum schließt sich Cakranegara an, Lomboks Marktzentrum. Hier leben viele Chinesen und Balinesen, die hier mehr als 50 % der Bevölkerung stellen. In Cakranegara sind zahlreiche Webereien und die Korbindustrie angesiedelt. Viele Fabriken und Werkstätten stehen Touristen offen, und ein Besuch liefert interessante Einblicke.

In Cakranegara liegen einige bedeutende Hindutempel. Der größte, **Pura Meru,** wurde 1720 von einem balinesischen Prinzen gegründet. Sein riesiger *meru* für die Hindutrinität von Shiva, Vishnu und Brahma gilt den hier ansässigen Balinesen als Zentrum des Universums. Alljährlich findet an fünf Tagen während des September- oder Oktobervollmonds das *Pujawali*-Fest statt, das größte balinesische Fest in Lombok. Im äußeren Hof des Tempels erklingen bei Festen und Zeremonien Trommeln, um die Gläubigen zusammenzurufen. Im Zentrum des Hofes werden auf zwei Schreinen die Opfergaben abgestellt. Im innersten Hof stehen 33 Schreine und die drei Merus mit mehrfachen Dächern.

Gegenüber liegt Pura Mayura, erbaut 1744, Staatstempel des letzten balinesischen Königreichs auf Lombok. In einem großen künstlichen See liegt der *bale kembang,* eine offene Halle, die als Versammlungshalle oder Gerichtshalle genutzt wurde. Die Wassergärten vermitteln noch etwas von dem Glanz und der meditativen Stille des höfischen Lebens. In den ehemaligen Palastgärten tollen heute Kinder herum, die sich keinen schöneren Spielplatz denken können.

Bertais ❹

Weiter östlich von Cakranegara liegt bereits die nächste Stadt, die auch unter dem Namen Sweta bekannt ist.

Auf dem Markt von Bertais

Unten: Der Pura Meru ist balinesischen Ursprungs

Die Gärten des
Pura Mayura

Hauptattraktion ist der große Markt, wo man alles von Lebensmitteln über Kleidung bis zu exotischen Vögeln und Kunsthandwerk bekommt. Sie sollten aber nicht unbedingt alleine auf den Markt gehen.

Banyumulek und Gunung Pengsong

Fährt man rund 7 km in südlicher Richtung, erreicht man **Banyumulek ❺**, ein Zentrum der Töpferei, wo die berühmte Lombok-Keramik gefertigt wird. Morgens können Besucher den Töpfern bei der Arbeit zusehen. Die Formen und Muster der Schüsseln, Platten, Teller und mehr sind archaisch schlicht, aber sehr dekorativ.

Rund 2 km westlich liegt das Dorf **Gunung Pengsong ❻** mit einem Schrein (tgl. 8–17 Uhr) auf einem Hügel, von dem aus man großartige Blicke über Reisfelder bis zur Küste und zum Gunung Rinjani genießt. Hier sollen die Balinesen einst erstmals den Boden von Lombok betreten haben. Im März und April wird regelmäßig ein Büffel geschlachtet, um eine gute Ernte zu erbitten. Zur Erntezeit begeht man das

Unten: Im
Taman Narmada

Bersih Desa (»sauberes Dorf«) zu Ehren der Reisgöttin Dewi Sri.

Narmada ❼

Rund 10 km östlich von Cakranegara erreicht man Narmada mit dem **Taman Narmada** (tgl. 7–18 Uhr). Der Garten mit Pool entstand angeblich im Jahr 1805 als Nachbildung des Rinjani-Vulkans und seines Kratersees Segara Anak. Er wurde errichtet, um dem ältlichen König die jährlich fällige lange Reise nach Segara Anak zu ersparen, wo goldene Opfergaben mit der Bitte um reichliche Regenfälle in den See versenkt wurden. Diese Zeremonie findet noch heute statt. Zur gleichen Zeit (Oktober- oder Novembervollmond) wird auch das Tempelfest in Narmada gefeiert.

In den übrigen Teichen von Narmada darf dezent bekleidet gebadet werden; die einheimischen Kinder schwimmen hier stundenlang. Die Gärten von Narmada sind herrliche Anlagen, die allwöchentlich den wunderschönen Rahmen für *Gandrung, Kendang Belek* und andere traditionelle Tanzaufführungen bilden.

Pura Lingsar

Nordwestlich von Narmada stößt man auf den Muttertempel (tgl. 8–17 Uhr), nicht nur der Balinesen, sondern auch der Waktu Telu von Lombok. Aber auch Buddhisten, Christen und selbst Waktu Lima aus der Umgebung beten hier um Wohlstand, Regen, Fruchtbarkeit, Gesundheit und Erfolg. Im Tempel finden rituelle Fruchtbarkeits- und Reiserntefeste statt. Die Haupthöfe der beiden Tempel von Lingsar symbolisieren die vereinigten Götter von Bali und Lombok; die Nebenhöfe (kemaliq) umschließen heilige Teiche und Felsenaltäre, die an alte Steinmegalithe erinnern. Das Tempelfest (im November- oder Dezembervollmond) bringt Balinesen und Sasak auch kulturell zusammen – man findet balinesische *Gamelan Gong Kuna*-Orchester und *Canang Sari*-Tänze neben den Sasak heiligen Künsten wie *Gamelan Tambur* und dem *Batek Baris*-Tanz. Als kulturelles Bindeglied ist dieses zweitgrößte Fest von Lombok einmalig.

Zu den traditionellen Sasak-Ritualen gehören auch die Feste *Alip* und *Gawe*. Sie werden jedoch nur noch selten zelebriert – und wenn, dann in so entlegenen Dörfern wie Bayan im Norden, Lenek im Osten und Semban Bumbung beim Mount Rinjani.

Suranadi

Pura Suranadi, das älteste und eines der heiligsten balinesischen Heiligtümer auf Lombok besteht aus drei Tempeln, wenige Kilometer nördlich von Narmada. Es wurde vom legendären Pedanda Wawu Rauh zur Gewinnung von heiligem Wasser für Begräbniszeremonien gegründet. Herrliche Gärten und ein Teich mit heiligen Aalen laden zum Verweilen ein.

Einen Besuch wert ist auch der **Hutan Wisata Suranadi** (tgl. 8–17 Uhr), was wörtlich übersetzt so viel wie »Touristenwald Suranadi« bedeutet. Bei einem Spaziergang durch den kleinen botanischen Garten kann man Vögel, Schmetterlinge und Affen beobachten.

In der Nähe von Suranadi liegt auch das alte **Kolonialhotel Suranadi** mit einem Süßwasser-Swimmingpool. Hat es auch die besten Tage hinter sich, atmet es doch immer noch das Flair längst vergangener Zeiten und bietet sich für eine Pause an.

An der Westküste

Von Ampenan aus windet sich die recht gut ausgebaute Hauptstraße entlang der West- und Nordküste bis Labuan an der Nordostküste und erleichtert das Reisen. Nördlich von Ampenan erhebt sich der **Pura Segara,** ein balinesischer Meerestempel. Ein chinesischer Friedhof mit ausladenden, farbenfrohen Gräbern zeugt von der starken Präsenz der Chinesen auf Lombok.

In **Batu Layar** ⑩, auf einem Hügel gelegen, stößt man auf ein bedeutendes Ahnengrab (makam), wo Muslime häufig picknicken und für Gesundheit und Erfolg beten. Beide Friedhöfe demonstrieren eindrucksvoll die ethnische und religiöse Vielfalt der Insel.

Wenn man sich Senggigi nähert, taucht bald der **Pura Batu Bolong** ⑪ (tgl. 8–17 Uhr) auf, ein Hindutempel

Opfergabe im Pura Lingsar

Unten: Der Pura Lingsar dient Hindus, Buddhisten, Christen und Muslimen als Heiligtum

Kopfbedeckungen für
Ritualtänze

auf einer Klippe mit Blick auf Bali. Man erzählt, dass hier einst schöne Jungfrauen geopfert wurden, indem man sie vom Felsen ins Meer stieß. Zu Vollmond und Neumond finden hier farbenfrohe Hinduzeremonien statt. Ein wunderbarer Platz ist der kleine Tempel aber auch zur Zeit des Sonnenuntergangs, wenn der Gunung Agung auf Bali sich langsam aus dem Dunst schält und perfekte Kulisse für die im Meer versinkende Sonne ist.

Senggigi ⑫
10 km nördlich von Ampenan liegt das Haupttouristenzentrum Lomboks. Ein schöner Strand und eine überschaubare Zahl von Hotels in allen Kategorien, Restaurants, kleinen Läden, einem Kunsthandwerksmarkt und Reisebüros bieten beste Voraussetzungen für einen gelungenen Badeurlaub. Am Südende des Strandes kann man am **Senggigi Point** gut schnorcheln.

Lebhafter wird es am Senggigi Beach nur am Wochenende, wenn in Garküchen gebrutzelt wird und einheimische Familien mit riesigen Kühltaschen unter den schattigen Bäumen hocken,

Unten: Sengiggi
Beach

plaudern, schlemmen und ihren Kindern zusehen, die in schlauchbootgroßen Schwimmreifen im Meer treiben.

Senggigi ist der perfekte Ausgangspunkt für die Inselerkundung mit allem, was Urlauber für einen angenehmen Aufenthalt brauchen oder um Ausflüge bzw. die Weiterreise zu organisieren.

Ein Muss für jeden Urlauber ist ein Abendessen am Strand von Senggigi – beispielsweise im Restaurant **Warung Menega,** wo man mit den Füßen im Sand in frischem Seafood schwelgen kann. Die ein oder andere Bar und eine Diskothek sind Zentren des (bescheidenen) Nachtlebens.

Nördlich von Senggigi
Als der Platz in Senggigi knapp wurde, zogen die Investoren weiter nach Norden. Die nächste Ansiedlung, etwa 2 km nördlich von Senggigi, ist **Kerandangan** mit einigen netten Hotels in einem hübschen Tal.

Wem es in Senggigi bereits zu rummelig ist, der wird in **Mangsit** ⑬, 5 km weiter nördlich, glücklich. Hier entstand in den letzten Jahren auch eine Ansammlung von Hotels, bisher allerdings keine nennenswerte touristische Infrastruktur. Es dominieren Boutiquehotels entlang der schönen Buchten. Noch weiter nördlich liegt **Lendang Luar** mit gerade einmal zwei Hotels. Es folgen lange, menschenleere Strände, gesäumt von Kokospalmen, die noch auf ihre Entdeckung warten.

Malimbu ⑭, **Nipah, Teluk Nara** ⑮ und **Teluk Kodek** sind weitere schlafende Strandschönheiten, die von Investoren wachgeküsst werden wollen. Bislang liegen hier nur die Boote aller großen Tauchveranstalter, die ihre Gäste von hier zu den Gilis (s. S. 218) bringen – eine Alternative zu **Bangsal,** wo die öffentlichen Auslegerboote zu den kleinen Strandparadiesen ablegen. Weitere Strandschönheit ist **Sira** auf der Halbinsel nördlich von Bangsal – zum Schnorcheln bestens geeignet und seit einigen Jahren Standort des Oberoi-Resorts, s. auch S. 224. ∎

Die Preiskategorien gel-
ten für ein Drei-Gänge-
Menü ohne Getränke.

● = unter
50 000 Rp
●● = 50 000 bis
150 000 Rp
●●● = 150 000 bis
300 000 Rp
●●●● = über
300 000 Rp

Cakranegara

Chinesisch

◆ **Seafood Nikmat**
Jalan Panca Usaha 1,
Cakranegara,
Tel. 0370-634330,
tgl. Mittag- und Abend-
essen, ●●
Frischer Fisch und
Meeresfrüchte, die auf
Wunsch der Gäste frisch
zubereitet werden.

Mataram

Indonesisch

◆ **Dua M**
Jalan Transisto 99,
Mataram, Tel. 0370-
622914, tgl. Mittag- und
Abendessen, ●
Das bei den Einheimi-
schen seit Langem sehr
beliebte Restaurant ser-
viert traditionelle Sasak-
Küche. Sehr empfehlens-
wert das scharfe
Pelecing Ayam – gegrill-
tes Hähnchen mit einer
würzigen roten Soße,
oder Pelecing Kangkung
mit Wasserspinat.

Arabisch

◆ **Ali Baba**
Jalan Catur Warga 4,
Mataram, Tel. 0370-

640800, tgl. Mittag- und
Abendessen, ●
Kleines arabisches
Kebabhaus, das einem
Jemeniten gehört.
Beliebte Beilagen sind
libanesisches Brot oder
Kebuli, traditioneller
arabischer Reis, der mit
Kräutern, Gewürzen und
Kokosmilch gekocht
wird. Hervorragend ist
Shish Kebab (vom Rind
oder Lamm).

Senggigi and Mangsit

Asiatisch

◆ **Bumbu**
Jalan Raya Senggigi,
Tel. 0370-692236,
tgl. Mittag- und Abend-
essen, ●●●
Eine pan-asiatische
Speisekarte, darunter die
besonders leckeren Bei-
träge aus Thailand wie
Tom Kha Gai (Hühner-
suppe in Kokosmilch)
und diverse grüne und
gelbe Currys und Massa-
man mit Hähnchen,
Rindfleisch, Meeres-
früchten und Gemüse.

◆ **Quali**
Qunci Pool Villas & Spa,
Mangsit,
Tel. 0370-693800,
www.quncivillas.com,
tgl. Mittag- und Abend-
essen, ●●
Das Restaurant gehört
zum Qunci-Resort und
ist auf asiatische Küche
spezialisiert. Sie reicht
von Indien über Thailand
bis zu Lombok's berühm-
ten gegrillten Hähnchen
Ayam Taliwang.

International und Indonesisch

◆ **Asmara Restaurant**
Jalan Raya Senggigi,
Senggigi.
Tel. 0370-693619, www.
asmara-group.com,
tgl. Frühstück, Mittag-
und Abendessen, ●●●
Eines der besten Restau-
rants in Senggigi. Große
Auswahl an internatio-
nalen Gerichten, darun-
ter Pasta und die wohl
besten Steaks am Platz,
sowie frische Meeres-
früchte,. Die Speisekarte
bietet auch einige lokale
Sasak-Spezialitäten und
vegetarische Gerichte.
Eine gut sortierte Bibliothek, Bar und Billiard-
tische sowie ein Plansch-
becken für die kleinen
Gäste laden zum Ver-
weilen ein.

◆ **De Quake**
Art Market, Senggigi,
Tel. 0370-693694,
www.dequake.com,
tgl. Mittag- und Abend-
essen, ●●
Das Lokal bietet Ent-
spannung, Blick auf den
Strand, eine Bar im Erd-
und das Restaurant im
Obergeschoss. Die Küche
zaubert eine Vielfalt
asiatischer und internationaler Köstlichkeiten,
darunter vietnamesi-
schen Salat mit Hühner-
fleisch, karamellisierten,
mit Ingwer zubereiteten
Fisch und Rindfleisch mit
Cashewnüssen.

◆ **Square**
Jalan Raya Senggigi,
Tel. 0370-664 4888,
www.squarelombok.

com, tgl. Mittag- und
Abendessen, ●●●
In drei getrennten Berei-
chen werden klassische
indonesisch-chinesische
Gerichte und außerge-
wöhnliche internationale
Gerichte nach Rezepten
von Wayan Budiana ser-
viert (ehemaliger Chef
des Mozaic, Bali). Zu den
innovativen Kreationen
gehören Jakobsmuscheln
in einer würzigen Senf-
Balsamico-Soße, in der
Pfanne gedünstete Foie
Gras mit Sternfrucht
oder Königsgarnelen-
Risotto mit Knoblauch-
butter.

◆ **Sunset Beach-Restaurant**
Puri Mas Boutique
Resort & Spa, Mangsit,
Tel. 0370-693831, www.
purimas-lombok.com,
tgl. Mittag- und Abend-
essen, ●●
Am palmengesäumten
Mangsit Beach gibt es
neben internationalen
Gerichten frische Mee-
resfrüchte und die tradi-
tionelle indonesische
»Rijstaffel«.

◆ **Taman**
Jalan Raya Senggigi,
Tel. 0370-693842,
tgl. Frühstück, Mittag-
und Abendessen, ●●●
Direkt im Ortszentrum.
Das beliebte Restaurant
hat auch Sitzplätze im
Freien. Klassische Jazz-
musik bietet einen musi-
kalischen Rahmen. Inter-
nationaler Küche, Fisch
und Meeresfrüchte
sowie authentische indi-
sche Currys.

Die Gilis

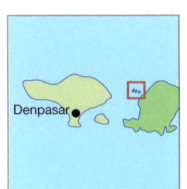

Denpasar

Drei kleine Robinson-Inselchen vor Lomboks Nordwestküste – perfekt zum Schnorcheln, Tauchen und Faulenzen – , machten seit den 1990er-Jahren Tourismuskarriere. Gili Air und Gili Meno blieben beschaulich, Gili Trawangan lockt als Partyinsel.

NICHT VERPASSEN!

Gili Air
Gili Meno
Gili Trawangan

Unten: Das Boot
fährt nach Gili Air

G ili Air, Gili Meno und Gili Trawangan heißen die drei Tropeninselchen (Gili bedeutet »kleine Insel«), die man zu Fuß leicht in 1 bis 3 Stunden umrunden kann. In den 1990er-Jahren galten sie unter Travellern als Geheimtipp, heute kann man sie auch in den Katalogen der Pauschalreiseveranstalter buchen. An Zauber haben sie glücklicherweise nicht verloren. Asien-Kenner nennen sie sogar in einem Atemzug mit den Inseln an der thailändischen Südküste oder einigen Malediven-Inseln.

Sich an weißen Stränden sonnen und baden gehen, mit Maske und Schnorchel durchs kristallklare Wasser schwimmen und den Rest des Tages in der Hängematte vor den einfachen Bambushütten verdösen – so sah das Tagesprogramm der meisten Besucher aus, als die Gilis so richtig ins Tourismusgeschäft einstiegen.

Grundsätzlich hat sich daran nicht sehr viel geändert, aber das Hotelniveau ist gestiegen, das Unterhaltungsprogramm gewachsen und die touristische Infrastruktur wurde perfektioniert. Die ehemaligen Inselfischer sind heute vielfach Hoteliers, Tauchlehrer oder Kellner.

Auch das Publikum verändert sich langsam. Noch sind junge Menschen mit wenig Geld und viel Zeit, die sich in kleinen Bungalows einmieten, in der Überzahl. Aber auch Familien haben die kleinen Trauminseln entdeckt, und Tauchzentren ziehen mehr und mehr Fans des Unterwassersports an. Für die Klientel mit weniger Zeit und mehr Geld gibt es inzwischen wunderschöne Boutiquehotels, aber erst ein größeres, klassifiziertes Hotel.

Alle Gilis sind flache Koralleninseln mit spärlicher Vegetation, abgesehen von Kokoshainen, aber einem abwechslungsreichen Unterwasserleben in den Korallenriffs rundherum. Dass Indonesien einige der Top-Tauchplätze weltweit besitzt, ist kein Geheimnis, und die Gilis gehören zweifellos dazu. Im größten Archipel der Welt mischen sich

Pazifik und Indischer Ozean, und entsprechend kann man hier die Fischwelt beider Weltmeere antreffen. Über Jahrzehnte hinweg wurden die Riffe durch Dynamitfischerei geschädigt. Doch glücklicherweise konnte ihre Zerstörung durch Renaturalisierungsmaßnahmen gestoppt werden: Aus Metall baut man Gerüste, an denen Korallen befestigt werden. Diese setzt man unter Strom, um das Wachstum zu beschleunigen. Für die Kosten kommen Hotels bzw. die Taucher auf, die mit jedem Tauchgang eine Abgabe zahlen.

Das Klima der kleinen Inseln hebt sich von dem der »Mutterinsel« Lombok ab: Es regnet seltener und die Temperaturen sind meist höher. Quellen sucht man vergeblich, das Trinkwasser ist entsprechend knapp und Salzwasser zum Duschen die Regel. Außerdem sind die Gilis autofrei, und in der Regel sind alle Wege zu Fuß bestens zu bewältigen. Wer es tatsächlich eilig hat, um etwa pünktlich am Sonnenuntergangs-Spot einzutreffen, nimmt das Fahrrad oder den Pferdewagen.

Man erreicht die Gilis mit dem öffentlichen Boot vom Festlandhafen Bangsal aus (s. S. 223). Alternativ kann man von Bali oder Lombok aus über Reise- oder Tauchveranstalter organisierte Touren buchen. Heute gelten die drei Inselschönen für viele Reisende als Verlängerung Balis, die man entsprechend auch direkt von der Götterinsel aus per Katamaran erreichen kann. Einige der größeren Hotels auf den Gilis besitzen eigene Boote zur Abholung ihrer Gäste.

Sind sich die drei Insel auch sehr ähnlich, so hat jede der Gilis in den letzten zehn Jahren ihre eigene Persönlichkeit entwickelt.

Gili Air ⓰

Dem Festland am nächsten liegt Gili Air, das auch am dichtesten besiedelt ist. So kann man auf einem tropischen Inselchens wohnen und ist doch schnell auf Lombok, um die Höhepunkte der Hauptinsel zu erkunden. Viele der Hotels liegen an der Ostküste der Insel mit Blick auf Lombok und das Rinjani-Massiv. Dort kann man auch den Sonnenaufgang bewundern, während man sich an der West- oder Südküste trifft, um den Sonnenuntergang über dem

TIPP

Obwohl die Atmosphäre auf den Gilis sehr entspannt ist, sollte man sich vergegenwärtigen, dass die Bewohner Muslime sind. Respekt vor der Kultur sollte eine Selbstverständlichkeit sein, und Oben-ohne- oder gar Nacktbaden sind absolut tabu.

Unten: Der Strand von Gili Air

Equipment für Taucher bekommen Sie sowohl in Senggigi auf Lombok als auch auf den Gilis

balinesischen Gunung Agung zu erleben.

Die besten Strände liegen an der Ostküste mit weißem Sand und türkisblauem Wasser. Vor allem an der Ostküste und Nordostküste sind die Tauchmöglichkeiten ausgezeichnet. **Air Wall** vor der Westküste ist ein beliebtes Tauchrevier mit unzähligen bunten Rifffischen. Zu den Stars unter den Meeresbewohnern zählen Weichkorallen, Skorpionfische und Glasfische. Riffhaie findet man in größeren Tiefen. Südlich der Insel kann man auch gut surfen.

Hotels gibt es in unterschiedlichen Kategorien vom einfachen Bungalowhotel bis zu komfortablen Unterkünften. Auch die Auswahl an Restaurants ist groß und die ein oder andere Bar sorgt für (gedämpfte) Unterhaltung.

Gili Meno ⓱

Die mittlere und kleinste der drei Inseln ist am dünnsten besiedelt und die touristische Infrastruktur ist weniger entwickelt als auf den Schwesterinseln. Auf der flachen Insel wachsen Kokospalmen. Im Westen liegt ein kleiner

See. Die Unterkünfte sind relativ einfach – mit einigen Ausnahmen im mittleren Bereich –, die Strände nie überfüllt, das Meer ist sauber und die Nächte sind ruhig. Hier genießen die Besucher statt Bar- und Diskotrubel spektakuläre Sonnenauf- und untergänge.

Meno Wall vor der Westküste ist ein populärer Tauchplatz, wo man blaue Korallen, Grüne Schildkröten sowie Karettschildkröten erspähen kann.

Die meisten Unterkünfte liegen an der Ostküste, wo ein schöner breiter Strand lockt.

Gili Trawangan ⓲

Innerhalb von wenigen Jahren entwickelte sich Trawangan zur Partyinsel, wo die Urlauber die Nächte durchtanzen. So mancher bekannte DJ gibt in den Bars ein Gastspiel, um den Jungen und Schönen das perfekte Urlaubsfeeling zu bescheren. Backpackers genießen hier die Traumstrände, die billigen Unterkünfte und natürlich das Nachtleben. Aber auch wer höhere Ansprüche hat, findet eine passende Unterkunft und wird die Ruhe genießen.

Auch in Trawangan lockt natürlich die Unterwasserwelt. Direkt vom Strand aus kann man mit Schnorchel und Flossen das Riff erkunden. Manchmal ist die Unterwasserströmung allerdings relativ stark, besonders in der Meeresstraße zur Nachbarinsel Gili Meno. Ein beliebter Tauchspot ist **Shark Point** mit Riffhaien, Grünen- und Karettschildkröten, Weichkorallen und vielen kleinen bunten Rifffischen.

Der kleine Hügel im Süden der Insel ist ein wunderbarer Aussichtspunkt, um den Sonnenaufgang über dem Rinjani oder den Sonnenuntergang über dem Agung auf Bali zu bewundern. Auf dem Hügel gibt es noch Reste der japanischen Stellungen aus dem Zweiten Weltkrieg.

Die meisten Unterkünfte liegen an der Ostküste, ruhiger schläft man an der Nordküste. Zur touristischen Infrastruktur gehören Läden, Reisebüros, Wechselstuben und Internetcafés. ∎

Unten: Die Gewässer um Gili Meno sind Heimat der Grünen Schildkröte und der Karettschildkröte

AUSGEWÄHLTE ADRESSEN

Die Preiskategorien gel-
ten für ein Drei-Gänge-
Menü ohne Getränke.

● = unter
50 000 Rp
●● = 50 000 bis
150 000 Rp
●●● = 150 000 bis
300 000 Rp
●●●● = über
300 000 Rp

Gili Air

International

◆ **Coconut Cottages**
Ostküste, nördlich der
Restaurantmeile,
Tel. 0370-635365,
www.coconuts-giliair.
com,
tgl. Frühstück, Mittag-
und Abendessen, ●
Etwas zurückversetzt
von der Straße in einem
Hain von Kokospalmen
gelegen. Hier wird euro-
päisch und indonesisch
gekocht. Ein Fokus der
Küche liegt auf Meeres-
früchten. Essen können
Sie entweder im Restau-
rant oder in Pavillons im
Garten. In der Hochsai-
son wird ein ausgiebiges
Buffet mit leckeren Cur-
rys und Sasak-Küche zu
einem sehr guten Preis-
Leistungs-Verhältnis an-
geboten.
◆ **Restaurant Gili Air**
Gili Air Hotel,
Tel. 0370-643580,
www.hotelgiliair.com,
tgl. Frühstück, Mittag-
und Abendessen, ●
Der übliche Mix aus
westlichen und einheimi-
schen Gerichten, abseits
des Strandes, allerdings

etwas gehoben. Abends
wird Fleisch oder
Seafood gegrillt.

Gili Meno

International

◆ **Bibi's Café**
Villa Nautilus, Ostküste,
kein Telefon,
www.villanautilus.com,
tgl. Frühstück, Mittag-
und Abendessen, ●●
Kleines stilvolles Restaurant im exklusivsten
Resort auf Gili Meno.
Neben dem üblichen Mix
von lokalen und west-
lichen Speisen genießt
man hier frische Meeres-
früchte.
◆ **Blue Marlin
Dive & Café**
Ostküste,
Tel. 0370-639979,
tgl. Frühstück, Mittag-
und Abendessen, ●●
Der populäre Tauchladen
in der Nähe des Hafens
öffnet zum Frühstück
und bietet mittags und
abends eine gute Aus-
wahl westlicher und in-
donesischer Küche an.
Vorzügliche Sandwiches
und Burger, Steaks und
Meeresfrüchte sowie
eine umfangreiche
Cocktailkarte.

Gili Trawangan

Indisch

◆ **Pesona Restaurant**
Pesona Resort,
Sentral, Ostküste,
Tel. 0370-6607233,
www.pesonaresort.com,
tgl. Mittag- und Abend-
essen, ●●

Das Strandrestaurant in
romantischer Lage setzt
seinen Schwerpunkt auf
indische Küche und
abendliches Barbecue
mit Meeresfrüchten.
Dazu gehört die Sheesha
Lounge und Cocktail Bar.

International

◆ **Horizontal**
Sentral, Ostküste,
Tel. 0370-639248,
tgl. Mittag- und Abend-
essen, ●●●
Außergewöhnliche
Strandlage. Die Bar mit
Lounge ist sehr stilvoll
eingerichtet. Dement-
sprechend ist die Cock-
tail-Selektion. Serviert
wird köstliche und inno-
vative Küche, u.a. Tapas
und Pizzen für Gourmets.
Am späten Abend ver-
wandelt sich die Lounge
in einen Treffpunkt für
die Schönen – man
wähnt sich plötzlich am
Strand von Seminyak.
◆ **Ko Ko Mo**
Sentral, Ostküste,
Tel. 0370-642352,
www.kokomogilit.com,
tgl. Frühstück, Mittag-
und Abendessen, ●●●●
Gili Trawangans bestes
Restaurant, was gehobe-
ne Küche und das Wein-
angebot betrifft. Essen
kann man drinnen wie
im Freien am Strand.
Eine Spezialität: Man
kann sich am Tisch ein
Steaktartare nach aus-
tralischer Art zubereiten
lassen. Die hausgemach-
ten Ravioli mit einer
Krebsfleisch- und kokos-
füllung sind ebenso

lecker wie das Thunfisch-
steak als Sashimi in ei-
nem Mohnmantel oder
der orientalisch zuberei-
tete Lammrücken. Das
Tüpfelchen auf dem i
sind die köstlichen
Desserts.

Seafood

◆ **The Beach House**
Sentral, Ostküste,
Mobil: 0813-39747459,
www.beachhousegilit.
com, tgl. Frühstück,
Mittag- und Abendessen,
●●●
Die sehr populäre Bar
mit Restaurant liegt
direkt am Strand. Be-
sonders empfehlenswert
ist das abendliche
Barbecue, bei dem
frischer Fisch, Hummer,
Garnelen, Krebse und
Tintenfisch zubereitet
werden. Auch aus
Australien importiertes
Steakfleisch ist zu haben.
Das Ambiente macht das
Beach House zu einer
der besten Adressen auf
Gili Trawangan.
◆ **Scallywags**
Sentral, Ostküste,
Tel. 0370-631945,
tgl. Frühstück, Mittag-
und Abendessen, ●●●
Das populäre Café
wartet mit einer Vielfalt
von Meerefrüchten und
anderen Gerichten auf,
z.B. Forelle mit Manvhe-
go-Salat oder die als
Tempura zubereiteten,
mit Apfelsaft überträu-
felten Sardinen, als
Spezialität des Hauses.
Abends gibt`s Barbecue.
Gratis W-Lan.

Nord- und Ostlombok

Bergwälder, Wasserfälle und Vulkangipfel – der Norden Lomboks ist ein Paradies für Wanderer. Zwischen Rinjani-Nationalpark und Rinjani-Gipfel gibt es Trekkingziele für jedes Niveau. Golfer zieht es zum Kosaido-Golfplatz.

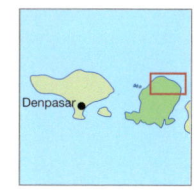

Nordlombok erreicht man auf zwei Wegen – auf der Hauptstraße von Ampenan über Senggigi mit immer wieder grandiosen Blicken auf traumschöne Buchten und Strände, über die Gilis und bis nach Bali. Alternativ gibt es eine Bergstraße, die sich über den **Pusuk Pass** windet. Sie nimmt ihren Ausgang in Gunungsari, nördlich von Mataram, und ist nicht minder spektakulär. Täler, Schluchten und Wälder sowie kleine Dörfer säumen den Weg. Makaken, die im Wald leben, erwarten die Besucher manchmal an der Straße, um ihnen Bananen abzuluchsen.

Pemenang und Bangsal

Pemenang ⓳ liegt dort, wo sich die Küstenstraße und die Straße, die über den Pusuk Pass führt, treffen. In westlicher Richtung führt die Straße nach **Bangsal,** dem Ausgangspunkt für die Boote zu den Gilis. Man muss den Wagen auf einem Parkplatz stehen lassen und läuft die restlichen 400 m zum Hafen zu Fuß. Eine Alternative zum Spaziergang ist die Fahrt mit dem Pferdewagen, dem *cidomo.* Allerdings muss man sich auf harte Verhandlungen gefasst machen. Insgesamt ist die Atmosphäre wenig freundlich, viele Händler versuchen, überteuerte Waren oder Fahrten mit Charterbooten zu überzogenen Preisen anzubieten. Am besten geht man zielstrebig zum weißen Gebäude, wo Tickets für die öffentlichen Boote ebenso wie Charterboote zu fes-

ten Preisen angeboten werden. Seien Sie vorsichtig, wenn jemand an Ihr Gepäck möchte. Falls Sie einen Träger wünschen, handeln Sie unbedingt vorher den Preis aus, der nicht über 2000 Rp pro Gepäckstück liegen sollte.

Pantai Sira und Tanjung Medana

Weiter nördlich führt eine schmale Stichstraße nach **Pantai Sira ⓴**, einem wunderschönen weißen Strand. Hier liegt auch der Kosaido-Golfplatz, ein 18-Loch-Platz von Weltklasseformat.

NICHT VERPASSEN!

Pantai Sira
Tanjung
Rinjani-Nationalpark
Sembalun Bumbung
Sembalung Lawang

Links: Der Kratersee mit dem Babyvulkan Gunung Baru, geboren 1998 **Unten:** Willde Affen

Reiskuchen *(lak lak)* mit Kokosnuss und Palmzucker sind auf Lombok sehr beliebt

Unten: Pantai Sira ist ein wundervoller weißer Strand

Nebenan bietet das elegante Tugu Lombok mit seinen großzügigen, mit Antiquitäten bestückten Zimmern, Unterkunft für eine zahlungskräftige Klientel. Und das nächste Hotel ist bereits im Bau – kein Wunder angesichts der traumhaften Lage.

An der Spitze der nächsten Halbinsel, in Tanjung Medana, liegt ein kleiner Tempel, der **Pura Medana** ㉑ (tgl. 8–17 Uhr), wo man zum Sonnenuntergang herrliche Blicke und die friedliche Atmosphäre genießen kann. Nicht weit davon liegen wiederum zwei großartige Hotels – das Medana Resort und das Oberoi Lombok.

Tanjung und Gondang

Rund 2 km nördlich vom Pura Medana liegt **Tanjung** ㉒, wo Muslime, Hindus und Buddhisten leben und für ein vielfältiges spirituelles Leben sorgen. Jeden Tag findet hier ein bunter Markt statt und sonntags ein Viehmarkt, wo Kühe, Ziegen und Pferde von der ganzen Insel den Besitzer wechseln.

Folgt man der Küstenstraße von Bangsal weiter in nördlicher Richtung, erreicht man **Gondang** ㉓. Ein 20-minütiger Spaziergang führt vom Ort auf einem schmalen Weg zum Wasserfall **Tiu Pupus.** Während der Trockenzeit ist der Wasserfall selbst etwas enttäuschend. Ansonsten kann man sich im kühlen Wasser des Pools unterhalb des Wasserfalls beim Schwimmen wunderbar erfrischen. Alternativ kann man aber auch **Kerurak** erwandern, ein traditionelles Sasak-Dorf.

Ein anderer Spaziergang führt in rund 30 Minuten zum Wasserfall **Kerta Gangga.**

Segenter ㉔

Von Gondang fährt man weitere 20 km und wendet sich dann landeinwärts, um das staubige Dorf Segenter zu erreichen. Es erlaubt einen Blick in den beschwerlichen Alltag im trockenen Teil der Insel. Die rund 300 Bewohner des landeinwärts gelegenen Dorfes sichern sich ihren bescheidenen Lebensunterhalt durch den Anbau von Mais und Bohnen.

Bayan ㉕

Zurück auf der Küstenstraße nimmt man Kurs auf einen der Ursprungsorte des Islam auf Lombok. In Bayan haben sich alte Tänze und poetische Traditionen sowie *Kemidi Rudat,* ein Theater à la »Märchen aus 1001 Nacht«, erhalten. Alle drei Jahre feiert man das Alip-Fest. Bayan ist auch Ursprungsort der Waktu-Telu-Religion (s. S. 210), die Grundsätze des Islam mit hinduistischen und buddhistischen Praktiken sowie animistischen Glaubensinhalten verbindet. Und hier steht auch eine ihrer wichtigsten Moscheen. Die meisten religiösen Feste werden zu Beginn der Regenzeit zwischen Oktober und Dezember oder in der Erntezeit zwischen April und Mai begangen.

Rinjani-Nationalpark

Die Straße führt von Bayan weiter nach **Senaru ㉖**, dem Ausgangspunkt für einen Besuch des Rinjani-Nationalparks (tgl. 8–18 Uhr), einem rund 42 000 Hektar großen Schutzgebiet rund um den Gunung Rinjani. Die gesamte Region mit einer vielfältigen Flora und Fauna ist ein kleines Paradies mit Wasserfällen, Wäldern, schönen Trekking-Pfaden und tradtionellen Dörfern, Tabak- und Cashewpflanzungen sowie Reisfeldern. Senkrecht stürzt das Wasser des **Sendang-Gile-Wasserfalls** in Senaru in die Tiefe – ein spektakulärer Anblick. Im nahen Restaurant kann man Wanderführer anheuern, die auch Touren zum **Tiu-Kelep-Wasserfall** anbieten. Im Pool unterhalb kann man wunderbar schwimmen und noch dazu gilt das Wasser als Jungbrunnen: Nach jedem Bad fühle man sich ein Jahr jünger, erzählt die Legende.

Aufstieg auf den Vulkan

Senaru ist der beliebteste Ausgangspunkt für die Besteigung des 3726 m hohen **Gunung Rinjani ㉗**. Indonesiens zweithöchster Vulkan lockt jedes Jahr Tausende von Bergwanderern und Kletterern an. Eine Besteigung sollte man aber nur in der Trockenzeit wagen, in der Regenzeit droht Rutschgefahr. Steil fallen die Wände zur Caldera hin ab, die zu weiten Teilen vom tiefblauen Kratersee **Danau Segara Anak ㉘** be-

deckt ist. Nebelschwaden wabern durch den Krater, links liegt Puncak, mit 3726 m die höchste Spitze des Rinjani-Massivs, darunter **Gunung Baru**, ein Vulkanbaby, das erst 1998 beim letzten Ausbruch geboren wurde. Im Vulkan verstreut sind Höhlen, kleine Wasserfälle und heiße Quellen. Die bedeutendste ist **Air Kalak** im Nordosten des Kraters – dem Wasser werden Heilkräfte zugesprochen, die besonders bei Hautkrankheiten wirken sollen. Nach Süden überblickt man die halbe Insel. Die Wolken türmen sich auf zu einem Meer aus Watte. Im Hintergrund schälen sich immer deutlicher die drei Gilis vor der Nordküste sowie die Silhouette des Schwestervulkans Agung auf Bali aus dem Dunst. Ein Erlebnis, das man sich nicht entgehen lassen sollte.

Der Aufstieg zum zweithöchsten Vulkan Indonesiens ist steil und mühsam und doch jede Anstrengung wert. Je nach Route und Ziel machbar für Wanderer mit durchschnittlicher Kondition oder für ambitionierte und erfahrene Trekker. Mehrere Wege führen zum Gipfel, aber die Hauptroute führt

Von Bangsal geht es per Boot auf die Gilis

Unten: Tosender Sendang-Gile-Wasserfall

Nur in guten Wander-
schuhen sollten Sie die
Besteigung des Rinjani
wagen

Unten: Der beein-
druckende Kratersee

über Senaru. Das klassische Trekking-Programm dauert drei Tage und zwei Nächte – mit Abstieg in den Krater. Das erweiterte Programm umfasst auch den Aufstieg zum Puncak, der aber nur geübten Bergsteigern zu empfehlen ist. Will man das Erlebnis des Aufstiegs mit Pilgern teilen, sollte man ihn zum Vollmond planen – Zeit der Opfer für die hinduistische Minderheit genauso wie für die Muslime auf Lombok – ganze Scharen von Pilgern steigen dann bei Sonnenaufgang in die Caldera hinab, um in den heiligen Quellen zu baden.

The Trek, eine Organisation die von der neuseeländischen Regierung unterstützt wird, organisiert Besteigungen, die die örtliche Bevölkerung einbeziehen und somit die Einkommensmöglichkeiten in der strukturschwachen Region verbessern. Tatsächlich ist es sicherer und unbedingt ratsam, sich in Begleitung eines Führers auf den Weg zu machen.

Buchen kann man die Programme im **Rinjani Trek Centre** im Hotel Lombok Raya in Mataram (Jl. Usaha 11, Tel. 0370-641124, www.lomboksumbawa. com) oder im Büro der Organisation in Senaru (Tel. 081-9331 67395, tgl. 7 bis 17 Uhr).

Sembalun Bumbung und Sembalun Lawang

Wenn man die Küstenstraße verlässt, führt eine kleine Straße ins Landesinnere – durch dicht bewaldete Berge, und immer wieder mit Traumblicken. Schließlich erreicht man **Sembalun Bumbung** ㉙, zusammen mit dem Nachbardorf **Sembalun Lawang** in einem kühlen Tal an den Hängen des Gunung Rinjani gelegen.

In Sembalun Bumbung haben sich eine ganze Reihe von alten Traditionen aus vorislamischer Zeit erhalten. So zeigen Tänze und Tanztheater starke javanische Einflüsse. Hier wird außerdem das Grab eines Majapahit-Vorfahren verehrt, und alle drei Jahre feiert man hier das spektakuläre *alip*-Fest. Das orthodoxere Sembalun Lawang dagegen hat den vorislamischen Traditionen völlig abgeschworen.

Im kühlen Bergklima gedeihen vorzüglich Knoblauch, Früchte und Gemüse. Ein neuseeländisches Entwicklungshilfeprojekt unterstützt außerdem Frauen durch technische Neuerungen und Marketinginitiativen. Ziel ist es, durch Wiederbelebung der Weberei neue Verdienstquellen zu etablieren. In der Vergangenheit hatte man das alte Handwerk aufgegeben zugunsten des Knoblauchanbaus, der zunächst höhere Gewinne versprach. Als der Bedarf an Knoblauch zurückging, gerieten viele Familien, die ganz auf den Anbau der Feldfrucht gesetzt hatten, in Not.

Von beiden Dörfern aus kann man den Rinjani besteigen. Es gibt mehrere Trekking-Büros, die organisierte Besteigungen anbieten, sowie einige Homestays.

Über die steile, streckenweise schlechte Bergstraße erreicht man **Sapit** ㉚, ein nettes Bergdorf.

Die Ostküste Lomboks

Folgt man der Küstenstraße um die Insel, genießt man zur Linken traumhafte Blicke auf die Küste, auf der anderen Seite hat man die Berge im Blick. Viele der Dörfer sind streng muslimisch. In den abgelegenen Regionen der Insel werden die wenigen Urlauber aus dem Westen, die sich hierher verirren, oft noch kritisch beäugt – nicht zu freizügige Kleidung sollte eine Selbstverständlichkeit sein.

Die Küste ist auf jeden Fall ganz besonders reizvoll mit Blicken bis zum benachbarten Sumbawa und lohnt die lange Fahrt. **Labuhan Lombok** ㉛, manchmal auch Kayangan genannt, ist ein sympathischer Hafenort mit Fährbetrieb nach Sumbawa. Spezialität der Bugis, die vor langer Zeit aus Sulawesi einwanderten, ist der Schiffsbau. Die riesigen *prahus* sind Auslegerboote, die man manchmal im Hafen bewundern kann. Sie werden ausschließlich aus Holz, ohne die Verwendung eines einzigen Eisennagels, erbaut.

Einen Besuch lohnen auch **Labuhan Pandan** ㉜ nördlich von Labuhan Lombok mit schönen Stränden zum Schnorcheln und **Labuhan Haji** ㉝ mit seinem ebenfalls attraktiven Strand. Allerdings sollte man auch hier angesichts der sittenstrengen Bevölkerung bei der Auswahl der (Bade-)kleidung Fingerspitzengefühl zeigen. Unterkünfte hier sind nach wie vor rar und wenig komfortabel. ■

TIPP

Sowohl in Sembalun Bumbumg als auch in Sembalun Lawang leben viele *haji*, Mekkapilger, trotzdem konnten sich in Sembalun Bumbung noch vorislamische Traditionen erhalten – wie etwa der *tandang mendet*, ein ritueller Kampftanz der Männer, sowie eine einzigartige Version des *wayang-wong*-Theaters.

AUSGEWÄHLTE ADRESSEN

Die Preiskategorien gelten für ein Drei-Gänge-Menü ohne Getränke.

● = unter 50 000 Rp

●● = 50 000 bis 150 000 Rp

●●● = 150 000 bis 300 000 Rp

●●●● = über 300 000 Rp

North Lombok

International

◆ **Medana Resort**
Jalan Medana, Tanjung, Tel. 0370-628000, 628100, www.lombokmedana.com, tgl. Frühstück, Mittag- und Abendessen, ●●●

Stimmungsvolles Gartenrestaurant mit europäischen und indonesischen Spezialitäten.

◆ **Oberoi Lombok**
Jalan Medana, Tanjung, Tel. 0370-643602, www.oberoihotels.com, Sunbird Café: tgl. Frühstück und Mittagessen, ●●●●, Lumbung: tgl. Abendessen, ●●●●

Das Resort der internationalen Spitzenklasse in herrlicher Strandlage und romantischer Atmosphäre hat eines von Lomboks herausragenden Restaurants, wo innovative kontinentale und asiatische Küche kreiert wird.

◆ **Hotel Tugu Lombok**
Tel. 0370 620111, tgl. Frühstück, Mittag- und Abendessen, ●●●.
Kunstwerke und die antike Einrichtung zaubern eine beinahe museale Atmosphäre. Programm sind Gerichte, die einem thematischen Aufbau folgen oder einen historischen Hintergrund haben. Das spiegelt sich auch im Ambiente, in der Garderobe, im Geschirr und den Ritualen wider.

Indonesisch

◆ **Pondok Senaru & Restaurant**
Rinjani National Park, Senaru,
Mobil: 0812-622868, tgl. Frühstück, Mittag- und Abendessen, ●
Indonesische Küche und eine herrliche Aussicht über die Reisterrassen und die umliegende Hügellandschaft. Hier bekommen Sie auch Sandwiches und Snacks zum Mitnehmen.

East Lombok

◆ **Pondok Matahari**
Labuhan Pandan, Mobil: 0812-374 9915, tgl. Frühstück, Mittag- und Abendessen, ●
Das Restaurant dieses kleinen Hotels bietet einfache indonesische Küche.

Zentral- und Südlombok

Abgelegene Dörfer, in denen das Kunsthandwerk blüht, prägen das Herz Lomboks. Im Süden der Insel bringen Traumstrände alle Strandfreunde zum Schwärmen – und lassen die Balinesen vor Neid erblassen. Und das Beste: Noch sind sie menschenleer.

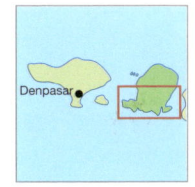

Denpasar

NICHT VERPASSEN!

Öoyok
Sukarara
Penujak
Rembitan
Sade
Kuta
Tanjung Aan
Tanjung Luar
Gili Nanggu

Zentrallombok an den Südhängen des Rinjani-Vulkans (s. S. 225) ist kühler und grüner als der Süden der Insel. Hier regnet es während der Monsunzeit heftig, und in der restlichen Zeit schützen Wälder und Dschungel die Erde vor dem Austrocknen. Diejenigen, die Vulkane am liebsten von unten betrachten, können im Rinjani-Nationalpark wunderbar wandern. In den traditionellen Dörfern an den Berghängen spielt das Kunsthandwerk eine Hauptrolle: Töpferei, Textil- und Grasweberei und Werkstücke aus Holz und Bambus. Fast überall kann man den Handwerkern über die Schulter schauen. Und wenn Sie hier kaufen, ist es nicht nur preiswerter als anderswo, sondern Sie unterstützen auch die lokale Bevölkerung.

Fährt man weiter nach Süden, lässt man die Berge hinter sich und die Landschaft wird zusehends trockener. Felder mit Tabak, Mais, Maniok und Erdnüssen anstelle von Reisfeldern werden zum vertrauten Anblick. Erreicht man die Küste, begeistern grandiose Strände und herrliche Ausblicke.

Rund um Lenek

Fährt man von der Ostküste auf der Hauptstraße von Labuhan Lombok, trifft man auf **Lenek** ❸. Die gesamte Region ist gesprenkelt mit kleinen Dörfern, die immer noch dem alten Glauben – *adat* Sasak – anhängen. So ist die alte Tradition des *tari pepakon,* eines alten Trancetanzes, noch lebendig. Ein

einheimischer Mäzen hat eine Organisation gegründet, um die ursprüngliche Kultur in Lenek wieder zu fördern.

Westlich davon liegt **Pringgasela** ❸, ein Hauptzentrum der *ikat*-Weberei. In den Häusern oder kleinen Läden werden schöne Webarbeiten angeboten.

Südöstlich von Lenek liegt **Bonjeruk,** das Dorf der Puppenspieler, wo das *wayang sasak,* eine Variante des auf Java und Bali populären *wayang kulit,* noch ab und zu aufgeführt wird und Puppen nach alter Tradition hergestellt werden.

Links: Der Reisanbau ist zeit- und arbeitsintensiv **Unten:** Korbflechterin in Loyok

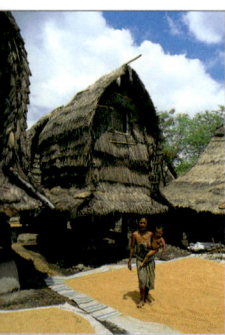

Traditioneller Reisspeicher in Rambitan

TIPP

Samstag ist Markt in Praya, Donnerstag in **Sengkol**, am Mittwoch treffen sich die Händler in **Beleka.**

Masbagik ㊱ ist ein Zentrum der Töpferei. Markenzeichen der Stücke, die hier hergestellt werden, sind geometrische Muster.

Loyok und Tetebatu

Folgt man der Hauptstraße ein paar Kilometer weiter nach Westen, führt eine Straße in nördlicher Richtung nach **Loyok** ㊲. Das Dorf ist bekannt für wunderbar feine Flechtarbeiten aus Rattan, Bambus und Gräsern. Die Körbe, Tabletts und Matten sind von ausgezeichneter Qualität und hier wesentlich günstiger als in den Kunsthandwerksläden Balis. Hinter den Dorfläden liegen die Werkstätten, wo man oft ganzen Großfamilien beim Flechten zuschauen kann.

Tetebatu ㊳, ein Bergdorf mit erfrischender Luft und herrlichen Reisterrassen, liegt am Fuße des Rinjani mit herrlichen Reisterrassen und großen Tabakfeldern. Während der Regenzeit ist es hier feucht und neblig. Während der Trockenzeit ist es ein Wanderparadies. Bislang gibt es nur einfache kleine Hotels für Individualisten, die von hier aus die Region zu Fuß erkunden. Lohnenswert ist die kleine Wanderung durch den Bergwald zum Wasserfall Air Terjun Manis (3 km), der im Rinjani-Nationalpark liegt – ein beliebter Badeplatz der Einheimischen.

Praya, Sukarara und Penujak

Die Landschaft, im Norden noch üppig und tropisch, hat im Inselsüden ihren eigenen Charakter. Die sattgrünen Reisterrassen werden durch eine savannenähnliche Landschaft abgelöst. Hier reifen Tabak, Erdnüsse und die Frucht, der die gesamte Insel ihren Namen verdankt – Lombok heißt »Chili«.

Südöstlich von Cakranegara liegt **Praya** ㊴. Auf dem Samstagsmarkt versammeln sich Bewohner der umliegenden Ortschaften, die fast allesamt kunsthandwerkliche Zentren sind, um ihre Produkte zu verkaufen. Viele Frauen tragen noch die traditionelle Tracht – einen schwarzen Sarong mit schwarzer Bluse und einem in bunten Farben gewebten Gürtel. Ein Dorado also auch für Fotografen.

Kunsthandwerk liefert den Menschen in den trockenen Regionen einen

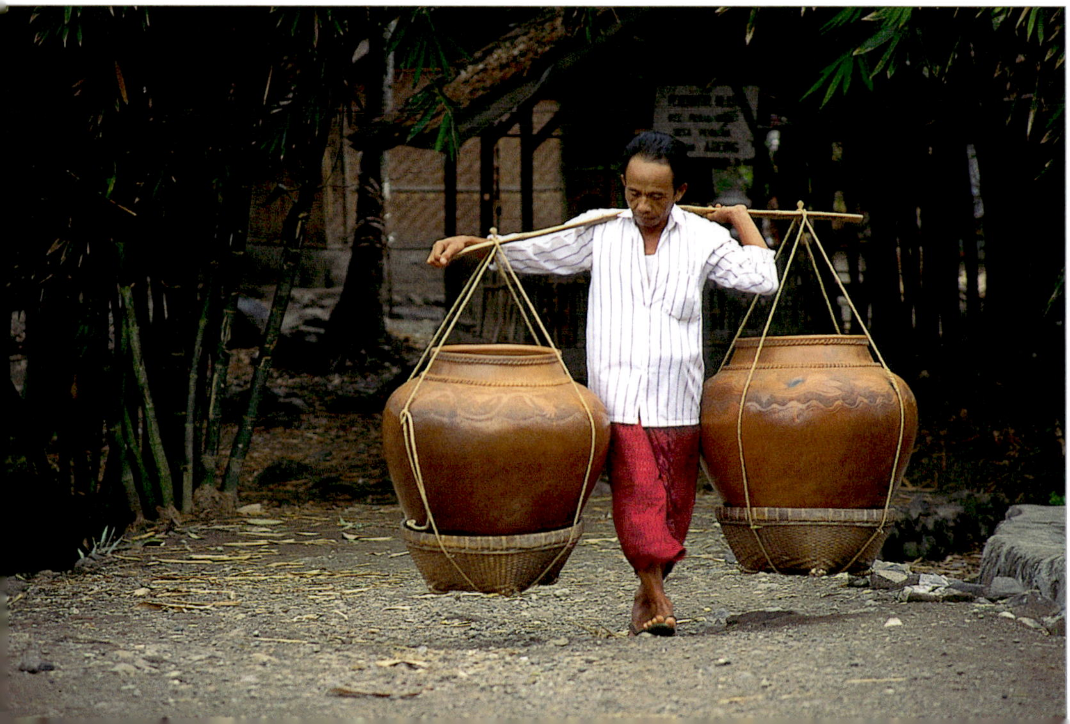

Unten: Ein Töpfer in Penujak

dringend notwendigen Nebenverdienst zur Landwirtschaft. **Sukarara** ❹, an der Straße nach Kuta gelegen, ist Zentrum des Weberhandwerks der Sasak. In einem der vielen Familienbetriebe kann man den Frauen zusehen, wie sie an einfachen Webstühlen Faden für Faden zu schönen Stoffen verweben. Die Ikat-Stoffe mit traditionellen Mustern werden neben Sarongs aus anderen Regionen Indonesiens auch verkauft. An manchen größeren Stücken arbeiten die Frauen monatelang. Sie sind begehrt, und aus der ganzen Welt kommen die Einkäufer hierher, um nach Decken, Sarongs und Kleidung zu suchen.

In **Penujak** ❹ gründeten Neuseeländer vor Jahren eine Töpferkooperative, um das traditionelle Handwerk wiederzubeleben und den Bauern in der Trockenzeit Beschäftigung und Verdienst zu verschaffen. Der Erfolg war überwältigend. Man kann das Formen und Brennen der riesigen unglasierten Schalen und Töpfe von Hand – ohne Töpferscheibe –, die inzwischen so manches Designerhotel schmücken und in alle Welt exportiert werden, beobachten und an Ort und Stelle günstig einkaufen. Typisch für die Verzierungen an den Töpferwaren aus Penujak sind übrigens Tiermotive, darunter Frösche und Geckos.

Rambitan ❹ und Sade ❹

Wenige Kilometer nördlich von Kuta kann man zwei typische Sasak-Dörfer mit einfachen Pfahlhäusern aus Lehm mit ihren charakteristischen Reisspeichern und geschwungenen hufeisenförmigen Dächern besuchen. Der Baustil war Vorbild für die Anlage des Novotels in Kuta.

Stolz präsentieren die Bewohner Rambitans die älteste Moschee der Insel, einen quadratischen Bau aus Holz, der nur von Muslimen betreten werden darf. Beeindruckend sind die strohgedeckten *lumbung*, Reisspeicher, die zu einem Wahrzeichen Lomboks geworden sind.

Rambitan liegt rechts der Straße auf einem Hügel. **Sade,** auf der anderen Straßenseite, bezeichnet sich selbst als »Touristendorf«. Man ist auf Fremde eingestellt, Kinder verschaffen ihren Familien einen Nebenverdienst, indem

Beim *peresan* kämpfen zwei Männer, bewaffnet mit Rattanstöcken und Schilden aus Kuhhaut gegeneinander

Unten: Seewürmer

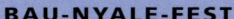

BAU-NYALE-FEST

Das Bau-Nyalae-Fest erinnert an die Legende von der schönen Prinzessin Putri Madalika, die alle Herrscher Lomboks zur Ehefrau begehrten. Weil sie sich beim besten Willen nicht zwischen ihren zahlreichen Verehrern entscheiden konnte, stürzte sich die unentschlossene Prinzessin ins Meer statt einen Mann zu wählen und alle anderen unglücklich zu machen. Als sie langsam in den Wellen verschwand, verwandelten sich ihre Haare in Nyale-Würmer, die zu hunderten an der Oberfläche auftauchten.

Seither kehren diese einmal im Jahr, meist im Februar, zurück und sorgen für die Fruchtbarkeit der Insel. Menschen aus ganz Lombok reisen zu diesem Ereignis an. Vor allem junge Leute schauen in ausgelassener Stimmung dem Laichzug zu und sammeln die Tiere ein, die anschließend gebraten und gegessen werden (sie gelten als Aphrodisiakum!). Ein Priester sagt aus der Anzahl der Tiere das Ernteergebnis für das nächste Jahr voraus. Die Bauern schließlich setzen Würmer als Fruchtbarkeit spendende Substanz in den Bewässerungskanälen aus.

Für die Jugend hat das Fest aber noch eine andere Bedeutung: Es ist der wichtigste Heiratsmarkt im sittenstrengen Lombok. Nur anlässlich des Nyale-Festes können Jungen und Mädchen nach Lust und Laune flirten.

Frischer kann Fisch
nicht sein

sie Besucher herumführen und sich dabei als erstaunlich sprachbegabt erweisen.

Kuta ㊹

Kuta mit seinem herrlich weiten, weißen Sandstrand, etwa 45 km südlich von Cakranegara, hat ganz und gar keine Ähnlichkeit mit seinem rummeligen balinesischen Namensvetter. Hier geht es noch sehr ruhig zu, aber alle Voraussetzungen für den Ausbau eines zweiten Touristenzentrums auf Lombok sind gegeben – ein Traumstrand, viel Sonne und wenig Regen. Bisher verteilen sich nur wenige bescheidene Unterkünfte am traumhaften weißen Strand – seit fast 20 Jahren wartet Kuta auf den großen Durchbruch. Wenn 2011 der internationale Flughafen auf Lombok in Betrieb geht, könnte es so weit sein. Und Lomboks Touristiker schwärmen nicht ohne Grund vom touristischen Potenzial der Region. Die Gegend um Kuta soll beispielsweise einige der besten Surfspots in Südostasien haben – hier treffen die ruhigen Wasser von Lombok auf die Strömungen des Indischen Ozeans.

Unten: Am Strand
von Mawun

Mittwoch und Sonntag sind Markttage in Kuta, an denen die Bewohner der gesamten Region anreisen.

Wenige Minuten östlich von Kuta liegt der Strand von **Mandalika,** wo Anfang Februar *Bau Nyale,* das größte rituelle Fest Lomboks, stattfindet, das Tausende von jungen Leuten anzieht. Mandalika ist auch der Standort des stylishen Novotel Coralia.

Östlich von Kuta

Östlich von Kuta erstreckt sich eine ganze Reihe unberührter Strände. Noch feiner und weißer als in Kuta ist der Sand in der Bucht von **Tanjung Aan ㊺**, wenige Kilometer weiter westlich. Hier dösen Wasserbüffel unter Kokospalmen, ein kleiner Warung versorgt die wenigen Besucher. Nur Schatten fehlt in dieser Traumbucht, die sich wunderbar zum Schwimmen eignet.

Die Straße wird schlechter, je weiter man nach Osten kommt. Surfer knattern mit ihren Motorrädern vorbei – das Surfboard unterm Arm. Ihre Lieblingsstrände in der Gerupuk- oder Ekas-Bucht liegen noch ein Stück weiter östlich. Im kleinen Fischerort **Gerupuk ㊻** stocken Fischer ihre Einkünfte durch den Anbau von Seegras auf.

Weiter östlich liegt das wenig besuchte Dorf **Batu Rintang** mit Häusern und Reisspeichern im traditionellen Stil der Sasak. In der Umgebung leben Zuwanderer aus Südsulawesi und Madura vom Algenanbau. Fährt man weiter um die Bucht herum, erreicht man den Surferstrand **Ekas**. Die wunderschöne Bucht wird malerisch eingerahmt von Felsen, und von oben genießt man herrliche Blicke über die Küste.

Noch weiter östlich liegt **Tanjung Luar ㊼**, wo täglich ein lebhafter Fischmarkt abgehalten wird. Die hiesigen Fischer wanderten bereits im 16. Jh. aus Sulawesi ein. Schön anzusehen sind die traditionellen Häuser im Bugis-Stil, die ebenso bunt sind wie die Boote der Fischer und auf Stelzen stehen.

Westlich von Kuta

Fährt man von Kuta aus nach Westen, hat man die Straße fast für sich. Immer wieder tun sich Blicke aufs Meer auf, eine Bucht ist schöner als die andere. **Mawun** ➍ liegt in einer halbmondförmigen Bilderbuchbucht, in die sich höchstens einige Fischer verirren. Ein endloser weißer Strand, gesäumt von bunten Auslegerbooten, zieht sich vor dem kleinen Fischerdorf **Selong Blanak** ➍ entlang. Der Sand rinnt wie Puderzucker durch die Finger. Von der Schönheit ihrer Bucht profitierten die Fischer, die vor allem vom Tintenfisch-Fang leben, bislang nicht.

Der Südwesten

Der wichtigste Hafen Lomboks ist **Lembar** ➎ an der Westküste, wo mehrmals täglich die Fähre aus Bali anlegt. Im Landesinneren liegt der Ort **Gerung**, berühmt für den *cepung*, einen Männertanz, bei dem das Lesen und Singen aus dem *Lontar Monyet* (»Affenmanuskript«) eine große Rolle spielt. Dabei trinkt man Palmwein, tanzt und imitiert mit der Stimme Gamelan-Instrumente.

Wer für ein paar Stunden oder auch ein paar Tage Robinson spielen möchte, sollte die Inseln südlich von Lembar erkunden. Mit dem Mietwagen oder Mietmotorrad windet man sich durch kleine Dörfer, die von der Fischzucht leben, nach **Taun** ➎, wo man Boote für Tagesfahrten zu den Inseln in der Bucht wie **Gili Sudat, Gili Tangkong** oder der größeren **Gili Gede** inklusive Schnorchelausrüstung chartern kann. Die einzige Insel, auf der es bislang eine bescheidene Unterkunft gibt, ist **Gili Nanggu** ➎. Ein kleines Hotel gibt es in **Pelangan** ➎, wo ebenfalls Boote gechartert werden können.

Folgt man der Straße nach Süden, erreicht man den östlichsten Punkt Lomboks – den Strand von **Bangko Bangko** ➎, einen beliebten Platz für Surfer. Für den Fischfang nutzt man in der Region eine Art Hausboot mit Auslegern, die sogenannten *bagan*. Auf einer Bambusplattform, in der sich ein Loch befindet, wird eine Schutzhütte errichtet. Durch das Loch, über dem nachts eine Lampe angebracht wird, um die Fische anzulocken, lässt man das Netz ins Wasser sinken. ■

TIPP

Die Inseln an der Südwestküste bieten großartige Möglichkeiten zum Schnorcheln. In der Nähe des Bola-Bola-Resorts (Mobil-Tel. 0817-5787355) in Pelangan kann man Boote chartern, um Gili Gede und andere Inseln zu erkunden.

AUSGEWÄHLTE ADRESSEN

Die Preiskategorien gelten für ein Drei-Gänge-Menü ohne Getränke.
- ● = unter 50 000 Rp
- ●● = 50 000 bis 150 000 Rp
- ●●● = 150 000 bis 300 000 Rp
- ●●●● = über 300 000 Rp

Zentral-Lombok

Indonesisch

◆ **Wisma Soedjono**
Tetebatu,
Zentral-Lombok, Mobil: 0818-544265,
tgl. Frühstück, Mittag- und Abendessen, ●

Das wohl populärste Restaurant der Gegend bietet in landschaftlicher schöner Umgebung eine interessante Aussicht. Serviert wird günstige indonesische und Sasak-Küche, daneben auch einige westliche Snacks. Sehr gut sind die Satespieße, Nasi Campur und die Sasak-Spezialität Urap-Urap mit Gemüse und frisch geraspelter Kokosnuss.

Süd-Lombok

International

◆ **Family Café**
Jalan Raya, Kuta,
Tel. 0370-653748,
tgl. Frühstück, Mittag- und Abendessen, ●
Das Café an der Hauptstraße von Kuta ist ein beliebter Spot zum Essen und um Leute kennenzulernen. Erhältlich sind neben verschiedenen westlichen Gerichten indonesische und Sasak-Spezialitäten.

◆ **Novotel Coralia**
Mandalika Beach, Kuta,
Tel. 0370-653333,
www.novotel-lombok.com,
tgl. Frühstück, Mittag- und Abendessen, ●●●
Mit seinen zwei Restaurants eröffnet das zauberhafte Resort der Novotel-Hotelgruppe die mit Abstand besten Optionen

zum Essengehen an der Südküste von Lombok – herrliche Blick inklusive. Das günstigere der beiden ist das Kafe Chilli. Hier bekommt man gute westliche Küche, darunter Pizzen aus dem Holzofen und leckere Pastagerichte. Im Hauptrestaurant Empat Ikan werden u.a. köstliche Meeresfrüchte und frischer Hummer, vielfältig zubereitet, serviert. Sehr gut das mit Pilzen gefüllte australische Rindfleisch. Während der Hauptsaison wird die Abendküche nach Themen angeboten. Für Unterhaltung mit Sasak-Folklore am Strand ist gesorgt.

2 3 5

VERKEHRSMITTEL

UNTERKUNFT

AKTIVITÄTEN

INFOS VON A–Z

SPRACHE UND
MINI-DOLMETSCHER

REISESERVICE

VERKEHRSMITTEL

Anreise und Reisen im Land

Anreise

Mit dem Flugzeug

Balis **Ngurah Rai International Airport** (Info-Tel. 0361-751 011) liegt im Süden der Insel. Direkte Verbindungen zwischen Europa und Bali bestehen mit Garuda Indonesia (ab Amsterdam), mit Singapore Airlines (ab Frankfurt und München), der preisgekrönten Airline aus Singapur, sowie mit Malaysia Airlines, Thai Airways, China Airlines, Cathay Pacific, Qatar Airways u.a. Die Flugzeit beträgt ca. 16 bis 20 Std. In der Regel ist eine Zwischenlandung in Singapur, Kuala Lumpur oder Bangkok erforderlich, und viele Fluggesellschaften bieten interessante Stopover-Angebote an.

Von ca. 6 bis 20 Uhr wird Bali nahezu stündlich von Jakartas Sukarno-Hatta International Airport aus angeflogen. Der Flug (90 Min.) bietet atemberaubende Ausblicke auf Vulkane und ist zudem preislich attraktiv.

Lombok erreicht man von Bali aus mit Merpati und anderen indonesischen Fluggesellschaften. Von Singapur aus fliegt Silk Air, eine Tochter von Singapore Airlines, direkt nach Lombok. Wer einen Weiterflug innerhalb Indonesiens gebucht hat, sollte die Rückbestätigung (72 Std. vor Abflug) nicht vergessen – die Flüge sind oft überbucht. Bei internationalen Flügen ist die Rückbestätigung normalerweise nicht mehr notwendig.

Zwei Stunden vor Abflug sollte man einchecken. Die Flughafengebühr beträgt 150 000 Rp. bei internationalen und 30 000 Rp. bei nationalen Flügen und ist zahlbar am Flughafen. Akzeptiert werden nur indonesische Rupiah in bar.

Wichtige Fluggesellschaften

◆ **Garuda Indonesia,** Tel. 0804-1807807, www.garuda-indonesia.com
◆ **Merpati,** Tel. 0361-235358, www.merpati.co.id
◆ **Batavia Air,** Tel. 021-38999888, www.batavia-air.co.id
◆ **Lion Air,** Tel. 0361-751011, www.lionair.co.id
◆ **Mandala Air,** Tel. 0361-242933, www.mandalaair.com
◆ **Singapore Airlines,** Tel. 0361-768388, www.singaporeair.com
◆ **Cathay Pacific Airways,** Tel. 0361-766931, www.cathaypacific.de
◆ **Malaysia Airlines,** Tel. 0361-764995, www.malaysiaair.com
◆ **Qatar Airways,** Tel. 0361-752222, www.qatarairways.com
◆ **Silk Air (Lombok),** Tel. 0370-628254, www.silkair.com
◆ **Thai Airways International,** Tel. 0361-288 141, www.thaiair.de

Mit dem Mietwagen/Kleinbus

Wer von Java aus nach Bali reisen will und den Weg als Ziel sieht, kann schon für rund 40 € am Tag einen komfortablen Minibus mit Fahrer anmieten – groß genug für eine Familie oder eine kleine Reisegruppe von bis zu sechs Personen.

Mit dem Zug

Von Jakarta, Bandung oder Yogyakarta fährt man zunächst nach Surabaya. Zwei Nachtzüge, der Bima und der Mutiara Utara, fahren von der Kota Station in Jakarta ab und erreichen Surabaya früh am nächsten Morgen. In Surabaya steigt man in den Mutiara Timur um, der nach Banyuwangi in Ostjava fährt. Der Zug führt nur Wagen der Zweiten und Dritten Klasse und ist nicht klimatisiert. Von Banyuwangi nimmt man eine Fähre nach Bali.

Mit dem Bus

Der Nachtbus *(bis malam)* ist nicht die bequemste und zudem eine recht risikoreiche Verbindung zwischen Java und Bali, denn die Fahrer fahren gewöhnlich zu schnell und Taschendiebe profitieren von der Dunkelheit und der Unaufmerksamkeit der Passagiere . Von Jakarta aus ist man rund 24 Stunden unterwegs (ca. 300 000 Rp.), von Yogyakarta 15–16 Stunden (ca. 250 000 Rp.) und von Surabaya immer noch 10–12 Stunden (ca. 150 000 Rp.). Angesichts der billigen Flüge ist der Bus nur noch für Reisende aus Ostjava eine Alternative. Ein interkulturelles Erlebnis ist die Busreise ganz gewiss, aber man muss eine gehörige Portion an Geduld und Leidensbereitschaft mitbringen. Viele Einheimischen rauchen auch in Nichtraucher-Bussen, und Spielfilme in beträchtlicher Lautstärke unterhalten die Passagiere. Wer auf den vordersten Plätzen sitzt, fährt besonders risikoreich.

Ratsam ist es, nur einen Bus mit Klimaanlage zu buchen, um nicht ständig die Diesel-Abgase der Lastwagen und Busse einatmen zu müssen. Die Verpflegung ist im Fahrpreis inbegriffen. Infos erteilen Fremdenverkehrsämter und Hotels.

Ein Busunternehmen, das sich auf Touristen spezialisiert hat, ist **Perama Tours** (Jl. Legian 39, Kuta, Tel. 0361-751551,www.peramatour). Von Jakarta oder Yogyakarta aus werden die Reisenden direkt in die Touristenzentren Balis gebracht, die Fähre ist inbegriffen.

Es gibt auch Verbindungen von Bali nach Lombok, die die Fährüberfahrt einschließen (ca. 150 000 Rp. mit der Fähre, ca. 400 000 Rp. mit dem Schnellboot).

Mit dem Schiff

Die meisten großen Schiffe fahren von Surabaya auf Java ab, einige wenige auch von Bali (Padang Bai und Benoa). Die nationale indonesische Schifffahrtsgesellschaft PELNI (Jakarta, Jl. Gajah Mada, Tel. 021-384 4342) läuft viele Häfen im Archipel an. Man hat die Wahl zwischen fünf verschiedenen Klassen. Rechtzeitige Buchung ist zu empfehlen. Das PELNI-Büro auf Bali liegt in Denpasar, Jl. Diponegoro 23, Tel. 0361-721 377.

Mit Fähre oder Schnellboot

Von Java: Die Fähre von Java (Ketapang) nach Bali (Gilimanuk) benötigt 30 Minuten, verkehrt regelmäßig etwa einmal pro Stunde und kostet rund 6000 Rp.
Von Lombok: Die Überfahrt mit der Fähre dauert mindestens 4, manchmal auch bis zu 6 Stunden und ist nur sinnvoll, wenn man sowieso den Osten Balis ansteuern will.
Während man in der zweiten Klasse eingeräuchert wird und keinen Anspruch auf einen Sitzplatz hat, wird in der ersten Klasse Karaoke in Disko-Lautstärke geboten. Man kann sich überlegen, was das kleinere Übel ist. Der schönste Platz ist sicher an Deck, und wenn die Küste Balis langsam auftaucht, sind die Strapazen vergessen. Freude macht auf jeden Fall der Preis: rund 30 000 Rp.
Neuerdings gibt es einige Alternativen: Ein Schiff des lokalen Reiseveranstalters **Perama** (s. Bus) fährt täglich von Senggigi über die Gilis nach Padang Bai.
Das Hotel Oberoi Lombok bietet ausschließlich Hausgästen einen privaten Transfer mit dem Schnellboot. Außerdem verkehren zwei Schnellboote zwischen Bali und Lombok: Die **Gili Cat** (www.gilicat.com) läuft täglich Padang Bai an (ca. 600 000 Rp.), der **Blue Water Express** (www.bwsbali.com) verkehrt zwischen Teluk Kode bzw. Gili Trawangan und Benoa (ca. 600 000 Rp.).

Unterwegs auf Bali

Flughafentransfer

Am Flughafen gibt es einen Taxi-Schalter, wo man ein Ticket zu festgelegten und ausgewiesenen Preisen (pro Taxi, nicht per Person!) zum gewünschten Ort kauft. Den Coupon übergibt man dem Fahrer des lizensierten und in der Regel klimatisierten Taxis. Die Fahrt nach Kuta dauert ca. 15 Minuten, nach Legian 20 bis 25 Minuten, nach Seminyak 30 Min., nach Sanur 25 Min., nach Nusa Dua 20 Min., nach Jimbaran 10 Min.; nach Ubud 75 Min. und nach Lovina ca. 3 Std.

Öffentliche Verkehrsmittel

Bemos
Balinesen fahren mit dem *bemo*, dem Minibus für Kurzstrecken. Bemos sind

unschlagbar billig und bieten eine gute Gelegenheit, mit Einheimischen Bekanntschaften zu schließen. Andererseits muss man zum Komfortverzicht bereit sein, denn sie sind hoffnungslos überfüllt und nie klimatisiert. Sie haben feste Abfahrtspunkte und Routen, nicht aber feste Haltestellen – sie stoppen auf Zuruf oder Handzeichen.
Über die Fahrpreise informiert man sich bei den Einheimischen. Da die Fahrer größere Geldscheine meist nicht wechseln können, sollte man genügend Kleingeld dabei haben.

Busse
Die wichtigsten Busterminals in Denpasar sind **Tegal** (nach Kuta); **Kereneng** (in die Stadt, nach Batubulan und Sanur); **Ubung** (nach Tabanan, Singaraja, Bangli, Klungkung und Karangasem). Vom Busterminal in Singaraja fahren Busse nach Jembrana, Tabanan, Denpasar und Karangasem. Die Buspreise liegen um 20 000 Rp. pro 50 km. Busse und Bemos haben stets getrennte Terminals.
Eine gute Alternative zum Bemo sind die Busse und Minibusse des **Perama Tourist Service**, (s. Bus, S. 236), die zwischen den Touristenorten mehrmals am Tag verkehren und wesentlich komfortabler als Bemos sind, allerdings auch etwas teurer sind. Gebucht werden kann in vielen Reisebüros. Es werden auch Touren nach Java, Lombok und Komodo angeboten.

Taxi
Beim Stadtbummel trifft man unweigerlich auf zahllose junge Männer, die

»Transport? Transport?« rufen. Es ist deshalb kein Problem, einen Wagen mit Fahrer zu mieten (über Hotels und Agenturen auch mit Führer) – für eine Stunde, einen Tag oder einen Monat. Die Preise sind verhandelbar und richten sich nicht zuletzt nach dem Komfort des Autos und den Englischkenntnissen des Fahrers. Üblich ist es, den Fahrer zu verpflegen, und ein zusätzliches Trinkgeld von etwa 5 % ist angemessen.
Auch Ihr Hotel ist Ihnen beim Arrangement eines individuellen Transports behilflich.
In den Touristenzentren gibt es auch klimatisierte Taxis mit Taxameter (Blue Bird etc.) zu sehr günstigen Preisen. Empfehlenswert ist die Taxigesellschaft **Bali Taxi** (Bluebird) mit blauen Wagen. Bestehen Sie darauf, dass das Taxameter auch eingeschaltet wird! Man muss mit ca. 5000 Rp./km rechnen. Wer ein Taxi rufen lässt, zahlt mindestens 15 000 Rp.
In Ubud gibt es so gut wie keine Taxis. Wenn Sie eines sehen, hat es sicher gerade Fahrgäste von anderswo auf der Insel abgeliefert. Die Fahrer sind dann auf der Suche nach Fahrgästen für den Rückweg.

Mietfahrzeuge

Mit dem Mietwagen

Das Mieten eines Wagens, in der Regel ein geländegängiges Fahrzeug wie der Suzuki Chimney oder der Toyota Kijng, ist kein Problem, allerdings sollte man die eigene Fahrpraxis kritisch hinterfragen. Autofahren in Bali ist abenteuerlich und risikoreich. Die Einheimischen fahren alles andere als defensiv, die Straßen sind eng und in keinem guten Zustand. Kinder und Hunde können jederzeit vors Auto laufen. Unerwartet gerät man in Prozessionen von Menschen oder eine Schar von Enten. Zusätzlich herrscht in Indonesien Linksverkehr.
Wer die Herausforderung im Straßenverkehr sucht und im Besitz eines internationalen Führerscheins ist, der findet in allen Touristenorten Autovermieter. Je nach Mietdauer, Zustand und Größe des Fahrzeugs zahlt man ab 25 Euro pro Tag zuzüglich Versicherung, zu deren Abschluss dringend geraten wird. Buchen Sie den Wagen am besten über Ihr Hotel. Große Hotels arbeiten oft mit Mietwagenfirmen zusammen und bieten in der Regel Fahrzeuge in sehr gutem Zustand an. Vor Vertragsabschluss sollte man sich ein Bild vom Zustand des Wagens, vor allem der Bremsen, machen.
Eine ausgezeichnete Alternative zum Selbstfahren: Engagieren Sie zum

Mietfahrzeug einen Fahrer. Das schont die Nerven und Sie haben mehr Zeit aus dem Fenster zu schauen. Mit Chauffeur kostet ein Fahrzeug 40 bis 50 € pro Tag. Ausgezeichneten Service (auch deutschsprachig) bietet **I Nyoman Yohanes** (Tel. 0062-811-385293, www.balifaszi.com).

Mit dem Motorrad

Motorradfahren auf Bali ist ein preiswertes Vergnügen. Es gelten jedoch in verstärktem Maß die gleichen Vorbehalte wie beim Autofahren. Im Zweifelsfall muss der schwächere Verkehrsteilnehmer (dazu gehören Zweiradfahrer nun mal) dran glauben. Wer dann auch noch unzureichend bekleidet ist, kommt oft mit bösen Verletzungen ins Krankenhaus. Das Tragen eines Schutzhelms ist zwar Pflicht, aber die angebotenen Helme wirken wenig zuverlässig, auch der Zustand der Motorräder lässt manchmal zu wünschen übrig. Überzeugen Sie sich bei einer Probefahrt, dass vor allem die Bremsen funktionieren.
Für eine 125er-Maschine zahlt man etwa 50 000 Rp. pro Tag (bei längerer Mietdauer ist immer ein Rabatt möglich). Man braucht einen gültigen internationalen Motorrad-Führerschein, andernfalls muss man einen Morgen auf der Polizeistation in Denpasar verbringen, um eine »Vorläufige Fahrerlaubnis« (gültig nur für drei Monate auf Bali) zu besorgen. Dazu gehören ein Fahrtest und eine Bearbeitungsgebühr von rund 5 US$. Vorlegen muss man den Pass, drei Passfotos und den heimischen Führerschein. Normalerweise begleitet einen der Motorrad-Verleiher zur Polizei.

Mit dem Fahrrad

In vielen Hotels kann man Mountainbikes mieten. Man überprüfe zuerst die Reifenqualität und die Bremsen und kann sich dann auf den Weg machen. Die Preise schwanken zwischen 20 000 und 60 000 Rp. pro Tag. Dass das Fahren allerdings nur auf den Nebenstraßen Freude macht, merkt man sehr bald.

PERAMA TOURIST SHUTTLE SERVICES

◆ Kuta – Sanur 25 000 Rp.
◆ Kuta – Ubud 50 000 Rp.
◆ Kuta – Lovina 125 000 Rp.
◆ Kuta – Padang Bai 60 000 Rp.
◆ Kuta – Candi Dasa 60 000 Rp.
◆ Kuta – Bedugul 60 000 Rp.
◆ Kuta – Kintamani 100 000 Rp.
◆ Padang Bai – Amed 125 000 Rp.

Straßenverhältnisse

Die Qualität der Straßen hat sich in den letzten Jahren stark verbessert, allerdings hat auch der Verkehr zugenommen, weshalb gerade zu Stoßzeiten auf den Hauptstrecken mit Staus gerechnet werden muss. Straßenkarten erhalten Sie in Buchläden, Drugstores und vielen Hotels.

Tankstellen

◆ Treibstoff tankt man bei den Tankstellen der staatlichen Erdölgesellschaft Pertamina, deren Netz zusehends dichter wird. Im Notfall hält man nach dem Schild »Premium« Ausschau. An einigen Warungs wird aus Limonadenflaschen Benzin aufgefüllt.

Weiterreise nach Lombok

Mit dem Flugzeug

Merpati Airlines fliegt mehrmals täglich zwischen Denpasar und Mataram auf Lombok. Der Flug dauert nur 20 Minuten, sollte aber rechtzeitig vorgebucht werden. Lion Air verbindet Lambok mit Surabaya und Jakarta. Silk Air fliegt direkt von Singapur nach Mataram.
◆ **Merpati Nusantara Airlines,** Jl. Pejanggik 69, Mataram, Tel. 0370-636 745.

Flughafentransfer

Der Flughafen (Tel. 0370-636 925) liegt direkt in Mataram und kaum mehr als 3 km von den Hotelregionen entfernt. Für den Taxitransfer zu den Touristenorten Lomboks gelten Festpreise. Auf Anfrage schicken größere Hotels auch einen Abholdienst. Für 2011 ist die Eröffnung des neuen Flughafens im Süden der Insel geplant. Weitere Informationen waren bei Redaktionsschluss noch nicht verfügbar.

Mit Fähre oder Schnellboot

Die Fähre von Bali nach Lembar auf Lombok legt mehrmals täglich in Padang Bai ab. Sie braucht 4 bis 6 Stunden, ist wenig komfortabel, aber billig. Schneller sind die Verbindungen per Katamaran:
Die **Gilicat** fährt ab Padang Bai (mit Zubringer von den Badeorten des Südens) nach Teluk Nara und weiter nach Teluk Kode auf Lombok (Fahrtdauer ca. 1–1,5 Std., www.gilicat.com). Die Alternative: **Blue Water Express** ab Benoa (mit Zubringer aus vielen Orten in Südbali) nach Gili Trawangan und weiter nach Teluk

Kode auf Lombok (Fahrzeit je nach Seegang 2–2,5 Std., www.bwsbali.com).

Weiterreise zu den Gilis

Mit Gilicat oder Blue Water Express Gili Trawangan erreicht man auch die der Nordküste Lomboks vorgelagerten Inselchen Gili Air, Gili Meno und Gili Trawangan – kurz »die Gilis« genannt –, ohne den Umweg über Lombok nehmen zu müssen. Wer von Lombok aus die Gilis anfahren möchte, kann zwischen den öffentlichen Booten ab Bangsal und dem Shuttle Service des Reiseveranstalters Perama (Bali: Tel. 0361-751551, Lombok: Tel. 0370-693007, www.peramatour.com) wählen.

Unterwegs auf Lombok

Will man mehr als nur einen oberflächlichen Eindruck gewinnen, sollte man mindestens fünf Tage bleiben. Plant man außerdem Schnorchelausflüge oder gar die Besteigung des Gunung Rinjani, sind acht Tage das Minimum.

Öffentliche Verkehrsmittel

Das Reisen auf Lombok ist einfach, allerdings mit öffentlichen Verkehrsmitteln nerven- und zeitraubend. Die billigste Möglichkeit, die Insel zu erkunden, ist die Fahrt mit Bemos (s. Bali, S. 237) oder auf kürzeren Strecken auch mit dem **Cidomo** (Pferdewagen). Der zentrale Busbahnhof liegt in Sweta (östlich von Cakranegara).

Mietfahrzeuge

Es ist gestattet, in Bali angemietete Motorräder (aber keine Mietwagen) auf der Fähre mit nach Lombok zu bringen. Sie können aber auch in Mataram, Ampenan oder Senggigi angemietet werden.
Taxis und Minibusse können gechartert werden. Auch auf Lombok kann man Jeeps anmieten, zu etwas höheren Preisen als auf Bali. Hotels ud Reisebüros helfen bei der Vermittlung. Ein gechartertes Taxi für einen achtstündigen Ausflug kostet ca. 250 000 Rp., je nach Route und Verhandlungsgeschick auch weniger. Man kann dies über das Hotel arrangieren lassen. Es ist ratsam, sich zuvor von den Englischkenntnissen des Fahrers zu überzeugen.
Lendang Express (Tel. 0370-634 444) und **Lombok Taxi** (Tel. 0370-627 000) verfügen über Taxis mit Taxameter. Der Kilometer schlägt ungefähr mit 0,25 US$ zu Buche.

UNTERKUNFT

Hotels auf Bali

Wahl des Hotels

Wer auf Bali eine Unterkunft sucht, hat die Qual der Wahl – vom einfachsten Losmen oder Homestay bei einer einheimischen Familie bis zum internationalen Luxusresort. Balis Spitzenhotels gehören zu den besten weltweit und bieten First-Class-Service. Neben den internationalen Hotelgruppen der 5-Sterne-Kategorie wie Hyatt, Four Seasons und Conrad gibt es exklusive Ketten lokaler asiatischer Hotelketten und zahlreiche Boutiquehotels. Bali ist auch der einzige Platz der Erde mit gleich drei der preisgekrönten Aman Resorts, dem Zufluchtsort der Reichen, Schönen und Berühmtheiten aus der ganzen Welt.

Wahl eines Ferienhauses

Wer sich in einem großen Hotel nicht zu Hause fühlt, hat die Option einer Privatvilla. Viele wohlhabende Ausländer und Indonesier aus Jakarta haben luxuriöse Häuser auf Bali gebaut, die tage- oder wochenweise an Besucher vermietet werden. So hat man die Auswahl von einem Häuschen am Strand mit einem Schlafzimmer bis zur exklusiven Villa mit bis zu 8 Schlafzimmern mit jedem erdenklichen Komfort. Die Objekte können inmitten von Reisfeldern, im Dschungel, hoch oben an einer Klippe, an einem Flussufer oder in den Bergen liegen.

Fast jede Privatvilla hat einen Swimmingpool, und die meisten Häuser haben eine Küche und bieten Platz für zwei bis zehn. Darüber können die Dienste von Haushälterin, Koch, Fahrer, Gärtner, Poolmanager und Sicherheitspersonal dazu gehören.

Detaillierte Informationen über Balis Ferienunterkünfte sind über nachstehende Internetseiten erhältlich:
◆ **Elite Havens,** www.EliteHavens.com
◆ **Private Homes & Villas,** www.phvillas.com
◆ **Bali Homes Management,** www.bhmvillas.com
◆ **Prestige Bali Villas,** www.prestigebalivillas.com

Hotelzonen

Die einzelnen Tourismuszentren der Insel haben ihre jeweiligen Charakteristika, die unterschiedliche Zielgruppen ansprechen. Ziel des Massentourismus ist der Süden der Insel, der auch die umfassendste touristische Infrastruktur hat. Ubud und Umgebung entspricht mehr den Erwartungen von Individualreisenden. Die Orte im Osten, Norden und Westen sowie im Hochland sind weit weniger im touristischen Fokus und haben ihren eigenen Charme. Was diese zu bieten haben, geht aus den Beschreibungen in den Abschnitten über die einzelnen Orte und der Kurzintro der jeweiligen Hotelzonen hervor.

Preise und Buchungen

Reservierungen vorab sind vor allem in der Hochsaison zwischen Juli und September sowie in der Weihnachts- bzw. Neujahrszeit empfehlenswert. Fast alle Hotels addieren zum Rechnungsbetrag eine staatliche Steuer und Servicepauschale in Höhe von 21 Prozent, einige kleinere Hotels nur 11 Prozent hinzu.

Im Rahmen einer Internetbuchung können wesentlich günstigere Preise bzw. Unterkunftsarrangements erzielt werden. Bei einem persönlichen Gespräch, auch bei Telefonaten, lassen sich nach ungeschriebener Regel ebenfalls günstigere Konditionen verhandeln, vor allem in der Nebensaison. Hinweis: Viele der 5-Sterne-Resorts in der folgenden Auflistung, die in der teuren oder mittleren Preiskategorie geführt werden, bieten ein breites Spektrum von Zimmern an, die vom Stadard über die Suite bis zur Villa im oberen Preissegment reichen.

AUSGEWÄHLTE ADRESSEN

Die Preiskategorien gelten für ein Doppelzimmer pro Tag:
● = unter 50 $
●● = 50–100 $
●●● = 100–200 $
●●●● = über 200 $

Südbali

Denpasar

Es gibt keinen wirklichen Grund, in Denpasar eine Unterkunft zu beziehen, es sei denn, man kommt geschäftlich in die Hauptstadt. Es gibt Dutzende Hotels für unter 20 $, in denen fast ausschließlich einheimische Reisende absteigen.
◆ **Inna Bali Hotel**
Jalan Veteran 3,
Tel. 0361-225681, ●●
Ein historisches, zentral gelegenes, von den Holländern 1927 erbautes Hotel. Das Haus konnte die koloniale Atmosphäre trotz des brausenden Verkehrs bewahren.

Die Zimmer im Hauptgebäude sind einfach, haben jedoch Klimaanlage, heißes Wasser, TV und Telefon. Komfortablere Suiten für Geschäftsleute befinden sich in dem gegenüberliegenden Gebäude. Zum Hotel gehören ein Restaurant, eine Bar und ein Swimmingpool. 74 Zimmer.

VERKEHRSMITTEL

UNTERKUNFT

AKTIVITÄTEN

INFOS VON A–Z

SPRACHE UND MINI-DOLMETSCHER

Sanur

Sanur bietet gute Rahmenbedingungen für Ruhe suchende Urlauber. Hier gibt es sowohl First-Class als auch günstige Hotels. Der Ort strahlt ein internationales Flair aus und ist gleichzeitig weniger kosmopolitisch als das hektische Kuta.

◆ **Bali Hyatt**
Jalan Danau Tamblingan 89, Tel. 0361-281234, 288271, www.hyatt.com, ●●●
Das sehr gepflegte Hotel entfaltet mit seinen Lotusteichen und Gartenanlagen des bekannten Landschaftsdesigners Made Wijaya eine ungemein entspannte Atmosphäre. Geräumige Zimmer und Suiten mit Blick aufs Meer. Mehrere Restaurants, Pools, Wellness- und Sportangebote. 390 Zimmer.

◆ **Sanur Beach Hotel**
Jalan Danau Tamblingan, Tel. 0361-288011, www.sanurbeachhotelbali.com, ●●●
Die Hotelanlage bietet Komfort, Ruhe und ausgezeichneten Service. Die Bungalows verteilen sich in einem tropischen Garten und haben ihren eigenen Charme, während die Zimmer in dem größeren Hauptgebäude luxuriöser eingerichtet sind. Zum Hotel gehören zwei Restaurants; außerdem gibt es drei Pools, Wassersportmöglichkeiten, Tennisplätze und Geschäfte. 425 Zimmer.

◆ **Sanur Paradise Plaza**
Jalan Hang Tuah 46, Tel. 0361-281781, www.sanurparadise.com, ●●●
Luxuriös ausgestattete Zimmer und Suiten in herrlicher Gartenanlage. Großer Pool, zwei Restaurants und sehr gut ausgestattetes Fitnesscenter. Regelmäßiger Shuttlebus zwischen dem Paradise Plaza Hotel und den Paradise Plaza Suiten (Apartments mit 1 bis 3 Betten); dort ist »Camp Splash« *der* Wasserspaß und Highlight für die Kids. 329 Zimmer.

◆ **Griya Santrian Hotel**
Jalan Danau Tamblingan 47, Tel. 0361-288181, www.santrian.com, ●●

Familienbetriebenes Hotel am Strand. Alle Bungalows im großzügig angelegten Garten haben Klimaanlage und eine private Terrasse mit Garten- bzw. Meerblick. Zwei Restaurants und zwei Pools. 96 Zimmer.

◆ **La Taverna Hotel**
Jalan Danau Tamblingan 29, Tel. 0361-288497, www.latavernahotel.com, ●●
Altes und renommiertes Hotel, dessen Zimmer in hübsch gestalteten Bungalows mit Grasdächern eingerichtet sind. Stuckierte Wände und antikes Mobiliar tragen zum Ambiente bei. Zur Hotelgartenanlage gehört ein Privatstrand, Pool, Bar und Pizzeria. Gutes Strandrestaurant. 22 Zimmer plus 9 entsprechend teurere Suiten.

◆ **Mercure Resort Sanur**
Jalan Mertasari, Tel. 0361-288833, www.accorhotels-asia.com, ●●
Strandhotel mit Unterkünften im Kabana-Stil in einer tropischen Gartenanlage. Das Sportangebot reicht von Tennis über Tischtennis bis Volleyball. Im Restaurant werden asiatische und westliche Gerichte serviert. 189 Kabanas.

◆ **Tanjung Sari Hotel**
Jalan Danau Tamblingan 41, Tel. 0361-288441, www.tandjungsari.com, ●●
Ein Hotel mit Charme und Historie, bekannt für seinen exzellenten Service. Die Unterkünfte unterschiedlicher Kategorie liegen eingebettet in einem herrlichen Garten im Strandbereich. 26 Bungalows und Villas.

◆ **Sativa Cottages**
Jalan Cemara 45, Tel./Fax 0361-287881, ●
Die kleine, gepflegte und ruhige Anlage mit Pool bietet ein gutes Preis-Leistungs-Verhältnis. 50 Zimmer.

Tuban

Wird manchmal auch als Süd-Kuta bezeichnet. Der Ort verfügt über eine beachtliche Zahl von Hotels. Einige liegen direkt am Strand und sind ideal für Familien.

◆ **Discovery Kartika Plaza Hotel**
Jalan Kartika Plaza, Tel. 0361-751067, www.discoverykartikaplaza.com, ●●●
Im Herzen von Tuban beim Discovery Shoppingcenter in der Nähe des Waterbom Parks gelgen. Ein gern von Familen gebuchtes Strandresort mit riesigem Swimmingpool, weitläufiger Gartenanlage, Tennisplätzen, Nachtclub und Karaoke-Bar, Chinarestaurant und Villas direkt am Strand. 312 Zimmer.

◆ **Kupu Kupu Barong Beach Resort**
Jalan Wana Segara, Tel. 0361-753780, www.kupubarong.com, ●●●
Modern und luxuriös ausgestattete Suiten in Strandlage inmitten herrlicher Gärten. Angegliedert ist das bekannte Restaurant Ma Joly mit französischer Küche. 11 Suiten.

◆ **Bali Dynasty**
Jalan Kartika Plaza, Tel. 0361-752403, www.balidynasty.com, ●●
Das gründlich renovierte Resort bietet u.a. Familienzimmer für bis zu fünf Personen. Es gibt fünf Restaurants und fünf Bars, das renommierte chinesische Restaurant »Golden Lotus« und »Gracie Kelly's Irish Pub« inklusive, drei Pools und ein Spa. Die kleinen Gäste werden vom Kupu-Kupu Kiddies-Club bestens betreut. 312 Zimmer.

Kuta

Wie lärmig, schrill und hektisch Kuta auch sein mag – es ist eine großartige Spielwiese. Das Resultat nach vielen Jahren unkontrollierten Wachstums ist ein wildes, dicht gedrängtes Nebeneinander von Kneipen, Nachtclubs, Restaurants, Geschäften und Hotels, die von Billigabsteigen bis Nobelherbergen reichen. Hier sind die am besten aufgehoben, denen Ruhe im Urlaub langweilig ist und die am liebsten »mittendrin« sein wollen.

◆ **Hard Rock Hotel**
Jalan Pantai Kuta, Tel. 0361-761869, www.hardrockhotels.net/bali, ●●●
Das Hotel mit Zimmern und Suiten liegt direkt am Strand und zieht ein jugendliches Spaß-Publikum und junge Familien an. Eingegliedert ist das obligatorische Hard Rock Café und eine Reihe anderer Snackbars. Täglich Live-Unterhaltung. Pool, Wellnessbereich, Kinderclub, Aufnahmestudio, Karaokebar und Geschäfte. 418 Zimmer.

◆ **Mercure Kuta**
Jalan Pantai Kuta, Tel. 0361-767411, www.mercurekutabali.com, ●●
Modernes viergeschossiges Hotelgebäude mit balinesisch eingerichteten Zimmern mit Balkons. Zum Kuta Beach gelangt man über die Straße. Das Mercure liegt in Nachbarschaft zu Kutas Haupteinkaufszone. 130 Zimmer.

◆ **Poppies Cottages I**
Gang Poppies I, Tel. 0361-751059, www.poppies.net, ●●
Eines der ersten Hotels, als Kuta die Surfpioniere anzog. Angenehme Bungalows mit Klimaanlage in einem tropischen Garten, nur 300 m vom Strand entfernt. Pool, Restaurant. Sehr gefragt, daher ist eine Vorausbuchung unbedingt notwendig. 20 Zimmer.

◆ **Un's Hotel**
Jalan Bene Sari 16, Tel. 0361-757409, www.unshotel.com, ●
Eine Oase zwischen all den Geschäften und dem Strand. Die Zimmer mit Ventilator oder Klimaanlage haben Gemeinschaftsbalkons und -veranden. Pool und hübscher Garten. 30 Zimmer.

Legian

Legian bildet das nördliche Ende von Kuta Beach und ist etwas ruhiger. Der mittlere Strandabschnitt von Legian Beach beherbergt alle angesagten Locations mit sehr guten Restaurants und Adressen des Nachtlebens.

◆ **Alam KulKul**
Jalan Pantai Kuta,
Tel. 0361-752520,
www.alamkulkul.com, ●●●
Hat sowohl moderne Hotel-
zimmer mit Gartenzugang
als auch kleine Privatvillen.
Die luxuriöse Einrichtung
bietet allen erdenklichen
Komfort. Indonesisches Restaurant, zwei Pools. Und auf
der anderen Straßenseite ist
man gleich am langen Sandstrand oder im italienischen
Restaurant Papa's.
57 Zimmer, 23 Villas.

◆ **Padma Resort Bali**
Jalan Padma 1, Tel. 0361-
752111, www.padmaresort
bali.com, ●●●
Viel zeitgenössische Plastik,
sehr gute Infrastruktur mit
dem neuen Padma Spa von
Mandara und verschiedenen
Restaurants, darunter der
exklusive Italiener »Bella
Rosa«. 404 Zimmer.

◆ **Casa Padma Suites**
Jalan Padma, Tel. 0361-
753073, www.casasuites.
com, ●●
Das kleine Boutiquehotel
umrahmt den kleinen Pool.
Der Gast kann zwischen
Standardzimmern und Suiten
wählen. Einige haben eigene
Terrassen. Viele Restaurants,
Bars und Einkaufsmöglich-
keiten ganz in der Nähe.
6 Zimmer und 23 Suiten.

◆ **Hotel Kumala Pantai**
Jalan Werkudara,
Tel. 0361-755500, www.
kumalapantai.com, ●●
Eines von Bali's begehrtes-
ten Hotels in dieser Kategorie. Kein Wunder angesichts
seines sehr guten Preis-Leis-
tungs-Verhältnisses und der
günstigen Strandlage.
Großer, 50 m langer Pool.
88 Zimmer.

◆ **Legian Beach Hotel**
Jalan Melasti,
Tel. 0361-751711, www.
legianbeachbali.com, ●●
Strandnahe Zimmer und
Bungalows in einer großen
Gartenanlage. Entspanntes
Ambiente. Das Hotel hat
zwei Pools, einen Wellness-
bereich mit Fitnesscenter, Ten-
nis- und Squashplätze, Was-
sersportangebote, vier
Restaurants und drei Bars.
216 Zimmer.

Seminyak

Seminyak liegt nördlich von
Legian. Weiter nördlich und
in Richtung Landesinnere
geht es über in Kerobokan.
Der Strand von Seminyak ist
vergleichbar mit dem von
Kuta und Legian, jedoch
wesentlich ruhiger. Daher
haben viele Hotels der oberen und mittleren Preisklasse
dieses Gebiet zu ihrem
Standort gewählt. Günstigere Unterkünfte sind hier
dünn gesät. Die Jalan
Laksmana säumen Restau-
rants mit unterschiedlicher
Küche, während an der Jalan
Raya Seminyak teurere
Geschäfte liegen.

◆ **Anantara**
Jalan Abimanyu (Dhyana
Pura), Tel. 0361-737773,
www.bali.anantara.com,
●●●●
Die moderne, stilvolle Anlage mit eigenem Strand ist
kompakt konzipiert und beherbergt 59 geräumige,
80 m² große Suiten, ein Thai-
Restaurant und die trendige
SOS (Sunset on Six)-Dach-
terrassenbar – der Platz für
Seminyaks Sonnenunter-
gänge. Spa, Fitnesscenter
und drei Pools.

◆ **The Legian**
Jalan Laksmana, Tel. 0361-
730622, www.ghmhotels.
com, ●●●●
Ein Resort der Spitzenklasse
direkt am Strand mit 67 riesigen, durchschnittlich
100 m² großen Suiten. Das
Resort vereint modernen Mi-
nimalismus mit balinesischer
Architektur. Exzellentes Restaurant mit sowohl west-
licher als auch balinesischer
Küche, großer Pool, Fitnesscenter und Spa. Noch exklu-
siver, wenn auch ohne die
ganz große Aussicht, ist
»The Club at The Legian«:
11 Luxusvillen, erreichbar in
drei Minuten.

◆ **Oberoi Bali**
Jalan Laksmana,
Tel. 0361-730361, www.
oberoihotels.com, ●●●●
Das Luxusresort liegt eingebettet in einer herrlichen
tropischen Gartenlandschaft
an einem von Balis besten
Stränden. Alle Zimmer haben

Meeres- bzw. Gartenblick;
die Villen sind mit sehr großen Badezimmern und eige-
nen Höfen ausgestattet, einige Villen haben einen
eigenen Swimmingpool. Der
Anlage nach erinnert das
Hotel an einen klassischen
balinesischen Palast. Jeden
Abend wechselnde kulturelle
Veranstaltungen, zwei Restaurants, eine Bar und ein
Salzwasserbecken.
60 Zimmer und 14 Villen.

◆ **The Samaya**
Jalan Laksmana,
Tel. 0361-731149, www.
thesamayabali.com, ●●●●
Die von Mauern umgebenen
Gartenvillen mit großen
Schlafzimmern, Veranden
und kleinen Pools bieten absolute Privatsphäre. Natürlich können die diversen
Wellness- und Speisenange-
bote (mit Butler!) auch in
der Villa in Anspruch genommen werden. Für das leibli-
che Wohl sorgt das preisgekrönte »Alang-Alang«-
Restaurant. Großer
Swimmingpool und Garten
direkt am Strand. 46 Villen.

◆ **Sentosa Private
Villas & Spa**
Jalan Pura Telaga Waja,
Petitenget, Tel. 0361-730333,
www.balisentosa.com,
●●●●
Exklusive Villen mit eigenem
Pool und ein bis drei Schlafzimmern. Wellnessoase, sehr
gut ausgestattetes Fitnesscenter. Das vorzügliche Restaurant Blossom am Strand
mit moderner australischer
und thailändischer Küche
lohnen den ca. 7-minütigen
Weg dorthin. 38 Villen.

◆ **Sofitel Seminyak**
Jalan Dhyana Pura,
Tel. 0361-730730,
www.sofitelbali.com, ●●●
Die Gartenanlage direkt am
Strand gliedert sich in mehrere Flügel und einzelne
Villen. Die Zimmer sind geschmackvoll eingerichtet,
doch ein wenig düster. Riesiger Pool am Strand, um-
säumt von Statuen. Drei Restaurants. 144 Zimmer.

◆ **Pelangi Bali Hotel**
Jalan Dhyana Pura,
Tel. 0361-730346,
www.pelangibali.com, ●●

Liegt direkt am Strand und
in der Nähe des renommier-
ten Restaurants Gado Gado.
Das kleine, zweigeschossige
Hotel hat dezent eingerich-
tete Zimmer und einen
Swimmingpool direkt am
Strand. 89 Zimmer.

◆ **Dhyana Pura
Beach Resort**
Jalan Dhyana Pura,
Tel. 0361-730442, www.
dhyanapura-beach-resort.
com, ●
Das Hotel liegt etwas abseits
in der Nähe des Strandes
und bietet familiäre Atmosphäre. Alle Zimmer haben
Klimaanlage und heißes
Wasser. Pool und zwei Restaurants. 113 Zimmer.

Canggu

Seminyak wird nach Norden
zu stiller und geht in Canggu
über. Beliebt bei Surfern und
jenen, die es ruhiger mögen.

◆ **Hotel Tugu**
Jalan Pantai Batu Bolong,
Tel. 0361-731707, www.
tuguhotels.com, ●●●●
Das Boutique- und Wellness-
hotel gleicht einem Museum
und ist mit teuren Antiquitäten eingerichtet. Es liegt inmitten von Reisfeldern in der
Nähe des wilden Strandes
von Canggu. Zwei Suiten
sind Ateliers von berühmten
Malern nachgebildet, die in
den 1930er-Jahren auf Bali
gelebt haben. Eines der Restaurants wurde um einen
300 Jahre alten Tempel aus
der Kangxi-Periode umbaut.
22 Villen.

Jimbaran

Jimbaran mit einer Handvoll
von exklusiven Resorts liegt
südlich von Kuta gegenüber
dem Flughafen am schma-
len, 5 km langen Isthmus
nördlich der Halbinsel Nusa
Dua. Berühmt sind die vielen
kleinen Strandrestaurants,
die sich auf Meeresfrüchte
spezialisiert haben und eine
Alternative zur Hotelküche
bieten.

◆ **Four Seasons Jimbaran**
Jalan Bukit Permai,
Tel. 0361-701010, www.
fourseasons.com, ●●●●

VERKEHRSMITTEL

UNTERKUNFT

AKTIVITÄTEN

INFOS VON A–Z

SPRACHE UND
MINI-DOLMETSCHER

Hier wohnt man in privaten, geschmackvoll eingerichteten Villas, die alle einen eigenen Pool haben. Das Resort ist an einen terrassierten Hang gebaut, wird um eine Gartenlandschaft ergänzt und bietet herrliche Blick über die Bucht und bei klarer Sicht sogar auf den Gunung Agung. Zur Anlage gehören vier Restaurants, darunter »PJ's« am Strand, ein ausgezeichnetes Wellnessangebot, Swimmingpool, Tennisplätze und Wassersporteinrichtungen. 147 Villen.

◆ **Karma Jimbaran**
Jalan Four Seasons, Tel. 0361-708848, www.karmajimbaran.com, ●●●●
Jede Villa des Resorts stellt ein eigenständiges, wunderschön eingerichtetes Zuhause mit Pool dar. Darüber hinaus gibt es ein Fitnesscenter, ein Steak-Restaurant und eine balinesische Wellnessoase. Zum Strand sind es nur 5 Minuten. 38 Villen mit drei bzw. vier Schlafzimmern plus The Grand Residence.

◆ **Bali Inter-Continental**
Jalan Uluwatu, Tel. 0361-701888, www.ichotelsgroup.com, ●●●
14 Hektar Landschaftsgarten mit balinesischen Statuen, Lagunen und Pools machen die Hotelanlage zu einer eigenen kleinen Welt. Squash- und Tennisplätze, Fitnesscenter und Wassersportangebote sind genauso vorhanden wie ein Spa, drei Pools, vier Restaurants, darunter ein exquisites japanisches, und zwei Bars. 425 Zimmer.

◆ **Jimbaran Puri Bali**
Jalan Uluwatu, Tel. 0361-701605, www.jimbaran puribali.com, ●●●
Das vollständig renovierte Haus gehört jetzt zur exklusiven Gruppe der Orient Express Hotels. Die Luxusbungalows am Wasser sind von privaten, ummauerten Gärten umgeben. Dazu gehören ein großer Swimmingpool und zwei Restaurants, eines direkt am Strand, Bibliothek, Boutique und der Spa. 41 Zimmer.

◆ **Ayana Resort & Spa**
Jalan Karang Mas Sejahtera, Tel. 0361-702222, www.ayanaresort.com, ●●●
Das ehemalige Ritz-Carlton ist ein ungewöhnliches Resort im Stil balinesischer Architektur. Die Anlage mit Zimmern unterschiedlichen Standards erstreckt sich über 70 Hektar und grenzt an eine Steilklippe. Dazu gibt es selbstverständlich Restaurants, Spas und Pools. Hier kann auch in einer der beiden Hochzeitskapellen im ultra Avantgarde-Stil geheiratet werden. Sehr schön sind die romantischen Bale, die typisch balinesischen offenen Pavillons inmitten von Lotusteichen. 322 Zimmer.

Bukit Badung

Bukit (»Hügel«) ist die Halbinsel, die auf einem kargen Sandsteinplateau liegt und wie ein Anhänger an einer Halskette den Süden der Insel bildet. Vor nicht allzu langer Zeit lebten in diesem abgelegenen Gebiet Menschen, die Seegras anbauten, Fischer und die Extrem-Surfer. In jüngeren Jahren jedoch hat sich die Halbinsel neu erfunden und ist zu einem der Top-Ziele Balis geworden – auch hinsichtlich der Preise.

◆ **Blue Point Bay Villas & Spa**
Jl Lubuansit, Tel.0361-7441077, www.bluepoint bayvillas.com, ●●●●
Ungewöhnliche Lage auf einer Klippe in der Nähe des Uluwatu-Tempels. Vier Kategorien von Villen stehen zur Auswahl: Flitterwochen, Präsidentensuite (mit jeweils eigenem Pool und Jacuzzi), Doppelvilla zweigeschossig und geteilte Villa zweigeschossig. Die Restaurants liegen am Rand der Steilklippe. Von einem der beiden großen Pools öffnet sich der Blick über den Rand der Klippe.

◆ **Bulgari**
Jalan Goa Lempeh, Banjar Dinas Kangin, Uluwatu, Tel. 0361-8471000, www.bulgarihotels.com, ●●●●

Liegt in 160 m Höhe oberhalb Balis südlichstem Punkt. Das Haus ist das zweite einer Reihe von Design-Hotels, die zurzeit an besonderen Plätzen rund um den Globus gebaut werden. Das 2006 eröffnete Hotel verbindet modernen italienischen Stil mit indonesischen Kunstwerken und Textilien. Die Preise für die Villen sind genauso exquisit wie die Küche der beiden Restaurants. 56 Villen für zwei Personen und 3 Villen für bis zu 4 Personen, jeweils mit eigenem Pool.

◆ **Karma Kandara**
Banjar Wijaya Kusuma, Ungasan, Tel. 0361-8482200 www.karmakandara.com, ●●●
Das Resort zählt 46 freistehende exklusive Villen (1 bis 4 Schlafzimmern) und bietet einen herrlichen Blick über den Indischen Ozean. Zur Anlage gehören ein Pool, ein balinesisches Spa und ein sehr gutes Restaurant mit Mittelmeerküche. Ein privater Zugang führt zum Strand bzw. zu der dort gelegenen Bar.

◆ **Uluwatu Resort**
Jl Pantai Suluban, Tel. 0361-7420610, www.uluwaturesort.com, ●●
Das Resort an der Steilklippe vereint zeitgenössisches Design mit balinesischem Charme und bietet zwei verschiedene Zimmerkategorien. Das Top Rock Café mit Bar und Pool serviert internationale Küche, mexikanische Gerichte und Pizza. 16 Zimmer.

◆ **Rocky Bungalows**
Off Jl Uluwatu, Tel. 081-7346 209, ●
Die angenehmen Zimmer mit Balkon in Padang Padang kommen bei Surfern gut an. 3 Minuten zu Fuß zum Meer. Einfaches Restaurant. 10 Zimmer.

Nusa Dua

Nusa Dua liegt etwas abseits, hat jedoch sehr schöne weiße Sandstrände. Die Sterilität der Hotelzone wird ein wenig durch die Restaurants

im Ort außerhalb aufgehoben. Innerhalb der Zone bietet der Einkaufskomplex Bali Collection teure Restaurants, Duty Free Shopping, Kaufhäuser und einen Supermarkt.

◆ **Amanusa**
Nusa Dua, Tel. 0361-772333, www.amanresorts.com, ●●●●
Mitglied der Nobelkette der Aman-Hotels mit außergewöhnlicher Architektur und herrlichem Garten. Von dem oberhalb des Bali Golf & Country Clubs gelegenen Resort öffnen sich spektakuläre Blicke über das Meer. Großer Swimmingpool, Restaurants mit italienischer und thailändischer Küche, Tennisplätze, Golfangebote und ein Shuttle Service zu einem privaten Strandclub mit Wassersportmöglicheiten. 35 Villen.

◆ **The Balé**
Nusa Dua, Tel. 0361-775111, www.thebale.com, ●●●●
Architektonisch ist die Anlage von der Philosohie des Zen-Buddhismus inspiriert. Hier kann man in sehr geräumigen Pavillons oder Bales mit jeweils eigenem großen Pool wohnen. Das Restaurant »Faces« und das Sanctuary Spa sind sehr edel. Ideal für Paare, die einen romantischen Rahmen für ihre Zweisamkeit suchen, da das Hotel für Familien nicht buchbar ist. 20 Villen.

◆ **St Regis Bali Resort**
Kawasan Pariwisata, Tel. 0361-8478111, www.stregis.com/bali, ●●●●
Der barocke Baustil dieses neuen Hotels vereint klassische und moderne Elemente mit Einfachheit und üppigem Dekor. Die High-Tech-Interieurs sind überreich mit Textilien aus einheimischen Manufakturen und Kunstwerken ausgestattet. Überdimensionierte Suiten, Privatvillen und zwei exklusive Residenzen bieten alles, was das Herz begehrt, ebenso wie die Restaurants, eine Hochzeitkapelle, ein Pool in Form einer Lagune und ein Spa. 123 Villen, Suiten und Residenzen.

◆ **Grand Hyatt Bali**
Nusa Dua, Tel. 0361-771234, www.hyatt.com, ●●●●
Das beindruckende Grand Hyatt ist das größte Resort auf Bali und wird von einem schönen weißen Sandstrand gesäumt. Die geräumigen Zimmer sind in Häusern eingerichtet, die zusammen vier balinesische Dörfer mit insgesamt sechs Swimmingpools, herrlichen Gartenanlagen und Brunnen bilden. Alles ist vorhanden, u.a. ein Golf-Abschlagplatz, Kinderclub, fünf Restaurants und das Kriya Spa. Die Zimmer verteilen sich auf die unterschiedlichsten Kategorien, je nachdem, ob man eine Villa am Strand oder das Standardzimmer mit Gartenblick wünscht. 672 Zimmer.

◆ **Laguna Resort and Spa**
Nusa Dua, Tel. 0361-771327, www.luxurycollection.com/bali, ●●●●
Luxuriöse Zimmer, auf Wunsch mit Butler-Service, verteilen sich auf eine Gartenanlage, die von einer künstlichen Lagune durchzogen ist. Das Hotel hat eine schöne Strandlage, Pools, Wasserfallkaskaden, Tennisplätze, drei Restaurants und selbstverständlich auch Wassersportangebote. 270 Zimmer.

◆ **Nusa Dua Beach Hotel**
Nusa Dua, Tel. 0361-771210, www.nusaduahotel.com, ●●●●
Das Strandhotel durchweht ein Hauch von Grandeur, der balinesischer Fürsten würdig wäre. Vielleicht steigen hier deshalb gerne Staatsoberhäupter ab. Luxuriöse Suiten und Bungalows in herrlichem Garten, im »Palace Wing« mit privatem Butler-Service. Großer Swimmingpool und vieles mehr. Drei Restaurants, u.a. das balinesische »Raja's« und das japanische »Maguro«. 380 Zimmer.

Tanjung Benoa

Eine schmale Halbinsel bildet die nördliche Spitze von Nusa Dua. Am weißen Sandstrand liegen eine Reihe von Hotels im oberen Preissegment und Wassersportanbieter. Dank dem schützenden Korallenriff ist das Wasser hier sehr ruhig.

◆ **Conrad Bali**
Jalan Pratama 168, Tel. 0361-778788, www.conradhotels.com, ●●●
Das Fünf-Sterne-Hotel der besonderen Art liegt eingebettet in tropischen Gärten mit Wasserfällen. Die meisten der geschmackvoll gestalteten Zimmer haben Meerblick, die Deluxe-Lagunenzimmer haben direkten Zugang zum Lagunenpool. Spa, drei Restaurants. 313 Zimmer.

◆ **Novotel Bali**
Jalan Pratama, Tel. 0361-772239, www.novotelbali.com, ●●
Die Designer des Hotels haben Naturmaterialien in kreativer Weise genutzt. Die 190 Zimmer sind zwar nicht groß, jedoch sehr stilvoll eingerichtet. Drei Restaurants, Spa, Kinderclub und Shuttlebus-Service.

Ubud und Umgebung

Ubud Zentrum

Im Zentrum des Orts gibt es viele Unterkünfte mittlerer und günstiger Preiskategorie. Märkte, Kunstgalerien, Geschäfte und Restaurants sind fußläufig erreichbar. Entlang der in Richtung Affenwald führenden Straße (Jalan Monkey Forest) liegen viele kleine Hotels.

◆ **Barong Resort & Spa**
Jalan Monkey Forest, Tel./Fax 0361-971759, www.barong-resort.com, ●●●
Ein edles Resort im kulturellen Herz von Ubud. Die Luxusbungalows und Villen sind im Stil eines traditionellen balinesischen Gehöfts errichtet und bieten ein sehr privates Ambiente. Am Rande der Reisfelder und doch nur Minuten von Ubuds Märkten und Restaurants entfernt. Swimmingpool, Spa und Restaurant. 8 Bungalows und 3 Villen.

◆ **Komaneka Resort**
Jalan Monkey Forest, Tel. 0361-976090, www.komaneka.com, ●●●
Die eleganten, mit vielen Naturmaterialien gestalteten Zimmer in den Gartenbungalows entfalten eine romantische und friedvolle Atmosphäre. Im Resort gibt es Restaurant, Pool, Spa, Boutique und eine Kunstgalerie. 20 Zimmer.

◆ **Samhita Garden**
Jalan Bisma, Tel. 0361-975443, santikg@indosat.net.id, ●●
Ein Boutiquehotel in der Nähe des Zentrums mit spanisch sprechendem Management. Traditionelle Bungalows mit ansprechendem Komfort in einer Gartenanlage mit Swimmingpool. Frühstück wird hier serviert, die anderen Mahlzeiten können von dem benachbarten Restaurant Café des Artistes geordert werden. 14 Zimmer.

◆ **Ubud Village**
Jalan Monkey Forest, Tel. 0361-975571, www.ubudvillagehotel.com, ●●
Das stilvolle Hotel bietet komfortable Zimmer und einzelne kleine Luxusvillen im hinteren Bereich der Anlage bei einem kleinen Fluss. Großer Pool und Restaurant/Bar. 23 Zimmer und 5 Villen.

◆ **Oka Wati's Sunset Bungalows**
Nähe Jalan Monkey Forest, Tel. 0361-973386, www.okawatihotel.com, ●
Hübsche Zimmer am Reisfeld, einige mit fließend warmem Wasser und Dusche. Die Besitzerin, Ibu Oka, betrieb einst eine Warung, der für leckeres Babi Guling (Spanferkel) legendär war und die Leute in Scharen anlockte. Heute bereitet sie auf Wunsch ihrer Gäste die balinesische Entenspezialität, Bebek Betutu, zu. Kleiner Swimmingpool. 19 Zimmer.

◆ **Uma Sari Cottage**
Jalan Bisma, Tel./Fax 0361-981538, www.umasari.com, ●
Entzückendes kleines Hotel neben den Reisfeldern, nur fünf Minuten vom Ortszentrum. Traditionelle balinesi-

sche Architektur, jedes Zimmer mit eigener Veranda, einige mit Klimaanlage. Es gibt auch einen Swimmingpool und ein Restaurant. Sehr gutes Preis-Leistungs-Verhältnis und freundliches Personal. 8 Zimmer.

Penestanan

In der Nähe des Tjampuhan Hotels führen viele schmale Treppenstufen zu dem Dorf, das eine im Vergleich mit Ubud viel ländlichere und ruhigere Atmosphäre ausstrahlt.

◆ **Waka Namya**
Jalan Raya Penestanan, Tel. 0361-975719, www.wakaexperience.com, ●●●
Ein kleines Luxushotel im Herzen von Penestanan. Den Gästen stehen sogenannte Lanai, Terrassen, zur Verfügung, wo sie sich in privater Atmosphäre aufhalten können. Dort wird auf Wunsch auch das Essen serviert. Die Villen haben Marmorbäder mit im Boden eingelassenen Badewannen. Die Bauweise der exklusiven Villen ist den Reisspeichern nachempfunden. Das mit viel Kunst eingerichtete Restaurant ist ausgezeichnet. 3 Lanais und 8 Villen.

◆ **Melati Cottages**
Jalan Raya Penestanan, Tel. 0361-974650, www.melaticottages.com, ●
Etwas abseits, in erhöhter, luftiger Lage in Reisfeldern platziert, bietet die Anlage vor allem eins: Ruhe und grandiose Ausblicke! Die zwei Villen und geräumigen Zimmer haben jeweils Doppelbetten, Deckenventilatoren, heißes Wasser und großen Veranden. Swimmingpool und Internetzugang. 22 Zimmer.

Campuhan und Sanggingan

Campuhan grenzt im Westen an Ubud an. Hier lebte in den 1930er-Jahren der deutsche Maler Walter Spies. Sanggingan liegt weiter nördlich den Hügel hinauf und ist noch etwas ruhiger.

VERKEHRSMITTEL

UNTERKUNFT

AKTIVITÄTEN

INFOS VON A–Z

SPRACHE UND MINI-DOLMETSCHER

◆ **Uma Ubud**
Sanggingan,
Tel. 0361-972448, www.
uma.como.bz, ●●●●
Oberhalb des Flusstales des
Campuhan gelegen verbin-
det das Hotel Luxus mit ei-
nem ganzheitlichen Ansatz.
Nach den Entwürfen des ja-
panischen Innenarchitekten
Koichiro Ikebuchi wirkt das
Design minimalistisch.
Gleichzeitig sind die Zimmer
mit jedem erdenklichen
Luxus ausgestattet. Ausge-
zeichnetes Restaurant. Das
Shambala-Center bietet
Yoga, Meditationskurse und
Wellnessbehandlungen an.
29 Zimmer und Suiten.

◆ **Tjampuhan Hotel**
Campuhan,
Tel. 0361-975368/9, www.
tjampuhan.com, ●●
Die etwas in die Jahre ge-
kommenen Bungalows be-
finden sich an dem Platz, wo
der deutsche Künstler Walter
Spies einst sein Haus hatte.
Das Hotel liegt am Steilufer
des Flusses Wos, das zu außergewöhnlichen Ausblicken
einlädt. Großer, von Quellwasser gespeister Pool und
Tennisplatz. Es gibt Zimmer
mit Klimaanlage oder
Deckenventilator. 66 Zimmer
plus das Walter-Spies-Haus.

◆ **Ananda Cottages**
Campuhan,
Tel. 0361-975376, www.
anandaubud.com, ●
In diesem hübschen Hotel in
den Reisfeldern kann man
zwischen einem Haus mit
drei Schlafzimmern, zwei
Bädern und einem Wohnzim-
mer oder einem Standard-
zimmer wählen. Alle haben
heißes Wasser und Klimaanlage oder Deckenventilator.
Swimmingpool und Restau-
rant gehören zur Anlage.
54 Bungalows.

Sayan, Kedewatan und Payangan

Sayan und Kedewatan liegen
etwa eine Viertelstunde
Fahrt nördlich von Ubud.
Beide Dörfer haben noch
ihren ländlichen Charme be-
wahrt. Zum landschaftlichen
Reiz trägt das Flusstal des
Ayung bei. Entlang und

oberhalb seines Ufers sind
fast alle Hotels in dieser
Gegend entstanden.

◆ **Amandari**
Kedewatan,
Tel. 0361-975333, www.
amanresorts.com, ●●●●
Das Hotel trägt die Hand-
schrift seines Designers
Peter Muller und ist hinsichtlich Lage, Charakter und
Preisstruktur unvergleichlich.
Der große Pool ist der Form
einer Reisparzelle nachempfunden, und der Blick fließt
gleichsam mit dem Wasser
über den Rand des Pools
hinweg. Die geräumigen,
sehr stilvoll gestalteten
Suiten bieten das Ambiente
von Ruhe und absoluter
Privatsphäre und sind mit
sehr großen Bädern und
Terrassen ausgestattet. Einige Suiten haben eigene
Pools. 30 Pavillons.

◆ **Como Shambhala Estate
at Begawan Giri**
Payangan, Tel. 0361-978888,
cse.comoshambhala.bz,
●●●●
Ein wahrhaft atemberaubendes Resort des malaysischen
Architekten Cheong Yew
Kuan mit zauberhafter landschaftlicher Umgebung am
Zusammenfluss des Ayung
mit einem Nebenfluss. Die
zwei Hotelrestaurants
»Kudus House« und »Glow«
kleben buchstäblich am
Hang oberhalb einer Strom-
schnelle. Das großartige
Como Shambhala Spa bietet
Yoga-Kurse und Wellness-
programme an. 22 Suiten
verteilen sich auf 5 Residenzen und 10 Villen.

◆ **Four Seasons Sayan**
Sayan, Tel. 0361-977577,
www.fourseasons.com,
●●●●
Die Zufahrt zum Hotel führt
über eine robuste Teak-
brücke zu einem eliptisch
geformten Lotusteich, der
auf dem Dach des Hauptge-
bäudes angelegt ist. Er wirkt
wie ein gigantisches Ufo,
das oberhalb der Baum-
kronen zu schweben scheint.
Die exquisit eingerichteten
Zimmer, Suiten und Villen
schmiegen sich an die Hänge oberhalb des Ayung-
Flusses. 54 Zimmer.

◆ **Royal Pita Maha**
Kedewatan, Tel. 0361-
980022, www.royalpita
maha-bali.com, ●●●●
Das Luxusresort gehört der
Fürstenfamilie von Ubud. Die
Interieurs greifen typisch
balinesische Stilelemente
auf. Wände und Türen sind
mit reichem Dekor und
künstlerischer Ausdrucks-
kraft lokaler Kunsthandwerker und Holzschnitzer ge-
schmückt. Private Villen, alle
mit Pool und Blick über die
Schlucht. Zwei Restaurants,
mehrere Swimmingpools,
Fitnesscenter und Spa verteilen sich über die Anlage.
92 Villen.

◆ **Alila Ubud**
Payangan, Tel. 0361-975963,
www.alilahotels.com, ●●●
Ein Resort mit viel Atmo-
sphäre in grandioser landschaftlicher Lage. Die Zimmer und Villensuiten sind
elegant eingerichtet. Die
Unterkünfte im Erdgeschoss
sind mit einer Dusche unter
freiem Himmel in einem kleinen Privatgarten ausgestattet. Das Hotel hat einen
großartigen, grün gefliesten
Pool, der schon in vielen Magazinen abgebildet wurde.
Im ausgezeichneten Restaurant wird sowohl internationale als auch balinesische
Küche serviert; außerdem
gibt es ein Spa. Nachmittags
werden zwischen 15 und
17 Uhr gratis Tee, Kaffee und
balinesisches Backwerk
angeboten. 64 Zimmer.

◆ **Ubud Hanging Gardens**
Buahan, Payangan,
Tel. 0361-982700,
www.pansea.com, ●●●
Dieses kleine und feine
Hoteljuwel liegt auf der den
meisten anderen Hotels gegenüberliegenden Uferseite
des Ayung. Die spektakuläre
Lage auf steil terrassierten,
von üppiger Vegetation
überwachsenen Flächen am
Hang ist einzigartig. Zu den
Villen mit eigenem Pool, dem
am Fluss gelegenen Well-
nessbereich, dem Swim-
mingpool, den Restaurants
und allen anderen Hotelein-
richtungen gelangen die
Gäste mit einer eigenen
Zahnradbahn. 38 Villen.

Peliatan

Das Dorf ist eines der künst-
lerischen Zentren von Musik,
Tanz, Malerei und Holz-
schnitzerei und liegt nur fünf
Fahrminuten östlich von
Ubud.

◆ **Maya Ubud**
Jalan Gunung Sari,
Tel. 0361-977888, www.
mayaubud.com, ●●●
Das größte Hotel in Ubud
wird v.a. wegen seines vor-
züglichen und unaufdringli-
chen Service geschätzt. Die
geschmackvoll eingerichteten Villen, einige davon mit
eigenem Pool, und Zimmer
liegen in einem herrlichen
Tropengarten und bieten alle
Flussblick. Hier findet man
Ruhe und Entspannung und
ist gleichzeitig mit dem
Hotelshuttle in wenigen Minuten im Zentrum von Ubud.
Die drei Restaurants bieten
verschiedene Küchen. Der
Wellnessbereich am Zusam-
menfluss von zwei Flüssen
liegt neben dem »River
Café« und hat ein Angebot,
das keine Wünsche offen
lässt. 48 Zimmer und
80 Villen.

Pengosekan

Das Dorf liegt ca. 15 Minuten südlich von Ubud, bietet
Blicke über Reisfelder und ist
etwas ruhiger als Peliatan.

◆ **Arma Resort**
Tel. 0361-976659,
www.armaresort.com, ●●
Das Hotel liegt in den Reisfeldern mit Blicken auf den
Gunung Agung. Die großen
Zimmer mit Veranden sind
stilvoll eingerichtet und haben Bäder mit fließend warmem Wasser und Klimaan-
lage. Innerhalb der Anlage
gibt es ein Thai-Restaurant,
einen Pool und das benachbarte Kunstmuseum. Gratis
Transport nach Ubud.
15 Bungalows plus 6 Villen.

◆ **Tegal Sari**
Jalan Hanoman,
Tel. 0361-973318, www.
tegalsari-ubud.com, ●
Unter den günstigen Unterkünften in Ubud eine der beliebtesten, weshalb Reservierungen lange im Voraus

empfehlenswert sind. Liegt etwas zurückversetzt von der Hauptstraße in den Reisfeldern. Die naturnahen Bungalows vermitteln eine entspannte, ruhige Atmosphäre. Ergänzt wird das perfekte Hideaway durch einen großen Pool und ein nettes Restaurant.
21 Zimmer.

Nagi

Die Gegend um Nagi schließt sich östlich an Ubud an.
◆ **The Viceroy**
Jalan Lanyahan,
Tel. 0361-971777, www.
theviceroybali.com, ●●●●
Luxusvillen in hügeliger Umgebung. Hier kann man die Privatsphäre einer Villa genießen und hat gleichzeitig alle Annehmlichkeiten eines Spitzenhotels. Im Lembah Spa können Sie sich verwöhnen lassen. Das hervorragende »CasCades« serviert französische Küche. Wer es eilig hat und es sich leisten will, kann mit dem Helikopter vom/zum Flughafen fliegen. 11 Villen.

Gunung Batur und Umgebung

Penelokan

Die meisten Unterkünfte im Gebiet des Gunung Batur sind eher einfach. Von Penelokan aus hat man eine beeindruckende Aussicht auf den Vulkan und den Kratersee. In Kintamani ist es ruhiger, mit Unterkunftsalternativen sieht es jedoch nicht sehr gut aus.
◆ **Lakeview**
Restaurant & Hotel
Penelokan, Tel. 0366-51394, www.indo.com/hotels/lakeview, ●●
Die Zimmer des am Seeufer liegenden Hotels sind groß und freundlich eingerichtet. Das Restaurant bietet gediegene Küche und wie die Bar landschaftliche Impressionen. Frühstück ist im Zimmerpreis inbegriffen.
14 Zimmer.

Toya Bungkah

Das Dorf Toya Bungkah liegt am Batur-See und ist der Hauptausgangspunkt für den Aufstieg zum Kraterrand zum Sonnenaufgang.
◆ **Hotel Puri Bening**
Toya Bungkah, Tel. 0366-51244, www.indo.com/hotels/puribeninghayato, ●
Modernes Hotel, architektonisch gewöhnungsbedürftig. Die Standardzimmer haben Blick auf den See. Zur Anlage gehören Restaurant und Pool. 38 Zimmer
◆ **Under the Volcano I**
Toya Bungkah,
Tel. 0366-51166, ●
Saubere Zimmer, die in den Garten nahe des Kratersees hinausgehen. Hier gibt es auch ein kleines Restaurant. 7 Zimmer.

Ostbali

Nusa Lembongan

Die Auswahl der Hotels auf der Insel ist nicht sonderlich groß. Die besten liegen an der Mushroom Bay mit ihrem wunderschönen, mondsichelförmigen weißen Sandstrand.
◆ **Nusa Lembongan Resort**
Mushroom Bay, Tel. 0363-725864, www.nusalembonganresort.com, ●●●
Mit einem Katamaran von Sails Sensation gelangt man zum idyllisch an der Bucht gelegenen Resort, das zur selben Unternehmensgruppe wie der Katamaran gehört. Die Luxusvillen gruppieren sich um das Restaurant, wo am Abend Gourmetgerichte serviert werden. Für die Tauchgänge und Erkundungen tagsüber können Lunchpakete bestellt werden.
12 Villen.
◆ **Hai Tide Huts**
Mushroom Bay,
Tel. 0361-720331, www.balihaicruises.com, ●●
Das Hotel liegt neben dem Bali Hai Cruises Beach Club und gehört zum gleichnamigen Unternehmen. Seine Gästehäuser sind im Stil der traditionellen Lumbung-

Reisspeicher erbaut. Herrliche Panoramablicke aufs Meer. Zu den Einrichtungen gehören Pool und Restaurant mit Bar. Kayaks, Schnorchelausrüstung, ein Glasbodenboot und Banana Boats. 6 Häuser.
◆ **Waka Nusa Resort**
Mushroom Bay,
Tel. 0363-723269, www.wakaexperience.com, ●●
Ein romantisches Resort mit polierten Hölzern, Böden mit Naturmaterialien und mit Alang-Alang, Elefantengras, gedeckten Dächern. Jedes Haus hat einen privaten Garten. In der Anlage gibt es auch einen Swimmingpool. 10 Bungalows.

Balina und Manggis

Balina Beach, ein ruhiger schwarzer Lavasandstrand, liegt beim Dorf Buitan. Manggis ist das nahe gelegene kleine Dorf.
◆ **Amankila**
Manggis, Tel. 0363-41333, www.amankila.com, ●●●●
Es ist vielleicht das beeindruckendste der drei Aman-Resorts auf Bali. Die Anlage ist am Rand einer Klippe erbaut und zieht sich zum Meer unterhalb. Der ultimative Luxus wie in allen Aman-Resorts! Zwei exklusive Restaurants. Einen Akzent setzt der auf drei Ebenen angelegte Swimmingpool, von wo aus die Blicke über die reizvolle Küstenlinie schweifen. Über steile Treppen oder in einem Buggy gelangt man zum eigenen Hotelsandstrand. Die meisten Strände an diesem Küstenstrich sind Kiesstrände. 33 Zimmer.
◆ **Alila Manggis**
Manggis, Tel. 0363-41011, www.alilahotels.com, ●●●
Zimmer in zeitgemäßem Design in großartiger Strandlage. Die teureren liegen auf der obersten Etage und haben große Balkons mit Meerblick. Das Restaurant mit dem Namen »SeaSalt« (Meersalz) bietet indonesische und westliche Küche. Populär sind die hier angebotenen Kochkurse. Der Swimmingpool ist sehr

schön und entschädigt für den Kiesstrand, der nicht gerade zum Baden einlädt. 55 Zimmer.

Candi Dasa

Leider ist der Strand hier so gut wie nicht mehr vorhanden. Der jahrelange Korallenraubbau führte zu verheerenden Erosionsschäden. Daran können auch die mächtigen und hässlichen Wellenbrecher aus Beton nichts ändern. So sind nur kleine Strandfragmente übrig geblieben, weshalb beim Bau vieler Hotels Plattformen zu Hilfe genommen werden mussten.
◆ **Hotel Rama Candi Dasa**
Candi Dasa, Tel. 0363-41974, www.ramacandidasahotel.com, ●
Die Bungalows liegen alle in gutem Abstand von der Straße im Bereich des künstlichen weißen Sandstrandes. Es gibt einen Swimmingpool und ein Restaurant. Das weitere Angebot umfasst Koch- und Schnorchelkurse.
70 Zimmer.
◆ **Watergarden**
Jalan Raya Candi Dasa,
Tel. 0363-41540, www.watergardenhotel.com, ●●
Der Name dieses charmanten Hotels sagt alles. Alle Bungalows liegen eingerahmt von einer wundervollen Gartenanlage mit Fisch- und Lotusteichen. Viele Balinesen kommen gerne für ein Wochenende hierher. Sehr gutes Management, das Restaurant bietet eine Vielfalt vegetarischer Gerichte und einige thailändische Optionen an. 12 Zimmer.
◆ **Amarta**
Candi Dasa, Tel. 0363-41230, ●
Strandbungalows mit sehr freundlichem Personal. Sehr gutes Preis-Leistungs-Verhältnis und bei Expatriates sehr beliebt. Im Restaurant gibt es bodenständige Küche und Herzhaftes zum Frühstück. 10 Bungalows.
◆ **Ida Beach Village**
Candi Dasa, Tel. 0363-41118, www.idabeachvillage.com, ●

Bungalowanlage in einem Garten mit Swimmingpool am Strand. Angeboten werden einfache Cottages und Bungalows im Stil von Reisspeichern mit Schlafzimmer und Balkon und Klimaanlage bzw. Ventilator. Die insgesamt 17 Cottages tragen die Namen von lokalen Dörfern.

Amed

Ein knappes Dutzend von Fischerdörfern liegen südlich von Amed an den Ostausläufern des Gunung Agung. Dort gibt es Kies- oder schwarze Sandstrände.

◆ **Anda Amed Resort**
Bunutan, Tel. 0363-23498, www.andaamedresort.com, ●●
Voll ausgestattete, komfortable und hübsch eingerichtete Bungalows. Es gibt einen attraktiven Pool und ein Restaurant. Liegt zur Bergseite hin mit schönen Blicken zum Meer. 4 Bungalows.

◆ **Life in Amed Resort**
Lean, Tel. 081-3385 0155, www.lifebali.com, ●●
Das Resort im Besitz von Engländern liegt in einer Gartenanlage mit Swimmingpool am Strand des kleinen Fischerdorfs Lean. Die Zimmer haben einen für diese Gegend überdurchschnittlich hohen Standard. 8 Zimmer.

◆ **Santai**
Bunutan, Tel./Fax 0363-23487, www.santaibali.com, ●●
Ein Boutiquehotel mit Charakter. Die Zimmer sind klassische balinesische Bungalows mit einem großen Schlafzimmer und einem Extrabett im Dachgeschoss. Swimmingpool und gutes Restaurant. 10 Zimmer.

◆ **Good Karma Bungalows**
Selang, Mobil Tel. 081-2368 9090, ●
Einfache grasgedeckte Bambusbungalows mit 1 bis 2 Betten im Schatten von Banyan-Bäumen. Der Besitzer heißt Baba und ist ein Original. Er singt für seine Gäste und propagiert ökologisches Bewusstsein. 17 Zimmer.

◆ **Puri Wirata**
Bunutan, Tel./Fax 0363-23523, www.diveamed.com, ●
Von holländischen Eigentümern bewirtschaftete Bungalows am Meer unter Palmen. Die Zimmer sind für diese Preisklasse sehr gut und haben alles, was man braucht. Tauchtrips können organisiert werden. Das zur Anlage gehörende Restaurant serviert eine gute Küche. 30 Zimmer.

Tulamben

◆ **Tauch Terminal**
Tulamben, Tel. 0363-22911, www.tauch-terminal.com, ●●
Angenehme Strandlage an einem beliebten Platz für Taucher. Moderne Zimmer, die meisten von ihnen haben Meerblick. Das Restaurant serviert lokale, internationale – und deutsche Küche.

Nordbali

Lovina

Die meisten Hotels in der Region von Lovina haben einen schmalen schwarzen Lavasandstrand. Der Wellengang ist sanft, da der Küste ein schützendes Korallenriff vorgelagert ist. Die Strände sind deshalb für kleine Kinder sehr gut zum Baden geeignet. Gute Möglichkeiten zu Delphinbeobachtungen.

◆ **Damai Lovina Villas**
Kayu Putih, Tel. 0362-41008, www.damai.com, ●●●
Luxusresort und Spa in dänischem Besitz. Es liegt in den Bergen oberhalb von Lovina mit Blick auf die Küste – bei klarem Himmel reicht die Sicht bis nach Java. Die Bungalows sind ein Traum, sowohl in der Superior- als auch in der Deluxe-Kategorie. Natürlich gibt es auch einen sehr attraktiven Swimmingpool mit Café und Bar. Das Gourmet-Restaurant hat verschiedene Auszeichnungen erhalten. 8 Bungalows und 6 Poolvillen.

◆ **Puri Bagus Lovina**
Lovina, Tel. 0362-21430, www.puribagus.net, ●●●
Eine sehr schöne Hotelanlage am Strand mit großzügig geschnittenen Villen (Garten-, Meer- und Reisfeldblick) mit Marmorbädern und einer Dusche unter freiem Himmel. Gutes Spa, Restaurant mit Gazebo-Meeresfrüchte-Grill nebenan. Verschiedene Ausflüge im Norden der Insel können an der Rezeption gebucht werden. 40 Villen.

◆ **Bali Paradise Hotel**
Jalan Kartika, Kalibukbuk, Tel./Fax 0362-41432, www.baliparadisehotel.com, ●●
Versteckt in den Reisfeldern gelegenes neues Hotel auf halbem Weg zwischen der Hauptstraße und dem Meer. Sehr gutes Preis-Leistungs-Verhältnis. Die geräumigen Zimmer haben sehr schöne Aussicht und große Bäder. Außerdem gibt es ein kleines Spa und ein attraktives Restaurant mit Bar. 8 Zimmer.

◆ **Adirama**
Jalan Raya Lovina, Tel. 0362-41759, www.adiramabeachhotel.com, ●
Das alte Strandhotel ist komplett renoviert worden und hat eine ansprechende Ausstattung mit neuen Bädern erhalten. Jedes Zimmer hat einen eigenen Balkon mit Blick auf den Pool. Ein kleines Spa und ein attraktives Strandrestaurant gehören dazu. 16 Standardzimmer, 2 Familienzimmer und 2 Suiten.

◆ **Villa Agung**
Tukad Mungga, Tel. 0362-41527, www.agungvilla.com, ●
Die kleine Anlage wird von einem englisch-amerikanischen Paar bewirtschaftet. Die Zimmer sind günstig, haben Charme und liegen direkt am Strand. Nettes Restaurant mit Zigarren-Salon im Obergeschoss. 7 Zimmer.

Region Bedugul

Das kleine Städtchen liegt im Krater eines erloschenen Vulkans am Ufer des pittoresken Bratan-Sees. Berühmt

ist der nahe gelegene Bali Handara-Golfplatz, einer der schönsten Indonesiens. Landschaftlich reizvoll sind die benachbarten Seen Buyan und Tamblingan. Das Hochlandklima mit seiner kühleren Luft ist sehr angenehm.

◆ **Bali Handara Kosaido Golf & Country Club**
Tel. 0362-22646, www.balihandarakosaido.com, ●●
Man muss nicht Golf spielen, um hier abzusteigen – umso besser, wenn man Golfspieler ist. Ein Meisterwerk ist die Anlage des Turnierplatzes in seiner landschaftlichen Umgebung. Von allen Zimmern blickt man über das frische Grün des Golfrasens bis zu den Seen, Bergen und Wäldern. Und dabei ist der Zimmerpreis moderat. 77 Zimmer in Haupthaus, Bungalows und Villen.

◆ **Pacung Mountain Resort**
Jalan Raya Baturiti, Tel. 0368-21038, bali pacung@telkom.net, ●●
Das Hotel liegt im Bezirk Tabanan und ist von der Region Bedugul aus sehr gut erreichbar. Alle Standard- und Deluxe-Zimmer haben Blick auf die kunstvoll angelegten Reisfeldterrassen, die sich das Tal entlangziehen. Die Bungalows unterhalb des Hügels errreicht man mit einer Zahnradbahn. Sie sind sehr großzügig geschnitten. Von dort öffnen sich Blicke auf Gärten und Reisterrassen. Swimmingpool und Restaurant. 39 Zimmer.

◆ **Pacung Indah**
Tel. 0368-21020, www.pacungbali.com, ●
Reizende kleine Unterkünfte in Häusern im Bungalowstil dem Pacung Mountain Resort gegenüber. Zwar sind die Blicke weniger attraktiv, doch ungleich günstiger zu haben. Das dazugehörige nette Restaurant bietet gute Küche. 6 Zimmer.

Munduk

◆ **Puri Lumbung Cottages**
Munduk, Tel. 0362-92810, www.purilumbung.com, ●●

Idyllisch gelegenes Hochland-Resort. Hier kann man auf geführten Wanderungen alles rund um die Gewürze erkunden, u.a. in Vanille- und Nelkenplantagen. Die Hütten sind zweigeschossig. Im Restaurant werden köstliche Mahlzeiten serviert. Die schöne Aussicht gibt`s gratis dazu. Diverse Aktivitäten und Programme werden vom Hotel organisiert. 16 Zimmer.

West-Bali

Pemuteran

Der idyllische Küstenstrich hat attraktive Strände abseits von den Besucherströmen. Hier finden Sie eine kleine Zahl von Boutiquehotels. Die Strände bilden einen Mix aus grauem Sand und Kies. Sehr gute Möglichkeiten zum Schnorcheln vor der Küste – und die Insel Menjangan liegt nur ein kurzes Stück mit dem Boot entfernt.

◆ **Puri Ganesha Villas**
Pemuteran, Tel. 0362-94766, www.puriganeshabali.com, ●●●●
Die luxuriösen Villen haben zwei Schlafzimmer und einen offenen Wohnbereich, der mit Antiquitäten eingerichtet ist, Gartenbäder, Esszimmer und -veranden sowie einen privaten Salzwasserpools Die Veranden mit Meerblick sind im Stil balinesischer Bales mit Ruheliegen eingerichtet. Jeder Villa stehen zwei Bedienstete zur Verfügung. Im Restaurant wird Gourmetküche geboten. Zu den permanenten Bewohnern gehören die Dalmatinerhunde, die dem englischen Eigentümer des Resorts gehören. 4 Villen.

◆ **Matahari Beach Resort**
Pemuteran, Tel. 0362-92312, www.matahari-beach-resort.com, ●●●
Ein Platz zum Wohlfühlen mit balinesischem Flair. Das luxuriöse Spa und die exzellente Küche machen das Paradies auf Erden vollkommen. 32 Zimmer.

◆ **Pondok Sari**
Pemuteran, Tel. 0362-94738, 92337, www.pondoksari.com, ●●
In ruhiger Strandlage bietet dieses Hotel ähnlich gute Schnorchelmöglichkeiten wie die benachbarten Taman Sari Cottages (siehe unten). Die hübschen Bungalows haben je zwei Zimmer und eine eigene Terrasse. Kleiner Pool, Spa und ein gutes Restaurant vervollständigen das Angebot. Verschiedene Aktivitäten bzw. Ausflüge können vor Ort organisiert werden. 22 Zimmer.

◆ **Taman Sari Cottages**
Pemuteran, Tel. 0362-93264, www.balitamansari.com, ●●
Die kleine Hotelanlage an einem schönen Strandabschnitt hat viel Charme. Die kleinen Bungalows und teureren Suiten sind ganz balinesischem Baustil und Dekor verpflichtet. Dank der ökologischen Bemühungen gibt es direkt am Hotel sehr gute Schnorchelmöglichkeiten; außerdem können Tauchausflüge zur nahe gelegenen Insel (Pulau) Menjangan organisiert werden. Pool, Spa plus gutes Restaurant mit internationaler und thailändischer Küche. 21 Zimmer und 8 Suiten.

◆ **Taman Selini Beach Bungalows**
Pemuteran, Tel. 0362-94746, www.tamanselini.com, ●●
Attraktive kleine Anlage mit sehr gutem Preis-Leistungs-Verhältnis direkt am Strand, dem ein Korallenkranz in nur 200 m Entfernung vorgelagert ist. Tauchstation vor Ort. Das bei der lokalen Bevölkerung wie bei Expats beliebte Restaurant bietet sogar einige griechische Gerichte an. Die Besitzerin stammt aus Sumatra und ist mit einem Griechen verheiratet. 10 Zimmer.

In der Nähe von Menjangan

Auf Pulau Menjangan selbst gibt es keine Unterkünfte, dagegen eine Reihe von Hotels im oberen Preissegment an der nordwestlichen Spitze von Bali. Von dort ist es nicht weit zur Insel und zum Bali Barat National Park. Hinweis: Sehr gut erreichbar ist Pulau Menjangan auch von Pemuteran aus, wo die Hotels günstiger sind und häufig ein besseres Preis-Leistungs-Verhältnis bieten.

◆ **Menjangan Beach & Jungle Resort**
Desa Pejarakan, Gerokgak, Tel. 0362-94700, www.menjangan.net, ●●●
Das Resort besteht aus zwei Anlagen: Das Monsoon Forst Resort hat 12 Zimmer und zwei Suiten und liegt im Regenwald. Ein kurzes Stück entfernt liegen die Menjangan Cliff Villas. Von beiden hat man herrliche Ausblicke auf die Bajul-Bucht, Pulau Menjangan und die faltigen Nordflanken der Berge des Nationalparks.

◆ **Waka Shorea**
Telok Terima, Tel. 0362-94666, www.wakashorea.com, ●●●
An der Grenze zum Bali-Barat-Nationalpark und Pulau Menjangan gegenüber gelegen, kann diese Adresse in der Terima-Bucht nur mit dem Boot erreicht werden. Informationen zum Transport sind an der Hotelrezeption in der Nähe des Hafens Labuhan Lalang erhältlich. Man hat hier die Wahl zwischen unterschiedlichen Aktivitäten, u.a. Tauchen, Trekking und Naturerkundungen.

Medewi

Entlang der Westküste außerhalb des Bereichs von Pulau Menjangan sind Unterkünfte sehr spärlich gesät. In der Distrikthauptstadt Negara gibt es wenig von Interesse. Ein Stopp unterwegs empfiehlt sich am Strand von Medewi, wo einige annehmbare Hotels liegen.

◆ **Medewi Beach Cottages**
Medewi, Tel. 0365-40029, ●●
Das Hotel liegt an einem schwarzen Sandstrand, an dem sich gerne Surfer einfinden. Bescheidene Zimmer gruppieren sich um einen kleinen Pool.

Region Tabanan

Tabananküste

An der Küste von Tabanan gibt es nur wenige Unterkünfte. Die meisten Sehenswürdigkeiten werden im Rahmen von Tagesausflügen besucht.

◆ **Pan Pacific Nirwana Bali Resort**
Jalan Raya Tanah Lot, Tel. 0361-815900, www.panpacific.com/Bali, ●●●
Zum Hotel, dem ehemaligen Le Méridien, gehört ein von Greg Norman entworfener 18-Loch-Golfplatz. Die niedrige Anlage ist harmonisch in die Landschaft eingebettet. Vom Poolcafé und einigen der Zimmer aus öffnen sich weite Blicke übers Meer bis zum Küstentempel Tanah Lot. Neben Golf und Tempelausflug gibt es viele andere Möglichkeiten zu Unternehmungen in der Gegend. 278 Zimmer.

◆ **Wakagangga**
Desa Gangga, Tabanan, Tel. 0361-416257, www.wakaexperience.com, ●●●
Die verschwiegen gelegene Bungalowanlage an einem Fluss oberhalb des Meeres mit Spa, Restaurant und Swimmingpool garantiert Ruhe. Zur Entspannung tragen die landschaftliche Umgebung der Reisfelder und Lotusteiche sowie Blicke auf den Gunung Batukau bei. 10 Bungalows.

Belimbing und Sanda

Nordwestlich des Ortes Tabanan an den Hängen des Gunung Batukau liegen die Dörfer Belimbing und Sanda. Wundervolle Reisterrassen so weit das Auge reicht und einzelne Kaffeepflanzungen.

◆ **Cempaka Belimbing Villas**
Belimbing, Tel. 0361-7451178, www.cempaka-belimbing.com, ●●
Südlich von Sanda in der idyllischen Gegend von Belimbing. Die Bungalows liegen in den Reisfeldern. Was braucht man mehr als hier auf der Terrasse zu

sitzen und den Blick schweifen zu lassen? Restaurant und großer Pool. Ausflüge in die Umgebung werden angeboten. 14 Villen.
◆ **Sanda Butik Villas**
Sanda, Mobil Tel. 081-33851 8836, www.sanda-villas.com, ●●
Die Hochlandlage mit etwas kühleren Temperaturen macht diese Anlage zu einem perfekten Platz. Wo früher eine Kaffeplantage lag kann man heute in komfortabel eingerichteten Zimmern im Bungalowstil wohnen. Den Gästen stehen außerdem ein großer Swimmingpool und ein Restaurant mit schönen Ausblicken zur Verfügung. Tourangebot, u.a. zum Blehmantung-Wasserfall.

Krambitan

◆ **Puri Anyar Krambitan**
Krambitan,
Tel. 0361-812668, ●
Hier kann man in den einfachen Gastzimmern des Puri Anyar (Neuer Palast) wohnen, in Nachbarschaft der Adelsfamilie, und ein wenig vom früheren Glanz erahnen. Lohnt in jedem Fall einen Stopp, auch wenn man nicht über Nacht bleibt.

Marga

◆ **Puri Taman Sari**
Desa Umabian, Marga,
Tel. 0361-28141,
www.balitamansari.com, ●
Die Privatresidenz von Verwandten der Fürstenfamilie von Mengwi liegt im Dorf

Umabian in Marga. Auf dem Grundstück steht ein Gästehaus für diejenigen, die einen Einblick ins dörfliche Leben gewinnen wollen. Eine ganze Reihe von Aktivitäten wie Dorferkundungen, Trekking, Fahrradfahren und kulturelle Veranstaltungen können organisiert werden. Nur 14 Zimmer.

Gunung Batukau

Nördlich von Tabanan erhebt sich der Gunung Batukau, der zweithöchste Berg Balis. Seine Ostflanken zieren die außergewöhnlichen Reisterrassen von Jatiluwih.
◆ **Prana Dewi**
Gunung Batukau,
Tel. 0361-736654,
www.balipranaresort.com, ●

Ein abgelegenes Resort im Dorf Wongagede am Fuß des Gunung Batukau – ideal für Ruhe Suchende. Geschmackvoll eingerichtete Bungalows. Auch wenn man hier nicht wohnt, lohnt zumindest ein Mittagessen im Restaurant, das biologische Produkte aus eigenem Anbau verwendet.
◆ **Sarinbuana Eco-Lodge**
Gunung Batukau,
Tel. 0361-743518,
www.baliecolodge.com, ●
Ein Fleckchen für ausgesprochene Naturliebhaber in einem Wald nahe dem Batukau. Von den gemütlichen Holzbungalows aus hat man schöne Blicke nach Süden. Das einfache Restaurant bietet vollwertige Hausmannskost. 4 Zimmer.

Hotels auf Lombok

Unterkünfte auf Lombok sind noch vergleichsweise günstig. In den Fremdenverkehrsorten der Hauptinsel und auf den Gilis findet man günstige Guesthouses, aber auch mehr und mehr Boutiquehotels für gehobene Ansprüche – mehrere Resort-Hotels gibt es in Senggigi und jeweils eins auf Gili Trawangan und in Kuta. Wenn der Flughafen auf Lombok 2011 öffnet, wird es sicherlich die Hotelinvestoren an die kilometerlangen, noch weitgehend unberührten Strände ziehen, sodass sich das Angebot in den nächsten Jahren deutlich erhöhen wird.

AUSGEWÄHLTE ADRESSEN

Die Preiskategorien gelten für ein Doppelzimmer pro Tag:
● = unter 50 $
●● = 50–100 $
●●● = 100–200 $
●●●● = über 200 $

West-Lombok

Mataram und Ampenan

Hauptsächlich Geschäftsreisende übernachten in Mataram oder Ampenan, wo es akzeptable und preislich attraktive Hotels gibt.
◆ **Lombok Raya Hotel**
Jalan Panca Usaha 11,
Mataram,
Tel. 0370-632305, ●●
Das beste Hotel der Stadt liegt in der Nähe der Mataram Mall. Zur Ausstattung

gehören Pool, Restaurant, Karaoke-Bar und Businesscenter. Die großen Zimmer haben alle Balkon und Klimaanlage. 135 Zimmer.
◆ **Nitour**
Jalan Yos Sudarso 4,
Ampenan,
Tel. 0370-623780, ●
Ein freundliches Hotel mit klimatisierten Zimmern mit Balkon. 20 Zimmer.

Senggigi und Umgebung

Die besten Hotels der Insel liegen am Strand von Senggigi oder nördlich davon.
◆ **Pool Villa Club**
Jalan Raya Senggigi,
Tel. 0370-693210, www.senggigibeachhotel.com/pool_villa_club.html, ●●●●
16 luxuriös eingerichtete zweistöckige Villen auf dem

Gelände des Senggigi Beach Hotels mit Internetanschluss, privater Sonnenterrasse und Jacuzzi. Pool in Form eines Kanals zieht sich rund um die Häuser, die in einen herrlichen Garten eingebettet sind. Ein gehobenes Restaurant und der Mandara Spa ergänzen das Angebot. Der ideale Platz für Flitterwöchner. 16 Villen.
◆ **Sheraton Senggigi Resort**
Jalan Raya Senggigi,
Tel. 0370-693333, www.sheraton.com/senggigi, ●●●
Ein Resorthotel internationalen Standards. Herrlicher Pool mit Bar, zwei Restaurants, Lounge Bar, Spa, Tennisplätze und perfekte Strandlage. 156 Zimmer.
◆ **Holiday Resort Lombok**
Jalan Raya Mangsit,
Tel. 0370-693444,

www.holidayresort-lombok.com, ●●
Direkte Strandlage, großer Garten, schöner Pool mit Jacuzzi und Pool-Bar. Spa, Tennisplätze, Kids Club, Tauchcenter und gute Restaurants ergänzen das Angebot.
◆ **Puri Mas Boutique Resort & Spa**
Jalan Raya Senggigi, Mangsit, Tel. 0370-693831, www.purimas-lombok.com, ●●
Villen und Bungalows in bester Strandlage und in unterschiedlichen Preiskategorien. Viele Stammgäste und Langzeiturlauber. Nettes Strandrestaurant, Pool und Bibliothek. 17 Zimmer.
◆ **Qunci Villas**
Jalan Raya Senggigi, Mangsit, Tel. 0370-693800, www.quncivillas.com, ●●

Stylishes Boutiquehotel am Strand. 20 geräumige Zimmer im zeitgemäß-minimalistischen Stil eingerichtet. Schöner Garten, kleines Restaurant und Swimmingpool. Teurer sind die Villen mit 2–3 Zimmern.

◆ **Senggigi Beach Hotel**
Jalan Raya Senggigi, Tel. 0370-693210, www. senggigibeachhotel.com, ●● Der Klassiker unter den Resorthotels in Senggigi in bester Strandlage. Alle Zimmer und Strandbungalows haben eine Klimaanlage. 149 Zimmer; 16 Strandbungalows.

◆ **Bulan Baru Hotel**
Jalan Raya Senggigi, Setangi, Tel. 0370-693785, bulanbaru@hotmail.com, ● Kleines Hotel in australischer Hand, 7 km nördlich von Senggigi in Strandnähe. Alle 12 Zimmer haben Open-air-Badezimmer und liegen in einem schönen Tropengarten mit Swimmingpool. Restaurant vorhanden.

Die Gilis

Gili Air

Das Anbegot auf den drei Gilis reicht vom einfachen Guesthouse bis zum eleganten Boutiquehotel. Weil das Wasser knapp ist, fehlen die üppigen Gärten der Hauptinsel, aus der Dusche kommt meist Salzwasser, und die günstigeren Unterkünfte bieten kein warmes Wasser.

◆ **Coconut Cottages**
Tel. 0370-635365, www.coconuts-giliair.com, ● Für viele die beste Unterkunft auf Gili Air. Die Bungalows liegen ein Stück landeinwärts in einem schattigen Kokoshain inmitten eines Gartens. 15 Bungalows.

◆ **Hotel Gili Air**
Tel. 0370-643580, www.hotelgiliair.com, ● Im Norden der Insel liegt das einzige Hotel mit Swimmingpool auf Gili Air. Alle Zimmer verfügen über Klimanlage oder Ventilator sowie warmes Wasser. Bar und Restaurant. 30 Zimmer.

Gili Meno

◆ **The Sunset Gecko**
Tel. 0815 766418, www.thesunsetgecko.com, ● Das kleine Öko-Resort in japanischer Hand bietet ein traditionelles Holzhaus mit zwei Zimmern, großem Balkon und Open-air-Badezimmer. Außerdem werden günstige Bungalows mit Gemeinschaftsbad vermietet. Alle Zimmer mit Ventilator. Eigenes Restaurant.

◆ **Villa Nautilus**
Tel. 0370-642143, www.villanautilus.com, ● Kleine Anlage mit fünf Bungalows und entspanntem Ambiente. Geräumige Zimmer mit Klimaanlage und heißem Wasser sowie großer Terrassen mit Meerblick. Eigenes Restaurant.

Gili Trawangan

◆ **Ko Ko Mo**
Tel. 0370 642352, www.kokomogilit.com, ●●●● Villen mit 1, 2 oder 4 Schlafzimmern – jeweils mit privatem Pool oder Jacuzzi sowie Wohnzimmer und Essbereich. Zur Anlage gehört das einzige gehobene Restaurant der Insel.

◆ **Kelapa Luxury Villas**
Tel. 081 2375 6003, www.kelapavillas.com, ●●●● Die Villen mit 1, 2 oder 4 Schlafzimmern verstecken sich in einem Kokoshain. Jede hat einen privaten Pool und eine bestens ausgestattete Küche. Wer nicht selbst kochen mag, kann den Catering Service des Restaurants nutzen. 10 Villen.

◆ **H Rooms**
Tel. 0370-639248, ●●● Fünf Zimmer im edlen Lounge-Ambiente. Jacuzzi, verglastes Badezimmer und Open-air-Lounge gehören zu den besonderen Merkmalen.

◆ **Villa Ombak**
Tel. 0370-642336, www.hotelombak.com, ●●● Das einzige internationale Resorthotel auf den Gilis. Bungalows im Stil traditioneller Reisspeicher mit Romantikflair. Komfortabler

sind die klimatisierten Bungalows. Neben der Lage direkt am Strand punktet das Hotel mit großem Pool, gutem Restaurant, Spa und eigener Tauchschule.

◆ **The Beach House**
Mobil Tel. 081-339747459, www.beachhousegilit.com, ●● Eine luxuriöse 4-Zimmer-Villa mit privatem Pool, zwei Suiten mit kleinem Pool und mehrere luxuriös ausgestattete Zimmer – alle mit Klimaanlage und warmem Wasser – gehören zum Angebot des eleganten kleinen Boutiquehotels. Schönes Restaurants mit Strandbar. Ein Muss: die Grillpartys mit Fisch und Meeresfrüchten.

◆ **Desa Dunia Beda**
Tel. 0370-641575, www.desaduniabeda.com, ●● Hübsches Hotel im Norden der Insel mit Villen im traditionellen javanischen Stil. Alle Zimmer geschmackvoll eingerichtet mit natürlichen Materialien und Open-air-Badezimmern. Strandrestaurant und Swimmingpool.

◆ **Big Bubble**
Tel. 0370-625020, www.bigbubblediving.com, ● Hübsche Bungalowanlage. Jedes Zimmer mit Hängematte auf der privaten Terrasse. Garten mit Swimmingpool.

◆ **Marta's**
Mobil Tel. 0812 3722777, martas_trawangan@yahoo.com, ● Komfortable Bungalows mit Klimaanlage und warmem Wasser. Ruhige Alternative zu den Hotels am Strand.

Nord- und Ostlombok

Medana

◆ **Oberoi Lombok**
Tanjung Medana, Tel. 0370-638444, www.oberoihotels.com, ●●●● Lomboks exklusivstes Resort liegt am abgeschiedenen Medana Beach im Nordwesten der Insel. Alle Zimmer sind luxuriös ausgestattet mit eleganten Bad-

zimmern, Satelliten-TV und CD Player, einige haben Meerblick. Die meisten Zimmer haben Open-air-Badezimmer und einen privaten Pool. Restaurant, Bar, Pool, Fitnesscenter, Beachclub und Spa ergänzen das Angebot. Die einsame Lage ist – je nach Betrachtungsweise – Vor- oder Nachteil. Beliebt bei Flitterwöchnern. 30 Zimmer und 20 Villen.

Pantai Sira

◆ **Hotel Tugu Lombok**
Pantai Sira, Tel. 0370-620111, www.tuguhotels.com, ●●●● Am weißen Strand von Sira liegt dieses ebenso luxuriöse wie romantische Hotel, das einzigartig auf der Insel ist. Wie das Schwesterhotel auf Bali wirkt es auf den ersten Blick eher wie ein Museum. Kein Zimmer gleicht dem anderen, und alle sind mit erlesenen Antiquitäten eingerichtet. 18 Zimmer.

Zentral- und Südlombok

Kuta

◆ **Novotel Lombok Mandalika Resort**
Pantai Putri Nyale, Kuta, Tel. 0370-653333, www.novotel-lombok.com, ●● Das Resort direkt an einem wunderschönen Strand wurde im Stil eines Sasak-Dorfes errichtet. Die Standardzimmer genauso wie die luxuriösen Bungalows liegen inmitten eines großen Gartens, verfügen über Klimaanlage und Minibar. Drei Pools, ein Kids Club, Fitnesscenter und Spa gehören zum Angebot. Die Hügel der Umgebung laden zu Spaziergängen ein. 100 Zimmer und 23 Bungalows.

◆ **Kuta Indah Hotel**
Kuta, Tel. 0370-653782, ● Zimmer mit schönem Meerblick, Ventilator oder Klimaanlage. Außerdem verfügt die Anlage über Swimmingpool und Spa. 43 Zimmer.

AKTIVITÄTEN

Kultur, Nightlife, Shopping, Outdoor-Aktivitäten, Spas, Kochschulen u.a. auf Bali

Kultur

Viele Besucher kommen in erster Linie nach Bali, um die farbenfrohe Hindukultur mit ihren religiösen Ritualen, Tanz- und Theateraufführungen zu erleben. Die Termine sind dem »Calendar of events« zu entnehmen. Informationen erteilt außerdem das Bina Wisata Tourist Office in Ubud (s. S. 263). Auch Reiseagenturen kennen die Termine von Zeremonien und veranstalten nicht selten Ausflüge. In Acht nehmen sollte man sich jedoch vor Agenturen, die »Eintrittskarten« für Verbrennungen und andere Zeremonien verkaufen. Besucher sind bei Verbrennungen willkommen, wenn Sie die Kleidungsvorschriften beachten und sich rücksichtsvoll verhalten (s. S. 265). Andere Zeremonien wie Hochzeiten und Zahnfeilungen sind nur geladenen Gästen vorbehalten.

Tanz, Theater und mehr

Die schönste Art und Weise, Bekanntschaft mit dem balinesischen Tanztheater oder dem Schattenspiel (*wayang kulit*) zu machen, ist die Teilnahme an einem Tempelfest (*odalan*). Irgendwo auf der Insel wird immer eines begangen. Darüber hinaus gibt es Veranstaltungen für Touristen, die zumeist sehr empfehlenswert sind. Es tanzen und spielen einige der besten Theatertruppen der Insel. Die Vorführungen beginnen pünktlich und dauern nie länger als 90 Minuten. Das Fotografieren mit Blitzlicht ist im Gegensatz zu den Aufführungen bei Tempelfesten erlaubt. Viele der großen Hotels in Sanur, Kuta und Nusa Dua veranstalten außerdem regelmäßig Dinnershows. Den Aufführungen mangelt es jedoch häufig an Intensität, den Gästen, die gleichzeitig mit dem Essen beschäftigt sind, an Konzentration.

Eine weitere Möglichkeit, Kultur zu schnuppern, sind die Proben an der Tanzschule STSI (s. S. 108) in Denpasar. Nach Anmeldung können Besucher den Nachwuchstänzern zusehen.

Dinnershows

Aufgeführt sind hier einige der regelmäßigen Aufführungen in Hotels. Die relativ teuren Veranstaltungen beinhalten Abendessen (Buffet oder Barbecue) sowie die Aufführung und bewegen sich preislich zwischen 300 000 und 600 000 Rp.
◆ **Oberoi Bali**, Amphitheater (Tel. 0361-730361): *Legong* und *Ramayana* (mit Buffet-Abendessen) werden zweimal pro Woche (meist Do und Sa) um 18.30 Uhr gezeigt. Reservierung empfohlen.
◆ **Conrad**, Suku Restaurant (Tel. 0361-778788): *Kecak* mit Indonesischer *rijsttafel* Fr 20.15 Uhr; *Gong* Di 20.15 Uhr (Abendessen ab 19 Uhr); *Jegog* So 20.15 Uhr.
◆ **Bali Intercontinental**, Taman Gita Terrace (Tel. 0361-701888): balinesisches Buffet mit Prozession und Tänzen Mi 18.30–23Uhr.
◆ **Grand Hyatt Bali**, Pasar Senggol (Tel. 0361-771234): Open-air Amphitheater und Nachtmarkt, mit balinesischem Tanz und Buffet, tgl. 19 Uhr.
◆ **Nusa Dua Beach Hotel**, Budaya Cultural Theatre (Tel. 0361-771210): *Ramayana* Di 19 Uhr; *Kecak* So 19Uhr (beide mit Buffet).

Öffentliche Aufführungen

Aufgelistet sind hier regelmäßig stattfindende Aufführungen in unterschiedlichen Dörfern. Die Veranstaltungsorte sind unspektakulär und bieten nicht den Komfort der Hotels, aber die Aufführungen sind authentisch und zum Teil hochklassig – zumindest in Ubud

und Umgebung erlebt man nicht selten die besten Tanzgruppen der Insel. Der Eintrittspreis beträgt rund 50 000 Rp. und beinhaltet nur die Tänze.
◆ **Barong:** Sidan, Gianyar, tgl. 9 Uhr.
◆ **Barong- und Kris:** Batubulan, tgl. 9.30 Uhr und 10.30Uhr; Puri Saren in Ubud Fr 18.30Uhr; Catur Eka Budi, Kesiman und Denpasar tgl. 9.30 Uhr.
◆ **Calon Arang:** Mawang und Ubud Do und Sa 19.30 Uhr.
◆ **Kinder-Barong:** Puri Lukisan in Ubud So 10.30 Uhr.
◆ **Legong und Maskentanz:** Br. Kalah, Peliatan und Ubud Di 19.30Uhr .
◆ **Gabor:** Puri Saren in Ubud Do 19.30 Uhr.
◆ **Kecak:** Padang Tegal in Ubud So 19 Uhr; Puri Agung in Peliatan Do 19.30 Uhr; Catur Eka Budi tgl. 18.30 Uhr; Werdi Budaya in Denpasar tgl. 18.30 Uhr.
◆ **Kecak und Feuertanz:** Bona So, Mo, Mi und Fr 19 Uhr; Batubulan tgl. 18.30 Uhr.
◆ **Legong:** Puri Saren in Ubud Mo und Sa 19.30 Uhr; Peliatan Fr 19.30 Uhr; Pura Dalem in Ubud Sa 19.30 Uhr.
◆ **Legong und Barong:** Br. Tengah und Peliatan Mi 19.30 Uhr.
◆ **Mahabarata:** Teges und Ubud Do 19.30 Uhr.
◆ **Raja Pala:** Puri Saren in Ubud So 19.30 Uhr.
◆ **Ramayana-Ballet:** Pura Dalem in Ubud Mo 20 Uhr; Puri Saren in Ubud Di 20 Uhr.
◆ **Sang Hyang Jaran:** Tanjung Benoa So, Mo, Mi 19 Uhr; Batubulan tgl. 18.30 Uhr.
◆ **Wayang Kulit** (Schattenspiel): Oka Kartini in Ubud So und Mi 20 Uhr.
◆ **Sunda Apasunda:** Puri Saren in Ubud Mi 19.30 Uhr.
◆ **Topeng:** Br. Klalah und Peliatan Di 19.30 Uhr.

◆ **Frauen-Gamelan und Kindertanz:** Peliatan So 19.30 Uhr.

Nightlife

Es gibt in den Touristenzentren Südbalis gewiss keinen Mangel an Nachtclubs, Diskos und Bars mit Live-Musik. In Kuta beginnt das Nachtleben früher als in Seminyak und die Clubs schließen zwischen 3 und 4 Uhr morgens, in Seminyak füllen sich die Tanzflächen der Clubs langsam gegen 23 Uhr, aber erst gegen 2 Uhr morgens erreicht die Stimmung ihren Höhepunkt und einige Clubs schließen nicht vor Sonnenaufgang.
In Sanur und Ubud schließen die Bars schon gegen Mitternacht – ähnlich wie in Nusa Dua und Tanjung Benoa. Hier konzentriert sich das Nachtleben auf die großen Hotels.
Einige der Nightspots, die hier aufgelistet sind, sind Restaurant, Café, Bar und Disco in einem.

Tuban, Kuta und Legian

Das Nachtleben konzentriert sich entlang der Jalan Legian und der Jalan Pantai Kuta (der Straße, die am Strand entlang führt).
◆ **Apache Reggae Bar**
Jalan Legian 146, Tel. 0361-761213
Genauso sollte der perfekte Reggae-Club aussehen. Rasta-Motive und Dreadlocks überall und natürlich jede Menge Fotos von Bob Marley und anderen Reggae-Größen an den Wänden. Reggae-Musik jeden Abend ab 23 Uhr. Beliebt vor allem bei Australiern, Japanern und Einheimischen. Auch gute Küche.
◆ **Centerstage**
Hard Rock Hotel, Jalan Pantai Kuta, Tel. 0361-761869
Videoclips auf der riesigen Leinwand und jede Menge Live-Musik mit populären indonesischen Bands tgl. von 20.30–23.30 Uhr. Von Zeit zu Zeit auch Auftritte international bekannter Rockbands. Beliebt sind die Motto-Partys und Modeschauen. Eintritt frei, aber hohe Getränkepreise.
◆ **M-Bar-Go**
Jalan Legian, Tel. 0361-756280
Riesiger Club auf zwei Ebenen. Einheimische und Gast-DJs legen vor allem House-Musik auf. Gemischtes Publikum – Surfer, Touristen und Einheimische.
◆ **Ocean Beach Club**
Jalan Pantai Kuta, Kutas größter und angesagtester Beachclub mit Restaurant, Lounge-Bar, Pool und Nachtclub. Berühmt sind die Dinnershows mit Akrobaten, Feuertänzern und mehr.

◆ **Sky Garden Lounge**
Jalan Legian, Kuta, Tel. 0361-755423
Einer der schicksten Clubs in Kuta und ein beliebter Treff für den Sundowner. Restaurant auf mehreren Ebenen mit Dachterrasse. Nach dem Essen laden bequeme Sofas zum Chillen bei gepflegter Lounge-Musik ein.

Seminyak/Kerobokan

Das Nachtleben hier richtet sich – im Vergleich zu Kuta – an ein etwas älteres und kultivierteres Publikum, das aber mindestens ebenso viel Partylaune mitbringt. Die meisten Clubs liegen rund um die Jalan Dhyana Pura in Seminyak und in Strandnähe entlang der Jalan Double Six. Einige wenige Clubs verteilen sich außerdem entlang der Jalan Raya Seminyak.
◆ **Bacio**
Jalan Double Six, Tel. 0361-756666
Großer Club am Strand auf zwei Ebenen mit Terrasse und großer Bar. Stylishes Ambiente, angesagte Musik und tolle Partys. Für den perfekten Sound sorgen einheimische und Gast-DJs.
◆ **Bahania**
Jalan Dhyana Pura, Tel. 0361-738662
Großer Club mit Tanzfläche und Bar. Orange ist die dominierende Farbe und musikalisch kommen vor allem die Fans von Latin Sounds auf ihre Kosten. Die Rum-Cocktails sind berühmt-berüchtigt und sorgen für ausgelassene Stimmung – besonders am Wochenende, wenn vor allem brasilianische Sambarhythmen auf die Tanzfläche locken.
◆ **Double Six**
Jalan Double Six, Tel. 0361-731266
Seit vielen Jahren eine Top-Adresse am Strand von Seminyak. Vor allem am Wochenende immer gut gefüllt. Beste Stimmung herrscht von 2 Uhr bis zum Morgengrauen. Einheimische und internationale DJs legen mit Vorliebe House-Musik auf. Der Eintrittspreis beinhaltet ein Getränk. Mehrere Bars und klimatisierte Räume, aber auch Außenplätze rund um den Swimmingpool. Und wer den besonderen Kitzel sucht, kann seinen Mut beim Bungee Jumping beweisen.
◆ **Ku De Ta**
Jalan Laksmana, Tel. 0361-736969, www.kudeta.net
Seit Jahren die Top-Adresse für gepflegtes Clubbing auf Bali und immer noch mega-trendy. Ausgezeichnetes Restaurant, Bar und Tanzfläche direkt am Strand von Seminyak. Partys, Modeschauen und bekannte DJs gehören zu den beliebten Attraktionen. Man kann wählen zwischen klimatisierten Räumen und Plätzen unter dem Sternenhimmel. Hier trifft man

garantiert die »beautiful people« von Bali – und hin und wieder auch einen Promi.
◆ **Mannekepis**
Jl Raya Seminyak, Tel. 0361-8475784
Jazz- und Blues-Club sowie belgisches Bistro. Mittelpunkt des geschmackvoll gestylten Mannekepis ist eine lange Bar. Live-Jazz, Blues und Rock kann man montags, donnerstags, freitags und samstags hören. Im oberen Stockwerk gibt es ein Restaurant mit Terrasse, ergänzt durch Billardtisch und Kicker.
◆ **Obsesion**
Jalan Abimanyu (Dhyana Pura), Tel. 0361-730269
Schicke Cocktailbar mit romantischem *bale* (Pavillon). Live-Bands spielen fünfmal in der Woche Latin Sounds, griechische Musik und mehr.

Sanur

Das Nachtleben von Sanur ist nicht aufregend, aber noch lebendiger als das von Nusa Dua (wo es sich auf die Hotelbars beschränkt). Die wenigen Clubs bieten entspanntes Ambiente mit gepflegter Musik und ziehen reifere Jahrgänge an.
◆ **Jazz Bar und Grill**
Kompleks Sanur Raya, Jalan Bypass Ngurah Rai, Tel. 0361-285892
Bekannte indonesische und internationale Jazz-Bands sorgen für gepflegte Unterhaltung. Nette Sitzecken auf zwei Ebenen und eine gemütliche Atmosphäre garantieren einen schönen Abend. Im Restaurant werden Snacks wie Sandwiches und Pizza, aber auch ganze Menüs serviert.

Ubud

Nachtschwärmer kommen in Ubud gewiss nicht auf ihre Kosten. Hier dominiert die traditionelle Unterhaltung in Form von Tanz- und Theateraufführungen, die in der Regel gegen 21 Uhr enden. Die wenigen Clubs schließen auch bereits um Mitternacht.
◆ **Jazz Café**
Jalan Sukma, Tel. 0361-976594, www.jazzcafebali.com
1996 eröffnete der balinesische Jazzmusiker Agung Wiryawan das Jazz-Café, das seither viele Fans gewonnen hat. Einheimische, Expats und Touristen treffen sich hier in netter Atmosphäre. Zum Wohlbefinden tragen die hervorragende Küche, leckere Cocktails und natürlich die Musik bei: ausgezeichnete Live-Musik von herausragenden indonesischen Musikern. Neben Jazzmusik auch ethnische Musik (Di–Fr). Samstags wird Blues gespielt.

◆ **Ozigo**
Jalan Sanggingan, Tel. 081-23679736
Ein Club mit gepflegtem Ambiente,
Tanzfläche und schöner Bar sowie
Terrasse und einer schönen Lounge im
oberen Stockwerk.

Gay-Bars

Die bekanntesten Gay-Bars in Kuta/
Seminyak liegen entlang der Jalan
Abimanyu (Dhyana Pura). Außerhalb
davon gibt es wenige Treffpunkte für
Homosexuelle.
◆ **Bali Joe**
Jalan Dhyana Pura No. 8, Jl Abimanyu,
Seminyak, Tel. 0361-730931
Gemütliche Sofas und euro-asiatisches
Dekor mit schönen Schwarz-Weiß-
Fotos. Freundlicher Service und jazzige
Musik. Unter die Touristen mischen
sich einheimisches Szene-Publikum,
Models und mancher Promi aus
Jakarta. Manchmal Danceshows.
◆ **Facebar**
Jalan Dhyana Pura No.9, Jl Abimanyu,
Seminyak, Tel. 08179 701883
Die neueste Gay-Bar in der Straße
öffnete erst im Frühjahr 2010 – ein
weiterer Club zum Abhängen und
Cocktailtrinken. Zum Unterhaltungs-
programm gehören Modeschauen mit
männlichen Models und Talentshows.
◆ **Mixwell**
Jalan Dhyana Pura No. 6, Jl Abimanyu,
Seminyak, Tel. 0361-736864
Kleine Lounge-Bar mit Terrasse. Der DJ
sorgt für die perfekte Lounge-Musik
zum Chillen. Schon um 9 Uhr abends
kommen die ersten Gäste – ein idealer
Platz also, um Vorzuglühen, bevor man
in die großen Clubs weiterzieht

Shopping

Bali ist ein Shopping-Paradies. Kaum
ein Besucher wird ohne Souvenirs
nach Hause fahren. Unmengen von
Künstlern, Handwerkern, Schneidern
und Malern sind damit beschäftigt,
den Bedarf der Touristen zu decken.
Die Vielfalt der Andenken ist beeindruckend, aber es ist nicht einfach,
sich einen Überblick über das Angebot
zu verschaffen.
Eine erste Anlaufstelle könnte eine der
klimatisierten Shopping-Malls in Kuta
sein. Spannender ist es sicher, sich im
Hinterland in den Dörfern der Kunsthandwerker auf die Suche nach
schönen Stücken zu begeben, durch
die Kunstgalerien von Ubud zu
stromern oder sich durch Denpasars
farbenfrohe Märkte zu shoppen, wo
neben exotischen Früchten, Gewürzen
und Haushaltsgeräten auch Kunsthandwerk angeboten wird.

Und bewahren Sie die Ruhe, wenn Sie
am Strand oder an Sehenswürdigkeiten von Händlern umzingelt werden,
die unzählige nützliche und über-
flüssige Dinge von Ananas über
Sarongs, falsche Rolex-Uhren oder sil-
bernen Zehenringen an den Mann
oder die Frau bringen wollen. Ein
freundliches, aber bestimmtes »nein«
und ein Lächeln sind die beste Metho-
de, sich dem Kaufzwang zu entziehen
und doch das Gesicht des Händlers zu
wahren.

Antiquitäten

Es ist verboten, Gegenstände auszu-
führen, die älter als 50 Jahre sind –
allerdings sind wirkliche Antiquitäten
auch äußerst rar. Vieles, was antik
wirkt, ist wenige Monate alt, aber
geschickt auf alt getrimmt.
Gute Adressen für schöne ältere
Stücke sind Antiquitätenläden in
Klungkung, die chinesisches Porzellan
verkaufen. In Kamasan kann man
wayang-Malereien und alten Schmuck
sowie alte Stoffe finden. Einige der
besten Antiquitätenläden der Insel
liegen entlang der Hauptstraßen in
Singaraja.
◆ **Arts of Asia**
Jalan Thamrin, Block C 27–37,
Denpasar, Tel. 0361-233350
In dieser großartigen Galerie können
Sie eine riesige Sammlung von Gemälden und Kunsthandwerk aus ganz Asi-
en bestaunen. Das Angebot spiegelt
die zahlreichen Reisen des Besitzers
Verra Darwiko wider. Zum Angebot gehören auch alter javanischer und balinesischer Goldschmuck, balinesische
Ritualgegenstände und *geringsing*-We-
bereien (Doppelikat) aus Tenganan,

blau-weißes chinesisches Porzellan, ri-
tuelle Masiken, Keramik, *wayang-kulit*-
Puppen, Samurai-Waffen, buddhisti-
sche Ritualgegenstände und der ein
oder andere *kris* mit reich verziertem
Schaft.
◆ **Hananto Lloyd**
Jalan Raya Sayan, Ubud,
Tel. 0361-7420748
Eine kleine Schatztruhe mit Kostbar-
keiten aus Zentraljava und Sumatra.
Auch hochwertige Reproduktionen
alter Stücke.
◆ **Mega Art Shop**
Gajah Mada 36-38, Denpasar,
Tel. 0361-224592
Interessanter Laden für hochwertiges
Kunsthandwerk. Es gibt Filialen in
Kuta, im Bali Hyatt (Sanur) und im
Ayodya Resort (Nusa Dua).

Keramik

Zerbrechliche Terrakotten aus Bedulu
(Gianyar) bekommt man auf zahlreichen Märkten, glasierte Keramik in
Pejaten (Tabanan).
◆ **Jenggala**
Jalan Uluwatu II, Jimbaran,
Tel. 0361-703310,
www.jenggala-bali.com
Hier finden Sie Geschirr und Haushaltsgegenstände aus Keramik von
internationalem Niveau in zahlreichen
Designs für jeden Geschmack, außerdem eine Auswahl handgearbeiteter
Keramiken und Bestecke. Angegliedert
sind eine Galerie, in der auch internationale Designer ausstellen, und ein
gemütliches Café. Kurse werden angeboten. Die Jenggala-Produkte bekommt man auch bei Sari Bumi,
Jalan Danau Tamblingan 152, Sanur,
Tel. 0361-289363.

FEILSCHEN FÜR ANFÄNGER

In Läden ohne »Fixed Price«-Zeichen
gehört Feilschen auf Bali immer zum
Geschäft. Was zunächst lästig anmu-
tet, kann zur Leidenschaft werden –
wenn man ein paar Tricks kennt und
Spaß am Spiel mit Gestik, Mimik und
Argumenten hat.
Das erste Angebot des Käufers sollte
bei einem Drittel des verlangten
Preises liegen. Nach und nach wird
der Verkäufer, der fantasievoll mit
scheinbar unschlagbar günstigen
»morning prices«, »raining prices«
und Ähnlichem argumentiert, dem
Käufer entgegenkommen. Dieser
wiederum sollte sein Angebot
kontinuierlich erhöhen. Bei dem sich
selbst gesetzten Höchstpreis sollte
man einhalten.

Eine Richtlinie: Zwei Drittel des zunächst verlangten Preises sind meist
ein fairer Kompromiss. Wenn der Verkäufer nicht nachgibt, kann man ab-
winken und gehen – oft wird man
zurückgewunken werden und den
Zuschlag zum gebotenen Preis bekommen.
Wer von einem Guide oder Fahrer
begleitet wird, zahlt automatisch
mehr, denn der Verkäufer muss dem
Vermittler in der Regel 30 Prozent
Kommission zahlen.
Die meisten Läden sind täglich von
9 bis 21 Uhr geöffnet. Am besten
zum Handeln sind die Morgenstunden, denn Händler glauben, dass
ein zeitiges Geschäft am Morgen
Glück für den Tag beschert.

Mode

◆ **Body & Soul**
Jalan Raya Seminyak,
Tel. 0361-733011,
www.bodyandsoulclothing.com
Mode für Damen und Kinder – schick
und hochwertig. Zahlreiche Filialen auf
der Insel, u.a. an der Jalan Legian, am
Kuta Square und in der Bali Connec-
tion (Nusa Dua).
◆ **By The Sea**
Jalan Legian 186, Kuta, Tel.
0361-757775; und
Jalan Laksmana, Seminyak,
Tel. 0361-732198,
www.bytheseatropical.com
Leichte, luftige Designs aus
Baumwolle für die ganze Familie.
◆ **Dinda Rella**
Jalan Laksmana No. 45, Tel.
0361-736953; und
Jalan Raya Seminyak No. 44,
Tel. 0361-734228
Cocktailkleider und Abendkleider aus
edlen Materialien mit fantasievollen
Applikationen aus Perlen, Swarovski-
Kristallen oder Spitze.
◆ **Nilou**
Jalan Raya Kerobokan 144,
Tel. 0361-7446068
Handgefertigte High Heels, Stiefel,
Sandalen, Taschen und Gürtel –
designt vom indonesischen Senk-
rechtstarter Nilou.
◆ **Paul Ropp**
Kuta Galeria, Kuta, Tel. 0361-769359;
Sayan, Ubud, Tel. 0361-974655;
Jalan Raya Seminyak, Tel.
0361-734208;
Jalan Pengubengan, Kerobokan, Tel.
0361-730023; www.paulropp.com
Exotische Seidenstoffe und handge-
webte Stoffe aus Indien, mit Spitze
und Perlen in kleine Kunstwerke ver-
wandelt, werden auf Bali zu edlen
Kleidungsstücken verarbeitet. Für alle,
die das Besondere lieben. Die perfekte
Ergänzung: Accessoires wie Hand-
taschen, Ledergürtel und Schuhe.

Kindermode

◆ **Indigo Kids**
Jalan Pantai Kuta, Tel. 0361-755265,
www.indigokidsglobal.com
Stylishe und bezahlbare Kindermode
in Exportqualität für Kids von
0 bis 12 Jahren.
◆ **Kiki's Closet**
Jalan Raya Seminyak 57,
Tel. 0361-7464892
Bezaubernde Kollektion in bunten
Farben und fantasievollen Mustern für
Jungen und Mädchen von 2 bis 12.
◆ **Kuta Kidz**
Jalan Pantai Kuta, Tel. 0361-755810,
www.kutakidz88.com

Farbenfroh und trendy: tolle Auswahl
für Kinder aller Altersstufen. Beste
Qualität zu fairen Preisen.

Alles für Surfer

Surfer finden auf Bali alles, was sie für
ihren Sport benötigen, und alles, was
zum Surfer-Lifestyle gehört. Die meis-
ten der folgenden Läden führen Aus-
rüstung und Kleidung von den bekann-
ten Marken.
◆ **Bali Barrel,** Jalan Legian, Kuta,
Tel. 0361-767238/767240.
◆ **Jungle Surf,** Jalan Legian Kuta,
Tel. 0361-756644; Jalan Pantai Kuta,
Tel. 0361-763581.
◆ **Quicksilver,** Jalan Legian, Kuta,
Tel. 0361-752693.
◆ **Surfer Girl,** Jalan Legian, Kuta,
Tel. 0361-752693. Neben Surfwear der
bekannten Marken gibt es hier auch
Badebekleidung und Freizeitkleidung
für Teenager und junge Mädchen.
◆ **Ripcurl,** Jalan Legian, Kuta,
Tel. 0361-765889; Kuta Square,
Jalan Melasti.

Gold und Silber

Goldschmuck (22 und 24 Karat) wird
vor allem entlang der Jalan Hasanudin
in Denpasar und auf den Märkten der
größeren Orte verkauft. Goldschmuck
wird auf Bali, wie in ganz Indonesien,
nach Gewicht bezahlt.
Das Zentrum der Herstellung von
Silberschmuck ist Celuk, wo unzählige
Läden und Werkstätten die Straße
säumen. Ringe, Ketten, Armbänder,
Ohrringe und mehr werden von gut
ausgebildeten Silberschmieden produziert. Die Handwerkskunst wird innerhalb der Familie von Generation zu
Generation weitergegeben. Der balinesische Schmuck ist auch heute noch
fast immer handgearbeitet. Die ver-
arbeiteten Edelsteine und Schmuck-
steine stammen in der Regel jedoch

nicht aus Bali, sondern werden aus
anderen Regionen Asiens aufgekauft.
Tradition hat vor allem der hochwertige und arbeitsaufwendige Filigran-
schmuck, aber moderne Designs
setzen sich mehr und mehr durch.
Auftragsarbeiten werden in den
meisten Silberwerkstätten angenom-
men und innerhalb weniger Tage
ausgeführt. Auch wenn häufig »fixed
prices« ausgewiesen sind, gehört das
Handeln hier zum Geschäft.
◆ **Atlantis**
Jalan Raya Seminyak,
Mobil Tel. 081-8346208
Ein Schatzkästchen mit besonders
schönem Gold- und Silberschmuck,
oft mit Edelsteinen.
◆ **Ketut Suardhana Silver**
Jalan Raya Celuk, Sukawati,
Tel. 0361-298241, 298648
Traditionelle Silberwerkstatt mit einer
schönen Auswahl. Auftragsarbeiten
möglich.
◆ **Mario Silver**
Jalan Raya Seminyak 19, Legian,
Tel. 0361-730977,
www.mariosilverbali.com
Der traditionsreicher Händler genießt
einen guten Ruf. Silberschmuck von
bester Qualität.
◆ **Prapen Gallery**
Jalan Jagaraga, Celuk,
Tel. 0361-291333
Hier kann man nicht nur kaufen,
sondern in der Werkstatt auch den
Silberschmieden bei der Arbeit über
die Schulter schauen. Doch natürlich
gibt es auch einen Shop mit reicher
Auswahl an schönen Stücken.
◆ **Purpa Silver**
Jalan Monkey Forest, Ubud,
Tel. 0361-975068
Silberschmuck, z.T. mit Goldelementen
und Edelsteinen veredelt. Besonders
sehenswert: der Halsschmuck, der den
Geschmeiden der königlichen Familien
Sumatras nachempfunden wurde.
Auch Auftragsarbeiten.

DIE BESTEN SHOPPING MALLS

Einkaufzentren sind kein Muss auf
Bali – das Einkaufen auf Märkten
und in kleinen Geschäften macht
sehr viel mehr Spaß. Wer dennoch
gern in klimatisiertem Ambiente
shoppt – hier zwei gute Adressen:
Die **Bali Mal Galeria** in Kuta bietet
überdachte Ladenstraßen rund um
einen bepflanzten Hof. Zum Angebot
gehören Läden für Surferbedarf,
Mode, Sportartikel und Haushalts-
waren, ein Buchladen, Schuhge-
schäfte und mehr. Das Kaufhaus
Matahari liegt an einem Ende der

Mall und bietet ein großes Sortiment
an Waren. Darüber hinaus findet
man Essenstände, eine Wechselstube
und einen Geldautomaten.
Die glamouröse **Discovery Mall**,
direkt am Strand von Tuban gelegen,
beherbergt jeweils eine Filiale der
Kaufhäuser Centro und Sogo und
außerdem Shops internationaler
Marken (Mode, Schuhe, Schmuck,
Haushaltwaren und mehr). Restaurants und Cafés, darunter Ketten wie
Starbucks, Black Canyon und Bali
Colada ergänzen das Angebot.

VERKEHRSMITTEL · UNTERKUNFT · AKTIVITÄTEN · INFOS VON A–Z · SPRACHE UND MINI-DOLMETSCHER

◆ **Suarti Collection**
Jalan Raya Celuk, Sukawati,
Tel. 0361-298914; Jalan Bypass, Sanur,
Tel. 0361-288739; www.suarti.com
In den schönen Stücken treffen sich
westliches Design und balinesische
Tradition.
◆ **Suwo**
Jalan Raya Legian, Legian,
Tel. 0361-762330
Glamouröser Schmuck, der wenig mit
den klassisch-balinesischen Stücken
gemein hat. Meist Silberschmuck, teil-
weise aber mit Gold oder Schmuck-
steinen verarbeitet.

Kunsthandwerk

Viele Dörfer haben sich auf ein ganz
spezielles Handwerk spezialisiert.
So produziert man in Tampaksiring
Schnitzarbeiten aus Knochen oder
Kokosschale, Körbe in Pengoseken
(südlich von Ubud). Tabletts, Körbe
und mehr werden in Tenganan (Karangasem) geflochten. Außerdem gehören
Lontar-Gemälde (illustrierte Bücher
aus den Blättern der Lontar-Palme) zu
den Spezialitäten des Bali-Aga-Dorfes
im Osten der Insel. Diese werden jedoch in noch höherer Qualität in Sidemen produziert. Bambusmöbel sind
die Domäne des Dorfes Bona.
Ein ausgezeichneter Platz, um eine
breite Palette an Souvenirs zu attraktiven Preisen zu finden ist der Pasar Seni
(Art Market) in Sukawati. In dem zwei-
stöckigen Marktgebäude reiht sich ein
Stand mit Kunsthandwerk an den
nächsten, und die enorme Konkurrenz
belebt das Geschäft. Natürlich handelt
es sich hier in erster Linie um Massenware *(Adressen hochwertiger Produkte
s. u. unter Wohnaccessoires)*. Zu den
Spezialgeschäften zählen:
◆ **Matra'i Crafts**
Jalan Sriwijaya, Kuta, Tel. 0361-764854
Spezialisiert auf Kunsthandwerk aus
Naturmaterialien wie Bambus, Rattan,
Holz, Bananenblätter oder Kokosscha-
len.
◆ **Sanggraha Karya Hasta**
Jalan Raya Tohpati, Denpasar,
Tel. 0361-461942
Kooperative, die eine gute Auswahl an
indonesischem und balinesischem
Kunsthandwerk anbietet.

Möbel und Wohnaccessoires

◆ **Carlo Showroom**
Jalan Danau Poso 22, Sanur,
Tel. 0361-285211,
www.carloshowroom.com
Natürliche Materialien wie Kokos-
schalen, Perlmutt oder Kieselsteine,
geschmackvoll kombiniert und zu
Tischplatten, Stühlen, Betten, Tabletts,

Bilderrahmen, Obstschalen, Tischsets,
Lampen und mehr verarbeitet – leider
meist zu groß für den Koffer.
◆ **Cempaka**
Jalan Bypass Ngurah Rai 8, Kuta,
Tel. 0361-766555, www.cempaka.biz
Eine erstaunliche Auswahl an beson-
deren Möbeln, Stoffen und Acces-
soires. Außerdem eine Sammlung
moderner Kunst und schöner Antiqui-
täten. Hier bekommt man alles für die
Einrichtung von Wohnung oder Haus.
◆ **Disini**
Jalan Basangkasa 6-8, Seminyak,
Tel. 0361-731037, 763715
Schöne Auswahl an Bettwäsche,
Tagesdecken, Kissen, Tischwäsche
sowie dazu passend Lampen und
andere Einrichtungsgegenstände.
◆ **Haveli**
15 & 18 Jalan Basangkasa, Seminyak,
Tel. 0361-737160, www.equinox
trading.com
Heimtextilien mit Orientflair und
traumhaft schöne Stoffe – Seide ,
darunter auch indische Saristoffe,
französische Leinenqualitäten und
mehr.
◆ **Lio Collection**
Jalan Raya Kerobokan No. 2,
Tel. 0361-7800942;
Jalan Raya Kerobokan 51X,
Tel. 0361-730044;
www.liocollection.com
Terrassenmöbel, Heimtextilien und
Wohnaccessoires – in indonesischem
und zeitgenössischem Design.
◆ **Sunbebek**
Jalan Raya Kerobokan 118,
Tel. 0361-730596, www.sunbebek.com
Möbel und Accessoires, darunter
Heimtextilien wie Tischdecken, Ser-
vietten, Bettdecken, Vorhänge oder
Kissenbezüge aus handgewebten
Ikat-Stoffen. Auch Auftragsarbeiten.

Gemälde

Der beste Platz, um traditionelle
Gemälde im *wayang*-Stil zu erwerben,
ist Kamasan in Ostbali.
Pengoseken, Penestanan, Batuan,
Peliatan und Ubud sind gute Adressen
für moderne Malerei. Ein Tipp:
Besuchen Sie zunächst die Museen,
damit Sie sich drüber klar werden,
welche Stilrichtung Sie favorisieren.
Anschließend erkundigen Sie sich, in
welchen Galerien entsprechende Gemälde angeboten werden. Im Ubud-
Kapitel sind die wichtigsten Museen
erwähnt.

Steinmetzarbeiten

Darstellungen aus der Mythologie,
aber auch moderne Themen meißeln
Steinmetze in großer Zahl aus dem

weichen Sandstein. Die Werkstätten
liegen zumeist an der Straße in Batubulan. Der Versand ist jedoch nicht
ganz billig (s. unter Post, S. 264).

Schattenspielfiguren

Wayang-kulit-Figuren (Schatten aus Leder) stellen heute noch einige Familien
in Sukawati her. Am besten erkundigt
man sich vor Ort. Minderwertige Exemplare werden auf Kunsthandwerker-
märkten angeboten.

Stoffe

Die balinesischen *ikat*-Stoffe werden
endek genannt. Verkauft werden sie in
Fabriken in Gianyar, Sidemen, Gelgel
und Singaraja. Die berühmten *geringsing* oder Doppelikat werden nur in
Tenganan (s. S. 168) hergestellt. Kette
und Schuss werden bei dieser komplizierten Technik vor dem Weben so eingefärbt, dass beim Weben Muster entstehen.
Songket, Brokatstoffe mit Gold- und
Silberfäden werden in Sidemen, Singaraja, Gelgel, Blayu und Negara produziert. *Kain prada*, glänzende Stoffe mit
goldfarbenen Aufdrucken – vor allem
für Tanzkostüme genutzt – werden in
Sukawati hergestellt. Batikstoffe, vom
einfachen *cap batik* (Stempelbatik) bis
zum anspruchsvollen *tulis* (Wachsba-
tik) bekommt man überall. Allerdings
stammt die Technik aus Java und ist
auf Bali nicht heimisch. Achtung beim
Kauf: Die billigen Stücke sind einfache
Druckbatiken.
◆ **Jalan Sulawesi**
In der »Stoffstraße« Denpasars findet
man Stoffe aller Art.
◆ **Popiler**
Jalan Gajah Mada, Denpasar,
Tel. 0361-422498
Spezialisiert auf qualitativ hochwertige
Batikstoffe, die auf Bali in der firmen-
eigenen Fabrik hergestellt werden.
◆ **Threads of Life**
Jalan Kajeng, Ubud, Tel. 0361-972187,
www.threads of life.com
Infos zu diesem interessanten Ge-
schäft s. S. 135.

Schnitzereien

Mas, Peliatan, Kemenuh, Bedulu und
Buruan sind die wichtigsten Holz-
schnitzer-Dörfer der Insel – alle in der
Provinz Gianyar gelegen.
◆ **Baris Gallery**, Jalan Raya Mas,
Ubud, Tel. 0361-973201.
◆ **Citra Artshop**, Jalan Raya Peliatan,
Gianyar, Tel. 0361-975187.
◆ **Njana Tilem Gallery**,
Jalan Raya Mas, Ubud,
Tel. 0361-974510.

Outdoor-Aktivitäten und Touren

Outdoor-Veranstalter

Die folgenden zwei Unternehmen bieten ein breites Spektrum attraktiver Outdoor-Aktivitäten, die für Jungendliche und Erwachsene geeignet sind. Bei einigen werden auch Kinder mitmachen können. In jedem Fall ist empfehlenswert, vor einer Buchung entsprechende Informationen einzuholen.

◆ **Bali Adventure Tours**
Jalan Bypass Ngurah Rai, Pesanggaran, Tel. 0361-721480, www.baliadventuretours.com
Balis Branchenführer seit 1989. Zu den Schwerpunkten gehören Rafting-touren, Mountainbiken, Paragliding, Wanderungen bzw. Trekking und Ausflüge in den Elephant Safari Park. Im Preis für halb- bzw. ganztägige Programme sind Transfers, Versicherung, Ausrüstung und eine Mahlzeit inbegriffen.

◆ **Sobek**
Jalan Tirta Ening 9, Sanur, Tel. 0361-287059, www.balisobek.com
Renommierter Veranstalter mit großem Angebot, u. a. Rafting- und Kajaktouren, Vogelbeobachtungen, Dschungeltrekking und Mountainbiken. Angeboten werden halb- bzw. ganztägige Programme inklusive Verpflegung.

Golf

Golf ist in den letzten Jahren auf Bali immer populärer geworden. Infos unter www.golf-bali.com.

Golfplätze
◆ **Grand Bali Beach**
Sanur, Tel. 0361/288 511. 9-Loch-Platz.
◆ **Bali Handara Kosaido Golf & Country Club**
Pancasari, Bedugul, Tel. 0368-288944, www.balihandarakosaido.com
Der von Peter Thompson entworfene 18-Loch-Platz im Bergland bei Bedugul zählt zu den schönsten Golfplätzen der Welt – der einzige Golfplatz der Erde, der inmitten eines erloschenen Vulkans liegt.
◆ **Bali Golf & Country Club**
Nusa Dua, Tel. 0361-771791, www.baligolfandcountryclub.com
Schöner 18-Loch-Platz im Bereich des Nusa Dua Resort.
◆ **Le Meridien Nirwana Golf & Spa Resort**
Tanah Lot, Tabanan, Tel. 0361-815960, www.lemeridien-bali.com
Der von Greg Norman gestaltete Platz gehört zu den schönsten Asiens – spektakulär sind die Ausblicke auf Felsküste und Reisfelder.

◆ **New Kuta Golf Course**
Pecatu Indah Resort, Jalan Raya Uluwatu, Kawasan, Tel. 0361-8481333
18-Loch-Platz über dem Dreamland Beach auf der Halbinsel Bukit Badung. Designt von Ronald Fream.

Paragliding

◆ **Bali Paragliders Club**
Tel. 0361-704769, www.baliparagliders.com
Sehr populär sind die Flüge über die Halbinsel Bukit Badung mit dem Wind als einziger Antriebsquelle. Organisiert werden Tandemflüge bis hin zu Kursen mit Zertifikat.

Reiten

◆ **Umalas Stables**
Jalan Lestari No. 9X, Kerobokan, Tel. 0361-731402, www.balionhorse.com
Die Ställe liegen in den Reisfeldern im nördlichen Bereich des Seminyak Beach. Hier kann man einen Strandritt zum Sonnenuntergang genauso buchen wie Unterricht im Dressurreiten in der Reithallle oder im Freien. 30 Pferde bzw. Ponys stehen zur Verfügung. Weiterhin gibt es Unterkünfte, ein Restaurant und einen Swimmingpool vor Ort.

Segeln und Kreuzfahrten

◆ **Bali Hai Cruises**
Benoa Harbour, Tel. 0361-720331, www.balihaicruises.com
Bietet Tageskreuzfahrten zur Insel Nusa Lembongan und zum Sonnenuntergang an Bord von Luxus-Katamaranen an. Besonders reizvoll ist ein Törn in einem Boot, das mit bis zu 70 km/h die Wellen durchpflügt.
◆ **Bounty Cruises**
Benoa Harbour, Tel. 0361-726666, www.balibountycruises.com
Tagestouren nach Nusa Lembongan. Wahlweise mit Banana Boat oder Glasbodenboot. Kanutrips, Schnorcheln und Dinner Cruises.
◆ **Sail SenSaions**
Benoa Harbour, Tel. 0361-725864, www.sailsenSaions.com
Tagesausflüge nach Nusa Lembongan, entweder mit Barbecue am Strand zum Mittagessen oder Twlight Dining mit Unterhaltung an Bord der 26 m langen Jacht. Charterangebote.

Traditionelle Schiffe
Eine Flotte traditioneller Pinisi-Boote liegt im Hafen von Benoa für Touren zu den Gili-Inseln vor Lombok, nach Komodo und Sulawesi bereit. Diese

werden häufig von Tauchern gebucht. **Indonesia Cruises** (Tel. 0361-766269, www.ombakputih.com) veranstalten regelmäßig Touren an Bord der Ombak Putih oder Ombak Biru nach Lombok, Sulawesi und zu den Inseln östlich von Bali. Beide Schiffe haben 12 klimatisierte, modern ausgestattete Kabinen.

Surfen

Bali bietet nahezu das ganze Jahr über gute Möglichkeiten zum Surfen. Hochsaison ist zwischen Juni und August. Anfänger finden in Kuta, Legian und Seminyak die besten Rahmenbedingungen, während Fortgeschrittene in Bingin südlich des Flughafens oder in Canggu nördlich von Legian trainieren. Weiter westlich liegen der Strand von Soka in Lalang Linggah in Tabanan und der Strand von Medewi in Jembrana. Könner reiten die Wellen von Kuta Reef (nur mit dem Boot erreichbar), Suluban und Padang-Padang auf der Bukit Badung. Gute Surfmöglichkeiten bietet auch Nusa Lembongan.

Surfausrüster
◆ **Quiksilver**, Jalan Legian 318, Kuta, Tel. 0361-752693.
◆ **Ripcurl**, Jalan Legian, Kuta, Tel. 0361-765889.

Surfschulen
◆ **Bali Learn to Surf Co.**
Hard Rock Hotel, Kuta, Tel. 0361-761869, ext. 8116, www.balilearntosurf.com
Qualifizierte Surflehrer geben Anfänger- und Fortgeschrittenenkurse. Mit im Programm ist eine 5-tägige »Surfari« für echte Anfänger.
◆ **Ripcurl School of Surf**
Tel. 0361-735858, www.schoolofsurf.com
Anfänger- und Fortgeschrittenenkurse. Privatunterricht möglich.

Surftouren
◆ **Partama Surfing Tours**
Shop 6 Lebak Bena Street, Legian Kelod Kuta, Tel. 0361-754919, www.surfpartama.com
Großes Angebot von Touren von Bali zu einigen der besten Surfplätze in Indonesien, etwa nach Nusa Lembongan, Sumbawa und Lombok inklusive Desert Point, Gili Air und Grupuk, Ekas, Mawi, Arguli und Belongas Bay.

Tauchen

Bali hat sich zu einem beliebten Ziel für Taucher entwickelt. Man hat die Qual der Wahl zwischen zahlreichen schönen Tauchplätzen für Anfänger und erfahrene Taucher.

Tauchplätze

◆ **Sanur/Nusa Dua**: Tauchgänge zwischen 2 und 12 m Tiefe offenbaren ein wunderbares Unterwasserpanorama. Kilometerlange Korallen- und Schwammbänke auf dem Riff und farbenprächtige Fische.
◆ **Padang Bai/Gili-Tepekong-Inseln**: Etwa 60 km nordöstlich von Sanur gelegen. Die malerische Bucht ist von majestätischen Riffen und Hügeln umgeben; ideal für Tauchen in Tiefen zwischen 3 und 20 m. Korallen- und Fischreichtum.
◆ **Lembongan**: Das Eiland ist eine der drei kleinen Schwesterinseln Balis und liegt etwa 20 km östlich von Sanur (2 Std. mit dem Motorboot). Weißer Sand, kristallklares und außergewöhnlich kühles Wasser bilden den Lebensraum für eine ungeheuer vielfältige Unterwasserflora und -fauna. Unterwassergrotten sind die besondere Attraktion dieses Gebietes.
◆ **Tulamben**: 100 km nordöstlich von Sanur. Attraktion ist das Wrack des US-Handelsschiffs »Liberty«, das während des Zweiten Weltkriegs hier sank. Das Wrack ist völlig mit Anemonen, Korallen und Schwämmen überwachsen.
◆ **Singaraja**: 80 km nördlich von Sanur, wo das warme Wasser der Bali-See poolähnliche Bedingungen für Schnorchler bietet. Die besten Plätze sind bei Lovina Beach, besonders ideal für Anfänger mit leichten Strömungen in 5 bis 15 m Tiefe.
◆ **Pulau Menjangan**: Die kleine Insel im Nordwesten Balis ist Teil des Bali-Barat-Nationalparks. Sie kann mit dem Boot in 30 Minuten vom Festland aus erreicht werden. Ihr atemberaubendes Unterwasserpanorama überrascht sogar erfahrene Taucher. Ein reicher Bestand an Schwämmen aller Art, Unterwasserpflanzen, Korallen und Fischen. Dieses Gebiet gilt als das Taucherparadies und wird auch Schnorchler mehr als begeistern.
◆ **Pemuteran**: Schöne Schnorchel- und Tauchregion mit großer Vielfalt an Fischen und Korallen. Außerdem idealer Ausgangspunkt für Ausflüge nach Menjangan.
◆ **Tahuban**: Korallenriffs, tropische Fische und Haie sind hier die Hauptattraktionen für Taucher.
◆ **Amed**: In der Nähe von Tulamben führt eine Riffkante in Tiefen von 3 bis 40 m. Bunte Korallen und viele Fische begeistern auch Schnorchler.
◆ **Nusa Penida**: Abenteuertauchen mit heftigen Strömungen, zwei Stunden mit dem Boot von Padang Bai. Weißer Sand, kristallklares Wasser und ein Korallenriff mit zahlreichen Fischarten und Langusten.

Tauchschulen

Die Zahl der Tauchschulen wächst ständig. Erfahrene Anbieter sind:
◆ **Bali Marine Sports,** Jl. Bypass Ngurah Rai, Bellanjong, Sanur, Tel. 0361/270 386, www.bmsdivebali.com
◆ **Pro Dive Bali,** Jl. Rama 6, Denpasar, Tel. 0361/726 823, www.prodivebali.com
◆ **AquaMarineDiving,** Jl. Raya Seminyak, Tel. 0361-730107, www.aquamarinediving.com
◆ **Scuba Duba Doo Dive Center,** Jl. Legian, Kelod 367, Kuta, Tel. 0361-750703, www.divedentrebali.com
◆ **Tauch Terminal,** Tulamben, Tel. 0361-22911, www.tauch-terminal.com
◆ **World Diving Lembongan,** Pondok Baruna Gueathouse, Jungutbatu, Nusa Lembongan, Mobil Tel. 081-23900686, www.world-diving.com

Tauchhotels

Einige Hotels haben sich auf Taucher spezialisiert und bieten deutschsprachige Tauchkurse an:
◆ **Mimpi Tulamben**, Desa Tulamben, Karangasem, Tel. 0363/21 642, www.mimpi.com.
◆ **Mimpi Menjangan**, BanyuMiang bei Menjangan, Tel. 0362/94 497, www.mimpi.com.
◆ **Alam Anda**, Sambirenteng, Tel. /Fax 08124/656 485, in Deutschland: Tel. 0 41 05/69 09 36, www.alam-anda.de.
◆ **Pondok Baruna Guesthouse**, Jungutbatu, Nusa Lembongan, Mobil Tel. 081-2390 0686, www.world-diving.com

JAVANISCHES MANDI LULUR

Mandi Lulur als Behandlung kommt ursprünglich aus den Fürstenpalästen Zentraljavas. Die traditionelle Lulur-Anwendung beginnt mit einer Massage. Für diese wird Kokosöl mit Blättern der Pandanuspalme und Frangipaniblüten vermischt. Dann folgt ein Peeling mit einer Gewürzpaste aus Sandelholz, Gelbwurz, Reis, Kräutern, Jasminblüten und anderen Zutaten. Daraufhin wird eine Joghurtmischung über den Körper gestrichen, damit die Haut sich regenerieren kann. Schließlich folgt ein Bad in mit Rosenblättern und Frangipaniblüten angereichertem Wasser. Die Anwendung dauert 2½ Stunden.

Wandern und Trekking

Trotz schweißtreibendem Tropenklima kann man wunderbar wandern. Größte Herausforderung ist auf Bali die Besteigung der beiden Vulkane Agung und Batur, auf Lombok die des Gunung Rinjani (s. S. 225). Vor allem die Agung-Tour erfordert eine sehr gute Kondition und gutes Schuhwerk. Ein Bergführer ist hilfreich. Erkundigungen zur Besteigung des Agung kann man in Besakih, für die des Batur in Toyah Bunkah oder Kintamani einholen. Schöne Wanderstrecken gibt es auch im Bereich der Bergseen Bratan, Tamblingan und Buyan. Infos zu verschiedenen Routen erhält man in den Puri Lumbung Cottages in Munduk (s. S. 246), dort kann man auch geführte Wanderungen buchen. In Ubud und Umgebung kann man schöne Reisterrassenwanderungen unternehmen. Informationen erteilt das dortige Fremdenverkehrsamt.
◆ Auf Wandertouren spezialisiert ist **Bali Private Tour,** (Denpasar, Tel. 081/1396 753, www.baliprivatetour.com).

Themenwanderungen

◆ **Vogelerkundung**
Ubud,Tel. 0361-975009, su_birdwalk@yahoo.com
Begleitet von erfahrenen und naturkundigen einheimischen Guides. Leichtere Wanderungen bzw. Spaziergänge durch Reisfeldlandschaften, Flussbetten und Kokoshaine. Im Preis inbegriffen sind in der Regel ein Verzeichnis der Vögel, Leih-Fernglas, Mittagessen und Erfrischungen. Beginn ist meist um 9 Uhr.
◆ **Kräuterwanderungen**
Ubud, Tel. 0361-975051
Made Westi und seine Frau Wayan Lilir begleiten Besucher auf Wanderungen durch die Reisfelder in der Umgebung von Ubud und vermittelp ihr Wissen über die einheimische Pflanzenwelt. Start ist morgens um 8.30 Uhr vor dem Museum Puri Lukisan. Eingeschlossen im Preis sind Kräutergetränke, balinesische Süßigkeiten oder Früchte.

Andere Sportarten

◆ **Bali Treetop Adventure Park**
Bedugul Botanical Gardens, Candikuning, Tel. 0361-8520680, www.balitreetop.com
Balis erster Klettergarten. Naturnahe Aktivitäten für Familien und Gruppen. Die Besucher erwarten Hängebrücken, Spinnennetze, Tarzansprünge, Schaukeln und Seilbahnen bis 160 m Länge. Tgl. 8.30–18 Uhr.

Spas

Heiltherapien, spirituelle Reinigungen, Massage- und Wellness gehören zur Alltagskultur auf Bali. Seit den späten 1990er-Jahren haben viele neue Spas auf der Insel eröffnet, die heute die höchste Spa-Dichte in Südostasien aufweist.

Die Architektur und Inneneinrichtung balinesischer Spas reicht von Zen-inspirierter Schlichtheit bis zu üppigem Dekor. Dabei ist Wasser immer ein zentrales Element. Bäder und Pavillons beherbergen oft eine Dusche unter freiem Himmel und sehr große, oft im Boden eingelassene Badewannen. Kräuteranwendungen mit Heilpflanzen und Gewürzen wie Galgant, Aloe Vera, Avocado, Zitronengras, Gelbwurz und Papaya gehören zum Angebot. Traditionelle Schönheitskuren wie das javanische Mandi Lulur, das Jahrhunderte in die Palastkultur Zentraljavas zurückreicht, werden häufig in balinesischen Spas verabreicht. Weitere Infos unter: www.balispaguide.com

Kuta

◆ **DaLa Spa**
Jalan Legian 123b, Kuta,
Tel. 0361-756276, www.dalaspa.com
Im Herzen von Kuta. Das Dekor erinnert an ein französisches Boudoir. Jeder der sieben Behandlungsräume hat eine eigene Farbgebung.
◆ **Theta Spa by the Sea**
Ramada Bintang Bali Hotel,
Jalan Kartika Plaza, Kuta,
Tel. 0361-755726, www.thetaspa.com
Das luxuriöse Spa bietet Treatments aus unterschiedlichen asiatischen Kulturen.

Seminyak

In Seminyak gibt es eine Reihe sehr gut geführter Spas, deren Preise weit unter denen der Hotels liegen.
◆ **Antique Spa**
Jalan Lestari, Umalas, Kerobokan,
Tel. 0361-739840,
www.antiquebali.com
Minimalistische Einrichtung und ein großes Repertoire an Anwendungen. Ausschließlich Behandlung mit Naturprodukten.
◆ **Jari Menari**
Jalan Raya Basangkasa, Seminyak,
Tel. 0361-736740,
www.jarimenari.com
Jari Menari bedeutet tanzende Finger. Der Name wird diesem Spa gerecht, in dem Massagen die Hauptrolle spielen.
◆ **Prana Spa & Villas**
Jalan Kunti 118X, Seminyak, Tel.
0361-730840, www.thevillas.net

Ein wundervolles, im Stil der Moghul-Architektur gestaltetes Spa, das an einen indischen Maharajapalast erinnert. Großes Angebot an Gesichts- und Körperbehandlungen in einem großzügig angelegten Komplex plus Naturkostcafé.
◆ **Sicilia Spa**
Jalan Arjuna, Seminyak,
Tel. 0361-736292, www.siciliaspa.com
Hier kann man sich nach Strich und Faden mit Massagen und unterschiedlichen Anwendungen verwöhnen lassen. Es gibt eine große Auswahl an Entspannungsmassagen, Peelings und Gesichtsmasken.

Jimbaran

◆ **Spa at Four Seasons Jimbaran**
Tel. 0361-701010, www.fourseasons.com/jimbaranbay
Das direkt am Indischen Ozean gelegene und mit Preisen ausgezeichnete Spa bietet alle erdenklichen Anwendungen mit Inhaltsstoffen aus dem Meer und der Natur.
◆ **Thermes Marins Bali**
Ayana Resort, Tel. 0361-702222,
www.ayanaresort.com
Das erste Thalasso-Spa Indonesiens nutzt die heilenden Kräfte des Meerwassers. Für die Therapien wird das mineralhaltige Salzwasser gefiltert und erhitzt.

Nusa Dua

◆ **Martha Tilaar Salon & Spa**
Jalan Bypass Ngurah Rai,
Tel. 0361-777661,
www.marthatilaar-spa.com
Das Spa bietet traditionelle javanische Therapien an. Das Ambiente mit kostbarem indonesischem Kunsthandwerk ist edel.
◆ **Nusa Dua Spa**
Tel. 0361-771210,
www.nusaduahotel.com
Beheimatet in den Gärten des Nusa Dua Beach Hotels. Eines der ersten Spas auf Bali. Bietet eine Vielfalt von Therapien, die von Massagen bis zum balinesischem Peeling reichen.

Ubud

◆ **Como Shambala Spa**
como Shambhala Estate at Begawan Giri, Tel. 0361-978888,
cse.comoshambhala.bz
Außergewöhnliches Spa. Zum üblichen Angebot kommen Hydrotherapie im Freien, Swimmingpools, ein Yoga-Raum, Pilates-Studio, Saunen und Fitnesscenter in einer herrlichen Anlage. Wellnessprogramme werden maßgeschneidert.

◆ **Spa Alila**
Alila Ubud, Payangan,
Tel. 0361-975963,
www.alilahotels.com/ubud
Die Spapavillons liegen eingebettet in herrlichen Gärten. Großes Angebot an Anwendungen mit Naturkosmetik.
◆ **Spa at Maya Ubud**
Maya Ubud, Peliatan,
Tel. 0361-977888,
www.mayaubud.com
Das preisgekrönte Spa im Maya Ubud lieg am Ufer des Petanu-Flusses und bietet neben ausgezeichneten Anwendungen herrliche Reisterrassenblicke.
◆ **Zen**
Jalan Hanoman, Ubud,
Tel. 0361-970976,
www.zenbalispa.com
Günstiges und freundliches Spa mit Massagen, Peelings und mehr.
◆ **Nur Traditional Beauty Salon**
Jalan Hanoman, Ubud,
Tel. 0361-975352
Bereits seit 25 Jahren verwöhnt Ibu Nur ihre Kunden mit Geheimrezepten aus Java – und das zu sehr günstigen Preisen.
◆ **Ubud Sari Health Resort**
Jalan Kajeng 35, Ubud,
Tel. 0361-974393, www.ubudsari.com
Massagen, Heilwochen und Fastenprogramme. Und natürlich entspannende Spa-Anwendungen.

Kochkurse

◆ **Alila Manggis**
Buitan, Manggis, Karangasem,
Tel. 0363-41011, www.alilahotels.com
Die Kurse finden unter dem Dach eines grasgedeckten Pavillons statt. Die Zutaten stammen aus dem resorteigenen biologischen Anbau.
◆ **Bumbu Bali**
Jalan Pratama, Tanjung Benoa,
Nusa Dua, Tel. 0361-774502,
www.balifoods.com
Der ehemalige Küchenchef des Grand Hyatt, Heinz von Holzen, betreibt gemeinsam mit seiner balinesischen Frau das bekannte Restaurant und Kochschule. Morgens um 6 Uhr beginnt der Kurs mit Einkäufen auf dem Markt. Dann lernen Sie balinesisch zu kochen und verspeisen das Ergebnis anschließend. Gegen 14 Uhr ist Schluss..
◆ **Casa Luna Cooking School**
Jalan Raya Ubud, Ubud,
Tel. 0361-977409,
www.casalunabali.com
Die Australierin Janet De Neefe zog 1984 von Melbourne nach Bali, heiratete einen Balinesen und ist Besitzerin der Restaurants »Casa Luna« und »Indus«. Fünf Vormittagskurse wöchentlich, zwei davon mit Marktbesuch.

VERKEHRSMITTEL · UNTERKUNFT · AKTIVITÄTEN · INFOS VON A–Z · SPRACHE UND MINI-DOLMETSCHER

◆ **Sae Bali**
Jalan Laksmana No. 22a,
Tel. 0361-736734, Saebali@yahoo.com
In seinen Vormittagskochkursen zeigt
der Restaurantchef seinen Teil-
nehmern, wie köstliche balinesische
Gerichte zubereitet werden.
◆ **The Secret Garden Cooking
School**
Penastenan, Ubud, Tel. 0361-979395,
www.balisecretgarden.com
Die Intensivkurse über ein oder zwei
Tage werden von Ni Luh Sudiani
durchgeführt. Er ist ein ausgezeichne-
ter balinesischer Kochlehrer, der seinen
Gruppen entsprechend viel Aufmerk-
samkeit schenkt.
◆ **Waka di Ume**
Jalan Suweta, Ubud,
Tel. 0361-973178/973179,
www.wakadiumeubud.com
Authentische balinesische Kochpro-
gramme inklusive früh-morgendlichem
Einkauf auf dem Markt von Ubud. Ge-
kocht wird in einem alten Holzofen unter freiem Himmel in der Nähe des Ge-
müse- und Kräutergartens im Resort.

Aktivitäten für Kinder

Für Kinder ist Bali ein Paradies mit
einem vielfältigen Angebot. Ideal für
Kinder ab 10 Jahren sind z. B. einige
der Mountainbiking-Touren von Bali
Adventure Tours. Darin inbegriffen ist
auch ein Besuch des Elephant Safari
Park. Für Raftingtouren auf dem
Ayung-Fluss haben Bali Adventure
Tours und Sobek Bali ein Mindestalter
von 10 Jahren festgelegt. Surfkurse
finden bei den etwas älteren Kinder

bzw. Jugendlichen großen Zuspruch.
Dafür bieten einige der Strände auf
Bali optimale Bedingungen.
Eine Reihe von Tauchschulen bieten
coole Programme für Kids an. Youth
Scuba Diving organisiert für Kinder ab
5 Jahren einen spielerischen Kurs, der
nur im Pool stattfindet. Das Bubble-
makers-Programm enthält ein Unter-
wasser-Abenteuerspiel mit viel Spaß
für die Altersgruppe der Acht- bis
Zwölfjährigen. Informationen über
AquaMarineDiving oder Scuba Duba
Doo Dive Center Bali (s. S. 256).
Sehr populär bei Familien ist Odyssey
Submarine Adventure (Tel. 0361-
759777, www.submarine-bali.com).
Die Teilnehmer gehen an Bord des
Unterwasserboots Odyssey II, das in
der Nähe von Candi Dasa liegt, und
unternehmen darin eine 45-minütige
Fahrt, um die farbprächtigen Korallen
unter Wasser zu erkunden.
Allgemein bieten die meisten der
Familienhotels der gehobenen Klasse
Kinderbetreuung an. Darüber hinaus
gibt es Kurse in Malerei und Kunst-
handwerk bzw. balinesischem Tanz
und Gamelan.

Geführte Besichtigungen

Wer sich nicht selbst die Mühen auf
sich nehmen möchte, ein Programm
bzw. Auto zu organisieren, kann sich
an einen Veranstalter oder die entsprechende Ansprechperson im Hotel wenden. Die Programme dauern von einem halben bis 3 Tage. Veranstalter
stellen auch Programme nach individuellen Wünschen zusammen.

Standardtouren

Nachstehend einige Beispiele von
Standardtouren, die von Veranstaltern
angeboten werden.
◆ **Bedugul Tour**: mit Sangeh Monkey
Forest, Mengwi, Jatiluwih, Candikun-
ing und Sonnenuntergang in Tanah Lot.
◆ **Besakih Tour**: mit Celuk, Mas, Ba-
tuan, Gianyar, Klungkung, Puri Besakih
und Mittagessen im Restaurant Bukit
Jambul.
◆ **Denpasar Tour**: Stadtrundfahrt mit
Kunstzentrum, Märkten, Museen und
Tempeln.
◆ **Ostbali-Tour**: mit Celuk, Mas, Batu-
an, Gianyar, Klungkung, Kusamba, Goa
Lawah, Candidasa und Tenganan.
◆ **Kintamani/Gunung Batur Tour**:
Mit einer Tanzaufführung in Batubu-
lan, Stopps in Tampaksiring und Kinta-
mani und Mittagessen mit Blick auf
Gunung Batur und den See. Mit Besu-
chen von Werkstätten in Celuk, Mas
und Batuan sowie Stopps in Goa Ga-
jah und Pejeng.
◆ **Lovina–Singaraja Tour**: Mit Stopps
in Mengwi, Bedugul, Gitgit-Wasserfall,
Singaraja, Lovina, Banjar und Pupuan.
◆ **Tanah-Lot-Tour**: Nach Mengwi,
Marga, Alas Kedaton und Sonnenun-
tergang in Tanah Lot.

Reisebüros

◆ **Bali Discovery Tours**, Komplek
Pertokoan, Sanur Raya No. 27, Jalan
Bypass Ngurah Rai, Sanur, Tel. 0361-
286283; www.balidiscovery.com
◆ **Smailing Tour**, Jalan By Pass
Ngurah Rai Sanur, Tel. 0361-288224,
www.mysmailing.com

Kultur, Nightlife, Shopping, Outdoor-Aktivitäten und Touren auf Lombok

Kultur

Anders als auf Bali, wo es Tanz- und
Theateraufführungen zu festen Zeiten
gibt, ist es nicht einfach, auf Lombok
Aufführungen traditioneller Sasak-
Tänze zu finden. Nur sporadisch treten
Tanz- und Musikgruppen in den größeren Hotels auf.
Der bekannteste Tanz heißt *cupak ge-
rantang*; er basiert auf den javanischen
Panji-Legenden. Im verwandten *kayak
sando* tragen die Tänzer Masken. Der
gendang belek, benannt nach der traditionellen Sasak-Trommel (*gendang*),
wird von Männern getanzt, die Krieger
auf dem Weg zum Schlachtfeld dar-

stellen. Ein weiterer traditioneller Tanz
ist *rudat*, getanzt von Gruppen von
jungen Männern, die schwarze Jacken
und Mützen tragen und schwarz-wei-
ße Sarongs.
Das **Senggigi-Festival** ist auf Lombok
das wichtigste Kunstfestival mit Aufführungen traditioneller Theaterstücke,
Tänze und Musikstücke. Es wird jedes
Jahr im Juli in Senggigi veranstaltet,
und an diesem einwöchigen Ereignis nehmen nicht nur Darsteller aus ganz
Lombok, sondern auch aus dem benachbarten Sumbawa teil.
◆ **Taman Budaya**
Jalan Majapahit, Mataram,
Tel. 0370-622428

Taman Budaya ist der wichtigste Ort
für kulturelle Events. Da es kein festes
Programm gibt, ist es ratsam anzuru-
fen und sich nach aktuellen Aufführungen zu erkundigen. Gibt es keine Aufführung, kann man vielleicht Proben
besuchen. Gruppen können dort auch
private Aufführungen bestellen. Geöffnet Mo–Fr 8–14 Uhr.

Nightlife

Lombok ist im Gegensatz zu Bali nicht
berühmt für sein Nachleben, dennoch
gibt es einige Clubs und Bars in Senggigi und auf Gili Trawangan.

Senggigi

Bars

◆ **Happy Café**
Jalan Raya Senggigi,
Mobil Tel. 0812 375 2233
Nacht für Nacht Live-Musik. Die Küche
ist verbesserungswürdig, aber das
macht die nette Atmosphäre wett.
Freundlicher Service.

◆ **The Office Bar & Restaurant**
Jalan Raya Senggigi, Tel. 0370-693162
Gemütliche Bar am Strand, beliebt bei
Expats. Der perfekte Platz für einen
Drink zum Sonnenuntergang. Faire
Preise für Essen und Getränke; Billard-
tisch und Sportübertragungen auf
Großleinwand. Erstklassige CD-Samm-
lung.

◆ **Square**
Blok B No. 10, Jalan Raya Senggigi,
Tel. 0370-6645999
Senggigis neuester Nightspot. Schickes
Ambiente im Restaurant und in der
Chill-out-Lounge im oberen Stockwerk.
Dazu gute Musik.

Nightclubs

◆ **Gossip**
Jalan Raya Senggigi, Tel. 0370-693432
Im obersten Stock des Tropicana liegt
dieser Club. Gute Stimmung herrscht
auf der Tanzfläche bis 2 Uhr morgens,
wenn die DJs vor allem House-Musik
auflegen. Manchmal spielen einheimische Live-Bands.

◆ **Marina**
Jalan Raya Senggigi, Tel. 0370-693136
Der berühmteste Club in Senggigi –
beliebt bei Einheimischen, Expats und
Touristen gleichermaßen. Für gute
Laune sorgen tolle Live-Bands, leckere
Holzofen-Pizza und eine sehr relaxte
Atmosphäre.

◆ **Sahara Club**
Senggigi Plaza, Jalan Raya Senggigi,
Tel. 0370-692233
Stylisher Clubs mit Live-Bands aus
Jakarta und Surabaya. Am Wochen-
ende immer voll.

Gili Trawangan

◆ **The Beach House**
Gili Trawangan, Tel. 0370-642352
Das populäre Strandrestaurant mit Bar.
ist ein absoluter Selbstläufer. Tag für
Tag herrscht bei den berühmten
Seafood-Barbecues Partystimmung.
Auch der nette Service trägt dazu bei,
dass man sich einfach wohlfühlen
muss.

◆ **Horizontal**
Gili Trawangan, Tel. 0370-639248
Trendiges Restaurant mit guter Küche
und schicker Bar. Regelmäßige Auftritte von Gast-DJs, exotische Cocktails
und das sehr entspannte Publikum

machen den Aufenthalt zum Vergnügen.

◆ **Sama Sama**
Gili Trawangan, Tel. 0370-6609477
Die Top-Adresse für Live-Reggae auf
Trawangan.

◆ **Tír na Nóg**
Gili Trawangan, Tel. 0370-639463
Es heißt, Gili Trawangan sei die kleinste Insel der Welt mit einem Irish Pub.
Wie dem auch sei: Im Irish Pub
herrscht Abend für Abend eine Super-
stimmung.

Gili Meno

◆ **Tao Kombo Jungle Bar**
Gili Meno, Tel. 081 237 22174
Beliebte Bar mit attraktiven Happy-
Hour-Tarifen zum Sonnenuntergang.
Gute Musik verlockt zum Bleiben.

Shopping

Shopping auf Lombok steht nicht für
schicke Shopping Malls und Designer-
mode. Lohnenswert ist jedoch der Einkauf von einheimischem Kunsthandwerk – Korbwaren, Töpferwaren, Stoffe
und Zuchtperlen sind bei Touristen beliebte Souvenirs.

Antiquitäten und Möbel

Mit Glück finden Sie einige echte
Stücke aus der holländischen Kolonialzeit oder gar chinesische Antiquitäten,
aber die Mehrzahl der Gegenstände,
die ein hohes Alter vortäuschen, sind
nur auf alt getrimmt. Doch auch einige
der Stücke, die Originale kopieren, sind
durchaus attraktiv.

◆ **Gallery Nao**
Jalan Raya Senggigi, Meninting,
Tel. 0370-626835
Hier finden Sie moderne Möbel aus
einheimischen Hölzern – lauter Einzel-
stücke.

◆ **Parmour Antiques**
Jalan Raya Senggigi 704
Antiquitäten gesammelt vom kundi-
gen Inhaber Agus Heri Gomanthy.

◆ **Kencana Gallery**
Jalan Adi Sucipto 12, Senggigi,
Tel. 0370-635727
Möbel im traditionellen Stil und Wohn-
accessoires.

Korbwaren

Wunderschön sind die Körbe und anderen Flechtwaren, die vor allem in
den Dörfern Ost-Lomboks wie Kotaraja
und Loyok produziert werden. Sie werden auf dem Markt von Sweta und auf
dem Pasar Cakranegara, westlich vom
Pura Meru, verkauft.

Töpferwaren

In den Dörfer Banyumulek, Masbagik
und Penujak werden die berühmten
Töpferwaren aus Lombok produziert,
die auch auf Bali angeboten werden.
In Banyumulek findet man die größte
Auswahl. Hinter den Läden liegen die
Werkstätten, wo man den Töpfern bei
der Arbeit zusehen kann.

◆ **Lombok Pottery Centre**
Jalan Sriwijaya IIIA, Banyumulek,
Tel. 0370-640350
Mit Unterstützung einer neuseeländi-
schen Hilfsorganisation entstand hier
ein Zentrum der Töpferei auf Lombok.
Töpferwaren in Exportqualität.

Kunsthandwerk

Das Kunsthandwerkerdorf Sayang-
Sayang liegt nördlich von Cakranegara
und bietet eine großartige Auswahl an
hochwertigem Kunsthandwerk – vor
allem Holzschnitzereien. Traditionelle
Masken gehören genauso zum Angebot der Läden wie Stücke in modernem Design. Der Markt entlang der
Hauptstraße bietet eine gute Auswahl
preisgünstiger Objekte. Hier kann man
mit etwas Verhandlungsgeschick manches Schnäppchen machen.
Aber auch in Senggigi kann man
schönes Kunsthandwerk kaufen:

◆ **Bayan Lombok**
Jalan Raya Senggigi, Tel. 0370-693784
Traditionelle und moderne Arbeiten
gehobener Qualität.

◆ **Oleh-Oleh**
Jalan Raya Senggigi, Tel. 0370-693422
Gute Auswahl an Kunsthandwerk,
Kleinmöbeln und Geschenkartikeln.

◆ **Senggigi Art Market (Pasar Seni)**
Jalan Raya Senggigi
Kunsthandwerkermarkt mit vielen
Ständen gleich hinter dem Strand.
Auch Kleidung.

Stoffe

Wer traditionelle Stoffe sucht – von
Hand gefärbt und gewebt –, sollte die
Dörfer Sukarare, Pujung, Purbasari,
Balimurti und Pringgasela besuchen.
In Sukarare findet man eine stattliche
Auswahl an Webstoffen aus ganz
Lombok und von der Nachbarinsel
Sumbawa. Außerdem kann man in den
Werkstätten den Webern über die
Schulter schauen. Eine interessante
Anlaufstelle sind auch die Stoffge-
schäfte entlang der Hauptstraße von
Cakranegara.

◆ **C.V. Rinjani**
Jalan Pejanggik, Cakranegara
Pak Abdullahs Seidensarongs mit pas-
senden Schals sind in der Modeszene
Balis und Jakartas absolut angesagt.

VERKEHRSMITTEL

UNTERKUNFT

AKTIVITÄTEN

INFOS VON A-Z

SPRACHE UND
MINI-DOLMETSCHER

Perlen

In den Perlenzuchtfarmen Lomboks werden schöne und hochwertige Perlen produziert, die in alle Welt exportiert werden. **DS** in der Sultan Kaharudin Street in Sekarbela bei Mataram führen eine große Auswahl einzelner Perlen, aber auch Goldschmuck mit Perlen.

Shopping Mall

◆ **Mataram Mall**
Jalan Pejanggik, Mataram,
Tel. 0370-629907
Lomboks einzige richtige Mall bietet vier Stockwerke mit Läden und Ständen. Interessant ist das Angebot an Lederwaren – Schuhe, Taschen und Gürtel. Eingegliedert sind ein Kaufhaus, Elektronikgeschäfte, Textilgeschäfte und Essensstände.

Outdoor-Aktivitäten

Golf

◆ **Lombok Golf Kosaido Country Club**
Jalan Raya Tanjung, Pantai Sira, Tanjung, Tel. 0370-640137,
sales@lombokgolfkosaido.com
Ein 18-Loch-Platz der Weltklasse, entworfen von Peter Thompson und Michael Wolveridge, unweit des Sira-Strandes im Norden der Insel. Herrliche Blicke auf Meer und Berge.
◆ **Rinjani Country Club**
Golong, Narmada, Tel. 0370-633839
Einfacher Platz im Schatten des Gunung Rinjani, der mit japanischer Unterstützung entstand und sich vor allem an ein japanisches Publikum richtet. Mit Clubhaus, Tennisplatz, Pool, Restaurant und einfachen Zimmern.

Tauchen und Schnorcheln

Einige der besten Tauchplätze Indonesiens liegen rund um die Gilis. Wie in vielen anderen Tauchgründen weltweit waren auch hier die Riffe viel zu lange der Dynamitfischerei und anderen Umweltsünden ausgesetzt. Doch man hat Methoden gefunden, die Schäden zu reparieren: Um die Korallenriffe zu renaturalisieren, baut man Gerüste aus Metall, an denen Korallen befestigt werden. Setzt man diese unter Strom, wird das Wachstum der Korallen nachweislich beschleunigt. So besteht Hoffnung, dass das Meer vor Lombok auch weiterhin Taucher aus aller Welt begeistert. An Fischreichtum ist der indonesische Archipel, wo sich Pazifik und Indischer Ozean treffen, sowieso kon-

kurrenzlos. Der Farbenreichtum der Rifffische begeistert.
Wichtig zu wissen: Die Preise für Tauchkurse sind auf den Gilis festgelegt, um Preisdumping, das meist auf Kosten der Sicherheit geht, zu verhindern und Qualität zu sichern.

Empfehlenswerte Tauchveranstalter

◆ **Bali Diving Academy,**
Zweigstelle Gili Trawangan Lombok, Tel. 0370-638531, www.scubali.com
◆ **Dream Divers,** Filialen in Senggigi, Gili Air, Gili Trawangan und Südlombok, Tel. 0370-692047, www.dreamdivers.com

Schnorcheln

Für Schnorchler gibt es auch vor der Hauptinsel schöne Plätze – zum Beispiel in Mangsit an der Nordküste oder vor den unbewohnten kleinen Inseln an der Südwestküste wie Gili Nanggu.

Trekking

Lomboks zentrales Hochland, das sich rund um den Gunung Rinjani, mit 3726 m Höhe Indonesiens zweithöchsten Berg, erstreckt, ist nur dünn besiedelt. Bis in 2000 m Höhe zeigt sich dichte Dschungelvegetation, weiter oben beherrschen Nadelbäume und niedriges Gestrüpp das Bild. Der windumfegte Kraterrand ist fast kahl, bietet aber spektakuläre Ausblicke über Lombok bis nach Bali und Sumbawa.
Die Besteigung ist nur während der Trockenzeit (Juni–Okt.) ratsam, in der Regenzeit ist sie lebensgefährlich. Man muss den Aufstieg so planen, dass man den Kraterrand in den frühen Morgenstunden erreicht, weil schon nach 10 Uhr morgens aufsteigender Nebel die Sicht behindert. Im Krater liegt der Kratersee Segara Anak

---

ES GEHT AUCH OHNE BESTEIGUNG

Auch diejenigen, die den Vulkan am liebsten von unten betrachten, können im Rinjani-Nationalpark wunderbar wandern. Die Region rund um **Tete Batu** ist regenreicher und entsprechend grüner als andere Teile der Insel. Ein Wandertipp: der Pfad durch den Bergwald zum Wasserfall Air Terjun Manis (3 km). Der Eintrittspreis für den Nationalpark beinhaltet auch die Begleitung durch einen Guide.

(»Kind des Sees«). Der Abstieg in den Krater ist sehr steil und nur geübten Bergwanderern zu empfehlen.

Vulkan-Trekking im Rinjani-Nationalpark

Mehrere Wege führen zum Gipfel, die Hauptroute führt über Senaru. Das klassische Trekking-Programm dauert 3 Tage und 2 Nächte. Inklusive im Preis sind Bergführer, Träger, Vollpension und Ausrüstung (Zelt, Schlafsack, Kochgeschirr etc.). Wanderstiefel und warme Kleidung für die Nacht sind unverzichtbar.
1.Tag: Gegen 5 Uhr Abfahrt in Senggigi nach Senaru, etwa 6 Stunden Aufstieg.
2.Tag: 2 Stunden Aufstieg zum Kraterrand, weitere 2 Stunden Abstieg in den Krater (Gelegenheit zum Baden im See und in den heißen Quellen).
3.Tag: Aufstieg zum Kraterrand und Abstieg nach Senaru, Rückkehr nach Senggigi.
Das verkürzte Programm beinhaltet nur eine Übernachtung am Kraterrand und verzichtet auf den Abstieg in den Krater. Das erweiterte Programm umfasst auch den Aufstieg zum Puncak, der aber nur geübten Bergsteigern zu empfehlen ist.
Die Programme bucht man am besten in einem der Reisebüros in Senggigi z.B. **Lombok Vacation** (Tel. 0370-6686245, www.lombok-vacation.com) oder **Perama** (Tel. 370 693 007, www. peramatour.com.) bzw. in Mataram im **Rinjani Trek Centre** (Hotel Lombok Raya, Jl Panca Usaha No 11, Tel. 0370-641124, 632305, www.lomboksumbawa.com).

Touren

Reisebüros

Alle größeren Hotels arbeiten mit einem Reisebüro zusammen, das Ausflüge aller Art organisiert. Aber auch kleine Agenturen in Senggigi haben Touren ab zwei Teilnehmern im Programm.
Neben der klassischen Inselrundfahrt gehören auch Ausflüge zu den Nachbarinseln Sumbawa oder Komodo, Heimat der berühmten Komodo-Warane, zum Angebot.

Empfehlenswerte Reiseagenturen:

◆ **Bidy Tour,** Jalan Ragigenap 17, Ampenan, Tel. 0370-632127, www.bidytour-lombok.com
◆ **Perama Tours,** Büro Mataram: Jalan Pejanggik 66, Tel. 0370-635936; Büro Senggigi: Jalan Raya, Tel. 0370-693007; www.peramatour.com

INFOS VON A–Z

Praktische Informationen

Diplomatische Vertretungen

Indonesische Botschaften in Europa

◆ **Deutschland**: Lehrter Str. 16–17, 10557 Berlin, Tel. 0 30/47 80 70, www.indonesian-embassy.de
◆ **Österreich**: Gustav-Tschzhermak-Gasse 5–7, 1180 Wien, Tel. 01/47 62 30, www.kbriwina.at
◆ **Schweiz**: Elfenauweg 5, 3006 Bern, Tel. 0 31/3 51 67 65, www.indonesia-bern.org

Europäische Vertretungen auf Bali

◆ Honorarkonsulat der **Bundesrepublik Deutschland**, Jl. Pantai Karang 17, Sanur, Tel. 0361/288535, Fax 288826, germanconsul@bali-ntb.com
◆ Konsularische Vertretung der **Schweiz** und **Österreichs**, c/o Swiss Restaurant, Jl. Pura Bagus Teruna (Il. Rum Jungle), Legian Kelod, Tel. 0361/751735, Fax 754457.

Einreisebestimmungen

Reisedokumente

Deutschen, Schweizern und Österreichern wird bei der Einreise gegen 25 US$ ein Visum erteilt. Es beschleunigt die Abfertigung, wenn der Betrag bar und passend bereitgehalten wird. Dieses Visum ist 30 Tage gültig, und eine Verlängerung im Land ist nicht möglich. Wer einen längeren Aufenthalt oder eine Geschäftsreise plant, muss das Visum vor der Einreise beantragen.
Der Reisepass muss bei der Einreise noch mindestens 6 Monate gültig sein. Außerdem muss jeder Ankömmling im Besitz eines Rück- oder Weiterflugtickets sein.

Devisenbestimmungen

Devisen und Reiseschecks können in unbegrenzten Mengen ein- und ausgeführt werden, indonesische Rupien sind auf 5 Mio. begrenzt.

Zoll

Zollfrei eingeführt werden dürfen Gegenstände des persönlichen Bedarfs, Foto-, Film- und Videokameras, Filme, Laptop und Fernglas sowie 1 l alkoholische Getränke, 200 Zigaretten (50 Zigarren bzw. 100 g Tabak) sowie Geschenke im Gesamtwert von 100 US$. Verboten ist die Einfuhr von Publikationen in chinesischer Schrift, pornografischen Schriften (auch Bücher oder Zeitschriften mit sehr freizügigen Fotos), bespielten Videokassetten, Waffen und Rauschgift.

Eintrittsgelder

Eintrittsgelder übersteigen selten 20 000 Rp. Nur die größeren Tempelanlagen verlangen Eintrittsgelder, in kleineren Tempeln wird um eine Spende gebeten, die meist an die Ausleihgebühr für den obligatorischen Tempelschal gekoppelt ist (ca. 3000 Rp.).

Elektrizität

Die Netzspannung beträgt i.d.R. 220 V. In Indonesien benötigen Sie Flachstecker. Den notwendigen Adapter nehmen Sie am besten mit, nur in gehobenen Hotels kann man ihn ausleihen.

Feiertage

Religion ist ein untrennbarer Bestandteil des indonesischen Lebens. Auf Bali werden neben den hinduistischen Festen auch viele Feste anderer Religionsgruppen begangen.

Die Termine für die balinesischen Feste, die sich zumeist nach dem »wuku«-Kalender richten und alle 210 Tage stattfinden, entnimmt man dem »Calendar of events«, der über die Botschaft erhältlich oder im Internet (www.indo.com) einsehbar ist.
◆ **Neujahr** ist der erste landesweit geltende Feiertag.
◆ Das **chinesische Neujahrsfest** folgt dem Mondkalender und fällt meistens in den Februar.
◆ Das **balinesische Neujahr,** Nyepi (»Tag der Stille«), ist ein Nationalfeiertag. Die Hindus feiern den Tag als Fest des Rückzugs und der Reinigung des Geistes in absoluter Stille.
◆ Bedeutendster Feiertag der Muslime ist der erste Tag des 10. Monats (Sjawal; nach dem islamischen Kalender): **Idul Fitri** (Grebeg Sjawal) markiert das Ende des Fastenmonats Ramadan. Landesweit werden in den Moscheen und auf öffentlichen Plätzen Gebetsfeiern abgehalten. Die Menschen besuchen Verwandte. Die Feierlichkeiten dauern zwei Tage; allerdings sind sie nicht arbeitsfrei, da nur verhältnismäßig wenige Muslime auf Bali leben. Die islamischen Feiertage basieren auf dem Mondkalender. Ihr aktuelles Datum ist im »Calendar of Events« verzeichnet.
◆ **Karfreitag** und **Christi Himmelfahrt** sind Nationalfeiertage.
◆ Der 21. April ist **Kartini-Tag**, ein halboffizieller Feiertag, an dem der Vorkämpferin der indonesischen Frauenbewegung Raden Ajeng Kartini gedacht wird. Frauen in ganz Indonesien führen ihre Nationaltrachten aus.
◆ Der 17. August wird als nationaler **Unabhängigkeitstag** mit Sportfesten, Marionettentheater und Schattenspielen, Kulturveranstaltungen, Maskenumzügen und Festen im ganzen Land begangen.
◆ Der 5. Oktober, Jahrestag der Gründung der indonesischen Armee, wird als **Tag der Armee** mit Militärparaden und Vorführungen der neuesten Errun-

genschaften von Armee, Marine, Luftwaffe und Polizei begangen.
◆ Den **Heiligen Abend** feiern die Christen auf Bali mit Gottesdiensten und Messen. Am Weihnachtstag folgen Lichterprozessionen und Andachten.

Fotografieren

Speicherkarten für die Digitalkamera sind auf Bali erhältlich, allerdings sind sie meist teurer als zu Hause. Das Speichern der Fotos auf CDs ist dagegen preiswert und in den größeren Urlaubsorten in Fotoläden möglich. Vergessen Sie bitte nicht, dass Einheimische kein Fotoobjekt sind. Zurückhaltung und die Bitte um Einverständnis – Gesten genügen meist – sollten, vor allem bei religiösen Feierlichkeiten, selbstverständlich sein. Bei nächtlichen Tempelfesten ist die Verwendung des Blitzlichtes absolut tabu!

Geld

Die indonesische Währungseinheit heißt Rupiah. Im Umlauf sind Scheine zu 500, 1000, 5000, 10 000, 20 000 und 50 000 Rupiah sowie Münzen zu 100 und 500 Rp., selten noch kleinere Münzen.
Bargeld in Euro, CHF oder US$ wird in Banken oder in den zahlreichen autorisierten Wechselstuben, die oft einen besseren Kurs und Service als die Banken bieten, gewechselt. Die Kurse an Hotelrezeptionen sind meist ungünstig. Reiseschecks verlieren mehr und mehr an Bedeutung und werden – wenn es sich nicht um US$-Schecks handelt, nicht mehr überall eingewechselt. Sehr verbreitet sind dagegen seit einigen Jahren in den Touristenzentren Balis und Lomboks Bankautomaten (ATM). Mit den gängigen Kreditkarten kann man dort bequem Bargeld ziehen. Der Höchstbetrag beläuft sich meist auf 600 000 oder 1,2 Mio. Rupiah. Man sollte sich jedoch vor der Abreise über die (teilweise sehr hohen) Gebühren informieren. In Hotels, bei Fluggesellschaften und in größeren Geschäften werden selbstverständlich auch die international gängigen Kreditkarten akzeptiert, Geschäfte berechnen dann manchmal einen Aufschlag von 3–5 %. Barzahlung dagegen verschafft gelegentlich einen kleinen Rabatt. Kleine Geschäfte haben oft Schwierigkeiten, größere Banknoten zu wechseln, deshalb sollten Sie immer kleine Scheine dabei haben. Übrig gebliebene Rupiah kann man gegen Vorlage der Wechselquittung am Flughafen zurücktauschen.

Gesundheit

Gesundheitsvorsorge

Impfungen sind für die Einreise nach Bali nicht vorgeschrieben, sofern man nicht aus Infektionsgebieten kommt. Überprüfen Sie aber Ihren Polio- und Tetanusschutz.
Malaria ist nach offiziellen Angaben auf Bali ausgerottet, eine Prophylaxe wird jedoch von einigen Tropeninstituten nach wie vor auch für Bali empfohlen. Am besten ist, man lässt sich gar nicht erst stechen. Tragen Sie abends langärmelige Oberteile und lange Hosen, und reiben Sie unbedeckte Körperteile mit Mückenschutzmittel ein. Auch Mückenspiralen (moscito coils), die in Drugstores erhältlich sind, bieten einen gewissen Schutz. Dieselben Vorsichtsmaßnahmen gelten auch für das Denguefieber.
Lassen Sie Ihrem Körper Zeit zur Umstellung, gehen Sie Ihre Reise ruhig an, sorgen Sie für ausreichende Flüssigkeitszufuhr. Leitungswasser ist tabu, aber Mineralwasser ist überall erhältlich. Gesünder als eisgekühlte Getränke ist heißer Tee. Obst sollte geschält werden, auf Salat sollte man verzichten, wenn man nicht absolutes Vertrauen in die Hygiene des Hotels oder Restaurants hat.
Bekommt man trotz aller Vorsichtsmaßnahmen doch einen Durchfall: Ein Fastentag mit ungesüßtem Tee und eventuell weißem Reis und Bananen hilft oft Wunder. Empfehlenswert sind Elektrolyte zum Ausgleich des Salz- und Mineralverlustes. Kohletabletten lindern die Krämpfe. Stellt sich keine Besserung ein, sollte man den Hotelarzt konsultieren.
Medikamente, die Sie täglich benötigen, sollten Sie vorsichtshalber in ausreichender Menge mitnehmen. Gängige Medikamente wie Aspirin sind in balinesischen Apotheken (apotik) und Drugstores billig erhältlich.
Die tropische Sonne ist nicht zu unterschätzen, auch wenn sie sich hinter Wolken versteckt. Ein Sonnenschutzmittel mit sehr hohem Lichtschutzfaktor (mindestens 25, besser mehr) sollten Sie mitnehmen, denn als Luxusartikel ist es auf Bali wesentlich teurer. Eine Kopfbedeckung – ebenfalls ein Muss – findet man jedoch billig und in großer Auswahl auf der Insel.
Vorsicht ist auch im Umgang mit Klimaanlagen geraten. Die Schwankungen zwischen tropischer Hitze draußen und der arktischen Kälte in Hotelhallen und Reisebussen ist für den Organismus nur schwer zu verkraften, die Erkältung ist vorprogrammiert. Im Hotelzimmer hilft das Abschalten der

Klimaanlage, ansonsten gilt es, sich mit Jacke oder Pullover zu schützen. Unbedingt empfehlenswert ist der Abschluss einer Auslandsreisekrankenversicherung, die den medizinisch notwendigen, besser noch den medizinisch sinnvollen Rücktransport beinhalten sollte. Die gesetzlichen Kassen in Deutschland übernehmen keinerlei Kosten.

Medizinische Versorgung

Jedes größere Dorf hat eine kleine staatliche Krankenstation (puskemas, geöffnet 8–14 Uhr), aber in schwierigen Fällen wendet man sich besser an einen Hotelarzt oder eines der öffentlichen Krankenhäuser (rumah sakit) in Denpasar. Bei lebensbedrohlichen Krankheiten sollte man sich nach Singapur fliegen lassen. Deshalb ist der Einschluss dieser Leistung bei Ihrer Auslandsreisekrankenversicherung so wichtig, denn andernfalls kostet dies ein Vermögen, und man sollte zunächst das Konsulat zu Rate ziehen. Auskünfte erteilt in schwierigen Fällen auch:
◆ **Asia Emergency Assistance (AEA),** Jl. Hayam Wayruk 40, Tel. 0361/228996, 227271, 231443.

Ärzte und Krankenhäuser

Bei kleineren Problemen kann man Hilfe in einem der größeren Hotels suchen, die über Arztpraxen verfügen oder innerhalb kurzer Zeit einen Englisch sprechenden Arzt besorgen können. Diese vermitteln weiter an Spezialisten und besorgen, wenn nötig, Dolmetscher. Das Personal in den örtlichen Notfallkliniken spricht zwar Englisch, doch entspricht die Versorgung nicht dem westlichen Standard. Einige empfehlenswerte Kliniken:
◆ **BIMC,** Jl. Ngurah Rai 100X, Tel. 0361/761263, www.bimcbali.com.
◆ **International SOS,** Jl. Ngurah Rai 505X, Tel. 0361/710505, www.sos-bali.com.
◆ Auf Lombok gibt es drei Krankenhäuser in Mataram und jeweils eines in Praya und Selong. Empfehlenswert ist das **Rumah Sakit Umum** (Allg. Krankenhaus), Jl. Pejanggik 6, Mataram, Tel. 0370/622254. Angeschlossen ist eine Touristenklinik mit englischsprachigen Ärzten (Mo–Sa 8–12 Uhr). Eine weitere Touristenklinik befindet sich im Senggigi Beach Hotel (Tel. 0370/693210).

Apotheken

Die meisten Apotheken (apotik) sind täglich von 8–18 Uhr geöffnet. Die Hotelrezeptionen informieren über Notdienste.

Informationen

Vor der Reise

◆ **Indonesien Tourist Information Centre,** c/o mk Advertising Travel, Goethestr. 66, 80336 München, Tel. 0 89/59 04 39 06, www.mkadvertising.de; www.my-indonesia.info. Zuständig für Deutschland, Österreich und die Schweiz.

Auf Bali

◆ **Ngurah Rai International Airport,** Tel.0361/751011.
◆ **Bali Government Tourist Office,** Jl. S. Parman, Kompleks Niti Mandala, Renon, Tel. 0361/222387.
◆ **Tourist Information Kuta,** Jl. Benesari 7, Century Tourist Plaza, Tel. 0361/754090.
◆ **Bina Wisata,** Jl. Raya Ubud, Ubud (gegenüber dem Pura Desa im Ortszentrum), Mo–Sa 8.30–19.30 Uhr, Tel. 0361/96285. Sehr engagierte private Touristeninformationsstelle, mit Infos zu Festen sowie Karten für die Tanzvorführungen in und um Ubud.

Im Internet

◆ **www.indonesia-tourism.com** (engl.); offizielle Seite des Indonesischen Fremdenverkehrsamtes mit landeskundlichen Infos zu den Haupttouristenregionen.
◆ **www.baliguide.com** oder **www.bali.com** (engl.); landeskundliche Infos, aber auch Tipps für den Familienurlaub oder aktuelle Adressen für Nachtschwärmer. Mit Link zum Calendar of Events und leckeren Rezepten.
◆ **www.ubud.com** (engl.), Tipps und News aus dem Künstlerort.
◆ **www.balitouring.com** (engl.); hier kann man rabattierte Hotels und Ausflüge (auch auf andere Inseln) buchen. Angereichert werden die Seiten durch Aufsätze zu landeskundlichen Themen.
◆ **www.balidiscovery.com** (engl.); ein weiteres kommerzielles Portal, das v.a. Hotels zu günstigen Preisen anbietet. Darüber hinaus gibt es aber auch aktuelle Nachrichten von der Insel.
◆ **www.balitravelforum.com** (engl.); was Sie schon immer über Bali wissen wollten … Im Forum diskutieren Bali-Kenner und solche, die es werden möchten. Viele interessante Infos, allerdings etwas chaotisch.
◆ **www.hellobalimagazine.com** (engl.); Website zum beliebten Bali-Magazin. Interessante Reportagen und zahlreiche Tipps.
◆ **www.baliandbeyond.co.id** (engl.); die Website des zweiten großen Bali-Magazins mit aktuellen Terminen von Kulturveranstaltungen, interessanten Porträts, Reportagen und dem neuesten Klatsch der Bali-Szene.
◆ **www.lombok-network.com** (engl.); viele interessante Infos zu Landeskunde und Kultur sowie ausführliche Infos zu Trekking-Routen.
◆ **www.lombok.com** (engl.); landeskundliche Infos gibt es gratis, Hotels können gebucht werden.
◆ **www.auswaertigesamt.com;** die Website des Auswärtigen Amtes. Infos zu politischen und Wirtschaftsbeziehungen zwischen Deutschland und Indonesien, Hinweise zu Sicherheitsrisiken.

Kinder

Kinder werden auf Bali geliebt. Babysitter sind in allen größeren Hotels zu bekommen, und die Besitzer der kleineren Hotels werden immer eine Tochter oder Nichte haben, die Ihre Kleinen gerne stundenweise versorgt. Wegwerfwindeln sind in Drugstores erhältlich, sie sind allerdings teurer als in Europa. Babynahrung bekommt man im Supermarkt, allerdings zu stolzen Preisen.

Kleidung

Die Indonesier legen großen Wert auf ihr Äußeres. Im Hippie-Look macht man keinen guten Eindruck. Wer in allzu nachlässiger Bekleidung auftaucht, muss damit rechnen, dass er schlecht bedient wird, vor allem bei Behörden. Trikots, kurze Oberteile, Shorts und Miniröcke sind nicht gern gesehen. Respektieren Sie die Kultur und lassen Sie solche Kleidungsstücke zu Hause! Da das Klima ziemlich feucht-warm ist, sollte man vor allem leichte Baumwollkleidung tragen. Sommerkleidung können Sie preiswert auf Bali kaufen. Anzüge und Krawatten werden nur selten getragen. Bei formellen Anlässen tragen die Männer Hosen und langärmelige Hemden aus Batik- oder Ikat-Stoffen, die über der Hose getragen werden. Frauen tragen einfache Kleider. Macht man einen Abstecher in die Berge, oder hält man sich längere Zeit in einer klimatisierten Halle auf, ist ein leichtes Jackett oder ein Pullover angeraten.
Besuchern, die halb nackt die Tempel stürmten, ist es zu verdanken, dass einige der wichtigsten Heiligtümer inzwischen für Touristen verschlossen sind. Lassen Sie sich vom schlechten Beispiel anderer nicht beeinflussen, die Balinesen danken es Ihnen, wenn Sie ihre heiligen Plätze durch angemessene Kleidung würdigen: Schultern und Knie müssen bedeckt sein, Shorts, Miniröcke und Sonnentops sind tabu! Beim Tempelbesuch gehört eine Schärpe um die Hüften, die man am Eingang oft ausleihen kann, man kann aber auch günstig auf dem Markt einen eigenen Selendang, einen Tempelschal, erwerben.
Bei Tempelfesten sind Ausländer als Gäste akzeptiert, wenn sie »adat«-Kleidung tragen, d.h. für die Frauen Sarong, Kebaya (eine Spitzenbluse) und Tempelschärpe, für die Männer Sarong, Saput (Überrock), Hemd, Schärpe und Udeng (traditionelle Kopfbedeckung). Fragen Sie in Ihrem Hotel oder Losmen, sicher ist jemand bereit, Ihnen eine Tracht auszuleihen.

Klima und Reisezeit

Da Bali in Äquatornähe liegt, beträgt die Durchschnittstemperatur 26 °C. Es gibt nur zwei Jahreszeiten: Die Trockenperiode dauert in der Regel von Mai bis September, wobei der Juli die niedrigsten Temperaturen aufweist – diese Monate sid die ideale Reisezeit. Die Regenperiode dauert von Oktober bis April. Der regenreichste Monat ist der Januar. Regenzeit bedeutet aber keineswegs, dass es von morgens bis abends regnet, die Luftfeuchtigkeit ist in diesen Monaten aber extrem hoch. Die Luftfeuchtigkeit liegt im Jahresdurchschnitt bei 75 %, kann aber bis auf 95 % ansteigen.

Literaturtipps

◆ **Baum, Vicky: Liebe und Tod auf Bali.** Köln 2007. Für diesen Klassiker unter den Bali-Romanen recherchierte Vicky Baum in den 1930er-Jahren bei Walter Spies in Ubud.

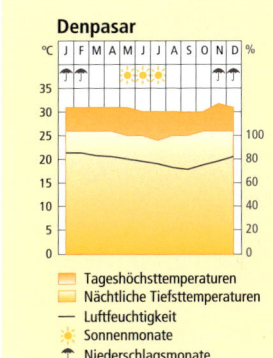

Denpasar

- Tageshöchsttemperaturen
- Nächtliche Tiefsttemperaturen
- Luftfeuchtigkeit
- Sonnenmonate
- Niederschlagsmonate

◆ **Ramseyer, Urs: Kunst und Kultur in Bali**. Zürich 2002. Vorbildliche Einführung des Schweizer Völkerkundlers in die Kultur der Insel.
◆ **Rhodius, H.: Schönheit und Reichtum des Lebens**. Walter Spies, Maler und Musiker auf Bali 1895–1942. Den Haag 1964. Interessante Sammlung von Briefen des deutschen Künstlers aus seiner balinesischen Wahlheimat. Leider nur antiquarisch erhältlich.
◆ **Vickers, Adrian: Ein Paradies wird erfunden**. Bielefeld 1996. Der australische Anthropologe verfolgt den Weg Balis von der kriegerischen Insel zum Traumziel der Urlaubermassen. Immer noch spannend … Nur antiquarisch.
◆ **Reise nach Bali. Kulturkompass fürs Handgepäck**. (Hrsg. Lucien Leitess). Zürich 2007. Texte europäischer und balinesischer Autoren führen in die Kultur der Götterinsel ein.
◆ **Owen, Sri: Die indonesische Küche**. München 2009. Verführerische Rezepte aus Bali und von anderen Inseln des Archipels.
◆ **Shamini Flint: Der Mann, der zweimal starb**. Inspektor Singh ermittelt auf Bali. München 2010. Ein Krimi rund um Tourismus und Terrorismus, der im Umfeld der Attentate von 2002 spielt.
◆ **Polyglott on tour Bali**, München 2010. Der Band führt Sie zuverlässig durch die Insel. Mit vielen Tipps und Adressen sowie zusätzlicher, handlicher Flipmap.

Medien

Die englischsprachige indonesische Tageszeitung »Jakarta Post« (www.thejakartapost.com) ist – wie auch Zeitungen oder Magazine (»Time«, »Newsweek«) aus der englischsprachigen Welt – in allen größeren Hotels, den meisten Buchhandlungen und an Zeitungskiosken in Sanur, Kuta und Denpasar erhältlich. Deutsche Zeitungen sind nur mit erheblicher Verspätung zu bekommen.
Interessante Informationen für Touristen enthalten die kostenlosen Magazine »Hello Bali« oder »Bali now«, die in vielen Hotels ausliegen.

Notrufnummern auf Bali und Lombok

◆ **Allgemeine Notrufnummer**: 112
◆ **Krankenwagen**: Tel. 118
(Taxis sind meist schneller).
◆ **Polizei**: Tel. 110
◆ **Feuerwehr**: Tel. 113
◆ **Touristenpolizei auf Lombok**: Tel. 632733

Öffnungszeiten

In Indonesien verrichtet man sein Tagwerk möglichst bevor die große Mittagshitze einsetzt. Behördengänge, Banken- und Firmenbesuche sollten Sie zwischen 8 und 11.30 Uhr absolvieren. Freitags und samstags schließen die Behörden früher. Im Allgemeinen gelten folgende Bürozeiten: Mo–Do 8–15 Uhr, Fr 8–11 Uhr und Sa 8–12 Uhr.
Die Geschäfte in Touristenorten haben keine festen Öffnungszeiten, oft sind sie bis in die Abendstunden geöffnet, auch an den Wochenenden.

Post, Telefon und Internet

Post

Die Postämter (Kantor Pos dan Giro) sind in der Regel Mo–Do 8–14 Uhr, Fr 8–11 Uhr und Sa 8–12.30 Uhr geöffnet.
Briefmarken sind bei Postal Services in den Touristenzentren und in vielen Hotels erhältlich. Post nach Europa benötigt ca. zehn Tage, Luftpostpakete zwei bis drei Wochen, Seepakete rund drei Monate.
Falls Sie einem größeren Souvenir in Form einer Statue, eines Möbelstücks oder ähnlich Sperrigem nicht widerstehen konnten: Um das Verschicken größerer Sendungen kümmern sich Cargo-Firmen. Verlässliche Adressen:
◆ **Bali Smart Cargo**, Jalan Bypass Ngurah Rai 80X, Sanur; Tel. 0361-270472, www.balismartcargo.co.id
◆ **CAS Cargo**, Jalan Bypass Ngurah Rai 109X, Kuta, Tel. 0361-720525, www.cascargobali.com
◆ **DSR Cargo**, Jalan Raya Kuta 168, Kuta, Tel. 0361-758264; www.diana-suryaratna.com

Telefon und Internet

Gespräche im Hotel sind teuer. Viel billiger telefonieren, faxen oder surfen Sie in Wartels (warung telekommunikasi), Telefonläden.
Handys (u.a. D1, D2, E-plus) funktionieren in Bali problemlos. Erkundigen Sie sich vorab bei Ihrem Anbieter nach den Roaming-Gebühren. Wer viele Handy-Gespräche innerhalb Indonesiens führt, sollte eine einheimische Sim-Karte kaufen (in Wartels, aber auch an Kiosken erhältlich). Lokale Mobilfunknummern beginnen in der Regel mit 081. In vielen Hotels gibt es mittlerweile auch günstige oder sogar kostenlose WLAN-Verbindungen, für alle, die mit Notebook reisen. Internet-Cafés in Kuta/Legian, Sanur und Ubud

ermöglichen inzwischen an jeder Straßenecke das Verschicken und Abrufen von E-Mails. Vor Ort sollte man sich erkundigen, wo die Leitungen am schnellsten sind – die Unterschiede sind gewaltig! Im Osten, Westen und Norden gibt es meist extrem langsame Leitungen. Auf Lombok gibt es nur in Mataram und Senggigi schnelle Verbindungen.

Internationale Vorwahlnummern

◆ Deutschland: 0 01 49
◆ Österreich: 0 01 43
◆ Schweiz: 0 01 41
◆ Indonesien: 00 62

Nationale Vorwahlnummern

Die Vorwahl für Süd- und Zentralbali (die Bezirke Tabanan, Badung, Gianyar und Bangli) und damit für den größten Teil der Insel ist 0361, für den Bezirk Buleleng 0362, für Karangasem 0363, für Jembrana 0365 und für Klungkung 0366 und für Bedugul 0368. Lombok hat die Vorwahl 0370.

Reisegepäck

Ein Pullover oder eine Jacke für Bergregionen und klimatisierte Räume sollte im Koffer Platz finden, leichte, modische Baumwollkleidung kann man auf Bali fast überall kaufen. Ins Reisegepäck gehört auch zu jeder Jahreszeit ein Regenschirm, der bei starker Sonneneinstrahlung auch als Sonnenschirm dienen kann.
Sonnenschutzmittel, Tampons oder Höschenwindeln (alles erhältlich, aber als Luxusartikel viel teurer als daheim), bei Bedarf Kontaktlinsenpflegemittel, notwendige Medikamente und eventuell Kosmetika (internationale Marken sind schwer erhältlich, aber die indonesischen Naturkosmetikprodukte sind von ausgezeichneter Qualität und sicher einen Versuch wert) sollten mitgebracht werden. Sehr sinnvoll ist die Mitnahme einer Taschenlampe.
Batiksarongs, die es überall zu kaufen gibt, dienen als Bettlaken in zweifelhaften Unterkünften, sind praktisch als Strandbekleidung und als Badelaken.

Reisen mit Handicap

Für Behinderte sind Bali und Lombok keine einfachen Reiseziele. Die Balinesen neigen zu dem Glauben, dass jede physische oder geistige Behinderung auf das Verhalten in einem früheren Leben zurückgeht. Demnach wäre jeder körperliche oder geistige Makel der Ausdruck einer Strafe für frühere Verfehlungen. Behinderte Menschen fehlen im Straßenbild. Behindertenfreundliche Einrichtungen gibt es bislang auch nur in wenigen Hotels (z.B. im Legian Beach Hotel in Legian).

Sicherheit

Bali ist immer noch eine sichere Reiseregion, allerdings hat auch hier die Zahl der Diebstähle mit dem Tourismus zugenommen. Wie überall auf der Welt gehören Wertsachen in den Hotelsafe. Wer Reichtum zur Schau stellt, indem er wertvollen Schmuck trägt und eine prall gefüllte Brieftasche zeigt, zieht Diebe magisch an. Fotokopien von wichtigen Dokumenten wie Pass und Flugticket sollten getrennt vom Original aufbewahrt werden. Seien Sie vorsichtig bei Menschenansammlungen, z.B. im Bemo.
Sind Sie trotz aller Vorsicht Opfer eines Diebstahls geworden, sprechen Sie mit der Hotelrezeption, dort wird man Ih-

nen behilflich sein bei der Beschaffung einer polizeilichen Bestätigung, die Sie zur Vorlage bei der Versicherung zu Hause benötigen.
2002 und 2005 erschütterten terroristische Anschläge Bali. Die Sicherheitsvorkehrungen wurden seitdem verstärkt.
Drogen sind in Indonesien strikt verboten. Der Gebrauch, Verkauf oder Erwerb von Drogen wird mit langen Gefängnisstrafen und/oder hohen Geldbußen belegt. Nehmen Sie also keinesfalls aus Gefälligkeit Gepäck von Leuten mit, die Sie nicht kennen. Es könnte sein, dass Sie unfreiwillig zum Drogenkurier werden.

KLEINER REISE-KNIGGE

Die Balinesen sind ein liebenswürdiges Volk, berühmt für ihr freundliches Lächeln und ihre Zuvorkommenheit gegenüber Fremden. Ein den balinesischen Traditionen nicht ganz angemessenes Verhalten wird bei Fremden stillschweigend toleriert. Nie wird man erleben, dass ein Balinese ausfällig wird, auch wenn sich Touristen häufig nicht wie Gäste, sondern wie Barbaren aufführen. Das kostbare Gut der balinesischen Kultur kann jedoch nur bewahrt werden, wenn auch Gäste bereit sind, sich den wichtigsten Regeln zu beugen.
Der Kopf ist den Balinesen der heiligste Körperteil, die Berührung des Kopfes, und sei es nur, um einem Kind über das Haar zu streichen, ist deshalb tabu.
Tabu ist auch die linke Hand, sie dient der Hygiene. Man sollte deshalb darauf achten, nie die unreine Hand zu reichen. Genauso wenig sollte man mit dem Finger auf jemanden zeigen oder mit dem Finger jemanden herbeiwinken. Überhaupt schätzt man eine dosierte Körpersprache. Wildes Herumfuchteln wirkt genauso unhöflich wie das Verschränken der Arme vor dem Oberkörper.
Strandbekleidung trägt man am Strand und am Hotelpool. Wer mit Bikinioberteil und kurzen Shorts Dörfer oder gar Tempel besucht, verstößt grob gegen die guten Sitten und wird sich kaum Freunde machen. Wer dagegen korrekt bekleidet auftritt, d.h. mit bedeckten Schultern und Knien, dem ist Respekt gewiss. Beim Betreten des Tempels ist ein Tempelschal zu tragen, der oft an der Pforte ausgeliehen werden kann. Bei Tempelfesten wird um das Tragen eines Sarong gebeten, in der Region Ubud ist dafür vollständige »adat«-Kleidung obligatorisch.

Beim Einkaufen gilt es, zu handeln. Beginnen Sie aber nur Verhandlungsgespräche, wenn Sie ernsthafte Kaufabsichten hegen. Feilschen um jeden Preis verletzt den Verhandlungspartner. Was für den Besucher aus dem Westen ein Pfennigbetrag ist, ist für einen Einheimischen meist der Gegenwert einer Mahlzeit. Protzen Sie nicht mit Ihrem Wohlstand. Tabu ist aber auch ein wahlloses Verteilen von Almosen an Kinder. Zwar sind Kugelschreiber (im Gegensatz zu Bonbons) durchaus nützlich, aber durch das Verteilen wird eine Bettelmentalität gefördert. Der erbettelte »school-pen« erleichtert meist nicht den Schulbesuch, sondern hält die Kinder, die auf diese Art und Weise zu Kugelschreiber-Händlern aufsteigen, eher vom Schulbesuch ab. Eine Spende beim Besuch von Tempeln und bei Tempelfesten dagegen wird erwartet.
Die Balinesen sind ein stolzes Volk, im Feststaat lässt man sich gern fotografieren, die Höflichkeit gebietet es jedoch, vorher zu fragen. Im Allerheiligsten des Tempels sollte man sich zurückhalten, Gläubige nie frontal beim Gebet aufnehmen oder sich gar vor dem Priester aufbauen. Der Kopf des Besuchers sollte bei Zeremonien nie den Kopf des Priesters überragen; keinesfalls darf man für ein Foto auf Tempelmauern steigen. Schließlich sind die Balinesen hier, um ein heiliges Ritual zu vollziehen, nicht um den Besuchern zu posieren. Aufnahmen mit Blitzlicht sind bei Tempelfesten streng verboten.
Lombok ist im Gegensatz zu Bali eine muslimische Insel. Frauen sollten keine aufreizende Kleidung tragen, Schultern und Knie stets bedeckt halten und eng anliegende Kleidung meiden. So gekleidet haben auch alleinreisende Frauen keinerlei Probleme.

Trinkgelder

In den meisten größeren Hotels werden Steuern und Bedienungszuschlag in Höhe von 15–20 % der Rechnung zugeschlagen. Trinkgelder haben mit dem Tourismus Einzug gehalten, und so erwartet heute das Personal in den Restaurants großer Hotels ein zusätzliches Trinkgeld von 5–10 %. Auch Zimmerservice und Taxifahrer freuen sich über eine kleine Aufmerksamkeit.
Bei Gruppenreisen und Ausflügen erwarten Reiseleiter und Busfahrer ein Trinkgeld von mindestens einem Euro pro Person und Tag. Gepäckträger im Hotel und am Flughafen sollten pro Gepäckstück ca. 0,50 Euro bekommen

Zeitverschiebung

Indonesien hat drei Zeitzonen: Bali und Lombok zählen zur Western Indonesian Standard Time, die der MEZ um sieben Stunden (während der europäischen Sommerzeit plus sechs Stunden) voraus ist. Wenn es also in Deutschland 12 Uhr ist, ist es auf Bali 19 (bzw. 18 Uhr).

Zoll

Einfuhr s. Einreisebestimmungen
Ausgeführt werden dürfen Souvenirs, aber keine Antiquitäten, die älter als 50 Jahre sind.
Bei der Wiedereinreise im Heimatland sind Souvenirs bis 430 € bzw. bzw. 300 CHF zollfrei. Andenken, die gegen das Washingtoner Artenschutzabkommen verstoßen (Produkte aus geschützten Tieren, darunter Schlangenhaut, Schildpatt, Krokodilleder, Elfenbeinprodukte sowie Lebewesen), werden am Zoll in Europa rigoros beschlagnahmt. Beim Verstoß drohen empfindliche Strafen.

SPRACHE & MINI-DOLMETSCHER

Kleiner Sprachführer Indonesisch

Indonesiens Motto Bhinneka Tunggal Ika (»Einheit in der Vielfalt«) lässt sich am besten an seinen Sprachen verdeutlichen. Obwohl mehr als 350 Sprachen und Dialekte im gesamten Archipel gezählt werden, kann man sich mit der Nationalsprache, Bahasa Indonesia, von der äußersten Nordspitze Sumatras über Java und die Inselkette bis nach Irian Jaya verständigen.

Bahasa Indonesia ist sowohl eine alte als auch eine junge Sprache. Sie basiert auf dem Malaiischen, das jahrhundertelang als Lingua franca in weiten Teilen Südostasiens diente. Als man in den zwanziger Jahren des 20. Jahrhunderts nach einer Nationalsprache für Indonesien suchte, entschied man sich sowohl gegen die Kolonialsprache, das Holländische, als auch gegen die Sprache der javanischen Mehrheit und wählte statt dessen das relativ einfach zu erlernende Malaiische, das den Bedürfnissen der heutigen Zeit angepasst wurde. Bahasa Indonesia wird in ganz Indonesien als erste Fremdsprache in der Grundschule gelehrt und ist in der jüngeren Generation sehr verbreitet. Die balinesische Sprache, Muttersprache der meisten Balinesen, ist dagegen als Kastensprache mit verschiedenen Ebenen sehr kompliziert und weit schwieriger zu lernen als das Indonesische.

Obwohl das formal gute Indonesisch eine komplexe Sprache darstellt und ein eingehendes Studium verlangt, sind doch die Grundbestandteile einfach zu konstruieren, zumal es mit lateinischen Buchstaben geschrieben wird. Wer Bahasa Indonesia sprechen will, muss einige wenige Dinge beachten. Adjektive kommen immer hinter das Substantiv: Rumah (»Haus«) und besar (»groß«) heißen zusammen Rumah besar (»großes Haus«). Die Satzkonstruktion ist grundsätzlich Subjekt-Verb-Objekt: Saya (»ich«) minum (»trinke«) air (»Wasser«)

dingin (»kaltes«). Das Besitzverhältnis wird dadurch ausgedrückt, dass man das Personalpronomen hinter das Substantiv setzt: Rumah saya heißt »mein Haus«.

Mit ihrer Sprache drücken die Indonesier immer den Respekt voreinander aus, besonders wenn ein jüngerer Mensch mit einem Älteren spricht. Der ältere Mann wird als Bapak oder Pak (»Vater«) betrachtet, die ältere Frau als Ibu (»Mutter«). Dies gilt auch im Verhältnis zu jüngeren Menschen, die offensichtlich VIPs darstellen. Nyonya ist die Höflichkeitsanrede bei verheira-

teten Frauen, Nona bei unverheirateten.

Im Tourismus ist Englisch sehr verbreitet. Mit Englischkenntnissen hat man kein Problem sich zu verständigen. Wer allerdings an Kontakten zur Bevölkerung auch jenseits von Hotel und Strand interessiert ist, sollte ein paar Brocken der Landessprache lernen. Der folgende kleine Sprachführer ist in praktische Gruppen von verwandten Begriffen unterteilt.

Begrüßung	
danke	terimah kasih
guten Morgen	selamat pagi
guten Tag	selamat siang
guten Abend	selamat sore
gute Nacht	selamat malam
auf Wiedersehen (zu jemandem, der geht)	selamat jalan
auf Wiedersehen (zu jemandem, der bleibt)	selamat tinggal
es tut mir leid	maaf
willkommen	selamat datang
kommen Sie herein	silakan masuk
setzen Sie sich	silakan duduk
wie heißen Sie?	siapa nama saudara?
ich heiße	nama saya
wo kommen Sie her?	saudara datang dari mana?
ich komme von	saya datang dar

Pronomen	
ich	saya
du	kamu
(zu Kindern)	saudara, anda
er, sie	dia
wir (der Zuhörer ist nicht eingeschlossen)	kami
ihr	saudara-saudara, anda
Herr	Pak/Bapak
Frau	Ibu
Fräulein	Nona
junger Mann/ Mädchen	adik

VERKEHRSMITTEL

UNTERKUNFT

AKTIVITÄTEN

INFOS VON A–Z

SPRACHE UND
MINI-DOLMETSCHER

Richtung, Transport

links	kiri
rechts	kanan
geradeaus	terus
nahe	dekat
weit	jauh
von	dari
nach	ke
innen	didalam
außen	diluar
zwischen	antara
unter	dibawah
hier	disini
dort	disana
gegenüber	didepan, di-muka
hinter	dibelakang
nahe bei	disebelah
hinauf	naik
hinunter	turun
gehen	jalan
fahren	berjalan
Wagen	mobil
Bus	bis
Zug	kereta-api
Flugzeug	kapal terbang
Schiff	kapal laut
Fahrrad	sepeda
Motorrad	sepeda motor
Wo möchten Sie hinfahren?	mau kemana?
Ich möchte nach …	saya mau ke …
Ich werde in 5 Minuten zurück sein	saya akan kembali lima menit
rechts herum	belok kekanan
langsam/langsamer	pelan-pelan/perlahan-lahan

Wichtige Plätze

Hotel	hotel, penginapan, losmen
Laden	toko
Bahnhof	stasiun keretaapi
Flughafen	lapangan terbang
Kino	bioskop
Buchhandlung	toko buku
Tankstelle	pompa bensin
Bank	bank
Postamt	kantor pos
Swimmingpool	tempat pemandia
Fremden-verkehrsamt	kantorpari-wisata
Botschaft	kedutaan

Übernachtung

Zimmer	kamar
Bett	tempat tidur
Schlafzimmer	kamar tidur
Bad	kamar mandi
Toilette	kamar kecil
Handtuch	handuk
Bettlaken	seprei
Kissen	bantal
Wasser	air
Seife	sabun
Ventilator	kipas angin
baden	mandi
Warmwasser	air panas
kaltes Wasser	air dingin
waschen	cuci
bügeln	seterika
Kleider	pakaian
Hemd	kemeja
Hose	celana
Kleidung	baju, rok
Wo ist das Hotel …	Dimana a da hotel
Wieviel kostet die Nacht?	Berapa harganya satu malam?
Waschen Sie mir bitte meine Kleider …	Tolong cuci pakaian-pakaian ini

Essen

Restaurant	restoran, rumah makan
Esszimmer	kamar makan
Essen	makaan
Getränk	minuman
Frühstück	makan pagi
Mittagessen	makan siang
Abendessen	makan malam
Warmwasser	air panas
Eiswasser	air es
Tee	teh
Kaffee	kopi
Milch	susu
Reis	nasi
Nudeln	mie, bihun, bakmie
Fisch	ikan
Garnelen	udang
Gemüse	sayur
Obst	buah
Ei	telur
Zucker	gula
Salz	garam
Pfeffer	merica, lada
Tasse	cangkir
Teller	piring
Glas	gelas
Löffel	sendok
Messer	pisau
Gabel	garpu

Einkaufen

Laden	toko
Geld	uang
Geldwechsel	penukaran uang
kaufen	beli
Preis	harga
teuer	mahal
billig	murah
fester Preis	harga pas
Wie teuer ist es?	Berapa?
Geht's etwas billiger?	Bisa saudara kurangkan harganya?
Ich nehme es	Saya akan ambil ini

Hinweisschilder

Viele indonesische Ausdrücke sind von anderen Sprachen entliehen und enthüllen schnell ihre Bedeutung: sekolah, universitas, mobil, bis, akademi, sektor, proklamsi und polisi.

Andere wichtige Hinweise lassen Sie dagegen im Dunkeln. Hier eine kleine Hilfe:

Eingang	masuk
Ausgang	keluar
offen	buka, dibuka
geschlossen	tutup, ditutup
nicht berühren	jangan pegang
nicht rauchen	jangan meroko
drücken	tolak
ziehen	tarik
Tor	pintu
Fahrkarten-schalter	loket
Information	keterangan
öffentlich	umum
Hospital	rumah sakit
Apotheke	apotik
Ticket	karcis
Haus	wisma
zentral	pusa
Stadt	kota
Bezirk	daerah
Zoo	kebun binatang
Markt	pasar
Kirche	gereja
Golfplatz	lapangan golf
Zoll	beadan cukai

Formulare

In Indonesien haben nur die wenigsten Formulare eine Übersetzung.

Name	nama
Adresse	alamat
volle Adresse	alamat lengkap
männlich/ weiblich	laki-laki/ perempuan
Alter	umur
Datum	tanggal (tgl)
Zeit	jam
Abfahrt	berangkat
Familienstand	kawin
Religion	agama
Nationalität	kebangsaan
Beruf	perkerjaan
Identifikation (Pass usw.)	surat keterangan
ausgestellt von	pembesar yang memberikan
Grund des Aufenthalts	maksud kunjungan
Unterschrift	tanda ta

Zahlen

0 nol [nol]
1 satu [ßatu]
2 dua [dua]
3 tiga [tiga]
4 empat [əmpat]
5 lima [lima]
6 enam [ənam]
7 tujuh [tudjuh]
8 delapan [dəlapan]
9 sembilan [ßəmbilan]
10 sepuluh [ßəpuluh]
11 sebelas [ßəbəlaß]
12 dua belas [dua bəlaß]
13 tiga belas [tiga bəlaß]
14 empat belas [əmpat bəlaß]
15 lima belas [lima bəlaß]
16 enam belas [ənam bəlaß]
17 tujuh belas [tudjuh bəlaß]
18 delapan belas [dəlapan bəlaß]
19 sembilan belas [ßəmbilan bəlaß]
20 dua puluh [dua puluh]
21 dua puluh satu [dua puluh ßatu]
22 dua puluh dua [dua puluh dua]
30 tiga puluh [tiga puluh]
40 empat puluh [əmpat puluh]
50 lima puluh [lima puluh]
60 enam puluh [ənam puluh]
70 tujuh puluh [tudjuh puluh]
80 delapan puluh [dəlapan puluh]
90 sembilan puluh [ßəmbilan puluh]
100 seratus [ßəratuß]
101 seratus satu [ßəratuß ßatu]
110 seratus sepuluh [ßəratuß ßəpuluh]
200 dua ratus [dua ratuß]
300 tiga ratus [tiga ratuß]
400 empat ratus [əmpat ratuß]
500 lima ratus [lima ratuß]
600 enam ratus [ənam ratuß]
700 tujuh ratus [tudjuh ratuß]
800 delapan ratus [dəlapan ratuß]
900 sembilan ratus [ßəmbilan ratuß]
1000 seribu [ßəribu]
2000 dua ribu [dua ribu]
3000 tiga ribu [tiga ribu]
10 000 sepuluh ribu [ßəpuluh ribu]
100 000 seratus ribu [ßəratuß ribu]
1 000 000 sejuta [ßədjuta]

1. pertama [pərtama]
2. kedua [kədua]
3. ketiga [kətiga]
4. keempat [kəəmpat]
5. kelima [kəlima]

1/2 setengah [ßətengah]
1/3 sepertiga [ßəpərtiga]
1/4 seperempat [ßəpərəmpat]
1/5 seperlima [ßəpərlima]

1,5 satu koma lima [ßatu koma lima]
10 % sepuluh persen [ßəpuluh pərßen]

REGISTER

BILDNACHWEIS

B a l i
S e a

Selengar

Kayangan

Se

Gill Islands
Trawangan   Meno
Air   Tanjung   Tanjung   Gondang
Sira   Karanganyar   Tiu Pupus Waterfall
Pantai Sira   Pura   Jenggala
Medana   Sokong   Bentek
Teluk   Bangsal
Nara   Pemenang
Terangan   Segara

Nipah
Malimbu
Tanjung Rumbeh
Lendang Luar
Gunung
Meninting
Mangsit   1418
Kerandangan
Senggigi   Pura Batu
Bolong

Batu Layar   Gunungsari
Mambalan   Pura   Sesaot
Pura Segara   Lingsar   Pura
Suranadi
Ampenan   Mataram   Bertais   Batukumbung
Cakranegara   (Sweta)   Lingsar   Narmada   Pemepek
Taman   T
Narmada   Pringgarata
Telagawaru   Bagu
Nyamarai   Kediri   Bonjeruk   Ai
Gunung Pengsong   Rumak   Ubung   Geri
Banyumuluk   Jagaraga   Jelantik   Jurang
Kuripan
Kebonayu   Sukarara   Praya
Gerung   Batutulis
Dodokan   Jembatankembar   Ranggagata   Ungga
Gili Nanggu   Lembar   Darek   Penujak
Tanjung   Sekotong   Plambik
Bangkobangko   Timur   Setanggor   Tanaka
Bangko-   Asahan   Gede   Taun   Kabol
Bangko   (Sekotong   Mangkung   Kateng
Labuan   Barat)   Pengemb
Poh   Sekotong
Pelangan   Tengah
Barat   Mecanggah   Timbal   Montongsapah
S

Mekaki   Selong   Kuta
Bay   Blanak
Slodong   Selong   Kuta
Pengatap   Blanak   Beach
Tanjung   Beach   Mawun
Belenanggung   Tanjung
Ujunglangit

Lombok

0   10 km